北京师范大学史学探索丛书

陈其泰史学萃编

史学与民族精神

◎陈其泰 著

华夏出版社
HUAXIA PUBLISHING HOUSE

图书在版编目（CIP）数据

史学与民族精神 / 陈其泰著 . -- 北京：华夏出版社，2018.1
（陈其泰史学萃编）
ISBN 978-7-5080-9362-8

Ⅰ . ①史… Ⅱ . ①陈… Ⅲ . ①史学－研究－中国 Ⅳ . ① K092

中国版本图书馆 CIP 数据核字 (2017) 第 287889 号

陈其泰史学萃编·史学与民族精神

著　　者	陈其泰
责任编辑	杜晓宇 董秀娟 王　敏
责任印制	汪　军 周　然
出版发行	华夏出版社
经　　销	新华书店
印　　装	三河市万龙印装有限公司
版　　次	2018 年 1 月北京第 1 版 2018 年 3 月北京第 1 次印刷
开　　本	720×1030　1/16 开
印　　张	28
字　　数	418 千字
定　　价	86.00 元

华夏出版社　地址：北京市东直门外香河园北里 4 号　邮编：100028
　　　　　　网址：www.hxph.com.cn　电话：(010) 64663331（转）
若发现本版图书有印装质量问题，请与我社营销中心联系调换。

陈其泰　广东丰顺人，1939年出生。1963年毕业于中山大学历史系。现为北京师范大学历史学院教授、博士生导师，山东大学兼职教授，全国哲学社会科学规划学科组成员，享受国务院政府特殊津贴专家。主要著作有：《陈其泰史学萃编》（九卷）、《中国史学史·近代卷》、《从文化视角研究史学》、《历史学新视野——展现民族文化非凡创造力》。主编《20世纪中国历史考证学研究》及《中国马克思主义史学的理论成就》，分获北京市第九届、第十一届哲学社会科学优秀成果二等奖、一等奖。发表论文、文章约三百篇。

就读于中山大学／1960 年

与白寿彝先生合影／1985 年

《北京师范大学史学探索丛书》
编辑委员会

顾　问　刘家和　瞿林东　郑师渠　晁福林
主　任　杨共乐
副主任　李　帆　易　宁
委　员（按姓氏笔画排序）
　　　　　宁　欣　刘林海　安　然　张　升
　　　　　张　皓　张　越　张荣强　张　建
　　　　　吴　琼　周文玖　罗新慧　郑　林
　　　　　庞冠群　侯树栋　姜海军　郭家宏
　　　　　耿向东　董立河

出版缘起

在北京师范大学的百余年发展历程中，历史学科始终占有重要地位。经过几代人的不懈努力，今天的北师大历史学院业已成为史学研究的重要基地，是国家"211"和"985"工程重点建设单位，首批博士学位一级学科授予权单位。拥有国家重点学科、博士后流动站、教育部人文社会科学重点研究基地等一系列学术平台，综合实力居全国高校历史学科前列，被列入国家一流大学、一流学科建设行列，正在向世界一流学科迈进。在教学方面，历史学院的课程改革、教材编纂、教书育人，都取得了显著的成绩，曾荣获国家教学改革成果一等奖。在科学研究方面，同样取得了令人瞩目的成就，在出版了由白寿彝教授任总主编、被学术界誉为"20世纪中国史学的压轴之作"的多卷本《中国通史》后，一批底蕴深厚、质量高超的学术论著相继问世，如十卷本《中国文化发展史》、二十卷本《中国古代社会与政治研究丛书》、三卷本《清代理学史》、五卷本《历史文化认同与统一多民族国家的发展》、二十三卷本《陈垣全集》以及《历史视野下的中华民族精神》、《上博简〈诗论〉研究》等巨著，这些著作皆声誉卓著，在学界产生较大影响，得到同行普遍好评。

上述著作外，历史学院的教师们潜心学术，以探索精神攻关，又陆续完成了众多具有原创性的成果，在历史学各分支学科的研究上连创佳绩，始终处在学科前沿。为了集中展示历史学院的这些探索性成果，我们组织了这套"北京师范大学史学探索丛书"，希冀在促进北师大历史学科更好发展的同时，为学术界和全社会贡献一批真正立得住的学术力作。这些作品或为专题著作，或为论文结集，但内在的探索精神始终如一。

当然，作为探索丛书，不成熟乃至疏漏之处在所难免，还望学界同仁不吝赐教。

北京师范大学历史学院
北京师范大学史学理论与史学史研究中心
北京师范大学史学探索丛书编辑委员会

自　序

我于1939年农历十月十九日出生在粤东韩江边的一个小镇。我的外祖父是清末秀才，曾担任本地一所小学的校长，母亲于20世纪30年代初在粤东著名的韩山师范学校就读，后来辍学出嫁到陈家，我舅舅是镇上中心小学的教师。我在少年时代经常随母亲到江对岸十几里地外的外祖父家，最有兴趣的一件事情，是读舅舅房间小楼上保存得很完整的《小朋友》《东方杂志》等书刊。我的父亲和叔叔也都上过中学，家里有一个小书橱，记得书架上摆有《辞源》，鲁迅、周作人、孙伏园的散文著作集，《三国演义》和中国地图、世界地图等书，因年龄小读不懂鲁迅的文章，而《三国演义》则很有吸引力，在家里曾经如饥似渴地读过。我母亲平日也常将她学习过的古诗和散文名篇给我背诵、讲解。因此，我从小就培养了阅读的兴趣，以后上初中、高中至大学，都喜欢在课余阅读文学作品和各种报章杂志，从中吸取知识和思想营养。

我的初中、高中阶段更有许多值得回忆的地方。1951年，我考入家乡的球山中学。在我就读的三年中，担任校长、教导主任的都是教育界的精英，又恰好学校从汕头、潮州聘来一批有学识、有新的观念和作风、热爱教育事业的青年教师，课程开设齐全，采用新的"五分制"，老师认真改进教学方法，重视课堂上师生互动，提高教学效果，体育课也上得新颖、活泼，活动多样，总之整个学校呈现出蓬勃向上的景象。1954年我考入丰顺中学读高中，学校设在县城，是县里的重点中学。这里不仅学校规模更大，环境更优美，更重要的是许多任课老师讲课都很精彩，每天引导我们在知识的海洋中畅游。县城离家乡山路一百里，我们这些来自球山中学的学生只有放寒假、暑假才回家，平时每个星期天上午都坐在教室里安静地做作业，或预习，下午则到操场锻炼身体，整理内务，生活过得很充实、愉快。在校也不是死读书，学校重视社会实践和参加生产，安排学生上山植树、挖水渠，参加附近乡村的生产劳动和抗旱，我虽然个子小，视力不好，但也能在烈日下蹬水车，蹬几个小时车水抗旱，干得劲头十足。从1951年上初中到1957年9月考入大学，这六年时间，正是新中国成立后国家蒸蒸日上、社会风气良好的时期，六年时间，我在老师指导下专心地读书，广泛地吸收知识，并且接触了一些社会实践。这是一段极其珍贵的岁月，使我以系统、坚实的各学科知识和奋发向上的社会理想武装了头脑，这对于我的人生道路和学术历程是极其重要的。在许多年之后，我的《史学与民族精神》出版，有一位作者在书评中说，"阅读本书能强烈地感受到著者论述诸多史家史著和文化传统时所怀有的昂扬、饱满的热情"。我以为这话讲出了书中的一个特点，而它恰恰是我在中学时代这一关键时期形成的世界观、价值观奠定的。

在中学阶段，我的文科、理科成绩都属优良，喜欢钻研数学、物理问题，记得高一《物理学》课本后面有约三百六十道总复习题，有的题很有难度，我利用假期大部分都做完了。当时对历史课兴趣一般，对地理却很有兴味，家中那两本《中国地图》《世界地图》是彩色大开本，虽是解放前出版的，却印制精美，又采用了一些很直观的显示方法，如"世界十大河流"，按比例并排地宛延画出每条河流从发源地流到海洋的示意图,依照当时测量的长度顺序为:密西西比河、尼罗河、亚马孙河、长江、多瑙河、黄河……并在地图边整齐地标出公里数,使读者一目了然,印象深刻难忘。我常常双手捧着"读"地图,一遍遍阅读、记忆图中城市、铁路、地形、河流、山脉、海岸线、港口、湖泊、名胜、沙漠、国界、省界、洲界等等,读得津津有味,许多知识历久而不忘。到了高中二年级时,我面临着高考选择什么志愿的问题。记得是和同学散步时一起议论,问到我报考什么时,我脱口而出:"我当然报理工科。"立即有一位同学表示十分惊异,说:"你怎么不报文科?你如果报理工科,考上名牌大学不一定有把握,如果报文科,就准能考上。"同学的话引起我的一番思索,我倒并不同样认为考文科定能考上最好的学校,而是考虑到自己先天性近视,报考理工科有许多限制;那就报文科吧!就这样,也没有请教过老师或其他长辈,报考文科的事情便这样决定了。到高三临近填报高考志愿时,班主任何方老师找我谈话,他是优秀数学老师,表示为我未报考理工科感到遗憾,建议我在志愿表中加填哲学系,说如学哲学,数理知识能有用处。事后多年回想起来,虽然我后来走上学习历史学科的道路,未能直接用上数、理学科知识,但是,在老师教育下长期下功夫学习数学、物理、化学、生物学等学科知识,长期地训练逻辑思维与严谨、严肃的治学态度和方法,对于以后在历史学领域的发展,仍然是十分重要的。

1957年高考,我幸运地考上中山大学历史系。这一年正赶上大学招生的"低谷",因为上一年,全国"向科学进军",大学扩大招生,到这一年就赶上调整压缩,全国只招生10.7万人,录取率为40%。丰顺中学由于师生奋发努力,成绩良好,录取率超过60%,且有不少学生考上全国著名大学,我的母校因而一下子在粤东出了名。考上中山大学,当然是我学习的新起点。踏进美丽的康乐园,见到一座座古典式建筑的教学楼,藏书丰富的图书馆，宽敞的操场……这里一切都是那么新鲜！特别是，历史学系拥有一批全国著名的教授，陈寅恪、岑仲勉、刘节、梁方仲、戴裔煊、董家遵、金应熙，还有当时比较年轻的李锦全、蔡鸿生等先生，他们有的亲自为我们授课，有的虽未授课却能读到他们的著作或耳闻师生对其为人为学的讲述，让青年学子感受到他们的学术风范。我就在这样优越的环境中认真读书，吮吸着智慧的甘露。

在中大，对我影响最大的是著名史学家刘节教授。他于1928年毕业于清华大学国学研究院，师从梁启超、王国维、陈寅恪先生研习古代史。曾任国立北平图书馆金石部主任，自1946年起长期在中山大学任教授（1950至1954年兼任系主任）。他于1927年撰成的《洪范疏证》是学术界首次对《尚书·洪范》篇撰成年代进行系统、严密考证的名文，梁启超曾称赞文中提出的见解"皆经科学方法研究之结果，可谓空前一大发明"。其后撰著的《好大王碑考释》《管子中所见之宋钘一派学说》均受到学界的重视。新中国成立后，刘先生曾撰有《西周社会性质》等多篇文章，主张西周已进入封建社会，并论述由低级奴隶社会向封建制度的过渡、社会发展的不平衡性与一贯性等带规律性问题。他多年开设史料学和史学史课程，著有《中国史学史稿》，对于历代修史制度、史籍之宏富多样和著名史家的成就均有详实的论述，见解独到，尤其重视历史哲学的发展，是中国史学史学科重要代表作之一，著名史学家白寿彝先生称誉该书和金毓黻先生所著《中国史学史》"同为必传之作"。我在校即听了刘节先生开设的"历史文选"课程，对他渊博的学识和认真教学的态度深感敬佩。后来先生为研究生讲授《左传》，也让我去听讲。1963年初，全国第一次统一招考研究生，我即选择了刘先生的"中国史学史"为报考志愿。大约至5月初，正值等待录取消息的时刻，有一次恰好在路上遇到刘先生，那时他是校务委员会委员，高兴地对我说：你已被录取，校务委员会已经讨论批准，报教育部备案,你可准备下学期初开学要用的书籍。当时我们都绝未料到,一场批判刘节先生的风暴即将刮起,后来发生的一切就都完全事与愿违。虽然自毕业离校后我再无机会见到刘节先生,但我今日从事的专业,渊源则始自大学时代受业于先生,师恩难忘。

1963年7月由中山大学毕业,我被分配到河南省工作,一直担任高中语文教师,至1978年。虽然在基层工作与科研机构差别很大,但我认真从事,十五年下来,自觉在对中国优良文化传统的认识,对古今名著名篇的钻研阐释,对语言文字的精心推敲运用等项,都有颇为深刻的体会,实也为此后学术研究之一助。粉碎"四人帮"之后,我国历史进入新时期,1978年全国恢复统一招考研究生,我有幸考取了白寿彝教授指导的"中国史学史专业"研究生,真正实现了大学时代从事本专业的梦想。

这时,正值全国拨乱反正、解放思想的年代,举国上下意气昂扬、千帆竞发,彻底批判极左路线、砸烂思想枷锁,呼唤科学的春天、重视知识重视人才,成为不可阻挡的时代洪流。我深深庆幸自己赶上了这个伟大的时代,庆幸投到名师门下受业深造。白寿彝先生在多个学科领域均深有造诣,他又担任全国人大常委、中国史学会主席团成员、中国社会科学院历史民族宗教三个研究所学术委员等多项职务,而他的主要精力则放在学术工作上,尤其专注于主编多卷本《中国通史》和推动中国史学史学科建设。其时先生已届七旬,但他不知老之将至,相反地是迎来他学术上最辉煌的时期,许多重要著作,正是在他人生道路最后二十年中完成的。他热爱伟大祖国的历史文化,同时他坚信以与时俱进、不断发展的马克思主义来指导学术研究和各项工作。"在唯物史观指导下从事新的理论创造"这句掷地有声的话,精当地概括了白寿彝先生的学术宗旨。他真正做到了把认识和总结客观的历史、体现当今的时代要求、关心国家和民族的未来三者有机地统一起来。他几十年的著述,则是把坚持正确的理论方向、丰富详实可靠的史料、恰当优美、雅俗共赏的表现形式三者有机地统一起来。

白先生担任总主编、汇集国内众多学者共同完成的多卷本《中国通史》（共十二卷，二十二巨册，总字数约一千四百万字），于1999年由上海人民出版社全部出版，被学术界誉为"20世纪中国史学压轴之作"。白先生又是中国史学史学科的重要奠基者和开拓者。他在这一领域辛勤耕耘达半个多世纪，出版有一系列重要著作，如：《史记新论》、《史学史教本初稿（上册）》、《历史教育与史学遗产》、《中国史学史论集》、《白寿彝史学论集》、《中国史学史》（第一册），并主编了《史学概论》、《中国史学史教本》、多卷本《中国史学史》等。他提出了许多精辟的论点和推进学科建设的构想，如，于50年代提出史学史研究要摆脱书目解题式格局，至80年代初进而提出要突破学术专史的局限，要总结史学如何反映了时代的特点和成功史书撰成之后又如何推动时代前进；论述研究史学史应区分精华与糟粕，传统史学是一笔宝贵遗产，应当根据时代的需要，大力继承和发扬；对于史著或一个时期的史学成就，应从历史思想、史料学、历史编纂学和历史文学四个方面来分析评价。又如，论述古代史家提出的问题可以作为今人观察历史与社会的思想资料；论述不应以凝固不变或互相孤立的观点看待古代几种主要史书体裁，而应看到其发展和互相联系，要从传统史学提出的改革历史编纂的主张获得启示，并设想以"新综合体"来撰写通史或断代史。事实证明，白先生提出的这些重要观点和命题，对于推进史学史研究均有指导性意义。先生领我走进学术殿堂，我研究生毕业后，即留在北京师范大学历史学院任教，前后跟随先生达二十一年，时时聆听教诲，使我受益终生。

我在研究生阶段除完成学位论文《论魏源的爱国主义史学著述》外，还撰写有《司马迁经济思想的进步性》《龚自珍的社会历史观》《史书体裁应有创新》《中国古代史学史分期问题》的论文。以后在教学与科研工作中，逐步确立了以先秦两汉史学，清代及近代学术史，20世纪中国史学等作为研究的重点。我念研究生时已三十九岁，深感时间珍贵，时不我待，因而认真读书、写作。先后出版的著作有十一种，主编的著作二种，另有合著三种。进入80年代以后，学术界出现前所未有的思想活跃局面，一方面是大胆破除旧的思想束缚，勇于探索和创新，另一方面，又出现不同观点的交锋和碰撞。我认为，置身于这样的环境实属难得，使我能够从多方面吸收思想营养，也启发我思考：在各种主张纷至沓来的时候，应当坚持正确观点，大力弘扬先辈们的优秀学术遗产，同时要防止和克服消极的倾向。只有这样，经过大家努力，才能不断创造学术发展的大好局面。在科研和教学工作中，我坚持两项基本指导思想。第一，史学史研究应当以发掘、阐释优良遗产为主；对于传统学术的精华，要根据时代需要加以改造和大力弘扬。第二，要充分占有材料，遵循"实事求是"的原则，严谨治学。既重视材料的发掘，又要重视理论的分析。"充分占有材料"应当包含三层意思，一是研究问题务必尽可能完备地搜集材料，通过发现新材料提出新见解，二是对材料要深入分析，去伪存真，去粗取精，三是尤应重视典型材料的价值，提供有力的论证依据。创新不是故意标新立异，不是为了取得轰动效应。尊重前人的成果，以之作为出发点，根据自己发掘的新材料，认真地进行广泛联系、上下贯通、客观辩证的分析，从而得出证据确凿、经得起时间考验的新见解，这才是学术创新的大道。

为了推进学术研究和中国史学史学科建设，我们应当着力探讨中国史学演进中带有关键性的问题，要努力总结和阐释那些显示出中国史学的民族特色，彰显民族文化伟大创造力，具有当代价值，具有中西融通学理意义的内容、思想、命题、方法，以展示传统史学和近现代史学的成就和独具魅力，促进中国学术向世界的传播。这是中国学人的时代责任。围绕这些问题，遵循这一思路，我鼓励自己深入探索，并力求作出新概括、新表述。举例来说，有以下八项。

（一）从文化视角研究史学

中国古代史学高度发达，但以往对史家、史著的研究，却容易局限于单科性的局部范围之内。因此，应当跳出这种局限，转换角度，"从文化视角研究史学"。即是说：认识历史学的发展与文化学和其他学科有多向性的联系，它跟一个时代的文化走向、社会思潮有紧密联系，不可分割。因此，研究者应当跳出单科性研究的局限，将"史学"与"文化"作互动考察。即：探究和评价一部优秀的史著，应当与它所产生的时代之社会生活、民族心理、文化思潮、价值观念等结合起来，从而更恰当地揭示出这部优秀史著的思想价值，捉住书中跳动的时代脉搏。同时，"史学"与"文化"互动考察，又能通过更加准确评价优秀史家、史著的成就，增加我们对中国优秀文化传统丰富蕴涵的了解，更加深刻地认识中华文化的向心力、凝聚力和伟大创造力，提高民族自信心。我所著《史学与中国文化传统》《史学与民族精神》《再建丰碑》《学术史沉思录》等书，对于《史记》《汉书》《史通》《文史通义》，以及《春秋》《左传》《日知录》，乾嘉考史三大家钱大昕、王鸣盛、赵翼及龚自珍、魏源、崔述等名著、名家，都力求提出新的看法，作出新的阐释。

（二）深入探索，揭示出史学演进的纵向联系和时代的特点

史学史作为一门专史，对它的研究应当将深度开掘与纵向考察二者相结合。前者是指对一部名著或一个时期的史学成就，应当从著述内容、编纂形式、同时代人的学术交往、史著与社会思潮的互动等项作深入的分析；后者是指应将史著置于史学长河的演进作纵向考察，探讨它对前代学术的承受、对后代的影响，它解决了史学演进中的什么问题而构成了新的学术高峰。还需注意对学术界曾经提出过的一些看法作出回应，或赞成、引申、或解疑、辩难，通过学术争鸣，以推进真知。如《史记》，之所以被赞誉为"史家之绝唱"、"传统史学之楷模"，这除了司马迁本人

具有雄奇的创造力以外，又决定于他对先秦各家学说精华的大力吸收，和对汉初多元文化格局的自觉继承。汉初思想家陆贾、贾谊、晁错等人吸收秦亡教训，谴责秦的文化专制政策，他们勇于提出自己的思想主张，同时重视吸收各家之长。如陆贾重视儒家"仁义"学说，又吸收道家、法家思想。司马谈《论六家要旨》总结各家学说，有肯定，也有批评，成为司马迁的重要学术渊源。汉初学术的多元化局面，是先秦百家争鸣的继响，是对秦朝文化专制政策的巨大超越，因而成为司马迁社会思想成长的肥沃土壤。当时，封建制度处于上升时期，具有蓬勃的活力，国家的空前统一，都为他的著述提供了极好的时代机遇，因而勇于提出"成一家之言"的目标，形成自由表达思想的高尚志趣。还有，以往有的哲学史教科书评价司马迁的思想倾向是"崇道抑儒"，实际上，我们结合司马迁生活的时代，却能从书中举出大量证据，证明他高度评价"六经"对于治理国家的作用，以"继《春秋》"自任，书中评价人物和历史事件的标准均大量地以孔子的论断作为依据，其《孔子世家》系对孔子在文化史上的崇高地位作了全面的论述。所以梁启超称他是西汉时代独一无二的大儒。当然司马迁又善于吸收各家学说之所长，有拥抱全民族文化的宽广胸怀，他对道家的智慧和哲理也重视采纳。

再如《汉书》，本来历史上长期《史》《汉》并举，但是在一段时间内，《汉书》的评价却处于低谷。其中一个重要原因，是一度盛行"对立面斗争"的思维定势的影响，要肯定《史记》的杰出成就，称它是"异端"思想的代表，就要拿《汉书》作为陪衬，贬低它是"正宗"思想的典型。这与史学发展的实际情形大相径庭，需要结合中国史学的纵向发展与班固所处的时代环境作深入分析，重新评价《汉书》的历史地位。《史记》著成之后，成就卓异，人们仰慕不已，此后一百余年间只能"续作"，写出若干零篇。这些续作者自褚少孙以下有十余人，所做的工作自觉不自觉地置于司马迁巨大成就的笼罩之下。他们并未意识到需要构建新的史学体系,而这个问题不解决,则"保存历史记载长期连续"的目的便会落空。试看,这些"续作"之大部分都已湮灭无闻,就是明证。班固既继承了司马迁的纪传体结构,同时又认识到"大汉当可独立一史",因而"断汉为史"。在内容上提供了时代所需要的历史教材,在构史体系上取得了重大突破,推动中国史学向前跨进一大步。以前,有的研究者对班固"宣汉"大加批评,认为是对封建皇朝唱赞歌。其实,与班固同时代的大思想家王充著《论衡》一书,内容有《宣汉》《恢国》《超奇》《齐世》等篇,都是记述和赞美汉朝比前代的进步。他并且尖锐地批评当时俗儒"好褒古而贬今",因为他们生下来读的就是颂扬三代的书,"朝夕讲习,不见汉书,谓汉劣不若",所以识古不识今。我们联系王充的大量论述,正可证明:班固是以其成功的史学实践回答了时代的需要。在历史编纂上,起自高祖,终于王莽,这一断代史格局正与以后历代皇朝周期性更迭相适应,所以被称为后世修史者"不祧之宗",历两千年沿用不改。进而再深入探析《汉书》的内容,有大量史实证明,班固发扬了司马迁的实录精神,"不为汉讳";在对汉初历史变局和藩国由猖獗到废灭等历史问题的阐述上,具有唯物主义的因素;有一定的人民性,尤其是对封建刑律的残酷作了深刻揭露;十志则在反映封建国家政治职能上提供了丰富的材料和很有价值的看法。简要言之,我们结合纵向和横向考察,可以雄辩地得出结论:《汉书》是一部适应时代需要的、继《史记》而起的巨著,在史学发展上无疑应占有崇高的地位。由于《汉书》的成功,自东汉至唐六百年间形成了一门发达的"汉书学"。

(三)对"经"与"史"作贯通考察,拓展史学史学科的研究领域

经史关系对史学研究有重要的意义。"六经"是中国文化的源头,是古代先民智慧的结晶。其中包含着关于自然、社会以及人类思维活动的现象和规律之深刻观察和概括,影响极其深远,

构成了中华民族的文化基因。"六经"在长期封建社会中处于独尊地位,成为政治指导思想和学术指导思想,因此,重视考察各个时代的经史关系,是深化史学史研究和拓展学术探索范围的关键之一。《春秋公羊传》即与史学的长期发展关系很大,它是儒家经典之一部,又是解释《春秋经》的三传之一,在西汉和晚清时期曾两度大盛于世,但因时过境迁,当代许多人都对它感到陌生。公羊学说既有深刻的政治智慧和精微的哲理,又包含有隐晦芜杂甚至怪异神秘的内容。研究这套学说,就特别需要思辨的智慧和剥离剔别的能力,才能于"荒诞丛中觅取最胜义"。公羊学说的源头,在于《春秋》之"义",而《公羊传》对《春秋》大义的解释,便构成公羊学说具有活跃生机的内核。再经过汉代董仲舒和何休的大力推演,更成为有体系的学说,以专讲"微言大义"而在儒家经典中独具特色。我在以上分析的基础上,归纳、提炼出公羊学体系的三大特征:一是政治性。主张"大一统",倡导适应时代需要而"改制","拨乱反正","为后王制法",阐发经义以谴责暴君贼臣,关心民族关系。二是变易性。提出一套含义深刻的变易历史观,强调古今社会和制度都在变,变革是历史的普遍法则,时代越来越进步。三是解释性,或称可比附性。其优点是善于解释,在阐发经书"微言大义"的名义下,为容纳新思想提供合法的形式。但大胆解释又容易造成穿凿武断,随意比附,这又是明显的弊病。清中叶以后,研治春秋公羊学的学者甚众,有庄存与、孔广森,至晚清夏曾佑、皮锡瑞等十余家,写出风格多样的著作,经过深入探究、辨析,我们能够准确地把握住其演进脉络和本质特征。晚清公羊学说的展开,恰与清朝统治危机相激荡,又与新思想的传播相伴随、相呼应。它环环相扣,符合逻辑地有序展开,由庄存与揭起复兴序幕,至刘逢禄张大旗帜,至龚自珍、魏源改造发展,至达到极盛,成为近代维新派领袖康有为倡导变法维新的理论武器。戊戌前后,好学深思之士,都喜谈《公羊》。至 20 世纪初年,公羊学说在政治上的作用,随着变法失败而告终结，但在思想文化层面，它却成为中国学者接受西方进化论学说的思想基础，并且是五四前后兴起的"古史辨"派学术源头之一。这些足以证明，绅绎春秋学说，对于深化先秦、西汉史学的研究和清代、近代学术史的研究，确实裨益甚大。

（四）重视比较研究

比较研究的主要功能在于，它能够推进我们的认识能力，开阔我们的视野，使我们对研究对象的认识更加准确、更加深刻。事物的特点和意义是相比较而存在的，而且由于适当的比较而相得益彰。马克思研究资本主义的生产、交换、流通的特点，就不仅研究它们本身，还以之与前资本主义的生产方式相比较，与资本主义生产关系发展程度不高的国家作比较。比较不同时期的史学名著，就可以广泛地考察两者之间联系、继承、发展的各个侧面，更加清楚地认识其不同特点，以及各自在史学发展史上的地位，促使我们的认识更趋深化和更加正确。

如，《史通》和《文史通义》这两部名著被称为"古代史评双璧"。但是章学诚本人却曾经强调二者的相异，在其一封家书中说："自信发凡起例，多为后世开山，而人乃拟吾于刘知幾。不知刘言史法，吾言史意；刘言馆局纂修，吾议一家著述。截然两途，不相入也。"但我们通过认真的比较研究，却的确能够深刻地认识这两部名著的共同性：刘、章二人都重视总结史学演进的经验和教训，以理论的创新推进著史实践的发展；二人都具有强烈的批判意识，都有独到的哲学思想作指导，重"独断"之学，重"别识心裁"。通过比较研究而认识这两部书的共同性，对于史学史研究意义甚大，证明刘知幾和章学诚都重视历史体裁创新，凸显出中国史学有重视理论总结的优良传统，以之指导史学实践。这就更加彰显中国传统文化的独特魅力！通过比较研究，我们又能认识到两部著作的差异性，由此更深刻地把握唐代与清代史学面临的不同特点和刘、章二位著名史家不同的学术个性:刘知幾处在断代史正史纂修的高峰期,他承担的主要使命是总结以往、提出著述的范式,他提出的范畴、命题内涵丰富,且颇具体系性。章学诚则处于正史末流在编纂上陷于困境阶段,其主要任务是开出新路。他洞察当时史识、史学、史才都成为史例的奴隶之严重积弊,又发现晚出的纪事本末体因事命篇的优点正是救治之良方,因此主张大力改造纪传体,创立新的体裁,其论述具有深刻的哲理性和明显的超前性。

又如,魏源完成于鸦片战争时期的《海国图志》和黄遵宪于甲午战争前撰成的《日本国志》同为近代史学两部名著。《海国图志》第二次增订本为一百卷,全书包括论(《筹海篇》一至四)、图(各国沿革图)、志(《志东南洋海岸各国》《志大西洋欧罗巴各国》等)、表(《中国西洋纪年表》等)。《日本国志》全书共四十卷,分为十篇"志"(国统、邻交、地理、职官、食货等)。假如从表象看问题,《海国图志》介绍外国史地知识包括了亚、欧、美、非各大洲,而《日本国志》只专记日本一国,两书范围之广狭相去甚远,似乎不适于比较。其实,这是由于未能达到对两部史书深层认识的原故。我们试就两书的背景、观点、内容、影响作逐层比较,即可以认识:两部史书具有相同的主题,都不愧为近代向西方寻找真理的里程碑式的著作。这两部书的编纂内容和体裁的共同特点,是创造性地运用典志体以容纳具有时代意义的新鲜内容。作为谙熟史书体裁特性和感觉敏锐的学者,魏源和黄遵宪都采取改造了的典志体来撰写史著。他们充分地发挥了传统典志体所具有的两大长处。一是它适合于反映社会史的丰富内容。典志体可以包容各种典章制度、天文、地理、民族、经济、物产、军事、外交、学术文化等。每一部分既可反映社会史的一个侧面,同时又可储备各种知识。在近代,迫切需要了解外国的历史、地理、制度文化,典志体史书正适合囊括这些内容。二是具有灵活性。这种体裁没有固定的框框,可根据需要调整,可以灵活变通。通过比较,我们能够进一步认识近代史学发展的阶段特点。在近代史开端，反侵略的需要十分迫切；到了19世纪后期，则进而要求学习西方的制度文化。处在近代史开端时期的进步史家向往资本主义的民主制度，但认识比较肤浅；到19世纪后期，这种认识则要深刻得多。在历史编纂上，《海国图志》和《日本国志》有共同的特点，但后者的编撰技术更加成熟了。

（五）探讨传统史学向近代史学转变的途径，阐发其理论意义

"传统史学"一词，大体上是指鸦片战争以前在中国文化自身环境中演进的、原有的史学。至鸦片战争后，则进入近代史学时期。而"近代史学"的正式产生，应以20世纪初梁启超发表《新史学》，以及在此前后出版的新型学术史和通史著作，为其标志。"传统史学"与"近代史学"基本格局迥异，近代史学无论在历史观念、治史内容等方面都有极其鲜明的时代色彩。由此之故，对于"传统史学是如何向近代史学转变的？"这一问题，研究者的看法很有分歧。我国历史进入改革开放时期后，国门大开，西方思想大量涌入，使人感到格外新鲜。于是，有的人因对中国文化的自身价值认识不足，遂产生一种偏颇看法，认为传统史学与近代史学之间存在一个断裂层，近代史学从理论到方法都是由外国输入，在编纂上也是摒弃了传统史书形式而从外国移植的。我认为，这种"断层论""摒弃论"的看法，与历史事实极不相符。传统史学向近代史学演进的轨迹清晰可寻，而转变的动力，乃在于传统史学内部有近代因素的孕育。研究这一"转变的中介"，不但内涵十分丰富，而且具有重要的理论价值，进一步证明传统文化的精华在近代具有一定的应变力，具有向现代学术转变的内在基础。从清初顾、黄、王三大家，到乾嘉时期一批出色学者，再而继起的龚自珍、魏源等人，都为酝酿、推动这种转变做出了贡献。他们相继的努力汇集起来创辟了如下的转变途径：在历史观点上，批判专制，憧憬民主，以及对公羊学朴素进

化观的阐释；在历史编纂上，是章学诚提出的改革历史编纂的方向，和魏源、夏燮等史家所作的成功探索；在治史方法上，则是乾嘉史家严密考证的科学因素在新时代条件下的发展。近代史学就是发扬传统学术的精华与接受西方新学理二者结合的产物。近代著名史家，如梁启超、王国维、陈寅恪、陈垣等人，他们都勇于吸收西方新思想，同时又都深深地扎根于中国文化土壤之中，写出来的论著都是地道中国式的，所以才为学者和大众所欢迎。

（六）高度珍视 20 世纪中国史学的思想遗产

20 世纪中国史家人才辈出、成果丰硕。由于中国文化悠久的优良传统的滋养，又适逢中西文化交流提供的相互对话、切磋和启示，加上大量考古文物和稀有文献重见天日，凭借这些难得的时代机遇，学者们精心耕耘，因而取得众多佳绩，蔚为大观，这里包含着对待祖国文化传统的正确态度，包含对外来学说吸收容纳的勇气和善于鉴别的眼光，是留给我们的极其珍贵的思想遗产。由于 20 世纪史家大量的创新性、系统性研究，使我们对于中国漫长历史认识的广度、深度和准确度，都大大推进了，使我们对中国统一多民族国家如何发展巩固，各个历史时期的特点，国家治乱盛衰的总结，各种制度的建立、沿革，民族关系的处理，历史人物评价，学术文化的发展、变迁等重要方面的认识，较之以往要丰富得多、正确得多。20 世纪几代学人的贡献，诚然功不可没！我们绝不能因为中国近代社会积贫积弱，就妄自菲薄，而对先辈的遗产有丝毫的低估。20 世纪中国史学遗产的丰厚，最集中的显示是形成了"三大干流"，并且它们互相吸收、互相影响和互相推动。第一，是新历史考证学派。它与乾嘉考证学派有继承关系，同时又接受西方近代史家重视审查史料、拓展史料、严密考证等观念的影响，代表性人物有王国维、陈寅恪、陈垣、胡适、顾颉刚、傅斯年等。第二，是马克思主义史学流派。其创始在五四时期，以后经过奠基、壮大，新中国成立后在全国范围确立其指导地位等阶段，代表性人物有李大钊、郭沫若、范文澜、翦伯赞、吕振羽、侯外庐等。第三，是新史学流派。以往，曾称前二者是"20世纪史学两大干流"，对于"新史学"则一般只关注它是20世纪初年由梁启超倡导、形成磅礴声势的重要学术思潮，而未明确认识它事实上已经形成为一个重要"学派"。我们经过深入探究即能把握到，这一学派不但有影响巨大的领军人物、重要的代表性著作，而且有共同遵奉的学术旨趣，有明显的学术传承关系。构成"新史学流派"基本的学术特点是：以进化史观为指导，主张探求历史的因果关系和规则性；不局限于研治政治史，而要研究、叙述人类社会生活的整体面貌；史家要关心国家民族命运，著史要激发国民的爱国热情；重视史学与其他学科的关系，扩大视野，扩大史料范围；重视历史编纂的创新，写出受大众欢迎的史著。不仅"新史学"倡导者梁启超本人，他如萧一山、吕思勉、张荫麟、周予同、周谷城等，尽管各有其学术个性，而上述诸项，又构成他们学术上的共性。不同学派并非互不相干、壁垒森严，而是互相吸收、互相影响。譬如，梁启超的史学方法影响了新考证学派学者，而马克思主义史家郭沫若、侯外庐等又很重视考证学派的成就。学派繁盛，各展风采，又互相取鉴，正是20世纪中国史学发达的确证。更加深入地考察"三大干流"的形成及其影响，无疑是推进20世纪史学研究的重要课题。

推进对20世纪史学的研究，还需要着力解决一些难点、重点问题。如，唯物史观和实证史学都是为了探究历史的真相，二者之间绝非互不关联，更不是互相对立。唯物史观也强调搜集史料，要求占有充分的材料；同样重视对材料的考辨，去伪存真，重视史料出处的环境，重视甄别、审查的工作，务求立论有坚实的史料依据；同样遵从孤证不能成立的原则，遇有力之反证即应放弃，训练严谨、科学的态度，反对主观臆断，所得的结论必须经受住事后的验证，发现原先认识有错误迅即改正，决不讳饰；同样要求尊重前人的成果，同时又反对盲从，学贵独创，要有所发现，不断前进，等等。诸如此类，因为都是做学问的基本方法和原则，所以唯物史观与实证史学都是相通的。新中国成立后，许多研究者通过自觉学习唯物史观，收获巨大，能够对复杂的历史现象和学术问题，透过现象，看到本质，以辩证的眼光作具体、细致的分析，互相联系，上下贯通，从而得出正确的结论，解决了长期困惑自己的问题，获得真理性的认识。这些事实证明唯物辩证法确是比传统思想和近代流行的诸多学说远为高明，唯物辩证法能给人以科学分析问题的理论武器。当时有一批四十岁上下的学者，如徐中舒、杨向奎、王仲荦、韩国磐、邓广铭、周一良、谭其骧、唐长孺等史学俊彦，他们原本熟悉传统经史文献典籍，在运用历史考证方法上很有造诣，其具有科学价值的观念和方法，本来就与唯物史观相通；而马列主义、唯物史观理论又比传统学术、近代学术具有更高的科学性，以之为指导，能帮助研究者更全面地把握研究对象的全局，更深入地揭示研究对象的本质。因此，这些学者得到科学世界观指导以后，极感眼前打开了一片新天地，学术研究达到更高的层次。这些年，有的人由于痛恨教条主义，而不恰当地将之与提倡唯物史观联系起来。关键在于，对教条主义盛行的原因应当作深入的具体分析。"十七年"中一度教条主义泛滥，其原因甚为复杂，除了研究者因经验不足，运用不当以外，主要的，是因当时政治上"左"的路线的影响、干预，以及其后"四人帮"别有用心的破坏。实际上，"十七年"中存在着两种对立的学风，与教条主义恶劣学风相对立的，是实事求是的优良学风。这是许多正直的马克思主义学者和像徐中舒、杨向奎、谭其骧、唐长孺等一批严谨治学的学者所坚持的，因此，"十七年"史学虽经历了严重曲折，但仍取得许多重大的成绩。令人欣喜的是，进入新时期以后，教条主义恶劣学风受到彻底清算，而实事求是、坚持唯物史观与时俱进的优良学风则更加显示出其蓬蓬勃勃的活力！

(七) 历史编纂学：新的学术增长点

传统史书体裁的丰富多样充分显示出中华文化的巨大创造力，每一种体裁都有成功之作，世代流传。这些名著是历史家呕心沥血著成的，其成功，包含着进步的史识，渊博的学识，高明的治史方法，合理、严密的编纂技巧，这些具有宝贵价值的内涵都承载在历史编纂的成果之中。以往一般认为，史书的体裁、体例，似乎只关乎技术性问题。其实决非如此。史书的组织形式与其内容、思想是辩证的统一，组织形式的运用，结构、体例的处理，体现出作者的史识、史才、史学，包含着多方面的思想价值和深刻的哲理。白寿彝先生在其所著《中国史学史》（第一册）中曾说："史书的编纂，是史学成果最便于集中体现的所在，也是传播史学知识的重要的途径。历史理论的运用，史料的掌握和处理，史实的组织和再现，都可以在这里见个高低。刘知幾所谓才、学、识，章学诚所谓史德，都可以在这里有所体现。"这对于我们有深刻的启发。我们应当对历史编纂学的内涵和特点重新给予恰当的定位：历史编纂学是一个时代史学发展水平的集中体现，也是衡量史家的史识、史学、史才、史德达到何种水平的有效尺度。史家再现历史的能力如何，其史著传播历史知识的效果如何，在这里都直接受到检验。历史编纂学既是史学史研究的内容之一，同时，它又是推进研究史学发展的新颖视角和重要方面。通过深入研究历史编纂学，就能提出一系列新的课题，拓展史学理论与史学史的研究广度与深度，因而是重要的新的学术增长点。近些年，历史编纂学领域的研究成果已日见增多，这是很好的现象，我们应当举起双手欢迎，并经过共同努力，尽快建立起"中国历史编纂学"这一分支学科。无论从主要史书体裁的发展，或不同历史阶段历史编纂的特点，或一些名著中对体裁体例的匠心运用等项，值得探讨的问题无疑都很多，而其中我们尤应深入地探讨"编纂思想"如何体现和运用，作为推进研究工作的关键环节；因为史书的框架设计、体例运用，都是为了反映客观历史进程的需要，而精心安排，或作调整、改造、创新。故此，应当特别重视从"编纂思想"这一角度来深入揭示史学名著成功的真谛。所谓"编纂思想"，可以初步提出主要包括以下数项：一是史家著史的立意，最著名者，如司马迁之"究天人之际，通古今之变，成一家之言"，司马光之"关国家盛衰，系生民休戚，善可为法，恶可为戒者"。二是史家对客观历史进程的理解，并在史著中努力加以凸显的。三是史家为了达到再现客观历史的复杂进程，如何精心地运用体裁形式和体例上的处理。四是史家的编纂思想如何与社会环境、时代条件息息相关。以此作为重要的切入点，再联系对风格各异的史学名著的独创性、时代性，不同时期历史编纂的特点，以及学者提出的观点主张等项深入考察，就一定能够不断获得有原创性价值的新成果。

（八）大力发掘和阐释传统学术精华的当代价值

传统文化典籍内容博大精深，承载着古代先民观察社会生活、总结历史进程所得到的睿思和经验。历史是过往的社会生活，当今时代是历史的发展。现代社会虽然比古代远为复杂和进步，但作为人类社会活动的一些最基本的内容和原理，古今是相通的，因此，古代经典中的精深哲理和先辈们的创造性成果，具有超越时空的意义，具有当代价值。我们应当大力发掘和阐释这些珍贵的原理、原则和精神，展示中华文化的独特魅力，并结合今天时代的需要进行改造和再创造，以大大增强民族文化创造活力。对于古代历史名著，同样应当努力发掘、总结其中具有珍贵价值的思想、观念和方法，作为我们发展新史学的借鉴。譬如，《史记》创立的体裁以"本纪"为纲，其余"表""书""世家""列传"与之配合，体例完善，故被后代学者称誉为"载笔之体，于斯备矣"，又称为著史之"极则"。《史记》的体裁一般称为"纪传体"，实际上其本质和优长，是五体配合的综合体裁。以后历代正史的纂修者只知因循，不求创造，只会刻板地沿用体例，而丧失运用别识心裁加以驾驭和灵活变通的能力，因而遭到章学诚的严厉批评，称之为如洪水泛滥，祸患无穷！章学诚由此提出改革历史编纂的方向："仍纪传之体，而参本末之法。"这就是：要创造性地发扬《史记》诸体配合、包罗宏富的体例特点，和根据记载客观历史变迁的需要，灵活变通、"体圆用神"的著史灵魂；同时，糅合纪事本末体的特点，以解决"类例易分而大势难贯"的严重缺陷。此后，梁启超、章太炎撰著中国通史的尝试和罗尔纲著《太平天国史》，都体现出朝着这一方向继续努力。至20世纪末白寿彝明确主张对传统纪传体实现创造性改造，用"新综合体"撰著多卷本《中国通史》，完成了既大力发扬传统史学精华 又具有鲜明时代特色的成功巨著。

我们既有历经数千年形成的中华文化优良传统，又有一百年来创造性运用马克思主义、引领社会前进的优良传统，这两者是保证中华民族处于当今国际激烈竞争中繁荣、发展的强大精神支柱。马克思主义中国化，正是中国共产党人创造性地将马恩著作中的基本原理，与中华民族的优良传统相结合而确立的正确方向。如何在实现现代化大业中，更加自觉地把这两个优良传统结合起来，是当前我们应该解决的具有重要理论意义和现实意义的课题。通过研讨，更加深刻地认识传统文化的精华与马克思主义中国化方向二者互相贯通，使我们在大力弘扬民族优良文化传统的同时，更加自觉地坚持马克思主义中国化的正确方向，与时俱进，发展21世纪的中国马克思主义理论。我在2008年主编《中国马克思主义史学的理论成就》一书时，专门写了一个题目：传统思想的精华何以通向唯物史观。我提出的基本观点是："中国传统思想中的精华，同样表达了历代人民大众的美好追求和理想，虽然未达到欧洲19世纪先进学说的高度，但其发展方向是相同的；这就成为'五四'以后先进的中国人接受唯物史观学说的思想基础和桥梁。""马克思主义的基本原理与传统思想的精华，与中国文化形成的价值观的内涵深深地相契合，无疑是马克思主义中国化的伟大事业在过去将近一个世纪中与时俱进地发展,一直保持旺盛的生命力的重要原因。"并从传统思想中有丰富的唯物主义思想资料;历代思想家有大量关于辩证、发展的观点的论述,光辉闪耀,前后相映;历代志士仁人反抗压迫、同情民众苦难的精神;先哲们向往的大同思想四个方面,作详细论证。文章发表后,得到学界同仁的肯定和鼓励。我愿继续对此探索,为学术研究和服务社会尽绵薄之力。

当前我们正处于社会主义学术文化发展的黄金期。发扬中华文化的优良传统和近现代优秀学者的精神;当前学术界持续高涨的创新意识;大力吸收外来文化并加以鉴别、选择的自觉态度:这三大要素,为学术的繁荣、发展提供了极佳条件。我深信,更加光辉灿烂的未来必将展现在我们面前!

2015 年 3 月 17 日
于北京师范大学寓居

卷首识语

　　历史学是人类过去生活的反映,同时它又是文化的重要载体。文化,可以包括代表一个时代智慧高度的学术思想,和体现一个时代社会心理、风俗习惯的平民文化两个层次;前者起到提高、引导的作用,后者则是学术思想形成的基础。这两项,大量的正是靠历史典籍记载下来的。因此,史学的研究应强调"文化视角",对史学和文化作双向考察:结合各个时代的社会思潮、文化走向,来研究优秀史著的成就和价值,这是从文化视角研究史学。同时,通过总结中国史学的精华,进一步提高我们对中华民族优良文化传统及民族智慧的认识。而民族精神作为中华民族世代繁衍发展的精神支柱和灵魂,便是这种独具光彩的优良文化传统和民族智慧的升华与结晶。——以上,是我二十年来从事史学与文化研究所形成的基本思路。先后奉献给读者的《史学与中国文化传统》和《史学与民族精神》两本书,即较为集中地总结了我在这一领域探索的初步收获。

　　《史学与中国文化传统》于 1992 年出版后,承蒙读者厚爱,书印行不久即已售完,此后时有读者来信询问近期是否再版。此书在海外也产生了反响,1994 年 6 月和 1998 年 6 月,我先后应邀到香港和台湾参加学术会议，都有多位学术界同仁谈及对拙著的印象。我还得知台湾有书商盗版印售此书的消息。我想，这本小书在文化市场上的反响和学术界朋友给予的鼓励，表达的正是当代人们对中国优秀史学遗产的关注。

中国文化源远流长，史学在其中占有重要的地位。范文澜曾称中国古代文化是"史官文化"（见于《中国通史简编》第一编第五章第八节）。梁启超也曾论述中国古代史官在法律上有独立的资格，地位又极尊严，而且有很好的人才充任，这是中国史学发达的一个重要原因。中国史官的设置很早，"至迟到周初，便已看重史官的地位。据金文——钟鼎文——的记载，天子赐钟鼎给公卿诸侯，往往派史官做代表，去行给奖礼。周公时代的史佚见于钟鼎文就不下数十次，可见他的地位很高"。《左传》记载了晋国史官董狐、齐国史官北史氏三兄弟及南史氏的事迹，赞扬他们无所畏惧、敢于直书的精神。"不怕你奸臣炙手可热，他单要捋虎须。这自然是国家法律尊重史官独立，或社会意识维持史官尊严。"梁启超又说："一直到清代，国史馆的纂修官一定由翰林院的编修兼任。翰林院是极清贵的地方，人才也极精华之选，……其尊贵为外国所无。""可以说全国第一等人才做史官了。"（见《中国历史研究法补编》中"史学史的做法"一节）

范文澜和梁启超的看法，确实讲出了中国古代文明重视历史记载、长期保持连续不断、历史典籍丰富多样的特点。我们祖先最早是在中部平原地区繁衍生息和建立国家的，农耕民族必然要重视农业生产经验的积累，包括观象授时即历法观测的总结，这就形成古代先民重视历史记载的传统。记载在儒家经典中"多识前言往行以畜其德"的古训和"殷鉴"的观念，便是这种传统的结晶。这种文化特点反映在儒家思想中，即形成了重视历史经验、重视祖宗崇拜和重视孝道的根本观念。自《左传》《国语》起，我国史学便形成了记载内容丰富、反映广泛社会生活、重视民众作用等优良传统。而《史记》《汉书》《隋书》《贞观政要》

《通鉴》等典籍，更明白记载着中国历史上最著名的汉、唐盛世，是由于当时的决策集团高度重视总结历史经验，因而革除弊政、励精图治而取得的，这是中国历史上的大事情。历代优秀史家无不把著史视为神圣事业，要藏之名山，让后世治国者采而用之。古代中国本来在世界上居于先进地位，至16世纪以后中国落后了。而中国如何急迫地需要走出闭关锁国状态、开眼看世界、向西方学习，这一正确方向，也恰恰是在近代史学名著《海国图志》中首先提出来，又在《日本国志》中进一步发展的。这也有力地证明中国文化具有应变力，在历史转折关头，传统文化中的优秀部分成为吸收外国先进文化、开始向近代转轨的内在基础和内在动力。到20世纪初民主思想高涨的年代，以及长期反帝反封建的伟大斗争中，历史学更是唤起民族觉醒、探求救国正确道路的有力武器。因此，史学史这门学科有理由受到人们更多的关注。通过认真地总结中国史学的宝贵遗产，发掘其中体现的我们民族的优秀精神，和百折不回、衰而复振的伟大生命力，将之注入当代人们的创造之中，提高民族自信力，迎接21世纪的到来，在激烈的国际竞争中立于不败之地。——这是学术界对于振兴中华所应作出的贡献。

全书内容安排，前面为"总论"，重点论述关于史学与民族精神的几个理论问题，然后按照传统史学前期、传统史学后期、近代史学，分为上、中、下三编。书中大多数专题，都曾先写成文章在刊物上发表。在此基础上，作者对内容作了补充、修改。本书的出版，得到学苑出版社大力支持，特别是郭强同志为此付出了很大的心力。又承蒙郭预衡教授题写书名，为本书增添了光彩。博士生沈颂金、张爱芳同学等位帮助我查核材料、校对书稿。谨此一并致以深切的谢忱！

最后，诚恳地希望得到专家和读者对本书所给予的严格批评！

1998年10月

目 录

总 论

史学传统与民族精神 …………………………………… 3
历史的规律性与历史的丰富性 ………………………… 19
超越单纯考证尺度的局限 ……………………………… 32
历史编撰与创新精神 …………………………………… 43
传统·近代·当代 ……………………………………… 70
20世纪中国马克思主义史学的历史地位 …………… 88

上 编

《左传》在传统史学上的地位 ……………………… 103
《左传》为古代史学树立的范例 …………………… 112
汉初史论的时代色彩和主要成就 …………………… 127
司马迁对历史发展趋势的卓识 ……………………… 141
司马迁价值观与儒学 ………………………………… 159
对《汉书》十志的总体考察 ………………………… 174
两汉之际阴阳五行说和谶纬说的演变 ……………… 196
今文公羊学说的独具风格和历史命运 ……………… 210

中　编

苏颂的学术成就和治学精神 …………………………………… 231

谈迁与《国榷》 ………………………………………………… 243

马骕的史学成就 ………………………………………………… 256

钱大昕：历史考证的精良方法及其影响 ……………………… 265

钱大昕与元史学 ………………………………………………… 289

《廿二史劄记》：乾嘉学术创造性思维的出色成果 …………… 301

嘉道时期学术风气的新旧推移 ………………………………… 322

下　编

龚自珍、魏源的学术风格 ……………………………………… 337

黄遵宪的近代开放意识 ………………………………………… 348

梁启超与中国史学的近代化 …………………………………… 363

章太炎对近代史学的贡献与局限 ……………………………… 381

"古史辨派"的兴起及其评价问题 ……………………………… 398

跋　语 …………………………………………………………… 415

总 论

史学传统与民族精神

进入新时期以来，丰富而广泛的学术实践，特别是关于文化问题持久而深入的讨论，为史学工作提供了许多宝贵的启示。我认为，其中最有学术价值和理论价值的启迪，是使我们清楚地认识到，阐发史学传统所蕴含的民族精神，同实现现代化大业有密切关系。中国优秀史学遗产是一笔宝贵的精神财富，认真发掘和总结其中包含的不断加强的民族凝聚力，在不同时代奋发进取、建树出色业绩的伟大创造力，在任何情况下视国家民族利益至上的强烈责任感，和勇于反抗侵略、不屈不挠争取光明前途的精神，以这些生动教材教育群众，将是学术界对振兴中华所作的贡献。

"文化热"在我国兴起历时已有十几年。从20世纪80年代掀起热潮，90年代中仍不衰退，依然吸引着学界和许多人们的关注，其中有着极为深刻的原因。我以为，最重要的是两项：

第一，我们民族在几千年的久远历史中创造了灿烂辉煌的文化，对于全人类文化作出杰出的贡献，不仅表现出中华民族的高度智慧，并且显示出民族的优秀精神。今天处在改革开放的形势下，我们用现代观点阐发传统文化的精华，总结民族的优秀精神，赋予新的时代意义，加以发扬光大，这是激发爱国思想、提高民族自尊心的必要条件。对于民族文化中存在的消极落后的东西，我们也要通过总结将之剔除，消除其不良影响，并努力采取有效的弥补措施，包括学习外国进步文化和根据我们现时代的经验进行新的创造，这对于建设民族新文化同样具有重要意义。

第二，文化史研究还为学术工作提供了新视野、新思路，注入新的灵感。以往我们的学术工作成就巨大，但毋庸讳言，又存在分科过细和局限在单学科范围内思考问题的缺点。近代以来各个学科门类的出现和明确划分，是认识史上的巨大进步，促进各门科学趋于精密和系统化。但伴随而来的缺点是过分强调学科之间的界限，削弱了学科之间本身固有的联系，限制了人们的视野。事实上，人类社会本来就是一个整体，20 世纪 80 年代以来兴起的文化史研究，恰恰注重对社会生活、时代思潮、民族心理、文化价值相互间的联系，作宏观的整体性考察。这种重视整体性考察的特点，正好弥补我们以往研究工作的不足。整体性研究，从社会生活和学术观点的广泛联系和相互比较进行考察，能开阔我们的视野，丰富智慧，增加灵感。

就史学研究而言，我国历代史家辈出，史学典籍极为丰富。以往对中国史学的研究，尽管成绩可观，但也存在就典籍论典籍的缺陷，而未能足够重视对优秀史著中文化蕴含的发掘。实际上，由于历史学本身是过去社会生活的反映，因此它又是文化的重要载体。我国历史上志士仁人的活动，学者先哲的学说、主张，以至平民大众的心理、习俗，大量的正是靠历史典籍记载下来的。文化史研究所强调的整体性，有力地启发史学史研究者更加自觉和充分地考察优秀史著如何反映了时代的脉搏，怎样体现出我们中华民族自强不息、奋发进取、勇于创造、不畏强暴、从不屈服于外来压迫的精神。由"文化热"所引发的这种"视角的转换"，大大推进了对史学传统研究的深度，反过来又有助于加强我们对民族精神丰富内容的认识，成为今天激发我们振兴中华的巨大力量。以下即从最为突出的四个方面加以论述。

一、从历史记载的连续性看民族的凝聚力

我国史学传统可以追溯到很早。相传夏代有史官终古，殷代有史官向挚。商代甲骨文中已有大量记事的卜辞，并有意识地保存备查。周初的记载还称："惟殷先人，有册有典"①，更说明殷商时代对历史记载的重视。到西周初年，即产生了重要的历史典籍《尚书》。这部商代和周初历史文献的汇集，不仅有宝贵的文献价值，而且有重要的史学价值，因而成为几千年间中国文化最重要的典籍之一。影响我国达几千年的"殷鉴"观念，即是在这时形成的。《尚书·召诰》篇说："我不可不监于有夏，亦不可不监于有殷。"《酒诰》篇说："'人无于水监，当于民监。'今惟殷坠厥命，我其可不大监抚于时。"十分明确地提出周应以殷朝灭亡的历史为鉴戒，警惕重蹈覆辙。

历史是昨天的现实，今天是历史的发展，总结历史的教训可以作为今天国家治乱兴亡的鉴戒。这种重视历史、以之作为现实社会教材的思想，我们祖先在三千年以前即已产生，这就成为我们民族的一笔精神财富。从西周共和元年，即公元前 841 年开始，我国就有明确的纪年，从此连续不断。至春秋末年，儒家创始人孔子把历史作为教育学生的主要教材之一，并依据鲁国国史记载而修成《春秋》，成为我国第一部史事、史文、史义三者结合的最早的编年史。孔子重视历史记载对后人产生极大影响，战国时期产生了《左传》《国语》等著作，到西汉武帝时代，伟大史学家司马迁以"继《春秋》"为己任，著成不朽的《史记》，不仅记载了自传说以来中华民族全部的历史，而且把周初以来"殷鉴"的思想大大向前推进，提出"原始察终，见盛观衰"，"考之行事，稽其成败兴坏之理"，②成为整个中古时代历史学很

---

① 《尚书·多士》。
② 《史记》卷一百三十《太史公自序》及《汉书》卷六十二《司马迁传》。

有光辉的命题。

中华民族自西周初年"殷鉴"思想的提出,到司马迁"原始察终"思想的形成,若以西方哲人黑格尔的话作为参照系来评价,恰恰标志着历史意识达到自觉和臻于成熟的阶段。黑格尔在《历史哲学》一书中有以下论述:"'历史'这样东西需要理智——就是在一种独立的客观的眼光下去观察一个对象,并且了解它和其他对象间合理的联系的这一种能力。所以只有那些民族,它们已经达到相当的发展程度,并且能够从这一点出发,个人已经了解他们自己是为本身而存在的,就是有自我意识的时候,那种民族才有'历史'和一般散文。""历史对于一个民族永远是非常重要的;因为他们靠了历史,才能够意识到他们自己的'精神'表现在'法律'、'礼节'、'风俗'和'事功'上的发展行程。……假如没有'历史',他们在时间上的生存,在本身中便是盲目的——任性在多种形式下重复表演而已。历史使这种偶然性停止。"① 黑格尔的话说明,重视历史记载对于一个民族的发展而言是极为重要的尺度,表明它已达到相当发达的程度,有了"自我意识",能从以往历史经验中吸取智慧,总结出有规律意义的东西,按照它来确定未来的行动,以达到更合理的政治、社会状况。换言之,以史为鉴,使中华民族能够不断获得智慧和激发创造力,选择未来行程的方向,在经历挫折之中不断发展。这也是中华民族自古以来珍视历史传统的意义所在。因此黑格尔又通过对比中国和印度的发展情况,十分感慨于两者在历史记载连续性上的巨大反差:"中国人具有最准确的国史……中国凡是有所指施,都预备给历史上登载个仔细明白。印度则恰好相反。"②

中国史学的发达,历史记载的世代连续、绵延不断,是举世无匹的。历史记载的长期连续性,即是我们民族强大生命力和凝聚力的明证。在世界四大文明古国中,只有中国历史记载保持连

---

① 黑格尔:《历史哲学》,王造时译,生活·读书·新知三联书店1956年版,第205、206页。
② 黑格尔:《历史哲学》,第204页。

续不断。中华民族这种强烈的历史感，其实质意义即是重视民族自身的由来、发展，并且自觉地将它传续下去。自司马迁首创纪传体通史《史记》之后，班固继之撰成纪传体断代史《汉书》，以后历代相因，一直到清朝修成《明史》，一共完成了纪传体史书二十四部。二十四史是自有文字以来前后相接的历史巨著，共三千二百多卷，是世界各国历史著作中所仅有的。另外两种重要体裁的史书，编年体自《春秋》以后，有《左传》《汉纪》《后汉纪》《资治通鉴》等，直至《明通鉴》；纪事本末体，有《通鉴纪事本末》至《明史纪事本末》等，也都能贯穿古今而自成系统。

修史工作在中国古代备受重视，许多史家把撰史视为名山事业，当权者也视保存历史记载是一代大事。唐初李世民在诏书中说："前代史书，彰善瘅恶，足为将来之戒。……将欲览前王之得失，为在身之龟镜。"[①] 把历史视为治国者的教材。至清代龚自珍更进一步说："史存而周存，史亡而周亡。""灭人之国，必先去其史；隳人之枋，败人之纲纪，必先去其史；绝人之材，湮塞人之教，必先去其史；夷人之祖宗，必先去其史。"[②] 则更认为史学直接关系到天下兴亡、民族存灭了。

我国历史记载的长期连续，体现出古代儒家经典所概括的"生生不已"，"天行健，君子以自强不息"，奋发进取、不屈不挠的精神，保证我们民族虽然历经劫难，却能衰而复兴，蹶而复振！值得注意的是，当历代鼎革之际，继起的皇朝都十分重视修纂前朝历史，入主中原的少数民族建立的政权也不例外，以此作为朝政大事。元朝至正三年（1343），即诏令纂修宋、辽、金三史。清朝入关第二年（1645），即下诏修明史。由于实际未进行，至康熙十八年（1679）正式设馆纂修，至乾隆四年（1739）最后定稿，历时六十年。元、清两朝如此重视修撰前朝历史，表现出少数民族建立的政权对于中原先进文化的认同感，当然也增强了

---

① 《册府元龟》卷五百五十四《国史部·恩奖》，中华书局1982年版。
② 《龚自珍全集》第一辑《古史钩沉论二》，上海人民出版社1975年版，第21、22页。

全民族的凝聚力和生命力。

二、从史学的演进看民族的创造力

中华民族昂扬奋发、勇于创造的精神，不仅表现在古代物质财富、科学技术、文学艺术等项的发明建树上，而且突出地表现在史学的演进上。由于中国史学蕴积深厚，历代备受学者和一般士大夫的重视，因而各个时期的史学都能取得独特性成就，显示出不同于前人的时代风采。先秦、两汉时期，《左传》《史记》《汉书》这三部史学名著的先后产生，即堪称民族伟大创造力在文化上的缩影。

《左传》是在史事上解释《春秋经》的，而它所记史事丰富翔实，展开了春秋时期政治、军事和社会生活的生动图画。全书以年为经，以事为纬，记载详略得法，前后联贯，尤其做到了相当深刻地反映社会矛盾，并开创了记载完整人物形象的先例，如晋文公、郑子产、伍子胥等。《左传》又擅长写战争场面，写行人在敌强我弱的条件下，以真情至理，巧妙地运用辞令，维护本国主权，折服了对方。因而被刘知幾赞誉为："若斯才者，殆将工侔造化，思涉鬼神，著述罕闻，古今卓绝。"① 《史记》这部巨著的宏伟规模，则与西汉皇朝处于鼎盛局面相适应。杰出史学家司马迁的一生，基本上与汉武帝同时，当时，西汉国家达到空前的统一，开拓边疆，兴造制度，政治、军事、经济、外交、学术各方面都产生了杰出的人才，司马迁在构建史学体系上的恢宏创造力，正与这一时代特点相适应。司马迁一生多次到全国旅行、访问，考察史迹，了解各地形势、物产、民情、风俗，《史记》的成功包含有他从民众中吮吸的营养，寄托着他对祖国壮丽山河的热爱。司马迁因替李陵辩护遭受屈辱的宫刑，但他从悲愤中奋

---

① 《史通》卷十六《杂说上》，见浦起龙《史通通释》，上海古籍出版社1978年版。

起，用生命完成这部不朽的巨著。《史记》以"究天人之际，通古今之变，成一家之言"，"网罗天下放失旧闻，王迹所兴，原始察终，见盛观衰"为著述宗旨。① 从纵的方面贯通古今，自远古一直写到汉武帝时代，总结了以往的全部历史，叙述其变化；尤其重视历史时势的"变"和推动社会前进的改革措施。在横的方面记载了政治、经济、军事、典章制度、学术文化、人物活动、天文地理、河渠工程、医药卜筮，以至民族关系、中外关系等，一句话，把当时中国人社会生活的各个方面，都置于历史考察的范围之内。这样做，在先秦《左传》《国语》等书成就的基础上，根据当时客观条件许可的范围，最大限度描绘了社会史的丰富内容，这不但在中国，乃至在世界文化史上都有重大意义。在历史编撰上，司马迁也有很高的成就。他把过去初具规模，或尚属草创阶段的史书形式，加以综合、改造，创造出本纪、表、书、世家、列传五种体裁形式互相配合的成熟的著史体例，容量广阔，规模宏大，足以表现一个时代的全史。后代学者盛赞说："百代而下，史官不能易其法，学者不能舍其书。"② "参酌古今，发凡起例，创为全史，……信史家之极则也。"③《史记》在文学上也有高度的成就，当之无愧地是世界文化史上的瑰宝，远传东西方各国。仅是取材于《史记》改编而成的剧目，即有《卧薪尝胆》《赵氏孤儿》《伍子胥过关》《虎符》《屈原》《渑池会》《将相和》《马陵道》《荆轲》《鸿门宴》《霸王别姬》《萧何月下追韩信》《卓文君》等，令世代观众赞叹不已，感动落泪。这也从一个侧面证明《史记》的雄奇创造力和久远生命力！在《史记》成书以后约一百七八十年，东汉明章时期产生了纪传体史书又一杰作《汉书》。《汉书》上起高祖，下迄王莽，断汉朝历史自为一书，在当时，具有驳倒俗儒尊古卑今意识的进步意义。与班固同时代的学者王充在其《论衡》一书中曾尖锐地批评俗儒"好褒古而毁今"的偏见，指出这些人迷信古代达到荒谬的程度："俗好

---

① 《汉书》卷六十二《司马迁传》及《史记》卷一百三十《太史公自序》。
② 郑樵：《通志·总序》。
③ 赵翼：《廿二史劄记》卷一"各史例目异同"条。

高古而称所闻,前人之业,菜果甘甜;后人新造,蜜酪辛苦。"并分析俗儒之所以形成这种颠倒历史的看法,是因为他们自生下来读的就是记述和颂扬三代的书,"朝夕讲习,不见汉书,谓汉劣不若"。①因此他断言若果有一位擅长著述的人修成这样一部"汉书",记载汉代的政治功业,让读书人从小诵习,那么这部书的价值便可与《尚书》《春秋》相媲美。班固恰恰以成功的史学实践回答了时代的需要。他不满意"以汉代继百王之末",要独立修成一部汉史,这种认识和努力实具有破除浓厚的复古倒退思想的积极意义。班固的创造性还表现在解决了司马迁以后历史编纂的难题。《史记》产生之后,后人相继补作,自褚少孙至班彪,先后有十余人之众。然则这些续作绝大多数流传不下来,证明若只限于修修补补,史学便无法前进。班固以过人的见识和创造才能实现了重大突破,撰成纪传体断代史的巨著。从此为历史编撰开了一条新路,以后自《三国志》《后汉书》至《明史》一直沿用,说明断代为史与中国封建皇朝更迭的周期性特点相适应,所以章学诚推崇《汉书》为历史编撰上的"不祧之宗"②。

唐代史学在纪传体史书编撰方面获得了显著成就,并确立了官修前代正史的惯例。贞观三年(629),诏令狐德棻、李百药、姚思廉、魏徵等分别修周、北齐、梁、陈、隋书,房玄龄为总监。贞观十八年(644),命房玄龄主修晋书。再加上李延寿所撰《南史》《北史》,成于唐初的纪传体"正史"共有八部,占了二十四史的三分之一。但朝廷设局监修又带来互相掣肘、互相推诿、压抑史家独立见解的弊病。于是有刘知幾总结史法的得失,提倡敢于抒发个人见解的"独得"之学。他著成我国古代史学批评的第一部名著《史通》,痛切地批评朝廷官僚对修史的干预:"凡居斯职者,必恩幸贵臣,凡庸贱品,饱食安步,坐啸画诺"③,致使任史职者"每欲记一事,载一言,皆阁笔相视,含毫不断。故头白可期,而汗青无日"。"十羊九牧,其令难行;一国三公,

---

① 《论衡》卷十八《齐世》、卷十三《超奇》及卷十九《宣汉》。
② 《文史通义》卷一《书教下》。
③ 《史通》卷十《辨职》。

适从何在？"① 确能打中监修制度的要害，表现出高明的史识和非凡的勇气。故梁启超对刘知幾作了高度评价："史学之有人研究，从他始。这好像在阴霾的天气中打了一个大雷，惊醒了多少迷梦，开了后来许多法门。"② 所以唐代史学，既有编撰正史的显著成就，又有针对监修制度的弊病而发的史学理论名著。这两个方面，都是中华民族创造力在唐代历史条件下的特殊表现。

又如清代乾嘉考据学，在整理历史文献上作出很大成绩。这一时期史学向"窄而深"方面发展，其成就不能低估。如郭沫若所说，若欲研讨古史，不利用清儒成绩，是舍路而不由。他又说，乾嘉学者"虽或趋于繁琐，有逃避现实之嫌，但罪不在学者，而在清廷政治的绝顶专制。聪明才智之士既无所用其力，乃逃避于考证古籍"③。清初因时代剧变的刺激，曾出现学术经世致用思想的高涨。此后，自康熙中至乾隆年间，一方面是统治者屡兴文字狱，不准学者关心现实问题，另一方面是社会出现相对稳定局面，封建经济发展，为学者潜心研究提供了物质条件，结果乾嘉史坛出现了考证学繁荣的局面，产生了考史三大家王鸣盛、钱大昕、赵翼和其他众多学者。

纵观整个传统文化演进的趋势，每个时代都出现内涵和风格迥异的文化高潮，战国诸子，两汉经学，魏晋玄学，隋唐佛学，宋明理学，清初实学，乾嘉朴学，无不阶段分明，而又各具特色，如群峰竞秀，各放异彩。史学作为传统文化发达的一门也是如此，一个时代有一个时代的独特成就，在史学长河中一再出现巨大的波峰。

---

① 《史通》卷二十《忤时》。
② 梁启超：《中国历史研究法补编》，《饮冰室合集》专集之九十九，中华书局1989年版，第158页。
③ 郭沫若：《读随园诗话札记》，作家出版社1962年版，第87页。

三、史家旨趣与"以天下为己任"的情怀

我国历代优秀知识分子,对国家民族怀抱高度责任感,以救世安民为己任,形成了优良传统,同广大群众的生产和斗争一同推动社会前进,这是民族精神的重要组成部分。孔子"博施于民而能济众""修己以安百姓",北宋范仲淹"先天下之忧而忧,后天下之乐而乐",清初顾炎武"天下兴亡,匹夫有责",这些名句集中体现了这种精神,千百年来一直是激励人们崇高爱国心和强烈责任心的巨大力量。历代优秀史家撰成有生命力的史著,也正是由于把这种"以天下为己任"的崇高精神灌注到史书之中,崇善黜恶、激浊扬清,讴歌志士仁人的业绩,从而世世代代产生了广泛深远的教育作用。

孔子著《春秋》,是第一次有意识地把"史义"灌输到"史事""史文"之中,通过褒贬书法表达他的社会理想,希望实现诸侯各国共同尊奉周王室、社会有序发展的所谓"天下有道"时代。因此,中国史家关心国家民族命运的根本观念来自孔子。司马迁著史以"继《春秋》"自任,且达到极大的成功,郭沫若为韩城司马迁祠墓所题的诗句"功业追尼父,千秋太史公",可谓恰如其分。《史记》全书突出地体现出西汉的时代精神,司马迁记述并赞扬了"汉兴,海内一统",扫秦烦苛,发展生产等历史功绩。同时,他又出于对国家民族强烈的责任心,尖锐地批评汉武帝连年征伐的政策。他不怕专制皇帝的淫威,在《平准书》中直书无隐,指出长期大规模出兵,导致士卒大批死亡,民众困苦不堪,造成"天下苦其劳""财赂衰耗而不赡"的危险局面,并正告当政者要"见盛观衰"。又在《货殖列传》中批评汉武帝"与民争利",主张放任发展,让人们自由获得财富。《史记》久远生命力的秘密,就在于他从关心民众生活和国家前途出发,形成了不同于官方思想的独立思想体系。《汉书》产生在东汉初年,处于封建专制加剧的儒学"法典化"时代,不可避免地打上时代

的印记，而全书仍然具有进步的思想倾向，表现出班固关心民众的社会责任感。《汉书》既宣汉，又据实暴露统治阶级的罪恶。如揭露土地兼并恶性发展，贫者无立锥之地。诸侯王及外戚奢侈纵欲，无法无天。地方豪强为非作歹，居民白天不敢出门走路。揭露独尊儒术之后，儒学成为进身任官的阶梯，是打开为利禄奔竞之门。自武帝以后"以儒宗居宰相位"那班人物，如公孙弘、匡衡、张禹、孔光等，都是"服儒衣冠，传先王语，其酝藉可也，然皆持禄保位，被阿谀之讥"①，尖锐地抨击这些以儒学大师进身的显赫人物，都是庸碌自私、巧于饰己、专事谄媚之徒，根本不配居于宰相地位，对他们表示极度蔑视。尤其是班固在《刑法志》中既记载西汉刑法取得的进步，又举出大量史实批评汉朝刑法的苛滥。他以长段议论，强调刑律不公是关系到封建政治全局的严重问题。并且严厉批评东汉初年，将判重罪、多判罪当作狱吏能干的标准，狱吏上下互相驱使，加害于无辜者，因此他强烈地主张要根据现实情况，删除烦苛的刑律，制定简明而能"便民"的新律令。读着班固出于关心民众而发出的痛切的议论，我们不能不肃然起敬。

　　唐、宋时期著名史学家杜佑、司马光都继承了由孔子、司马迁开创的史家关心国家命运的传统。安史之乱后，国势显赫的唐皇朝一下子陷于衰微破败，形势的变化刺激人们寻找改革的办法，救治社会弊病。杜佑《通典》的撰著即适应这一时代需要，"实采群言，征诸人事，将施有政"，寻找"匡拯之方"，让史书直接为现实政治变革服务。他明确提出"教化之本在乎足衣食"，全书八典以"食货"为首，而食货又以"田制"为先。② 杜佑把封建社会的经济结构，特别是历代土地关系的变革，放在首要地位加以论述，证明他对国家治理和民众生活的深切关注。司马光著《资治通鉴》，进一步把史学经世致用传统推向新的阶段。这部二百九十四卷的巨著，书名即突出地显示出他撰史是为了

---

① 《汉书》卷八十一《匡张孔马传·赞》。
② 《通典·自序》及《旧唐书》卷一百四十七《杜佑传》。

"资"封建国家之"治",以历史上治乱兴衰的教训,作为当政者的历史教科书,因此"专取关国家兴衰,系生民休戚,善可为法,恶可为戒者"①。书中对历代政治、经济兴衰,政风、用人的得失,以及民众生活、民族关系的状况,均有翔实的记载。尽管司马光在政治上态度比较保守,但是他著史态度严肃认真,所提供"资治"的东西是可靠的史实,这是《通鉴》成为继《史记》之后最优秀的通史巨著的根本原因。

明清之际著名学者顾炎武、黄宗羲处在朝代鼎革、"天崩地解"的形势下,分别撰成著名的史论《日知录》和《明夷待访录》,实是代表当时有识之士总结明朝灭亡教训,对封建专制制度的残酷、腐朽进行严厉的抨击。《日知录》虽有不少条目谈考据,但其重点是讲"治道"。顾炎武明确地区分"亡国"和"亡天下",他说:"保国者,其君其臣肉食者谋之;保天下者,匹夫之贱与有责焉耳。"②成为近代以来激励人们爱国精神的警句。书中有力地批评理学空谈严重毒害知识分子,"以明心见性之空言,代修己治人之实学,股肱惰而万事荒,爪牙亡而四国乱",最后造成"神州荡覆,宗社丘墟"的惨剧!③黄宗羲的《明夷待访录》是一部反对君主专制的破天荒著作,闪耀着民主思想的光芒。黄宗羲尖锐地揭露、批判封建政体的腐朽和罪恶,爆发出"为天下之大害者,君而已矣"④的呐喊,书中这些战斗性内容具有早期启蒙的意义,一直到中国历史进入近代,这部书还起了鼓舞青年人献身革新事业的作用。

四、近代爱国主义史学与探索民族救亡之路

由于封建统治的腐朽和列强的野蛮侵略,中华民族在近代饱

---

① 司马光:《进书表》。
② 《日知录》卷十三《正始》。
③ 《日知录》卷七《夫子之言性与天道》。
④ 《明夷待访录·原君》。

经忧患，灾难深重。然而，民族屈辱的命运激起民众的英勇反抗和志士仁人前赴后继探索救国之路。中国近代爱国主义史学的高涨，正是对于探求救国之路的有力推动。

近代志士仁人探索救亡图强的道路包括互相紧密联系的两大主题，一是发扬中华民族酷爱独立自由、不屈不挠的精神，动员广大民众抗击列强侵略，保卫国家神圣的领土和主权；二是批判封建制度的腐朽，认识中国的落后，学习西方的民主制度和先进文化，同时发扬本民族的优秀遗产。包括近代杰出爱国史家魏源在内的一批先进人物，确实把中华民族的伟大精神提高到新的高度。魏源是近代史开端时期爱国史家的代表人物。他在鸦片战争前已经认识到清朝统治的腐朽，时代大变动即将到来，并搜集清皇朝前后期国势升降变化的史料。至鸦片战争爆发，他满怀爱国义愤从事著述，及时撰成《圣武记》，探索清朝的盛衰，同时从乾隆末年以后政治、军事的腐败，揭露鸦片战争中致败的原因。《海国图志》的著成是魏源更重要的贡献，这部著作突破了封建时代对外国闭塞无知的旧格局，系统、大量地介绍外国史地知识，第一次把世界的真实面貌展示在国人面前。魏源明告西方列强东来，"遇岸争岸，遇洲争洲"，使东方国家面临严重威胁，呼吁中华民族百倍警惕，奋起反抗："此凡有血气者所宜愤悱，凡有耳目心知者所宜讲画也。"[①] 他大声疾呼改变对外部世界闭目塞听的颟顸状态，把了解外国作为当务之急，做到"瞭彼情伪"洞悉机宜，同时明确提出"师夷长技以制夷"的口号，成为近代先进的中国人向西方国家寻找救国真理的起点。《海国图志》受到了社会各方面人士的欢迎，在国内多次刊刻，证明魏源的思想随着时代而前进，他所撰成的爱国史学著作反映了抗击侵略、了解西方的迫切需要，它对近代社会的积极影响直至20世纪前期。梁启超在1924年著书仍评价说：《海国图志》一书讲述国民对外之观念，"其论实支配百年来之人心，直至今日犹未脱离净尽，

---

① 魏源：《海国图志原叙》，《海国图志》，岳麓书社1998年版。

则其在历史上关系，不得谓细也"①。

魏源所开创的近代爱国史家学习外国、探求图强之路的传统，被黄遵宪和王韬所继承。黄遵宪在十九世纪七八十年代撰成近代爱国史学又一名著《日本国志》。他以驻日使馆参赞身份到日本，正值日本明治维新时期，他体察日本社会的巨变，认识到学习西方、维新改革，确实使日本走上由弱变强的道路。他还直接阅读卢梭、孟德斯鸠的著作，对民权学说由"惊怪"转为信服，"心志为之一变，以为太平世必在民主"。②由祖国本土形成的革新观点和爱国热忱，促使他克服种种困难，著成《日本国志》，及时地向国内介绍日本学习西方、走上资本主义道路的经验，并且成为中国人观察世界潮流的窗口，对戊戌运动产生了直接的影响。较黄遵宪稍前一点，有王韬著成《法国志略》，把法国历史介绍给国内，特别表达了以法国的富强和进步激励国人觉醒，打破闭塞陋习的深刻寓意："方今泰西诸国，智术日开，穷理尽性，务以富强其国，而我民人固陋自安，曾不知天壤间有瑰伟绝特之事，则人何以自奋？国何以自立？"③书中对于法国当代促进资本主义生产和贸易的一套办法，如银行、商会、邮政、铁路都有评论，尤其介绍法国三百年来科学技术的发明，记载国会根据公众意见制定法律，选举统领、首辅的制度，对于当时有识之士要求变革中国旧的封建体制，都有启迪的意义。

20世纪初年，新史学思潮涌出，对于激发爱国主义和推进思想启蒙意义尤为重大。梁启超于1902年撰成《新史学》，倡导实行"史界革命"，即用国民意识和进化论哲学为指导，创造出符合于"提倡民族主义，使我四万万同胞强立于此优胜劣败之世界"④这一时代需要的新史学，发挥激励爱国心和团结合群之力的巨大作用。同年，他著成《论中国学术思想变迁之大势》，用进化发展和阶段性演进的历史观点论述中国数千年学术思想之变

---

① 梁启超：《中国近三百年学术史》，《饮冰室合集》专集之七十五，第323页。
② 《壬海公来简》，即黄遵宪致梁启超信（1902年），《新民丛报》第十三号。
③ 王韬：《重订法国志略·序言》，光绪庚寅仲春淞隐庐刊本。
④ 梁启超：《新史学》，《饮冰室合集》文集之九，第7页。

迁，尖锐地批判专制政体和文化专制造成的祸害。梁启超撰成的多种史学论著，以及夏曾佑的通史著作，都是"新史学"理论的出色实践。至五四时期，为新史学发展作出重要贡献的还有运用"二重证据法"考证古史的王国维，和开创"古史辨"学派的顾颉刚，他们的史学成就与中国社会近代化的方向和五四运动反封建的潮流是相符合的。

新史学的成就，又被五四以后崛起的马克思主义史学所吸收。郭沫若于1929年著成《中国古代社会研究》，它标志着中国马克思主义史学从其奠基之时，便成为革命党人寻求民族解放正确道路的伟大事业之重要组成部分。他以科学的历史研究，帮助革命者认清中国要走全世界各国的共同道路，并对未来的光明前途树立坚强的信心。抗战时期，范文澜在延安先后著成《中国通史简编》（1941）和《中国近代史》（1945）。这两部著作，全面、系统地阐明中国几千年历史，一反历来剥削阶级美化统治者所作所为、污蔑人民大众在历史上的作用的旧观点，用阶级斗争的主线解释中国的历史，肯定人民群众的首创精神和推进历史作用。这两部产生于烽火连天的抗日战争中的著作，标志着历来进步史学家以天下为己任的爱国精神达到新的飞跃。戴逸教授评价说："这样两部书，……是时代精神的体现，它集中了当时革命者的许多智慧，第一次系统地说出了革命者对中国历史的全部看法"，"教育、影响了后代的历史学家，也教育、影响了当时千千万万的革命者"，成为"当时许多革命干部案头的必读书"。① 在抗日战争这一决定民族生死存亡的关头，不仅马克思主义史学家郭沫若、范文澜、翦伯赞、吕振羽、侯外庐等人成为这场伟大斗争的一员，其他爱国史学家也依据本人所处的具体环境，同全国抗战军民同命运。陈垣八年抗战间处在危城北平，不怕特务迫害，处处表现出凛然的正气。他在课堂上向学生讲《日知录》和《鲒埼亭集》，以顾炎武的经世思想和全祖望的民族气节激励学

---

① 戴逸：《时代需要这样的历史学家：在纪念范文澜诞辰100周年学术座谈会上的发言》，《近代史研究》1994年第1期。

生。在著述上，他将爱国思想熔炼在阐发历史上人民的正义斗争和气节之士坚守民族大义的著作中，写出《明季滇黔佛教考》《通鉴胡注表微》等有名史著，产生了很好的影响。陈寅恪颠沛流离，到达昆明任教，他为陈垣《明季滇黔佛教考》作序，同样表达出高尚的民族气节，表明在国难当头的情况下，两位史家以热爱祖国、坚守志节相勉励。顾颉刚于九一八事变后，即在北平发起组织"禹贡"学会，从事维护祖国版图的边疆历史地理研究。继又提倡以通俗读物形式，宣传抗日主张，因此受日本特务迫害，他辗转到达西北、西南一带，继续抗战宣传和学术工作。中国人民经过浴血奋战，终于打败极度野蛮凶残的日本侵略者。中华民族不屈不挠的伟大精神在抗战中得到空前大发扬，而在人民胜利的巍峨丰碑上，也记载着进步史家的功绩。

阐发中国史学传统所蕴含的民族精神，同我们当前振兴中华的宏伟事业无疑有密切的联系。历史已经行进到20世纪的最后路程，新的21世纪即将到来，我们处在继往开来的伟大时代。未来的世纪将更加有希望，又将更加充满挑战。我们要在激烈的国际竞争中继续发展壮大自己，就要在大力学习外国先进事物的同时，不断增强民族自尊心、自信心，更加激发民族创造力。当今国际激烈的竞争，关键是综合国力的竞争，归根到底又是人的素质的竞争。对于我们来说，就迫切需要加强爱国主义和民族精神的教育，这是关系到我们民族前途的重大事情！中国几千年史学的优秀遗产是我们的先人留下来的一笔宝贵财富，认真发掘和总结其中包含的不断加强的民族凝聚力和强大生命力，不同时代的学术所表现的勇于创新、不断进取的精神，历代志士仁人"以天下为己任"的高尚情怀，以及近代以来勇于反抗侵略、探求民族自救自强道路的气概，以此教育广大群众，提高全民素质，这是我们研究者义不容辞的光荣责任。

历史的规律性与历史的丰富性

一、历史理论中值得重视的问题

　　历史的规律性与历史的丰富性二者的关系,是历史理论中值得重视的问题。长时间以来,我们在史学著述中注重研究和阐述历史的规律性,这是确有必要的。根据对经典作家论述的全面理解,以及总结我国古代优秀史家的经验,我们还应该注重历史的丰富性问题。我们的史学著述应该做到将反映历史的规律性与丰富性二者结合起来。通过讨论,求得对这个问题的明确解决,将有助于完整地准确地理解经典作家的论述,有助于改进历史编撰的工作,因而具有理论和实践的意义。

　　探索历史发展的规律性是科学的历史研究的一项重要任务。旧时代的历史家,他们由于受到生产水平、科学水平的限制,以及剥削阶级偏狭眼光的限制,不可能认识人类历史发展的规律。马克思、恩格斯作为代表大工业时代先进无产阶级的伟大思想家,他们把哲学唯物主义应用到历史研究领域,阐明了社会物质生产方式制约着社会生活、政治生活、精神生活的法则,阐明了生产力的发展、生产力同生产关系的矛盾，以及在阶级社会中表现这一矛盾的阶级斗争推动之下，人类社会一步步由低级向高级发展的客观规律。如同列宁所说："达尔文推翻了那种把动植物种看做彼此毫无联系的、偶然的、'神造的'、不变的东西的观点，第一次把生物学放在完全科学的基础上，确定了物种的变异性和承续性，同样，马克思也推翻了那种把社会看做可按长官的意志（或者说按社会意志和政府的意志，都是一样）随便改变的、偶然产生和变化的、机械的个人结合体的观点，第一次把社会学置于科学的基础上，确定了社会经济形态是一定生产关系的总和，确定了这种形态的发展是自然历史过程。"① 这就是说，马克思主义阐明人类历史发展的客观规律具有划时代的意义，它使历史研究摆脱了唯心主义的影响，成为一门科学。努力做到并且公开申明我们要以探索、说明历史发展的规律为目的，这是马克思主义史学跟封建阶级的、资产阶级的史学的一项根本区别。我们从事中国历史的研究，要以马克思主义普遍原理为指导，进一步探索中国历史发展的规律和特点。共性是个性的概括，普遍规律指导我们研究具体规律。共性又寓于个性之中，普遍规律体现于具体规律之中，我们对于自己民族历史的发展规律作深入的研究，得出的科学成果，反过来也是对普遍规律的丰富和补充。

然而，科学的历史研究的任务，不但要说明历史进程的规律性，还要说明历史进程的复杂性、丰富性，做到二者的有机结合。经典作家一向强调历史进程内在的规律性，又重视历史进程的复杂性；强调归根结底经济因素的决定作用，又强调其他因素的交互作用。恩格斯曾以普鲁士国家的历史为例说："普鲁士国家也是由于历史的、归根到底是经济的原因而产生出来和发展起来的。但是，恐怕只有书呆子才会断定，在北德意志的许多小邦中，勃兰登堡成为一个体现了北部和南部之间的经济差异、语言差异，而自宗教改革以来也体现了宗教差异的强国，这只是由经

---

① 《什么是"人民之友"以及他们如何攻击社会民主主义者?》，《列宁全集》第一卷，人民出版社1955年版，第122页。

济的必然性所决定，而不是也由其他因素所决定。"① 马克思对人类社会历史的复杂性也有精辟论述。他说："当我们深思熟虑地考察自然界或人类历史或我们自己的精神活动的时候，首先呈现在我们眼前的，是一幅由种种联系和相互作用无穷无尽地交织起来的画面，其中没有任何东西是不动的和不变的，而是一切都在运动、变化、生成和消逝。"② 又说："相同的经济基础——按主要条件来说相同——可以由于无数不同的经验的事实，自然条件，种族关系，各种从外部发生作用的历史影响等等，而在现象上显示出无穷无尽的变异和程度差别，这些变异和程度差别只有通过对这些经验所提供的事实进行分析才可以理解。"③ 这两段话，分别从纵的和横的方向深刻地说明了历史的复杂性，并明确提出了分析这些复杂性的任务。

因此，只讲历史进程的规律性，不讲其复杂性，史学工作就没有完成自己的任务，它的科学性也就无从谈起。在过去曾经有过不少这种教训，这就是历史研究的简单化、公式化倾向。有的研究者，只顾"论证"一些人所共知的普遍规律，抛开对复杂历史进程的深入探索，满足于寻找几条孤立的材料，作为一些社会经济形态和阶级斗争术语的注解，于是历史进程变成了抽象的概念的推演，一部生动丰富的人类史，竟简单地成为几条公式就可以造出来的了。不管研究者的主观愿望如何，这种简单化、公式化做法，结果只能走向历史唯物主义的反面。恩格斯曾经语重心长地、几次三番地告诫要切实纠正这种错误倾向。他在1890年6月致保·恩斯特信中说："至于谈到您用唯物主义方法处理问题的尝试，那么，首先我必须说明：如果不把唯物主义方法当作研究历史的指南，而把它当作现成的公式，按照它来剪裁各种历史

---

① 《恩格斯致约·布洛赫》，《马克思恩格斯选集》第四卷，人民出版社1995年版，第696页。
② 恩格斯：《社会主义从空想到科学的发展》，《马克思恩格斯选集》第三卷，人民出版社1995年版，第733页。
③ 马克思：《资本论》，《马克思恩格斯全集》第二十五卷，人民出版社1974年版，第892页。

事实，那它就会转变为自己的对立物。"① 同年 8 月在致康·施米特信中说："我们的历史观首先是进行研究工作的指南，并不是按照黑格尔学派的方式构造体系的诀窍。必须重新研究全部历史 必须详细研究各种社会形态存在的条件，然后设法从这些条件中找出相应的政治、私法、美学、哲学、宗教等等的观点。在这方面，到现在为止只做了很少的一点工作，因为只有很少的人认真地这样做过。在这方面，我们需要很大的帮助，这个领域无限厂阔，谁肯认真地工作，谁就能做出许多成绩，就能超群出众。'② 同年 9 月，又在致约·布洛赫信中说："青年们有时过分看重经济方面，这有一部分是马克思和我应当负责的。我们在反驳我们的论敌时，常常不得不强调被他们否认的主要原则，并且不是始终都有时间、地点和机会来给其他参与相互作用的因素以应有的重视。但是，只要问题一关系到描述某个历史时期，即关系到实际的应用，那情况就不同了，这里就不容许有任何错误了。"③ 在恩格斯这三段话中，反对什么，提倡什么，是极为明确的。决不能把历史唯物主义当作现成的公式，按照它去剪裁历史事实 而应该详细研究各种社会形态存在的条件，研究其他参与交互作用的因素。我们从事历史研究，正是关系到某一具体的历史时期，关系到历史唯物主义的实际运用，那么就不能只讲普遍规律，只讲经济因素的作用，就不容许出现公式化、简单化的错误。而只要端正方向，我们面前的研究领域就无比宽广，就可能做出超越前人的成绩。1934 年 5 月苏联人民委员会和联共（布）中央关于苏联各学校讲授本国历史的决定，也对这类错误作了严肃的批评和有力的纠正，决定说："教科书和教学本身，都流于抽象化和公式化。在本国史的教学中，不是采取生动活泼的方式和依照年代次序叙述最重要的事件和事实以及历史人物的特点，而是向学生讲授一些社会经济形态的抽象定义；这样就以抽象的

---

① 《恩格斯致保·恩斯特》，《马克思恩格斯选集》第四卷，第 688 页。
② 《恩格斯致康·施米特》，《马克思恩格斯选集》第四卷，第 692 页。
③ 《恩格斯致约·布洛赫》，《马克思恩格斯选集》第四卷，第 698 页。

社会学公式代替了本国历史的系统叙述。"① 上述恩格斯的信件和这个决定，都是关于历史研究工作的重要文献，都指出了研究历史进程的复杂性、丰富性、生动性是史学工作者的重要任务，值得我们仔细地领会。

再者，从研究方法来看。科学研究必须深入到对象内部各方面的关系，经由不同层次的概括、抽象，最后将各方面关系的多样性统一表述出来。历史研究要从接触一系列史料开始，这时我们对许多事件、制度、人物等等产生表象的认识；经过一系列的判断、推理，我们获得对某一阶段历史状况的抽象的认识，与前一阶段相比，已不是表象的认识，而是达到对事件、人物和制度等等的本质的认识了。这时尽管理出了某一阶段历史进程的主线，但还不是生动丰富的历史进程本身，或者说只是骨架而没有血肉。因此，研究还必须深入，以已经获得的抽象认识为指导，恰当地说明历史进程各方面的相互关系，这时才从认识历史的主线到真正认识复杂丰富的历史进程本身，这时才是研究工作的完成。马克思讲他的研究"政治经济学的方法"对我们有指导的意义。他在《〈政治经济学批判〉导言》中说："从表象中的具体达到越来越稀薄的抽象，直到我达到一些最简单的规定。于是行程又得从那里回过头来，直到我最后又回到人口，但是这回人口已不是关于整体的一个浑沌的表象，而是一个具有许多规定和关系的丰富的总体了。"简单来说，就是经过"表象中的具体"——多层次的抽象——回到"具有许多规定和关系的丰富的总体"。马克思说这种方法"显然是科学上正确的方法"。并说："具体之所以具体，因为它是许多规定的综合，因而是多样性的统一。"② 研究人口是如此，那么研究无比丰富的人类历史的客观进程，当然更应是如此。我们应当以规律性为指导，恰当地说明人类史这一"具有许多规定和关系的丰富的总体"。

认真学习经典作家的有关论述，我们可以得出这样的结论：

---

① 《真理报》，1934年5月16日。
② 马克思：《〈政治经济学批判〉导言》，《马克思恩格斯选集》第二卷，人民出版社1995年版，第18页。

不论是从历史研究的任务，或是从科学研究的方法来看，史学工作者不能只限于探讨和阐述历史的规律性，同时还应当开阔视野，研究和反映历史的丰富性，做到二者的统一。

二、前代史家具有真理成分的认识

恩格斯说："每一个时代的哲学作为分工的一个特定的领域，都具有由它的先驱传给它而它便由此出发的特定的思想材料作为前提。"① 这段话深刻地说明了人类文化发展的继承关系，深刻地说明了马克思主义者应把前人的成果作为发展和创新的思想资料的原则。过去一个时期，由于极左思想的影响，出现了将马克思主义跟人类优秀文化遗产割裂开来、对立起来的错误倾向。这种做法完全违反了无产阶级文化发展的规律，而且首先恰恰违背了马克思主义产生的历史。马克思主义是人类优秀文化遗产的当然继承者，离开了对前人文化成果的批判继承，就没有马克思主义本身。"文化大革命"中，"四人帮"动辄将人类优秀文化成果加上"封、资、修黑货"的恶谥，统统打倒在地，一脚踢开，其结果是无产阶级文化事业遭到了严重摧残和破坏。这一严峻的事实从反面证明了批判继承文化遗产原则的正确和必要。不错，马克思主义作为大工业时代先进无产阶级的革命学说，它跟以往任何思想体系有着本质的不同。马克思主义是真理的发展，它为我们提供了相当完整的世界观和方法论；而前人的成就则是人类认识史上具有真理成分的积极成果，是我们应该借鉴和继承的思想材料。我们讨论历史的规律性和丰富性问题，同样应当从古代优秀史家的积极成果中获得借鉴，吸收营养。

史学名著《史记》所取得的成就，就包括司马迁在时代条件许可的范围内对历史的规律性与丰富性的探索。他在《十二诸侯年表》《六国年表》的序中概述了春秋战国时期的历史趋势；在

---

① 《恩格斯致康·施米特》，《马克思恩格斯选集》第四卷，第703—704页。

《项羽本纪》《高祖本纪》《淮阴侯列传》等篇中,叙述了人心向背在楚汉战争中所起的作用;在《游侠列传》中,揭露了封建专制统治下"窃钩者诛,窃国者侯"的不合理现实;在《货殖列传》中论述了老子复古倒退的观点在现实中注定行不通,论述农工生产和商业交换的发展、人们对物质需要的追求,是"道之所符,自然之验",不是行政力量所能创造出来,认为财富占有多寡形成人们不同的社会身份,影响人们的思想意识和道德标准,等等。这些都是属于对社会历史带规律性的探索,构成了司马迁进步历史观的重要部分。从囊括的内容说,《史记》记载了政治、经济、军事、典章制度、学术文化、人物活动、天文地理、河渠工程、医药卜筮,以至民族关系、中外关系等等,一句话,把当时中国人社会生活的各个领域,都置于历史考察的范围之内。这样做,冲破了先前史书的狭隘界限,在当时条件所提供的范围内,最大限度描绘了社会史的丰富内容,充分显示出司马迁的远见卓识。《史记》的体裁,一方面惟妙惟肖地反映了封建的等级制结构;另一方面,由于本纪、世家、列传、书、表五体配合,使社会史各部分的情状都可容纳进来,并且很有伸缩性。这确是司马迁的伟大创造。为什么司马迁被尊奉为"中国史学之父"?《史记》的影响为什么笼罩中国史坛历二千年之久?可以说,在很大程度上,正是由于司马迁气魄宏伟,视野广阔,由于《史记》的体裁包罗丰富,容量很大,在表达社会史的丰富内容上有杰出贡献。请看自范晔至梁启超对《史记》的评论:

范晔说:"纪传者,史、班之所变也,网罗一代,事义周悉,适之后学,此焉为优,故继而述之。"[1]

刘知幾说:"《史记》者,纪以包举大端,传以委曲细事,表以谱列年爵,志以总括遗漏,逮于天文、地理、国典、朝章,显隐必该,洪纤靡失。"[2]"语其通博,信作者之渊海也。"[3]

赵翼说:"司马迁参酌古今,发凡起例,创为全史。……一

---

[1] 《隋书》卷五十八《魏澹传》引。
[2] 《史通》卷二《二体》。
[3] 《史通》卷三《书志》。

代君臣政事,贤否得失,总汇于一编之中。自此例一定,历代作史者遂不能出其范围,信史家之极则也。"①

章学诚说:"盖左氏体直,自为编年之祖;而马、班曲备,皆为纪传之祖也。"②

梁启超说:"(《史记》在体裁上)集其大成,兼综诸体而调和之,使互相补而各尽其用"。③"纪传体的体裁,合各部在一起,记载平均,包罗万象。表以收复杂事项,志以述制度风俗,本纪以记大事,列传以传人事,伸缩自如,实在可供我们的研究。"④

从南朝的范晔到近代的梁启超,前后一千多年中,这些历史学家都特别重视《史记》"网罗一代,事义周悉"、"通博"、"曲备"、"创为全史"、"包罗万象"的优点,高度地评价了它在反映社会史丰富内容方面的成就。章学诚、梁启超,以及另一近代史学家章太炎,还都先后酝酿着史书体裁的改革,他们努力的总方向,就是在吸收《史记》体裁容量广阔的优点的基础上,加以改进,创造出一种更能显示出历史演进大势、更能广泛反映社会史丰富内容的新体裁。这些事实对我们都是很有启发意义的,帮助我们加深认识反映社会史丰富内容对于治史的重要性。

不仅通史著作,好的专史也能做到反映社会史的丰富内容。马端临撰《文献通考》,是典章制度史的巨著,它共有二十四门。关于社会经济史的部分,就有田赋考、钱币考、户口考、职役考、征榷考、市籴考、土贡考、国用考等八门。其中田赋考又包括有历代田赋之制、水利田、屯田、官田等细目,征榷考又包括有征商、盐铁、榷酤、榷茶、坑冶、杂征敛等细目。正因为《文献通考》的内容包括了社会经济、典章制度的众多方面,采用的体裁适用于容纳大量的资料,所以直至今天仍是研究社会经济史、政治制度史者经常使用的重要参考书。马端临在探索历史的规律性方面也是有贡献的,他注意研究历史变革的阶段,如以商

---

① 《廿二史劄记》卷一"各史例目异同"条。
② 《文史通义》卷一《书教下》。
③ 梁启超:《中国历史研究法》,《饮冰室合集》专集之七十三,第16页。
④ 梁启超:《中国历史研究法补编》,《饮冰室合集》专集之九十九,第157页。

鞅变法、杨炎变法作为田赋制度变革的历史标志；他还注意推寻"变通张弛之故"，并在论述一些史事时，用"不容不然"之类的话来表示必然性的意思。马端临在反映社会史丰富内容上的成就，跟他在探索历史的规律方面的贡献是有内在联系的，都说明他有较高的历史见识。

有的历史学家从事一些著作成品的编选，汇集成书，由于见解独到，也能较好地反映出社会史的丰富内容。《清经世文编》就是这种性质的书。它是魏源代贺长龄编选的，共一百二十卷，分为八类：学术、治体、吏政、户政、礼政、兵政、刑政、工政，选辑了有关清代政治、经济、军事、学术的重要议论和代表作一千三百多篇。它跟一般史料汇编不同，能在一定程度上反映出自清初至嘉道年间清朝历史的面貌，反映出魏源对于社会历史的见解。其中户政一项，细分为理财、养民、赋役、屯垦、八旗生计、农政、仓储、荒政、漕运、盐课、榷酤、钱币等子目；兵政一项，细分为兵制、屯饷、马政、保甲、兵法、地利、塞防、民防、海防、苗防等子目；吏政一项，细分为吏论、铨选、官制、考察、大吏、守令、吏胥、幕友等子目。这些分类和细目，已可说明此书反映社会所达到的广度。正由于此，它虽属汇编却影响极大，在其后半个多世纪中，以《清经世文二编》《三编》《续编》《新编》等命名的书屡出，直到现在，它仍是清史研究者必备的参考书。魏源当时与龚自珍齐名，两人学术见解相投，龚自珍有一段重要议论可以帮助说明魏源编书的见解。《龚自珍全集·尊史》中讲史家要做到"善入"和"善出"。"何者善入？天下山川形势，人心风气，土所宜，姓所贵，皆知之；国之祖宗之令，下逮吏胥之所守，皆知之。其于言礼、言兵、言政、言狱、言掌故、言文体、言人贤否，如其言家事，可谓入矣。""何者善出？天下山川形势，人心风气，土所宜，姓所贵，国之祖宗之令，下逮吏胥之所守，皆有联事焉，皆非所专官。其于言礼、言兵、言政、言狱、言掌故、言文体、言人贤否，如优人在堂下，号啕舞歌，哀乐万千，堂上观者，肃然踞坐，眙眯而指点焉，可谓出矣。"龚自珍所讲历史学家所应关注和反映的社会各方面，几乎每一项都可以在《清经世文编》的纲目中得到印证。这说明，龚、魏继承了司马迁的优良传统，对于反映社会史的丰富内容具有很明确的认识。魏源以后撰《海国图志》，为了反侵略的需要，把当时所能收集到的有关外国的资料，包括历史、地理、经济、军事、科技、人物、风俗民情等等，都汇集起来，编成一部当时东方最详备的世界史地参考书。魏源能这样做绝非偶然，是他用历史家的开阔视野投向外国的结果。龚、魏在探索历史的规律方面也有成就。"变古愈尽，便民愈甚"①，"一祖之法无不敝，千夫之议无不靡"②，就是他们得出的带规律性的结论。这跟他们所具有的开阔的历史眼光同样有内在联系。

司马迁、马端临、魏源等人，都在探求历史的规律性和历史的丰富性方面获得了具有真理成分的认识，撰成或编成了很有价值的史书，流传久远，至今仍为人重视。他们的经验，确为我们从事史学研究和著述提供了宝贵的思想资料。

三、反映历史的规律性与丰富性二者结合

讨论历史的规律性与历史的丰富性，最后应当落实到历史编撰上。我们的史学著述，应当自觉地做到把反映历史的规律性与丰富性二者结合起来，尽可能真实地描绘出客观历史的进程。为了达到这个目的，则还必须重视史书编撰的形式。史书的内容与体裁形式是辩证统一的关系，体裁形式的确定和运用，决定它所能容纳的内容之广度和深度。所以，体裁形式不是单纯的技术问题，历史学家确定何种体裁形式，实则关系到他对历史如何理解，以及如何正确反映历史的问题。

为了更加恰当地反映客观历史的进程，我们应当研究体裁的创新。对此，白寿彝教授曾有精辟的论述，他说："单一的体裁

---

① 《魏源集·默觚下·治篇五》。
② 《龚自珍全集》第一辑《乙丙之际箸议第七》。

如果用于表达复杂的历史进程，显然是不够的。断代史和通史的撰写，都必须按照不同的对象，采取不同的体裁，同时又能把各种体裁互相配合，把全书内容熔为一体。"① 这里，明确提出史学著述在内容上发展、在形式上创新的问题。几十年来关于通史的著述，流行分章节叙述的形式。这种形式有它的优点，也就是很有利于显示历史演进的大势，这是传统史书各种形式所远远不及的。所以，这种形式自20世纪初使用之后，立即取代了旧的史书形式，得到广泛流行。这种取代是历史编撰的一大进步。20世纪40年代以后问世的以马克思主义为指导的中国通史著作，采用了这种体裁以叙述中国历史的进程，取得了很大的成绩，这也是应该充分肯定的。这种形式的局限性在于：它不便于表达社会史的丰富内容，它的容量不够广阔。因此，应该扬长避短，兼采众长，在吸收这种形式以适合于显示历史演进大势的同时，吸收古代史书的优点，创造出一种新的综合体裁。做到：

能写出各个时代重要的历史事件和史实，显示历史演进的趋势和阶段的特点；

能反映出每个时代历史发展各方面的条件、交互作用的各方面的因素，例如民族关系、地理条件、人口状况、科技水平、各种重要制度的设置因革、意识形态的特点，以至于世情风俗、中外关系等等；

还要写出历史人物的活动。

骤然看来，似乎有了前面两项，就可以达到反映历史的规律性和丰富性的目的，第三项似乎关系不大。其实不然。人的活动，集中体现了历史的规律性和历史的丰富性、复杂性、生动性之辩证关系。概括地说，经济条件等决定历史运动的根本方向，而个人的活动能够局部地改变历史的外部面貌和某些结果。另外，经济条件等的规律性作用，也往往要通过历史人物的活动表现出来。换言之，正是由于人物的活动，历史才成为这个样子。

---

① 白寿彝：《谈史书的编撰——就〈谈史学遗产〉答客问之三》，《中国史学史论集》，中华书局1999年版，第495页。

从这个意义上说，没有历史人物的活动，就没有历史。秦始皇统一中国，是战国时期政治、经济发展的必然结果。然而秦始皇采取的统一文字、统一度量衡等措施，又对统一事业起了促进作用。秦始皇的暴君性格、滥施杀戮、滥用民力，则直接引起阶级矛盾的急剧激化，导致了秦帝国的迅速灭亡。可见，历史人物的活动有可能对历史进程产生很大影响。明末农民起义对腐朽的封建地主势力的沉重打击，入主中原的满族由于刚刚进入封建社会所具有的生气，决定了清初出现一段相对稳定的时期。而康熙帝本人的军事政治才能和坚强意志，则使他在平定三藩叛乱，缓和满、汉矛盾，抗击俄国侵略，加强朝廷对蒙古、新疆、西藏少数族首领的控制等重大问题上连续取得成效，他在位半个多世纪，清朝走向强盛。这同样证明：只讲历史必然性，不讲个人的作用，历史是讲不清楚的。

因此，通史著作应当吸收中国传统史书的优点，以新的观点为指导，写出各个时期有代表性的人物的完整活动。目前流行的章节体不能做到这一点，这个缺陷应当弥补。我们反对夸大个人在历史上的作用的英雄史观，同时反对抹杀这种作用的"宿命论"观点。我们承认经济条件和阶级关系决定着历史的根本方向，人民群众是创造历史的动力；同时我们承认个人的活动能够起到加速或延缓历史进程的作用。这种作用有时是非常之大的，特别是先进阶级的代表人物，当他自觉地代表一定历史时期内经济发展的要求和广大群众的愿望的时候，他的活动就能大大加速历史的进程。个人活动归根结底受到社会条件、历史条件的制约，即使是最杰出的个人，他的活动一旦超越历史条件许可的范围，违反了人民群众的愿望，那么就不能成功，就由加速历史发展的因素变成阻碍的因素了。列宁说："历史必然性的思想也丝毫不损害个人在历史上的作用，因为全部历史正是由那些无疑是活动家的个人的行动构成的。"[①] 普列汉诺夫在其有名著作《论个

[①] 《什么是"人民之友"以及他们如何攻击社会民主主义者？》，《列宁全集》第一卷，第139页。

人在历史上的作用问题》中说："如果说某些主观主义者因力求拼命抬高'个人'在历史上的作用而不肯承认人类历史运动是规律性的过程,那末现代某些反对主观主义者的人却就因力求拼命强调这种运动的规律性而显然决意要把历史是由人所创造,因此个人的活动在历史上不能不发生作用这一原理置之脑后了。他们把个人看成是 quantité négligeable(值不得注意的东西——译者注)。这种理论上的极端性是与极热烈的主观主义者所犯的那种极端性同样不容宽恕的。为了反题而忘掉正题,也如为了正题而忘掉反题一样,同样是没有根据的。我们只有把正题与反题中间所包括的真理成分统一成为一个合题的时候,才能得出正确的观点来。"① 这些话,是对历史的规律性与个人创造历史作用之间关系的极好说明。因此,写好不同历史时期各阶层代表人物的活动,实际上正是反映客观历史进程所需要、构成各个时期历史的重要部分。各个时代都有自己的时代特点,这些特点总是最集中、最生动地体现在各个时代的代表人物身上。写好人物,正有利于反映时代的特点。至于广大读者希望在历史著作中读到完整的人物活动,则不仅为着了解历史,而且要通过许多人物成功与失败的生动经历,总结有益的经验,丰富自己的智慧,这更是显而易见的。

---

① 《论个人在历史上的作用问题》,《普列汉诺夫哲学著作选集》第二卷,生活·读书·新知三联书店1961年版,第346—347页。

超越单纯考证尺度的局限

乾嘉朴学鼎盛时期已经过去约二百年了。这是学术史上在特殊条件下出现的一次繁荣，它留下了大量的文献学成果，留下了一套极具特色的严密考证的治学方法，也留下了有待后人思考评说的问题。

在近代，对朴学家的成就和特点作了深入而精到评价的人物是梁启超，所著《清代学术概论》（1920）和《中国近三百年学术史》（1924）成为后人认识和研究这一时期学术的必读之作。梁启超之所以能够精当地总结清代朴学家的学风特点和考证成果，显然是因为他具有两方面的条件：一者，他是世纪之交的著名学者和启蒙思想家，西方学术观念的输入和近代新学术的兴起，使他上升到能够俯视前人成就的高度；再者，梁氏少年时代便进入广州学海堂学习。这所学堂是以提倡朴学风气自任的著名学者阮元于嘉庆年间任两广总督时创办的，收集考证学家成就的《学海堂经解》（即《皇清经解》）即在这里选辑刊刻。梁启超在这里精读经史，接受朴学方法的熏陶训练，是一位连续四次获得季考第一名的高才生。以后，他又向一些健在的耆宿请教考证方法，因而熟悉朴学家的治学路数。由于梁氏接受了西方进化论观点和近代科学方法，使他找到了观察问题的新视角，眼前熟悉的材料遂任他驱使，因而能提出新鲜的见解。这就给了我们一个宝贵的启示：接受了新学理、新方法，能使你对问题有新的观察角度，获得新的创见，发前人之所未发。梁氏写成他的著作已过了七十年，学术的进步不可同日而语，我们当然不应满足于停留在前人的认识水平。那么，今天在"视角转换"方面可能有什么选择，以推进对朴学的认识呢？

超越单纯以考证方法为尺度的局限，转换到"文化视角"来考察便是值得尝试的一种选择。从清初实学的提倡，到乾嘉时期朴学的极盛，以后道光年间今文公羊之学的崛起，以至晚清新学的传播，清代几代学术思潮的涌起，本身就是文化史上非常值得注意的现象。从"文化视角"考察的要求是，对于一个时期有代表性的学者的成就，除了以传统的学术标准评价外，还应联系当时的社会思潮、文化走向来分析。就是说，有意识地做到将一些学术名著的产生，与社会生活、时代思潮、民族心理、文化价值观念等相联系起来，作宏观的"整体性考察"，以实现对以往看法的超越。

实际上，由清初实学到乾嘉朴学的演进乃非纯学术的现象，而是在社会生活影响下时代思潮和价值观念转变的反映。清初顾炎武、黄宗羲、王夫之等杰出学者提倡崇实致用的学风，是对于明代学术空疏浮陋、"束书不观，游谈无根"的反动。其内容则包括两个方面：一方面是斥责明代士大夫空谈误国，提倡学术经世致用。《日知录》《天下郡国利病书》《明夷待访录》《读通鉴论》《黄书》等即为代表作；又一方面，是"通经致用"，主张从文字、音韵、训诂入手，求得对儒家经典的准确了解，把"经术"与"治道"结合起来，以避免重蹈理学家空谈心性的覆辙。清初诸大师，治学气象博大，对于儒家经典多有著述。《日知录》中有不少条目，即属于考证方面，显示出搜集材料的广博和雄厚的功力。顾炎武的考证成就直接影响了乾嘉学者治学的旨趣，《四库全书总目提要》即对顾氏的考证功力作了高度的评价。清代考证学风开始形成于康熙末年，至乾隆、嘉庆年间达于极盛。学者们由考经而考史，在诸如文字训诂、音韵、天文历算、舆地、典章制度、经籍注疏、史实考订,以至校勘、辑佚、辨伪、目录等领域,长期进行窄而深的研究,获得了十分丰硕的成果。主要辑刊乾嘉考证学者论著的《皇清经解》正续编,合计共有一百七十余家,近四百种两千八百余卷,可说是对朴学成就的一次检阅。这一时期深有造诣的考证学者,可以举出二三十人,其中有惠栋、王鸣盛、钱大昕、赵翼、江永、戴震、卢文弨、纪昀、汪中、段玉裁、王念孙、阮元、王引之等,形成传统学术后期群星灿烂的局面。考证学的盛行,除了学术本身内在的渊源以外,康熙以后的社会环境,恰恰在好与坏两个方面都提供了这种趋势得以发展的条件。简要地说,好的方面是,康熙以后至雍正、乾隆时期,社会有较长时间的相对稳定,经济发展为学术工作提供了物质条件,一批又一批的专门学者都在此时成长起来,竞相著述;乾隆皇帝又以"右文兴学"为标榜,诏令开四库馆,纂修《一统志》《续三通》《清三通》等。

　　这些大的文化举措,都集合了大批文化人参与其事,对整理文献起到提倡作用。从坏的方面说,是封建文化专制加剧,满族统治者对人口占绝大多数的汉族及其士人百般压迫、防范、忌刻,屡兴文字狱。康熙朝有庄廷钺案、戴名世案,至雍正、乾隆两朝案件尤多,罪名苛细,治罪严酷,株连甚广。聪明才智之士被堵死了关心现实政治问题的道路,只好转向学术考证。

　　因此,从中国文化发展长河看,明清之际的激烈社会变动刺激了崇实致用思潮的涌起,其中同时存在着提倡学术经世和注重训诂考据两种价值取向。至康熙末年以后,由于专制主义的淫威逼迫和社会相对稳定,清初学者倡导的经世学风褪色,考证的路数却因得到适宜的社会土壤而趋于极盛,学者竞相仿效。我们若跳出以考证论考证的局限,从文化史角度考察,清代学风的转变,则还有更深刻的文化蕴涵。它说明中国学术文化蓄积深厚,具有强盛的生命力,在不同时期不同历史条件下能够孕育出不同特色的创造成果,因而使整部中国文化史呈现出波澜起伏、高潮迭现、各具鲜明时代特征的景象。一代有一代的新学术,一代有一代的新创造。中华文化的长河,上下几千年,跨越不同的时代，流向会有改变，学术的特色会有不同，而创造力永不枯竭！时代变了，条件变了，又会自我更新，迸发出内容、风格迥异的新成果。先秦诸子，两汉经学，魏晋玄学，隋唐佛学，宋明理学，清初实学，乾嘉朴学，一个高峰接着一个高峰，多姿多彩。从纯考证角度转向文化视角考察，无疑能加深对中华民族高度智慧和自我更新能力的认识。

以上所讲，是转换到文化视角考察，能够在总体把握上推进我们的认识。下面进而说明，在个案分析上，也即对重要学者的代表作进行诠释评价，视角转移同样具有开拓思路的重要意义。这里要特别论及王鸣盛的学识和成就。对于这位著名的朴学家，以往学者曾有过颇为简要而中肯的评论，惜尚未展开论述；而前人及今人又有意无意地对王氏的学术作了误解或误评，需要予以澄清。

王鸣盛的代表作是《十七史商榷》，他与钱大昕（著有《廿二史考异》）和赵翼（著有《廿二史劄记》）三人治学领域相同，年岁又相近，故历来并称为乾嘉考史三大家，且评论者又总希望将三人治学特点作比较。梁启超《中国近三百年学术史》有一段扼要的评论："清代学者之一般评判，大抵最推重钱，王次之，赵为下。以余所见，钱书固清学之正宗，其校订精核处最有功于原著者；若为现代治史者得常识助兴味计，则不如王、赵。王书对于头绪纷繁之事迹及制度为吾侪绝好的顾问，赵书能教吾侪以抽象的观察史迹之法。陋儒或以少谈考据轻赵书，殊不知竹汀（按，即钱大昕）为赵书作序，固极推许，谓为'儒者有体有用之学'也。"[①] 他针对清儒拘于考证是学术"正宗"的旧见，为三家排列高下的做法，指出三家各有长处，而且若以"现代"价值观念衡量，王、赵二家更值得肯定。其实，在梁氏之前，晚清文人李慈铭就曾在他阅读的《十七史商榷》书上写了如下批语："此书与钱先生《廿二史考异》、赵先生翼《廿二史劄记》，皆为读史者之津梁。赵书意主贯串，便于初学记诵；此与钱书，

---

① 梁启超：《中国近三百年学术史》，《饮冰室合集》专集之七十五，第292页。

则钩稽抉摘，考辨为多，而议论淹洽，又非钱之专事校订者比矣。"又说，此书"考核精审，议论淹通，多足决千古之疑，著一字之重"。他也敏锐地总结出王氏之书议论淹洽足以决前人之疑的特色。李慈铭、梁启超二人学识渊博，对三家著作所述问题深有了解，绝非偏向阿好，故应视为公允之论，并以这些认识为基础继续前进。梁、李立论的重要依据，是抓住考证功力与思想见识二者的区别。说到此，我们自然想到章学诚的名言。章学诚处在考证学如日中天、学者趋之若鹜的环境，他却独具慧眼，对当时流行的"考证便是学问的全部"的偏向痛加针砭，大声疾呼："学与功力，实相似而不同；学不可以骤几，人当致攻乎功力则可耳，指功力以谓学，是犹指秫黍以谓酒也。""立言之士，读书但观大意；专门考索，名数究于细微；二者之于大道，交相为功。"这两段话，分别见于《文史通义》内篇《博约中》和外篇《答沈枫墀论学》。前人这些议论对我们很有启发。既要尊重考证家搜集材料、排比考订的功夫，更要尊重立言之士推进对事物或社会历史演变之规律性看法，善于解疑决难的见识。决不能单纯以考证功夫为尺度论"真金"，而把具有见识的学者讥为"庸才"，须知这完全是一种偏颇之见。而且还要承认，就认识层次讲，正确的见识和论断比起考证功力，在治学上实居于更高的层次。

最近读到《读书》1995年第3期《点石成金、披沙沥金和脸上贴金》一文，说钱、赵、王"三人之学问有龙虎狗之别"，钱大昕学问居第一，却一直受到不公平的待遇，"从乾嘉起直到今天，……很少把钱大昕放在第一位的"，而王鸣盛《十七史商榷》一书至多只是"脸上贴金之庸作"。这些看法，与事实大相径庭。王、钱、赵三人的学术当日即为时流所称许，彼此也互相推重，然而在乾嘉间，钱大昕声誉最著，这是没有疑问的。如段玉裁称誉他"于儒者应有之艺无弗习，无弗精"，是"自古儒林"中一位很难得的"合众艺而精之"的学者。阮元为钱大昕所著《十驾斋养新录》作序，称他的考经考史成就是"潜研经学，传注疏义，无不洞彻原委"；"于正史杂史，无不讨寻，订千年未正之讹"。卢文弨在书信中更恭誉他"品如金玉，学如渊海。国之仪表，士之楷模"①。钱氏获得如此盛誉，即因为考证学处于峰巅，士人视考证即学问之全部的原故。钱氏的考证方法堪称精审优良，或以不同版本互校，订正刊本的错误；或用本书的纪传表志互校，发现差异，判别是非；或以其他记载校正本书错误，包括杂史、诗文、碑传、笔记、方志、金石文字，广泛用来参校。他还自觉地要求自己做到"择善而从，非敢固执己见"，此尤深合实事求是的科学态度。但是，我们大可不必将他神化为处处"点石成金"。钱氏的书也有说错的地方。譬如，宋代欧阳修撰《易童子问》，辨《易经》的《系辞》《文言》以下皆非圣人之作；郑樵作《诗辨妄》，对《诗序》提出怀疑，他们都能摆脱正宗思想的束缚，表现出求实求真的精神。钱大昕却错误地指斥欧阳修、郑樵"以穿凿杜撰为经学，诋毁先圣，肆无忌惮"！王充出身寒门，在《论衡·自纪篇》中，针对俗士嘲笑他祖宗无地位、无遗著，"无所禀阶，终不为高"，凛然予以辩驳："五帝不一世而起，伊、望不同家而出。……士贵雅材而慎兴，不因高据以显达。……颜路庸固，回杰超伦；孔、墨祖愚，丘、翟圣贤。"有力地驳斥了俗士所持的地位和学问世袭的陈腐见解。钱大昕却据这段话，责骂王充"盖自居于圣贤，而訾毁其亲。可谓有文无行，名教之罪人也"②。实为攻其一点，无限上纲，况且纯属推论，何能服人？"金无足赤，人无完人"，此言确是真理。我们还是把钱氏的学问摆到适应的位置为好。

赵翼的学问并不退居一等。《廿二史劄记》同属考证派著作，而书中对"古今风会之递变，政事之变更，有关治乱兴衰之故"极为关注，故又具有史论色彩。赵氏运用归纳比较的研究方法，善于从分散的材料中发现其联系，钩稽贯串，归类排比，进行分析评论，往往能提出比较重大的问题，反映出一个时期历史的特点。钱大昕为他作序，高度评价赵氏著作见识宏远，是儒者有体

---

① 卢文弨：《抱经堂文集》卷十九《与钱辛楣论熊方〈后汉书年表〉书》。
② 钱大昕：《十驾斋养新录》卷六"王充"条，上海书店1983年版。

有用之学，可坐而言，可起而行者也。又说，余生平治学爱好与先生同，现在年老衰病，意气索然，读了先生著书精神为之振作，可以出一身汗治好我的病！这些话情意真切，白纸黑字，是断难用钱氏讲客套假意称赞的话轻轻抹杀的。近代以来，对这部有特色、有见识、于读史研史很有帮助的著作，称誉者又何止梁启超一人，著名史学家陈垣也曾表达对赵书的十分推重。书中精彩的条目，可"为现代治史者得常识助兴味"者甚多，随便列举，即有"汉初布衣将相之局""党禁之起""九品中正""贞观中直谏者不止魏徵""六朝清谈之习""南朝多以寒人掌机要""唐节度使之祸""明言路习气先后不同""明代宦官先后权势"等，有的条目确能表达他"经世"的微旨。原书俱在，这里不必赘述。

　　由此可见，在朴学盛行时期有的学者具有严密考证功夫，有的学者则见识过人，善于"捉住一时代的特别重要问题"。若执其一端，专以考证功夫评论学问之高下，则显然与实际情形相悖谬。对于王鸣盛，同样不能简单化对待。诚然，论考证功夫，王氏有时不够严密，故后人能找出其粗疏或错误之处。古籍上言"三史"，所指者，学人多未能确解。《十七史商榷》卷三十二和卷四十二前后两次考辨"三史"，先说是《史记》、《汉书》、《后汉书》（谢承书或华峤书），因感到此说缺乏把握，以后又说"'三史'似指《战国策》、《史记》、《汉书》"。两说前后游移，都不中肯。钱大昕则考证论定："'三史'，谓《史记》、《汉书》及《东观记》也。……自唐以来，《东观记》失传，乃以范蔚宗书当三史之一。"① 这也是在考证功力上王不如钱之一例。然而，功力与学问不能相等同。王鸣盛《十七史商榷》的主要价值，在于表现出注重政治大事和关心民生的史识，又相当自觉地把"直书其事"作为论史的标尺，而对于辨析一些历史疑案尤其显示出具有博大的眼光。

　　王鸣盛考辨制度的特点是，他往往能选择在历史上关系甚大

---

① 钱大昕：《十驾斋养新录》卷六"三史"条。

而被人忽略的问题,从分散的材料中钩稽贯串,加以分析,揭示出这一制度的沿革和影响。汉代十三部刺史即为一例。它反映出西汉朝廷与地方藩国势力关系的复杂性,藩国"尾大不掉"的局面,在景帝年间吴楚七国之乱中已恶性暴露,故武帝元封以后即常置十三部刺史。王鸣盛是第一个研究刺史职掌的学者。以前《汉书·百官公卿表》称:"掌奉诏条察州。"颜师古注引《汉官仪》云刺史按六条察问,其中一条察强宗豪右,余五条察二千石官员。王鸣盛独具识力,他把《汉书》《后汉书》《续汉志》有关篇章的记载联系起来,在《商榷》卷十四"十三部""刺史察藩国""刺史权重秩卑"诸条中,论证部刺史有一项重要的职掌,是"督察藩国"。他指出,吴楚乱后,朝廷对藩国"防禁益严,部刺史总率一州,故以此为要务"。举出《汉书》之《高五王传》《文三王传》《武五子传》中青州刺史奏菑川王之罪等项史实,指出这些都是刺史督察藩国的明证。他进而论述刺史一级官职具有"权甚重而秩甚轻"的特点,"盖所统辖者一州,其中郡国甚多,守相二千石皆其属官,得举劾,而秩仅六百石。治状卓异,始得擢守相"。因而对汉代刺史制度及朝廷与藩国之间斗争的复杂性作出新解。王鸣盛又锐敏地探讨了汉代公卿大臣与宫廷中秘尚书、中书的权力矛盾。西汉宣元以后宦官掌管机要,致使政治腐败,弘恭、石显为皇帝所宠信,先后任中书令,权力超过公卿,结果排挤、杀害大臣萧望之。(见卷三十七"台阁"条)这实际上揭露了汉以后二千年封建社会宦官为祸的根源。

对于晚唐政治史的研究,王氏尤有建树,以他对复杂史事具有的洞察力和进步观点,使唐代后期政治史研究取得了重要突破。主要表现为,他对顺宗时期革新派人物与宦官集团的斗争这一聚讼纷纭的问题阐幽决疑,态度鲜明而又确有根据地赞扬历史上的革新派。(见卷八十九"南衙北司"条、"王叔文谋夺内官兵柄"条,卷七十四"顺宗纪所书善政"条)王氏中肯地分析唐代宦官掌握兵权是酿成祸乱的根源,一反历来对于革新派人物王叔文诋斥唾骂的不公正态度,大力加以褒扬,表现出非凡的胆识。王氏论述唐代宦官企图掌握兵权,早在唐肃宗时已露出端倪。元和以后，朝政腐败，宦官王守澄任神策中尉，更立穆宗、文宗二帝。当时宦官掌握兵权，是为"北司"，外胁群臣，内侮天子，在唐晚期已成牢固之势，无法改变。这些是对唐晚期祸乱根源鞭辟入里的分析。王鸣盛基于这样的政治背景肯定王叔文对宦官势力的斗争。对于王叔文这位革新人物，历代封建保守派嫉恨他，骂他"以邪名古今""千古之败类"，《资治通鉴》也加给他"奸诈""欲夺兵权以自固"等恶名。王鸣盛以充分的史实，褒扬王叔文的革新措施"改革积弊，加惠穷民"。认为"（叔文）用心则忠，后世恶之太甚，而不加详察。《旧书》亦徇众论，然《顺宗本纪》所书一时善政甚多。考顺宗在东宫，叔文被知遇，及即位，遂得柄用。……然则叔文之柄用仅五六月耳，所书善政皆在此五六月中"。详细列举了"永贞新政"实行的废诸色杂税及额外进奉，罢五坊宫市，免除百姓所欠租赋钱帛等措施，表彰他"黜聚敛之小人，褒忠贤于已往"，"自天宝以至贞元，少有及此者"！又指出，由于德宗委任宦官掌握左右神策、天威等军，又置护军中尉、中卫军分提禁兵，是以"威柄下迁，政在宦人，举手伸缩，便有轻重。至僄士奇材则养以为子，巨镇强藩则争出我门"。祸乱由此而生。因此王叔文谋夺宦官兵权绝不是稳固私位，而是忠于唐室、忠于国家的行动。王鸣盛敢于肯定革新派的历史作用，在当时是很进步的思想。他一扫千年来各种守旧人物加在革新派身上的诬枉不实之词，赞扬了正直人物对邪恶势力的斗争，其视野达到唐代后期政治、经济、军事各方面，显示出具有开阔的眼光。对比17世纪中叶王夫之对王叔文的评论，二者有相通之处。王夫之在《读通鉴论》卷二十五《顺宗》中，也肯定王叔文"革德宗末年之乱政，以快人心、清国纪，亦云善矣"。但又贬责他的动机和品德，称"器小而易盈""亢傲以待异己"云云，又跟保守派观点部分妥协。王鸣盛则说："叔文行政，上利于国，下利于民，独不利于弄权之阉宦，跋扈之强藩。"支持历史上革新派的态度极其鲜明。在这个问题上，王鸣盛的见解超过王夫之，况且《读通鉴论》当时并未流传，王鸣盛所论更具有力辟众议的勇气。王氏对此后李训、郑注夺取宦官权力也予以肯定。李训被擢为翰林学士、兵部郎中、知制诰，行使宰相权力，所以能够设法谋杀宦官王守澄及陈宏杰等人。《商榷》卷九十一"训注皆奇士"条中称赞他们是晚唐难得的奇士，评论说："元和逆党几尽，功亦大矣！《训传》（《旧唐书·李训传》）言'训本挟奇进'，及权在己，锐意去恶，欲先诛宦竖，乃复河、湟，攘却回鹘、吐蕃，归河朔诸镇，志大如此，非奇士乎！"旧史诋斥李训枉杀宦官，王鸣盛却赞扬他们"忠于为国"，深深惋惜王叔文、李训两次夺回宦官兵权的计划未能成功，致使晚唐政局"以至于不可救"。王鸣盛是以是否改善政治为标准，明确表示自己的爱憎褒贬。熟读唐史的李慈铭对"顺宗纪所书善政"条表示激赏，说"此论千古巨眼"。他赞成王氏对王叔文、李训夺取宦官兵权的评论，因为："中人久统两军，将校皆已帖伏，惟知有中尉，不知有天子。……尔时宦寺已中外蟠结，牢不可破。"①

　　探讨重要制度的演变和赞扬历史上的革新人物，已足说明王鸣盛具有深刻的历史观察力。然而这仅为王氏成就之一项。跳出单纯考证尺度的局限，我们不难发现书中许多富有启迪意义的论述。乾隆年间号称天下升平，士林醉心于具体问题的考据，王氏却在对《宋书》和《南史》的比较中，表达对"经国养民"、关心减轻民众重负的志趣。书中评论司马谈父子对儒学态度相异，引证大量史实表彰陈寿的史德，为范晔辩诬，在史料可靠性问题上论述实录与小说笔记各有其价值，应互相参校，斟酌去取，每一项都对近代学术研究产生了影响。他批评旧史中大量存在的宣扬迷信、主观臆断和曲笔依托，他划分共和元年是古代有确切纪年的开始，指摘旧史对权势者的粉饰回护，又痛斥宋明时期充斥于史坛的以主观臆断解释历史，模仿"圣人《春秋》笔法"，任意褒贬的错误做法，主张"书事但取明析（晰）"②，"是非千载炳著，原无须书生笔底予夺"③，这些议论尤其显示出破除旧见的勇气和追求历史真实性的可贵努力，堪称传统文化中朴素理性精

---

① 李慈铭的言论见王利器辑《越缦堂读书简端记》。
② 王鸣盛：《十七史商榷》卷六十三"纪载不明"条。
③ 王鸣盛：《十七史商榷》卷七十一"李昭德来俊臣书法"条。

神在乾嘉时代的发扬。以实事求是的态度通读《十七史商榷》，结论只能是：王鸣盛是具有"通识"眼光和进步倾向的著名学者，绝非"脸上贴金"的庸人。他的成就不唯完全可以同钱大昕、赵翼相并提，而且就其兼具专深的功力和宝贵的识断而言，他在整个乾嘉一代学者中也应居于特出人物之列。

历史编撰与创新精神

历史编撰是史学家之"才""学""识"三者的集中体现。世世代代的学者,无论你对历史演进的观察如何之深刻、敏锐,对历史变化的观点如何之高明、正确,搜集的材料如何之丰赡、翔实,研究的成果如何之精当、宏富,表述如何之恰切、生动,都必须依赖历史编撰这一载体容纳和表现出来。同样,史学研究的多方面成果也要依赖于此,才得以广泛行世和久远流传。因此,历代卓有建树的史学家,无不重视历史编撰的改进和恰当运用,杰出的史学评论家,也无不重视对历史编撰加以总结。历史编撰在过去学术长河中的发展,是依靠史家具有创新精神来推动的;今后历史编撰要争取更加美好的前景,关键也在于树立创新意识为指导。从发展和创新的角度来探讨历史编撰问题,是史学史研究,也是史学理论研究的重要课题,对于当前史学工作实有积极推进的意义。

一、史书体裁的多样性和重视创新的意识

我国传统史书体裁丰富多样。按《四库全书总目》,将之区

分为十五类。① 梁启超《新史学》则分为十种、二十二类。② 我们对于史书体裁的多样，不能只停留在目录学分类的形式上来理解，而应重视分析其蕴涵的史学价值。客观历史是丰富多彩的，有多面性。史书体裁的多样，恰恰反映了历史的各个侧面，又能提供适应社会各方面的需要。

编年体、纪传体和纪事本末体，这三种在传统史学演进历程中先后出现的主要史书体裁，它们就不止是体裁形式上的差别，实际上还反映了历史学家主要从某一角度认识和反映历史。换言之，新体裁的出现，反映了史学家对历史进程的新认识。按时间的顺序记载历史，这是先民对历史进程最早的认识。我国第一部编年体史书《春秋》在公元前5世纪初由孔子编成，采用"以事系日，以日系月，以月系时，以时系年"的编撰方法，当时各诸侯国的官方历史记载，即所谓"百国春秋"，也都遵循这一记载的原则。至公元前2世纪后期的汉武帝时代，司马迁构建不朽的史学巨著《史记》，则采用了纪传体的新形式。纪传体，是以人物活动为考察历史的主要视角。这一著史格局的新创造，突出地体现了司马迁对历史进程，尤其是战国以来历史运动的新认识。战国时代至秦汉之际，旧的以血缘为纽带的氏族制度遭受沉重的打击，平民力量崛起，能否发现和任用文武贤才，往往能直接导致国家的盛衰存亡。"游说则范雎、蔡泽、苏秦、张仪等，徒步而为相。征战则孙膑、白起、乐毅、廉颇、王翦等，白身而为将。此已开后世布衣将相之例。"③ 战国以后有作为人物在历史上所起到的重大作用，大大打开了历史学家的眼界，使之对推动历史进程的深层原因有进一步的认识。在秦汉之际的风云变幻当中，人的活动的作用更表现得淋漓尽致。刘邦出身平民，"无尺土之封"，却凭借他的智谋策略，在一批文武贤才的帮助、拥戴

---

① 《四库全书总目》分为：正史；编年；纪事本末；别史；杂史；诏令奏议；传记；史钞；载记；时令；地理；职官；政书；目录；史评。共十五类。

② 《新史学》区分体裁为十种：正史；编年；纪事本末；政书；杂史；传记；地志；学史；史论；附庸。其中正史再分为官书、别史两类，如此共细分为二十二类。

③ 赵翼：《廿二史劄记》卷二"汉初布衣将相之局"条。

下，登上帝位，成为强盛的汉朝开国的君主。刘邦周围这批豪杰之士，也几乎都出身低贱，却在反秦起义和楚汉战争中建立了赫赫功业。如陈平、王陵、陆贾、郦商等，皆布衣平民。樊哙、周勃、灌婴、娄敬出身更贫贱，分别以屠狗、织薄、贩缯、挽车为业，而都建功立业，致身卿相。历史的空前变局，使司马迁对人物在时代前进中起到的重要作用形成了新认识，这无疑是他创造以人物为中心的著史新体裁之认识基础。《史记·太史公自序》中一再陈言：他作为史官，若果"废明圣盛德不载，灭功臣世家贤大夫之业不述"，将是莫大的罪过，而作七十列传的明确目的，为记载"扶义俶傥，不令己失时，立功名于天下"的人物在历史上的活动，便是明证。《史记》以记载人物为中心，又有综合反映社会各方面情状的优点，故这一体裁产生以后，即为许多修史者所仿效，成为历代"正史"。至南宋，袁枢将《通鉴》内容重新编排，将千余年史事提挈为二百三十九个事目，按事立篇，各具首尾，成《通鉴纪事本末》一书，创造了一种新的史书体裁。袁枢的实践，反映了历史学家要求在纷纭复杂的历史现象中掌握影响最大的主要历史事件，明了其来龙去脉、前因后果的新认识。这正如同杨万里为《通鉴纪事本末》写"序"所说："襄事之成，以后于其萌；提事之微，以先于其明。"直至20世纪初，中国史学近代化正式展开之时，梁启超吸收西方新学理，总结中国传统史书体裁的演进，并提出新史学应该叙述国民群体进化之迹，他仍然评价纪事本末体是跟他所理想的新史书体裁最为接近的："纪事本末体，于吾侪之理想的新史最为相近，抑亦旧史界进化之极轨也。"[①]

中国史家在历史编撰上的创新精神，还体现在不同时期史家对同一体裁的运用，并非墨守成规、一成不变，而是加以发展，重视加进新内容。同是编年体，《春秋》和《竹书纪年》记载简略，只有简单的事目。《左传》则是一部记载翔实、生动的春秋史，它记述了包括事件、制度、氏族、社会生活等广泛的内容，

[①] 梁启超：《中国历史研究法》，《饮冰室合集》专集之七十三，第20页。

而且有人物活动，如对齐桓、晋文、郑子产、阖庐、伍子胥，描述他们的功业、性格都很鲜明。司马光撰成的《资治通鉴》，更是内容丰富的编年体通史巨著，它按时间先后记述了自战国至五代错综复杂的历史事件的发生、发展和结局，记述了历史人物，记述了典章制度，记述了各种议论，成为编年体史书高度成熟的标志。胡三省对此有深刻体会，他评论说："温公作《通鉴》，不特纪治乱之迹而已，至于礼乐、历数、天文、地理，尤致其详。谈《通鉴》者如饮河之鼠，各充其量而已。"① 纪事本末体也明显地经历了发展的过程。袁枢有开创新体裁之功，但其内容是抄撮《通鉴》原文而成，有的地方作了综合和精简，"区别其事而贯通之"②。至清初谷应泰主持修撰《明史纪事本末》，广稽博采，提炼为八十件大事，叙述明代约三百年的历史，虽有缺略，但大体上反映了这一时期的历史概貌，是一部采集群书而成的新创之作。至光绪年间李有棠撰《辽史纪事本末》和《金史纪事本末》，又有新的特点。两书内容，俱本《辽史》《金史》，同时又兼采其他记载，撰成"考异"，分别占全书一半以上，内容相当广泛，因而具有学术研究的价值。再者，一般的看法，好像纪传体、编年体、纪事本末体三种体裁之间有一条截然的鸿沟。实际并非如此，不同体裁之间是互相补充、互相交叉的。纪传体以记人物为主，但不是一种单一的体裁，而是一种综合的体裁。纪传体史书里的本纪，基本上就是编年体。编年体史书，是按年月记事的，但里边也有纪事本末体。如《左传》僖公二十三年集中记述晋公子重耳在外流亡十九年的经过，写他由一个不谙世事、贪图安逸的贵公子，成长为志向远大、明达老练的政治家，作者用的就是纪事本末体的手法。纪事本末体史事按事立篇，但它每一篇中也必须按年月来排比历史事实，而且里边也不能不有传记性质的记述。这三种体裁的区别，只是就其主要的形式来说的，并不是互不相干的。③

---

① 《资治通鉴》卷二百一十二"唐玄宗开元十二年"胡三省注文。
② 《宋史》卷三百八十九《袁枢传》，中华书局1977年版。
③ 参见白寿彝师《谈史书的编撰》，《史学史研究》1989年第3期。

以上简要地论述了从发展与创新的角度，看中国传统史学多样体裁所蕴含的史学价值。也就是从体裁的多样和发展，看史家的创新精神，不少卓有成就的史学家，总能根据社会的前进和学术的提高对已有史书体裁加以发展，或创造出新的体裁。还应当指出的是，中国史学史上，还存在着重视从理论上对史书体裁总结和创新的传统，这也是我们所应珍视的。最早在司马迁身上已初步有了这种意识，以后刘知幾和章学诚更鲜明地表现出自觉的精神，获得出色的理论成就。司马迁不仅在史学实践上创造出多体有机配合、堪称完美的史书体裁，而且他对五种体裁各自的作用和互相配合正面作了论述："王迹所兴，原始察终，见盛观衰，论考之行事，略推三代，录秦汉，上记轩辕，下至于兹，著十二本纪，既科条之矣。"这是说，十二"本纪"是用来记历代王朝政治盛衰的大事，"科条"者，显示全书记载历史之大纲领也。"并时异世，年差不明，作十表。"这里说十"表"用来表列同时发生的事，确切地显示事件的年代。"礼乐损益，律历改易，兵权山川鬼神，天人之际，承敝通变，作八书。"这里说明八"书"记载有关礼、乐、天文历法、封禅等各种典章制度，以及河渠工程、经济状况。"二十八宿环北辰，三十辐共一毂，运行无穷，辅拂股肱之臣配焉，忠信行道，以奉主上，作三十世家。扶义俶傥，不令己失时，立功名于天下，作七十列传。"① 说明用"世家"和"列传"记载王侯和各方面代表人物的事迹。如此五体配合，"成一家之言"——这是现存最早的历史学家对体裁运用的论述，说明司马迁是有意识地从多角度反映历史和社会的情状。

《史通》是中国第一部史学理论名著，刘知幾对其著述宗旨有精炼的说明："若《史通》之为书也，盖伤当时载笔之士，其义不纯。思欲辨其指归，殚其体统。"② 辨其指归，是辨析史家的指导思想是否符合求真、实录、善恶必书的要求，表彰直笔，痛斥曲笔；殚其体统，主要是探讨编撰得失，体裁、体例的运用，

---

① 均据《史记》卷一百三十《太史公自序》。
② 《史通》卷十《自叙》。

兼及材料的搜集运用和叙事方法。拿总结历代史家编撰的得失而言，刘知幾提出了一系列重要的看法，对后世产生深远的影响。他将唐初以前出现的史书体裁，总结为六家：《尚书》家，《春秋》家，《左传》家，《国语》家，《史记》家，《汉书》家，以客观的态度，探讨其源流，分析其得失。特别提出在长期史学发展中形成编年、纪传二种主要体裁，互相角力争先；准确地论述编年体的突出优点是时代感强，将同时发生的事件集中展现于读者面前，其缺点是对年代线索未涉及者容易造成大的遗漏，而纪传体的优点则是包容量大，诸体配合，"显隐必该，洪纤靡失"，其缺点则是同为一事，分为数篇，前后相离，或造成重复。刘知幾强调对历史编撰应该认真地总结其原则，故说："夫史之有例，犹国之有法。国无法，则上下靡定；史无例，则是非莫准。……科条一辨，彪炳可观。"① 这既是对历史编撰演变的总结，也是他本人"三为史臣，再入东观"②，参与修史工作的深切体会。他又鲜明地主张史书编撰应该适应时代变化和学术的进步而变革，"前史之所未安，后史之所宜革"③。又云，"择善而行，何有远近；闻义不徙，是吾忧也"④。譬如，他论述由春秋到汉代，事件、人物活动、典章制度更复杂了，从《左传》的编年体发展到《史记》《汉书》的纪传体，乃史学演进之必然。"向使丘明世为史官，皆仿《左传》也，至于前汉之严君平、郑子真，后汉之郭林宗、黄叔度，晁错、董生之对策，刘向、谷永之上书，斯并德冠人伦，名驰海内，识洞幽显，言穷军国。或以身隐位卑，不预朝政；或以文烦事博，难为次序。皆略而不书，斯则可也。必情有所吝，不加刊削，则汉氏之志传百卷，并列于十二纪中，将恐碎琐多芜，阑单失力者矣。故班固知其若此，设纪传以区分，使其历然可观，纲纪有别。"⑤ 刘知幾又论述，由编年体发展到纪传

---

① 《史通》卷四《序例》。
② 《史通》卷十《自叙》。
③ 《史通》卷二《载言》。
④ 《史通》卷四《编次》。
⑤ 《史通》卷二《二体》。

体，二者并非毫不相干，实则纪传体之"本纪"，即吸收了编年体"以年为纲"的特点："儒者之说春秋也，以事系日，以日系月；言春以包夏，举秋以兼冬，年有四时，故错举以为所记之名也。……至太史公著《史记》，始以天子为本纪，考其宗旨，如法《春秋》。自是为国史者，皆用斯法。"① 这些都说明刘知幾对历史编撰有很通达的看法，有辩证法的因素。他对纪传体的看法同样如此。刘知幾十分正确地将《史记》和《汉书》同样视为纪传体成功的代表。《史通·二体》篇，宗旨是论述纪传体断代史的长处，却又处处将其长处归功于《史记》："丘明传《春秋》，子长著《史记》，载笔之体，于斯备矣。后来继作，相与因循，假有改张，变其名目，区域有限，孰能逾此！……班固、华峤，子长之流也。"刘知幾论纪传体具有"纪以包举大端，传以委曲细事，表以谱列年爵，志以总括遗漏，逮于天文、地理、国典、朝章，显隐必该，洪纤靡失"的各方面优点，也归结于《史记》。故刘知幾又说，"寻其创造，皆准子长"，这八个字，是对《史记》开创者地位的有力肯定！有的论者，如南宋郑樵，批评"刘知幾之徒尊班而抑马"，似乎刘氏将马、班对立起来，这种说法实在违背刘知幾之原意。刘知幾在总体上认为马、班同为成功的代表这一前提下，指出通史体著作因疆域太广、年月遐长，工程十分繁难，若不得其法，则会成为像梁武帝《通史》那样，"芜累尤深，遂使学者宁习本书，而怠窥新录"；而断代体则较易把握，"如《汉书》者，究西都之首末，穷刘氏之废兴，包举一代，撰成一书。言皆精练，事甚该密，故学者寻讨，易为其功"。② 刘知幾这一比较、分析，切中肯綮，何有贬抑司马迁！他只是及时总结了编纂学史上的教训，恰恰为后来史学史上的诸多例子所充分证实。刘知幾还在一系列问题上显示出他的卓识。他批评王劭修《隋书》，一味追求模仿《尚书》，徒然掇拾琐言，"可谓画虎

---

① 《史通》卷一《六家》。
② 《史通》卷一《六家》。

不成，反类犬也。故其书受嗤当代，良有以焉"①。批评中古以降，列传太滥太杂的毛病，"其间则有生无令闻，死无异迹，用使游谈者靡征其事，讲习者罕记其名，而虚班史传，妄占篇目"②。特别是不怕招来谤议，一针见血地指摘贞观诸史对名臣父祖列传，毫无事实根据而滥加溢美，既严重违反信史原则，又乖于列传体例："至如朝廷贵臣，必父祖有传，考其行事，皆子孙所为，而访彼流俗，询诸故老，事有不同，言多爽实。"③刘知幾《史通》的著成，标志着中国史学达到"自觉"的阶段，对于历史编撰的发展意义尤为巨大。诚如梁启超所评价的："刘知幾是史官中出类拔群的，孤掌难鸣，想恢复班固的地位而不可能，只好闷烦郁结，著成一部讲求史法的《史通》。他虽没有作史的成绩，而史学之有人研究，从他始。这好像在阴霾的天气中打了一个大雷，惊醒了多少迷梦，开了后来许多法门。"④刘知幾的理论主张对后世很有影响，譬如他提出修史应立都邑、氏族、方物三志，即为后来郑樵等人所实行。

　　章学诚继承并发展了刘知幾自觉总结历史编撰得失的传统。他所著《文史通义》，既重视"史义"，即史家的观点和识见，又重视辨析体例，探究传统史学主要体裁的演变和得失，且将二者贯通，主张根据著述的义旨灵活运用，反对墨守旧规，强调别识心裁。他以一种可贵的历史分析的眼光，中肯地总结一千多年历史编撰上的一些主要经验教训。他认为，纪传体是三代以后之良法，诸体配合，足以"范围千古，牢笼百家"。司马迁对体例的运用又能够灵活变通，"体圆用神"，不愧是著述的典范。继之《汉书》《三国志》，都是"各有心裁家学"的上乘之作。降而《晋书》《隋书》《新唐书》等，"虽不出于一手，人并效其能"，所以能够修成有价值的史书。后来的修史者墨守成规，不知根据

---

①　《史通》卷一《六家》。浦起龙《史通通释》注云，王劭字君懋，授著作郎，迁秘书少监，专典周史。撰《隋书》八十卷，多录口敕，又采迂怪委巷之言，以类相从，为其题目。
②　《史通》卷二《列传》。
③　《史通》卷七《曲笔》。
④　梁启超：《中国历史研究法补编》，《饮冰室合集》专集之九十九，第158页。

需要变通，结果史才、史识、史学都反过来成为史例的奴隶，"斤斤如守科举之程式，不敢稍变；如治胥吏之簿书，繁不可删"①。"纪传之最敝者，如宋、元之史，人杂体猥，不可究诘，或一事而数见，或一人而两传，人至千名，卷盈数百"，简直如洪水泛滥之河、淮、洪泽，祸患无穷。② 章学诚辨析体例的一项重要创见，是指出纪传体的缺陷是难以反映史事演进的大势："盖史至纪传而义例愈精，文章愈富，而于事之宗要愈难追求，观者久已患之。""纪传之书，类例易求而大势难贯。"③ 章氏进而认为，此一缺陷正好从纪事本末体得到弥补。他精到地分析纪事本末体的特点："按本末之为体也，因事命篇，不为常格，非深知古今大体，天下经纶，不能网罗隐括，无遗无滥。文省于纪传，事豁于编年，决断去取，体圆用神，斯真《尚书》之遗也。""夫史为记事之书，事万变而不齐，史文屈曲而适如其事，则必因事命篇，不为常例所拘，而后能起讫自如，无一言之或遗而或溢也。"④ 章学诚从"史为记事之书"的根本任务，和适应事实复杂多变的需要来分析纪事本末体的长处，所见至为深刻。基于上述对纪传体、纪事本末体利弊的分析，章氏明确地提出了"仍纪传之体而参本末之法"，作为改革史书编撰的方向。他说：

> 神奇可化臭腐，臭腐亦复化为神奇。纪事本末本无深意，而因事命篇，不为成法，则引而伸之，扩而充之，遂觉体圆用神，《尚书》神圣制作，数千年来可仰望而不可接者，至此可以仰追。岂非穷变通久自有其会，纪传流弊至于极尽，而天诱仆衷，为从此百千年后史学开蚕丛乎！今仍纪传之体而参本末之法，增图谱之例而删书志之名，发凡起例……⑤

---

① 《文史通义》卷一《书教下》。
② 以上看法，集中见于《文史通义》卷七《史篇别录例议》和卷九《与邵二云论修宋史书》二文中，《章氏遗书》本。
③ 《文史通义》卷七《史篇别录例议》。
④ 《文史通义》卷一《书教下》。
⑤ 《文史通义》卷九《与邵二云论修宋史书》。

章学诚提出的改革设想，就是吸收纪传体和纪事本末体二者之所长，以形成一种容量广阔而又能显示历史大势的新史书体裁。他对此很自信，说："创例发凡，多为后世开山。"①

关于如何具体实现的方案，章学诚曾设想过两种办法。一是采用"纪""传""图""表"四体配合。即保留纪传体原有的"纪"和"表"；去掉"书志"的名称，设立包含各种类型内容的"传"；并增加"图"。又一种设想，是采用"别录"的办法，即在全书前面标列出一个时代最主要的事件，在每一事件之下将书中有关的篇名注明，以此起到提纲挈领的作用。② 两种办法同时并存，说明章氏仍处于探索问题过程之中，自己尚未达到满意的结果。然而他的努力，却确实为近代史家探索新综合体指出了方向。

二、近代史家对推进历史编撰的贡献

1840年以后，中国社会变动剧烈，史学也进入近代的范围。在变化了的社会和学术条件下，中国史学重视编撰上创新的传统也有新的发展，不少感觉敏锐、创新意识强烈的史家作出一系列成功的实践。近代史家对推进历史编撰的贡献可以概括为三项：一是志书体的新运用；二是将纪事本末体糅合到章节体之中；三是探索用新综合体撰写通史著作。

魏源在鸦片战争发生不久撰成的《海国图志》，以其倡导了解外国、学习外国，"师夷之长技以制夷"的撰述宗旨，标志着中国史家实现了突破传统学术格局的跃进，同时在编撰上，采用了传统的书志体而多有创造，因而内容与形式两者相得而益彰。魏源十分清醒地认识到，当时最紧迫的任务是，改变朝野普遍存在的畏惧侵略者和闭目塞听的状态，及时总结鸦片战争的经验教

---

① 《文史通义》卷九《家书二》。
② 《文史通义》卷七《史篇别录例议》。

训,大力介绍外国知识。故全书以"志"为主体,而兼用"论""图""表"互相配合。全书一百卷中,"志"占六十六卷,详细采录当时所能搜集到的一切资料,介绍各国历史、地理、政治状况及人情习俗等,其中亚洲及非洲各国占三十二卷,欧美各国占三十四卷。"论"则有冠于全书之首的《筹海篇》,总结鸦片战争中沿海军民扼守海口内河,利用有利地形,多方设伏、以弱胜强的经验,批判统治集团中某些人畏洋人如虎的怯懦心理,揭露投降行为。同时呼吁"欲制外夷者,必先悉夷情始",表达中华民族蕴涵着伟大创造力,定能迎头赶上,"因其所长而用之,即因其所长而制之"的强烈信心,鼓舞民众御侮图强。另一部分"论",是"志东南洋""志西南洋""志大西洋欧罗巴洲"等篇叙论,总结越南等国人民抗击侵略者的经验,分析印度、新加坡在英国侵华行动中的作用,并突出"志南洋,实所以志西洋也","志西洋,正所以志英吉利也",点明介绍各国都直接服务于对付英国这一当时的主要敌人。"图"则有各国沿革图、地球正背面图,及亚洲、利未亚洲(非洲)、欧罗巴洲、亚墨利加州(美洲)各国地图多幅,还有枪炮图、蒸汽机图、千里镜图等。"表"则有西洋各国教门表、中国西洋纪年表、中国西历异同表。书末还以二十七卷的篇幅,附录"国地总论"、"筹夷章条"、"夷情备采"、"战舰条议"、"火器火攻条议"、"器艺货币"(包括火车、织布机、运河、港口设施,以及钞票、银行、汇兑、保险等知识)。魏源这部呕心沥血之作,正是富有创造性地用论、表、图等形式,与表配合,才为国人提供了最为迫切需要的、最详备的世界史地及现状参考文献。因而才成为近代中国人向西方学习的起点,影响了中国人对外观念达半个多世纪,并且远传日本,间接引起明治维新的发动。

  魏源对于处在亘古未有的时代变局中,历史编撰也应当变革、创新这一点,有自觉的认识。他有一句名言:"地气天时变,则史例亦随世而变。"[①] 这里的"史例",应该包括历史编撰的指

---

  ① 《海国图志》卷五《叙东南洋》。

导观点和编撰的体裁、体例。在近代阶段明确提出历史编撰的创新主张和成功地实践方面，魏源也不愧为首开风气者。较魏源略晚一点，徐继畬撰成《瀛寰志略》，同样对书志体加以发展，用来介绍外国史地知识。全书十卷，以"志"为主，按五大洲分国论述其地理、历史、风俗、现状，内容比较明晰而系统，它不是简单地将材料汇辑，而是经过自己的综合，加以必要的考证，然后熔炼成篇，各卷有"总论"和按语，与"志"配合。如卷四《欧罗巴》总论，扼要地论述欧洲文明发展大势，地理形势，与中国贸易情况，各国版图、人口、兵力、财政收入统计数字，技术的进步，风俗，物产和商业，宗教，纪年，语言，内容简括而全面。有的按语论述英国在世界各地到处掠夺，"思朘削其精华"，讲英美等国由选举产生的议会政治制度比封建制度进步，都很精彩。卷首及各卷之前配有地图。故此书与魏源《海国图志》并称为"国人谈海外知识之嚆矢"。至19世纪70年代，王韬著《法国志略》，用书志体与纪事本末体相结合，介绍法国历史及政治、学术等情况。稍后，黄遵宪著成《日本国志》，成为近代用书志体叙述外国历史及现状的又一名著。黄遵宪为了及时地向国人介绍日本明治维新，改从西法的成功经验，创造性地运用志书的形式，有系统地记述明治维新的由来，政治、经济、军事、文化教育各个领域施行的新制度、新办法，以及取得的显著成效。全书四十卷，分为十二篇志（国统、邻交、天文、地理、职官、食货、兵、刑法、学术、礼俗、物产、工艺），按门类记载。为了反映日本由弱变强、蒸蒸日上的当代史实，书中设有大量的"表"，如《职官志二》，列有邮政局表、邮递线路表、矿山表、民有矿山表、铁道表、电信表、地方税预算表等。黄遵宪还在书中运用大量的序、后论，以及正文和小注中夹叙夹议的形式，结合中国的现实发表议论，热情地表达自己改革图强的进步要求，故本书具有强烈的政论色彩。从魏源《海国图志》以后，一系列用书志体写成的介绍外国史地的著作，是近代史学一个突出的现象，并且在中国人民向西方寻找真理、探索救亡图强的道路过程中发挥了不可低估的作用。这说明，传统史书体裁的多样性适应各方面的需要，如能继承、改造，创造性地发展，加进时代的新内容，便能焕发出新的光彩！

20世纪初年，夏曾佑撰成的《中国古代史》是一部较早采用章、节体裁，影响甚大的中国通史著作（只完成上古至隋统一）。在当时，它从内容到形式都使人感到耳目一新。夏氏实现了编撰方法的创新，其特点，是把中国纪事本末体的优点，糅合到从外国学来的分章节叙述的形式中。兹以书中第二篇"中古史"第一章"极盛时代（秦汉）"为例说明之。这一章前五十节中，绝大多数是按事件设立节目的。其中有专设一节叙述一事的，如"文帝黄老之治""景帝名法之治""武帝儒术之治""光武中兴""汉第一次通西域""汉第二次通西域""汉第三次通西域"；若一节容纳不了一个事件，则分上下两节叙述，如"天下叛秦""秦亡之后诸侯自相攻伐""楚汉相争""高祖之政"等即是；还有用连续六节叙述一事的，如"汉外戚之祸"（一至六）、"宦官外戚之冲突"（一至六）即是。在近代，中西学术的交融是客观的必然趋势。在夏曾佑身上，明显地具有观点创新和编撰方法创新二者兼备的特点，他将传统的纪事本末体的特点融合到刚刚由外国传入的章节体形式之中，所撰成的史著既是新型的，又具有读者容易接受的中国特点，因而为中国史学近代化的奠基作出了出色贡献。

同在20世纪初年，章太炎和梁启超则为探索用一种新的综合体裁撰写中国通史而努力。章太炎于1900年写作《中国通史略例》①，明确地采用章学诚的主张，吸收了纪事本末体的特点而对纪传体加以改造。他所设想的通史由五体构成：（1）表。有帝王表，方舆表，职官表，师相表，文儒表。（2）典。有种族典，民宅典，浚筑典，工艺典，食货典等，共十二篇。（3）记。有周服记，秦帝纪，南胄记，唐藩记，党锢记，革命记，陆交记，海交记，胡寇记，光复记。（4）考纪。有秦始皇考纪至洪秀全考纪共九篇。（5）别录。有管商萧葛别录，李斯别录，会党别录，畴

---

① 《略例》附在《訄书》第五十九《哀清史》之后，始见于《訄书》手校本。

人别录等，共二十五篇。

章太炎关于通史体裁的创新设想，是同他当时所具有的进化观念和爱国思想相一致的。他提出有志于修撰《中国通史》的目的，一是为了"扬榷大纲，令知古今进化之轨"，一是为了"振厉士气，令人观感"。他自觉地继承章学诚的主张，认为此乃"大势所趋"。他所设想的十篇"记"，就是吸取纪事本末体的优点设立的。他说："诸典所述，多近制度。及夫人事纷纭，非制度所能限。然其系于社会兴废，国力强弱，非眇末也。会稽章氏谓后人作史，当兼采《尚书》体例，《金縢》、《顾命》就一事以详始卒。机仲之《纪事本末》，可谓冥合自然，亦大势所趋，不得不尔也。故复略举人事，论撰十篇，命之曰'记'。"① 又说："犹有历代社会各项要件，苦难贯串，则取枢仲纪事本末例为之作'记'。"② 这说明，章太炎在探索体裁创新过程中，曾苦苦思索解决"历代社会各项要件"如何贯串的问题，最后确认吸收纪事本末的优点可以解决。他企图用这十篇"记"来叙述有关"社会兴废、国力强弱"的重要事件，如秦的统一、唐代藩镇割据等，这样来显示历史演进大势，比起章学诚的设想来，显然大有改进。章太炎所设想的"典"用以记典章制度，来源于"书志"。"考纪"和"别录"都是记人，差别只在"考纪"专记帝王；"表"是用以列举次要人物和纷繁的材料；此两项同样来源于纪传体。他说："有典则人文略备，推迹古近，足以藏往矣；若其振厉士气，令人观感，不能无待纪传。今为《考纪》、《别录》数篇。"③ 可见总体上是对纪传体的发展，发挥其综合的优点。不过，究竟是以"记"还是"典"来概述社会大势，章氏自己并不明确。

梁启超在同一时期的探索，与章太炎颇有异曲同工之妙。梁氏于20世纪初年也酝酿写《中国通史》，后因卷入政治旋涡而搁

---

① 《訄书》（重订本）卷五十九《哀清史》附《中国通史略例》。
② 汤志钧：《章太炎政论选集》上册《致梁启超书》，中华书局1977年版，第167—168页。
③ 《訄书》（重订本）卷五十九《哀清史》附《中国通史略例》。

置多年，至1918年，他才"屏弃百事，专致力于通史之作"①。现见于《饮冰室合集》中有关《中国通史》的部分作品，都写成于1920年，有《太古及三代载记》（内容仅有《古代传疑章第一》）；《春秋载记》六章，末附《春秋年表》；《战国载记》六章，末附《战国年表》等。② 以此与梁启超致陈叔通信中一段话相印证："所著已成十二万言（前稿须复改者颇多），自珍敝帚，每日不知其手足之舞蹈也。体例实无余暇作详书告公，弟自信前无古人耳。宰平曾以半日读四万言之稿两遍，谓不忍释，吾计凡读者或皆如是也。顷颇思'先秦'杀青（约端午前可成），即先付印（传志别行，此惟有年表、载记、志略三种。先秦之部都十一卷，冠以总叙一卷，约二十万言也）……"③ 我们可判定，梁启超创新的体裁系以载记、年表、传记、志略四者配合而成。

在此体系中，"载记"明显是主干部分，其作用是叙述一个时期的主要事件和历史大势。各个时期的"载记"联接起来，就是从纵的方向叙述历史演进的主线，与章太炎的十篇"记"相比较，有可能叙得更加系统。其他"年表""志略""传记"都与"载记"配合，与章太炎的设想有颇多类似之处，而又明显地前进了一大步。还应指出的是，梁氏设立"载记"，是对纪事本末体的创造性运用。他能这样做，是因为他既看到纪事本末体的优点，又能看到其不足。他说："纪事本末体，于吾侪之理想的新史最为相近，抑亦旧史界进化之极轨也。"④ 又说："记事本末体是历史的正宗方法。……过去的记事本末体，其共同的毛病，就是范围太窄。我们所希望的纪事本末体，要从新把每朝种种事实作为集团，搜集资料，研究清楚。"⑤ 他的"载记"就把范围扩大，力图说明事件之间的联系和历史大势。比起一百年前章学诚的设想来，梁氏的办法已有了很大的推进。

---

① 丁文江、赵丰田：《梁启超年谱长编》1918年条，上海人民出版社1983年版，第859页。
② 以上各篇均收入《饮冰室合集》专集之四十三至四十六。
③ 丁文江、赵丰田：《梁启超年谱长编》1918年条，第861页。
④ 梁启超：《中国历史研究法》，《饮冰室合集》专集之七十三，第20页。
⑤ 梁启超：《中国历史研究法补编》，《饮冰室合集》专集之九十九，第31页。

章太炎、梁启超在20世纪初体裁创新的努力，无疑是近代学术史上很有意义的事情。① 我们由此可以得出这样的认识：从章学诚"辨析体例"到章太炎、梁启超构建新的通史体系，他们努力的方向是一致的，即一再提出新综合体的设想，并向前推进，重视体裁创新的传统在近三百年中得到可贵的发扬。章太炎和梁启超是推动学术近代化潮流的出色人物，作为史学家，他们对客观历史进程的深度和广度都有新的认识，他们的设想和实践具有深刻的近代学术内涵，因而对于今天无疑更有启迪的意义。

三、科学理论指导下的创新

20世纪以来，在通史和断代史领域，一直流行的是按章节形式编撰的体裁，在推进学术研究和传播历史知识两方面都发挥了重要作用。运用这种体裁叙述历史确有其方便，在今后仍然会被继续使用。

对于历史编撰的创新具有巨大意义的是，近些年来，有的学者基于对历史进程的深刻认识和对中国史学优良传统的发扬，已经从实践上和理论上对历史编撰的创新做出了极有价值的探索。这些探索是在马克思主义科学理论指导下进行的。一方面，在唯物史观指引下，历史工作者经过多年的潜心研究，对于历史进程的丰富性、多层面性有了深刻体会，试图在史书体裁上有所突破，以求容纳和表现更加多样和深层的内容。另一方面，对于文化遗产的继承、改造、创新，有了自觉的认识，因而有创造的勇气。罗尔纲先生长期从事太平天国史的研究，他自20世纪40年代末起，即经历了由继承纪传体到自觉地进行改造的艰巨过程，至80年代中期，又受到学术界新的研究成果的启发，因而确定

---

① 参见拙作《近三百年历史编撰上的一种重要趋势——新综合体的探索》，《史学史研究》1984年第2期。近年也有外国学者撰文讨论，见［美］Mary G. Mazur（马紫梅）《关于20世纪中国"通史"新综合体的一些初步想法》，《史学理论研究》1997年第2期。

用一种"多种体裁结合而成的综合体裁",撰写成四卷本的《太平天国史》。全书系以叙论、纪年、表、志、列传五部分组成。"叙论"是对太平天国的时代背景,革命运动的分期,革命的性质和成就,失败的原因,及对中国近代史的影响等,作综合的论述。"纪年"是以纲目体裁,按年代先后,对史事进行简洁的、有组织的记述。相应取消"本纪",将洪秀全事迹移归传内,剔除了纪传体以君主纲纪天下的封建性。用"表"标明复杂繁赜的史事,共二十一"表"。用"志"记典章制度,有上帝教、天朝田亩制度、资政新篇、政权、政体、食货、官爵、兵、刑律、礼制等,共二十篇"志"。"传"记人物,共四十七篇。罗尔纲先生认为:应用这种"多种体裁结合而成的综合体裁"来撰著,"使一部史书既有理论性的阐述,又有丰富的内容,与一般用西方体裁撰著的史书往往陷于有骨无肉干巴巴的境地迥异。它是可供今天史家撰著史书应用的一种体裁"。[①] 杨向奎教授于20世纪80年代著成《清儒学案新编》,全书共八册,其体裁也有创新意义,系在总结黄宗羲《明儒学案》《宋元学案》(此为黄宗羲原著,全祖望续成)的基础上加以发展。体裁特点,是由论述、评析传主学术思想,和选录各人的主要论点和代表性论著二者构成,期有:清代学术思想史、清代学术思想史资料选辑的双重作用,并因以窥见清代学术思想发展渊源及流派。"于清初诸大家后,继以理学、朴学、经学各流派,选取足以反映当时学术思想风貌的学者,大体人自一案,师承、家学、交游等概随案记述,不另立门户。"[②] 故此书在历史编撰上,明显地将传统的学案体向前发展了。

白寿彝先生自20世纪70年代末即构思主编多卷本《中国通史》的大型工程,经过近二十年的艰巨努力,这部本世纪以来规

[①] 罗尔纲:《太平天国史·自序》第三部分,中华书局1991年版,第10页。
[②] 杨向奎:《清儒学案新编叙例》,《清儒学案新编》第一卷,齐鲁书社1985年版,第1页。

模最大、内容丰富翔实、体裁新颖的通史巨著已基本完成,①在学术界产生了广泛的影响。因此,白寿彝先生主持制定的《中国通史》编撰思想和编撰体例,就成为20世纪后期在历史编撰上,以科学理论为指导进行重大创新的代表。白先生的创新工作有两个鲜明的特点。第一,坚持在马克思主义指导下自觉的创新。在学术界,由于章节体长时间的流行,学者们习以为常,几乎很少考虑体裁创新的问题。还有许多学者运用以马克思主义理论指导研究,专注于探索历史现象之规律和联系,而很少考虑到史书的体裁形式,很少考虑到内容和形式之辩证关系。白先生则认为,历史编撰不是单纯的技术问题,其中还存在如何正确地反映客观历史的问题。史家对史书体裁的选择,反映了史家对历史的理解及其撰述的目的。历史学家要以马克思主义为指导,深入地探讨历史现象的规律性和丰富性,探讨历史的多层面性及其相互联系,同时要将这些研究成果恰当地表述出来,这就需要自觉地进行体裁的创新。"内容决定形式,但形式并不是僵死的、固定不变的。这是因为:形式作为客观历史在历史家主观上的反映,它有一个不断认识、不断完善的过程。……究竟如何把历史的内容表达得更好,这是每一个新的历史时代的历史家都要考虑的课题,因而也就必须对形式进行更新。""历史是不断发展的,历史家对历史的认识也是不断发展的,因而史书的体裁也是不断发展的。"② 同时又认为,探索历史编撰的创新,还有让历史学家的研究成果更好地为读者所接受这一层意义。"史书的编纂,是史学成果最便于集中体现的所在,也是传播史学知识的重要途径。历史理论的运用,史料的掌握和处理,史实的组织和再现,都可以在这里见个高低。刘知幾所谓才、学、识,章学诚所谓史德,都可以在这里有所体现。""为了便于读者,为了便于历史知识的传

---

① 由白寿彝任总主编的《中国通史》,自1989年以来,已经出版了导论卷、远古时代卷、先秦卷(上下册)、秦汉卷(上下册)、三国两晋南北朝卷(上下册)、隋唐卷(上下册)、元代卷(上下册)、清代卷(上下册),共计八卷十四册。其他各卷均已基本完成,预计1999年全部出齐,届时全书为十二卷二十二册,约一千三百万字。

② 白寿彝主编:《史学概论》,宁夏人民出版社1983年版,第140页。

播,讲究编撰的体例是必要的。"① 第二,对史学遗产自觉的批判继承的思想。白先生对于中国史学史有长达半个多世纪的精湛研究,把哲理的思考引入史学史研究领域,做出了重大贡献。有的学者持一种看法,认为古代史学在今天只是一堆史料,其他谈不上什么借鉴与继承,因为其观点是旧的。白先生则认为,古代史学是一笔值得珍视的学术遗产,应当自觉地对它批判、继承、改造、利用,化腐朽为神奇。早在60年代初,他撰写长篇论文《谈史学遗产》,便对此作出系统的论述,并指出:"历史编纂学的遗产,也是同样丰富的。单就历史书的体裁来说,就很多。""我们研究史书体裁,跟著录家不同,不能专从分类上着眼,更应该看到一种体裁的发展。……研究史书体裁方面的遗产,批判地继承,对于我们写史书,在著作形式上的百花齐放,是有好处的。"② 白先生的论述突出地体现出辩证分析的精神,把历史编撰的创新与发展新史学,与发挥史学更大的社会功能直接联系起来。

上述基本观点在80年代得到了发展和丰富。1981年,白先生精辟地论述要用综合体裁来写历史的问题:

> 历史现象是复杂的,单一的体裁如果用于表达复杂的历史进程,显然是不够的。断代史和通史的撰写,都必须按照不同的对象,采取不同的体裁,同时又能把各种体裁互相配合,把全书内容熔为一体。近些年,也许可以说近几百年,我们这个传统没有得到很好的发扬,因而我们的历史著作,在很大程度上不能表达更为广泛的社会现象。就专门史来说,体裁的问题,比写通史要简单一些,但单一的形式还是不行的。今天我们要采用综合的体裁来写历史,不止是要吸收古代历史家的长处,还应该超过他们。③

---

① 白寿彝:《中国史学史》(第一册),上海人民出版社1986年版,第23、25页。
② 白寿彝:《学步集》,人民出版社1962年版,第143—144页。
③ 白寿彝:《谈史书的编撰——就〈谈史学遗产〉答客问之三》,《史学史研究》1981年第3期。

白先生所明确提出的主张，标志着20世纪历史编撰创新上一次重大的突破。"要采用综合的体裁来写历史"这一主张在20世纪80年代初提出，绝不是偶然的。新中国成立以后的三十年中，经过马克思主义史学在全国范围大发展，以后遭受严重摧残，直到迎来学术界思想解放的春天，老一辈历史学家对于唯物史观体会更加深刻，视野更加广阔，至此，对于历史著作应有的丰富内容和包含宏富的编撰形式二者的统一，史书体裁的批判、继承和创新，在认识上都达到了升华。唯其如此，才有能力和有勇气提出这一重大的创新主张。

1989年，《中国通史》导论卷出版，白先生在书中专设了论历史编撰一章，阐述史书体裁的继承、改造和创新问题，阐明"我们应该发展综合运用的优良传统，多体裁配合、多层次地反映历史"这一总的著述宗旨。他构想通史著作应采用序说、综述、典志、传记四个部分互相配合的新的综合体裁，具体论述每一部分设置的意义、基本内容和要求，对这部规模宏伟的著作的编撰形式，绘制了多层面的崭新的蓝图。

以"序说"置于全卷之首，开宗明义。序说的设置，是借鉴于《吕氏春秋·序意》、《淮南子·序略》、司马迁和班固的自叙传、陆德明的《经典释文·序录》和宋元人经解的序说、明清人撰述的凡例以及西方人近代论著中的成规，加以发展而成。序说的基本内容，应包括：（一）论述基本资料，包括文献资料和考古资料。有些文献资料，情况比较复杂，须进行关于著作时期的辨析、考证。时代越靠后，资料越多，就越须甄别。应从大量的资料中挑选出重要的部分来论述。（二）论述前人和同时代人已有的研究成果，加以适当的总结。应说明在这一研究领域中，究竟有哪些问题已经解决，哪些问题正在解决，哪些问题应该提出自己的看法。以上两项是说明研究工作的依据，也为今后进一步的研究，尤其是年轻一代的研究工作提供基础。（三）说明撰述要旨和编撰上的具体问题。

"综述"，是各卷的主干部分，要写出历史发展的总相。综述吸收了本纪、编年及近代以来流行的划分章节的各种体裁之长而加以发展。综述部分的主要任务是：第一，要紧紧抓住每一历史时期的纲，只写对历史全局有影响的大事，包括政治、经济、文化、民族、中外关系等方面，着重写的是历史发展的动向。政治的变动比较显著，会作较多论述，且能显示历史演进的线索，但应结合经济、文化的发展。民族关系是我国历史上的重大问题。第二，时间的观念要鲜明，首先要注意到历史时期的划分，一个时期内部大小阶段的划分，使其能尽量显示出历史发展的规律性和特点。此外，综述部分还要对历史的疆域，写出大致的轮廓，对皇朝版图外的兄弟民族分布的地区，也要写出来；在历史上有重大影响的人物要写，只写带有历史性的重要活动，不是写他的传记，他的传记放在传记部分去写；关于田制、税制、官制、军制等等，只要重点地说到为止，具体的细节放到典志部分去写。综述，作为本书的一种体裁，与其他体裁互相配合，有分工，在撰写上比各种原有的体裁方便得多。

"典志"的任务，是对历史现象进行剖视。典志的设立，是对纪传体中书志的改造和发展。典志部分的主要内容，从总结旧史的志目并以新的观点考察，可包含如下各门类：（一）地理。包括行政区划、河渠的变迁、重要的都邑、交通和道路等。（二）民族。把民族立为专篇，有关民族的分布、活动、迁徙、习俗等，在综述和传记中没有说到的，应在这里作具体论述。（三）社会经济。包括农、牧、渔、林、矿、盐、手工业、商业、货币、生产技术、土地制度、赋役制度等。（四）政治制度。包括官制、选举制度、科举制度等。（五）军事制度。（六）法律。（七）礼俗。包括民间习俗。（八）中外关系。总括来说，典志篇目的设立，都是企图从各个社会剖面来反映一个历史时期的特点，都是为体现社会发展的整体服务。有两点是特别要紧的。第一，对于经济、政治制度等等，不是作为一个制度静态来写，而是作为动的，即从历史的运动中来写。第二，不仅要讲一种制度的发展，还应该讲制度跟社会发展的关系。各卷典志的篇目有共性，又有特殊性，反映出不同社会历史时期的特点而有特别的篇目。

历史是人创造的。在史书里，看见了历史人物的群像，就愈益感到历史内涵的丰富和深刻。旧史大量地写人物传记，其所持的观点是有错误的，但重视写人物传记，却是可取的。近几十年，人们重视探索社会发展规律，在史书撰述中努力阐述历史的规律性，这是史书工作的一个重大进步。对于这一点，我们还应该在马克思主义指导下，坚持下去。但是另一方面，在断代史和通史著作中，看不到完整的人物形象，不能不说是一个缺陷。现在我们还应该写传记，《中国通史》在第三卷以下，都要给"传记"以较多篇幅。写传记，既要写出人物的历史作用，还要写出他们身上所反映的时代特点。中国历史上，有众多的政治家、军事家、思想家等各式各样的代表人物。我们要有选择、有主次地去写。写传记，不只要熟悉传主生活的时代，还要有通史的见识，把人物放在时代的发展中来写，才能写好。

序说、综述、典志、传记，四种体裁互相配合，就能够多层次地反映历史发展的进程，既反映了历史的规律性，又反映了历史的丰富性。比起近几十年流行的章节体来，这种新综合体明显地便于容纳更多的历史内容，能更进一步反映历史发展的面貌。恰当地运用这种综合体裁，把通史写好，还需要在"通"字上下功夫。吸收司马迁、杜佑"通古今之变"的长处，还要吸收郑樵、马端临"会通"各种知识和文献的长处；而更重要的是，在马克思主义指导下进行工作。在搜集丰富的文献资料的基础上，通过研究，上升到理论的高度，要透过历史现象揭示出历史的本质。要求做到全书各部分之间的脉络贯通，不要将通史变成断代史的拼凑，在认真地、深入地研究每一时期历史各方面关系的基础上，于历史沿革流变之中探索历史的发展规律。①

白寿彝先生关于新综合体的构想，是在自觉继承中国史学遗产基础上气魄宏大的创造，具有鲜明的时代特点。这一编撰创新的思想与章学诚、梁启超、章太炎的探索，有深刻的内在联系。新综合体在形式上吸取纪传体、纪事本末体的特点而加以改造，

---

① 参见《中国通史》导论卷第八章，上海人民出版社1988年版，第310—328页。

并且糅合了章节体及西方近代大型历史著作的优点而加以发展,而在内容上则与旧史有本质的不同。根据白先生的总体设计,负责各卷撰著工作的专家共同努力,又经过总主编逐卷亲自审定、加工,已经陆续出版的《中国通史》八卷十四册,以其内容的空前丰富详备和体裁的优胜独创问世,获得了学术界的普遍重视。四个部分互相配合的综合体裁,有巨大的包容量和灵活性,正好为对于各个时期各方面的问题探索多年的专家贡献成果提供充分的空间。全书卷帙浩巨,分卷撰写,体裁体例达到贯通协调,熔炼统一,令人赞赏,而且因反映各个历史时期的不同特点而在体裁运用上各有独到创造。每一卷中,四个部分都成功地完成了自己的专职,深入探讨一系列重要问题,向读者提供大量有价值、有兴趣的知识。

第三卷商周史卷"序说"部分,首章论述历史文献,按五经、史地书、诸子书、辞赋四类,扼要而具体地论述先秦丰富的历史文献的主要内容、史料价值,对于为数不少的历史文献的真伪问题,今古文学派异同问题,以及作者或成书年代有争议者,均作了中肯的论述和必要的考订,并简要地论述前人对各种重要文献整体的成果,介绍最可据信的注本。第二章论述考古资料,分三节论述"主要都城遗址的调查与发掘""考古学文化的研究""考古资料反映的社会、经济、文化等方面的问题"。第三章论述甲骨文和金文,内容包括丰富而纷繁的考古资料,古文字资料及青铜器的出现、价值、研究状况。这两章,也都提纲挈领,条分缕析,显示出本卷研究工作丰厚的考古学基础,又为初学者提供很好的研究入门指南。第四章论述研究概况,分为四节,系统地论述近代以来实证史家和马克思主义史学家在五四前后,30年代,抗战及解放战争时期,和新中国成立以后的研究成果,脉络清晰,评价恰当,中肯地指出在商周史领域哪些问题已经解释,哪些问题正在解决之中,十分有利于帮助读者思考当前研究工作进一步努力的方向。第八卷元史卷"序说",则根据蒙元史研究领域的特点,不仅系统地介绍国内文献资料和研究成果,而且对读者了解、掌握甚少的国外文献和外国学者研究成果,作了详尽的论述,十分难得。第一章"汉文资料",共有七节,分别论述基本史料、行记、其他史料、笔记小说、政书、地方志、诗文集的内容、整理情况和史料价值。第二章分别论述"蒙古文资料""藏文资料""回鹘文资料"。第三章"国外资料",共六节,分别论述"波斯文资料""阿拉伯文史料""欧洲文字资料""亚美尼亚文资料""叙利亚文史料""俄、日文资料"。第四至第六章,分三个阶段论述蒙古史研究的进展。关于明清两代的元史著述,分为四节,分别论述:"明代的元史著述""清中叶以前的元史著述""鸦片战争后的西北史地与元史研究""清末民国初的三部元史著作"。关于20世纪20年代以后元史研究的进步,分为三节,分别论述:"王国维、陈垣、陈寅恪等在元史研究上的卓越成就","姚从吾、韩儒林、翁独健、邵循正等在元史研究上的贡献","其他学者的研究成果"。关于新中国成立以来蒙元史研究的进展,共分为八节,分别论述:"蒙元史研究的新时期""史料整理和研究""通论性著作和工具书的编撰""政治史研究""经济史研究""思想文化史研究""民族和边区史研究""中外关系史研究"。第七章为"国外的蒙元史研究",分两节,论述"十九世纪末以前的蒙元史研究"和"二十世纪的蒙元史研究",涉及法国、俄国(及苏联)、德国、英国、美国、日本、蒙古及其他国家,介绍了雷慕沙、多桑、戈狄埃、沙畹、施密特、巴托尔德、柔克义、伯希和、韩百诗、符拉基米尔佐夫、傅海波、波义耳、劳费尔等一批又一批外国学者的研究成果。总之,元史卷的"序说"内容丰富、系统、全面,论述精审严谨,有很高的学术价值,因而获得了学术界的充分肯定。

  如果说,各卷的"序说"提供了本书论述各个时期历史的文献基础和研究基础,提出各卷编撰的旨趣,那么,各卷的"综述"部分则构成全书的主干,纲举目张,宏观地论述各个时期历史发展的总趋势。第四卷秦汉卷论述的秦汉时期,在中国历史上是一个伟大的时期,我们统一的多民族国家在这个时期进入新阶段,封建社会也建立起来。本卷"综述"即把握了这一时期的历史特点,以秦汉时期的民族概况为第一章,指陈这一历史时期新的民族状况,包括汉族的形成及一些少数民族的简况,这与第三卷"综述"以神话、传说为第一章,明显不同。继之以第二第三两章,论述秦封建皇朝的建立、秦的暴政与秦末农民战事。对于西汉这一中国历史上第一个盛大的朝代,作者设立"西汉皇朝的建立和巩固""西汉盛世"两章,概括而又具体地论述了对楚战争的胜利,汉皇朝规模的树立,律令法仪的制定,汉承秦制与除秦苛法,对历代兴亡的鉴戒,汉家皇权的强化,郡县制与封国制的并存,"文景之治",薄税劝农、与民休息,西汉盛世的历史条件,"举贤良、明教化",尚法尊儒,强干弱枝的重要措施,民族关系和统一局面的发展等重大问题,清晰地再现了西汉时期封建关系成长、国力逐步强盛、民族关系发展的历史趋势,对封建皇权加强和武帝统治政策的制定等问题提炼得恰当,因而受到论者的好评。第五卷三国两晋南北朝史卷则面对与西汉长期统一大不相同的分裂局面,撰著者匠心独运,清楚地划分出这一时期不同的历史阶段,在混乱中理出线索,将十六国分裂割据和与东晋的并立,分别放在"十六国中最早建立的政权和晋在东南的偏安""前燕前秦的对立及前秦的统一北方""东晋的北伐和前秦的南征""淝水战后北方的再分裂"四节之中论述,由于撰著者善于把握全局和叙述得当,结果这一本来复杂混乱的历史时期就显得头绪较为分明了。

"综述"与"典志"的关系,是要求前者能阐述历史发展之阶段性的全貌,而后者则是对这一历史发展过程中若干侧面的剖视。各个历史时期有不同的特点,因之各卷"典志"篇目的设置,既在总体上显示出均衡和协调,又各具时代的特色。如:商周史卷设有"国野、乡里和郡县","等级和阶级"等;秦汉史卷设有"都会与里市制度","户籍制度","上计制度","朝廷、郡县和封国"等;三国两晋南北朝史卷设有"门阀制度"等;隋唐史卷设有"长安和洛阳","隋唐科举制","隋唐官制","隋唐律令","隋唐礼俗"等;元史卷设有"运河与海运","钞法","元代投下分封制度","元代的礼俗"等;清史卷设有"手工业与资本主义萌芽","商人、商业、商镇","官修图书"

等。马克思在研究人口问题时曾说："具体之所以具体，因为它是许多规定的综合，因而是多样性的统一。"①研究人口是如此，那么研究如此复杂丰富的人类历史进程更是如此。各卷"典志"与"综述"配合，都是为了从各个社会剖面，来反映历史时期这一"多样性的统一"及其特色。

"传记"在各卷中都占有较大篇幅，反映人物创造历史的作用，同时又通过他们的思想、性格、行为表现时代的特点。第十卷清史卷共设立传记五十四篇，记载经过极其认真选择的各方面代表人物的活动，其中有帝王努尔哈赤、皇太极、顺治帝、康熙帝、雍正帝、乾隆帝等，有大臣多尔衮、代善、范文程、鳌拜、图海、明珠、索额图、汤斌、李光地、鄂尔泰、傅恒等，有降清将领和奸臣吴三桂、和珅，有清官于成龙、张伯行，有思想家、学者黄宗羲、顾炎武、王夫之、颜元、李塨、戴震、钱大昕、赵翼、章学诚、阮元，有治河专家、数学家靳辅、梅文鼎、王锡阐，有医学家、生物学家王清任、吴其濬，有文学家、书画家郑板桥、曹雪芹、吴敬梓，有抗清将领、农民起义领袖李定国、郑成功、王聪儿。这众多的人物，或以其雄才大略、励精图治，或以其智谋勇力，或以其勤于政事，或以其深邃的思想、专精的技术，或以其民族志节，或以其代表下层人民利益的反抗精神，对历史进程发挥了强有力的推动或不同程度的积极作用，当然也有人起到消极甚至反动的作用。"传记"与"综述""典志"配合，使《中国通史》展现的历史进程更加多姿多彩、波澜起伏、有声有色。多年以来通史著作中没有完整人物形象的缺陷得到弥补，增加了对读者的吸引力，人们也可以从中国历史上无数有作为人物的身上吸取丰富的智慧。

多卷本《中国通史》在历史编撰上是以科学理论为指导的、自成体系的大规模创新工程。总主编白寿彝先生不顾高龄，仍然保持如此旺盛的学术创新精神，以二十年的艰苦劳动作出如此巨

---

① 马克思：《〈政治经济学批判〉导言》，《马克思恩格斯选集》第二卷，人民出版社1995年版，第18页。

大的成就,对于我们后学实是最可宝贵的激励和启迪!已经基本完成的这一皇皇巨著,是白先生和众多的共同合作的专家向新中国成立五十周年和 21 世纪献出的一份厚礼!历史编撰的重大创新本来是由于历史学家的认识达到了新的层次而引发的;反过来,这一重大创新又为通史研究提供更广阔的内容,开辟新的前景。可以预期,由于这一新的通史工程的完成,将促使"中国通史编纂学"成为一门新的学科,吸引着学者对于大量新鲜课题展开深入的研究。

传统·近代·当代

一、历史阶段的联系与飞跃

人类历史就像一条奔腾不息的长河，它蜿蜒曲折，历经不同的阶段，浩荡向前，不可阻挡。拿中国历史来说，自有确凿文字记载以来已有三千六百年，历史长河浑浩流转，跨越了商、周奴隶社会，自战国、秦、汉至鸦片战争前长达二千年的封建社会，近代半殖民地半封建社会和今天的社会主义社会。前一个历史阶段构成后一个历史阶段的准备和基础，而新的社会形态在旧社会的母体内成熟以后，即脱胎而出，由此推动中国历史走向新的阶段。每一个社会阶段各有不同性质的经济基础和上层建筑，它们成为决定的条件，从而产生出与之相适应的不同性质的社会意识形态，分别来讲，有奴隶社会意识形态，封建社会意识形态，半封建半殖民时代的意识形态，在马克思主义指导下的新民主主义意识形态和今天的社会主义意识形态。

不同的历史阶段前后相连，彼此并不隔着一道不可逾越的鸿沟。因此，"我们是马克思主义的历史主义者，我们不应该割断历史";"今天的中国是历史的中国之一发展"。① 这是事物的一个方面。事物的另一面是，不同的社会阶段，又是不同质的，从前一阶段到后一阶段，是发展的突变和飞跃。所以马克思主义经典作家认为："历史不外是各个时代的依次交替。每一代都利用以前各代遗留下来的材料、资金和生产力；由于这个缘故，每一代一方面在完全改变了的条件下继续从事先辈的活动，另一方面又通过完全改变了的活动来改变旧的条件。"② "一切依次更替的历史状态都只是人类社会由低级到高级的无穷发展进程中的暂时阶段。每一阶段都是必然的，因此，对它发生的那个时代和那些条件说来，都有它存在的理由；但是对它自己内部逐渐发展起来的新的、更高的条件来说，它就变成过时的和没有存在的理由了；它不得不让位于更高的阶段。"③

马克思主义这一关于不同历史阶段既互相联系又构成质的飞跃的观点，内涵极为深刻，对于包括文化史在内的历史学研究者具有指导的意义，值得我们经常地温习并坚持运用到学术研究中去。人们注意到，近年来有的学术论著中对这些基本问题提出一些值得商榷的看法，曲解了一些本来是很清楚的基本历史事实，对于观察当前史学发展方向和文化取向起不到积极的作用。对此，确有加以讨论和澄清的必要。

二、传统文化在近代是社会发展的障碍吗？

近年来在讨论中国传统文化与近代的关系时，学术界存在一种观点认为：传统文化到了近代已成为社会发展的障碍。这个问题涉及对于中国传统文化如何作总体评价，涉及对于近代化道路

---

① 毛泽东：《中国共产党在民族战争中的地位》，《毛泽东选集》卷六，新华书店冀东支店1947年版，第20页。
② 《德意志意识形态》，《马克思恩格斯全集》第三卷，人民出版社1957年版，第51页。
③ 恩格斯：《路德维希·费尔巴哈和德国古典哲学的终结》，《马克思恩格斯选集》第四卷，第217页。

的基本看法和未来文化走向问题，故不能不讨论清楚。传统文化中本来可以区分为精华和糟粕两部分。其糟粕部分，如严守"夷夏之辨"、盲目排外、保守气习、空谈玄想、鄙视技术工艺等，固然是实现近代化的障碍；但是传统文化是具有民主性和科学性的精华部分，如不畏强暴、捍卫民族尊严、朴素民主思想、朴素理性精神、积极进取、经世致用等，在近代却是推动先进人物探求救国真理、抗击列强侵略和进行反封建斗争的巨大精神力量，也是推动中国近代化的巨大精神力量。毛泽东说过："中国的长期封建社会中，创造了灿烂的古代文化。因此清理古代文化的发展过程，剔除其封建性的糟粕，吸收其民主性的精华，是发展民族新文化提高民主自信心的必要条件。"① 传统文化可以区分为精华和糟粕两部分，这是人们普遍承认的基本历史事实。不加区分地笼统讲传统文化是近代化的障碍，就是对基本历史事实的曲解。

"障碍论"者举出了近代史开端时期的叶名琛作为例子。叶名琛于1847年任广东巡抚，因拒英人入城有功，受到清廷嘉奖和社会舆论的赞扬，由此甚为自负，常自称要"雪大耻，尊国体"，对于中外交涉事宜态度傲慢，凡接到外国文书，就只是简略写上几个字作答，或干脆置之不理。他根本不去熟悉国与国之间外交通商的事宜，更不去了解列强的强弱虚实及它们之间的相互关系，以谋划对付的策略。结果当1857年英军攻陷广州时，叶名琛被俘走，因于印度孟加拉，最后客死异国。

叶名琛确是一个颟顸拒外、对于世界事务闭目塞听的人，他的作为对于外交事务有害而无利。但他决不能作为传统文化的代表，他只能代表传统文化的消极面，即无视世界潮流、坚持夷夏之辨、妄自尊大的愚昧意识。

那么，同在近代史开端时期，在对外事务上有没有能作出积极反应的人呢？

有的。他就是时代比叶名琛更早，而且知名度高得多的林则

---

① 毛泽东：《新民主主义论》，《毛泽东选集》卷二，第51—52页。

徐。林则徐不但是严厉实行禁烟、坚决抗击侵略的英雄,而且是最早重视研究外国情形的先进人物。剖析这样一个人物,对于我们探究传统文化在近代是否只起到障碍作用的问题更有典型意义。

  林则徐一到广州,担负起与外国殖民者打交道的重任,就明白自己对"夷情"毫无了解的弱点,不能知彼知己。于是他采取了一系列措施:(一)招致一批熟悉当时世界情况、有能力的人,如原籍广东、当过汉阳县丞的彭凤池,被清廷革职的马辰等,"侦探夷情,查办汉奸",延请一些留心海防事务的学者,如梁廷枏、张维屏、俞正燮,商议探讨洋事。又指示通事、买办、引水这些直接与外国人往来的人员,随时报告洋人动向。(二)为了更进一步探求西方国家的历史和政治现状,他下令搜集外国人在广州、澳门用中文出版的各种刊物和小册子,并招集通晓英文的人才翻译外国人出版的书报。他从 1839 年春开始组织翻译《澳门新闻纸》《新加坡新闻纸》《孟买新闻纸》中与中国有关的时事报道和评论。一直到他在 1840 年 6 月被革职,这一工作没有中断。林则徐搜集和摘译的外国书籍,则有《华事夷言》《滑达尔各国略例》《在中国做鸦片贸易罪过论》(前两种收入《海国图志》中,后一种译文已佚)。又据 1836 年伦敦出版的慕瑞著《世界地理大全》编译成《四洲志》,介绍亚、非、欧、南北美五大洲重要国家的历史地理。林则徐还不顾清廷只准洋商、通事与外国人来往的规定,并且放下"天朝"钦差大臣的架子,亲自向外国人了解情况。"他利用美国传教士、商人、船长和报纸编辑到镇口参观销烟的机会,向他们询问各种鸦片的名称、价格,英国海军和汽船等情况,利用英船'杉达'号遇风沉没、船上受难人员逗留广州的机会,请该船医生喜尔等人订正译文,修改致英国国王檄谕英文写本中的错误,了解鸦片生产和美、英、土耳其等国的地理知识。"[①](三)林则徐把他所了解的外国知识,直接作

---

  ① 杨国桢:《林则徐对西方知识的探求》,见宁靖编《鸦片战争史论文专集·续编》,人民出版社 1984 年版,第 323 页。

为制定策略的参考。他曾从新闻纸中摘抄六封"夷信"进呈道光阅览，并在奏折中说："现值防夷吃紧之际，必须时常探访夷情，知其虚实，始可以定控制之方。"① 有关英人对厦门之役和清廷改派琦善为钦差大臣的评论，林则徐都从新闻纸中获得信息，并及时向署理两广总督的广东巡抚怡良通报。在被革职以后，他还认真地向靖逆将军奕山建议"宜周密探报"外国情况，说："又有夷人刊印之新闻纸，每七日一礼拜后，即行刷出，系将广东事传至该国，并将该国事传至广东，彼此互相知照，即内地之塘报也。彼本不与华人阅看，而华人不识夷字，亦即不看。近年雇有翻译之人，因而辗转购得新闻纸，密为译出。其中所得夷情，实为不少，制驭准备之方，多由此出。虽近时间有伪托，然虚实可以印证，不妨兼听并观也。"② 由于林则徐从新闻纸中获得敌人方面的有价值的信息，使他能对战争中英国侵略军的动向作出正确的判断。他得知英国派大队侵略军来华，准备北犯定海、天津的消息后，就先后五次奏请清廷敕令加强海防，并在广东方面作了更加切实的反侵略准备。在林则徐未被撤职之前，侵略者在广东方面不能得逞，正是林则徐了解敌情、做好周密防御的结果。林则徐承认英军"船坚炮利"比中国先进，他组织摘译了有关欧式大炮瞄准发射技术的书籍，训练军队学会使用欧式大炮。德庇时在《战争和缔约后的中国》第一卷附录《林钦差对于西方各国的著述》中，即讲到林则徐辑译本中有专门论述重炮的内容。③ 林则徐还设法购买了几百门外国大炮，又通过美国商人之手购买两只商船，改装成战船。并多次向道光帝建议创办新式国防工业，制造新式船炮。他本人还捐资仿造洋式航船。（四）林则徐探求西方知识的进步，还反映在他第二次照会英国女王中所说："向闻贵国王存心仁厚，自不肯以己所不欲者施之于人；并闻来粤之船，皆经颁给条约，有不许携带禁物之语；是贵国王之政令本属严明；只因商船众多，前此或未加察，今行文照会，明知天朝禁

---

① 《林则徐集·奏稿》中册，中华书局1985年版，第765页。
② 林则徐：《答奕将军防御粤省六条》，见《海国图志》卷八十。
③ 参见杨国桢《林则徐对西方知识的探求》。

令之严,定必使之不敢再犯。"把英政府与鸦片商区别开来,留出交涉余地,和完全盲目办外交者不同。① 他对道光帝的奏议,则主张区别对待外商:"遵法者保护之,桀骜者惩拒。"道光帝却严词批驳:"同是一国之人,办理两歧,未免自相矛盾。"② 道光帝的愚昧态度更衬托出林则徐的见识。林则徐这种探求西方知识的卓识和创始工作,直接影响了魏源,林则徐将《四洲志》等有关外国的资料交给了他,魏源继续了这一工作,并在林则徐实践的基础上,概括出"师夷长技以制夷"的进步口号,成为近代史上向西方学习真理的先声。

范文澜说:"林则徐是中国封建文化优良部分的代表者。"③ 这是十分中肯的论断,这里的"封建文化"指的就是"传统文化"。林则徐的一生,怀抱着经世济民、以天下为己任的抱负,写过"苟利国家生死以,岂因祸福趋避之"的著名诗句,表明他对国家民族的高度责任感;他办事认真,具有实事求是的态度,曾在兴修长江下游水利和两湖禁烟中做出了建树。而当处于列强疯狂侵略和中西文化撞击的历史大变局之时,这种实事求是态度又向前发展,在了解西方、学习西方上走出意义重大的第一步;他所主持的震天动地的虎门销烟和广东抗击侵略斗争,更代表了中国人民不畏强暴、捍卫国家主权的气概。——坚决抗击侵略和探求西方知识,正是传统文化优良部分在近代史开端时期的突出表现。

客观事物是复杂纷纭、充满矛盾的,既有代表积极意义的现象,又有代表消极意义的现象。只顾抓住后者,把它夸大为全部事实,就犯了"以偏概全"的毛病,就不能得出符合历史客观进程的正确结论。只拿传统文化的消极面来任意渲染,客观上势必销蚀人们的民族自尊心、自信心,宣扬民族虚无主义。那样做,恰恰不利于推进今天的现代化进程,因此,世界近代史上所有的民族振兴,无不是以本民族的优良传统和已有成就为基础的。否

---

① 范文澜:《中国近代史》第一章第六节。
② 《魏源集·道光洋艘征抚记上》,中华书局1976年版,第173页。
③ 范文澜:《中国近代史》第一章第六节。

定本民族历史传统的结果，只能是民族创造力的枯萎，根本谈不上自立于世界民族之林。所以，我们固然看到叶名琛那样的盲目排外、落后保守的意识，更应该看到林则徐及其周围人物所具有的进取精神和开始探求新知识的勇气，通过总结这种优良传统将之发扬光大，这对于推进今天的现代化事业是有积极意义的。至于有的人公然反对将传统文化区分为精华与糟粕部分，在他们看来，传统文化统统不过是糟粕，毫不足惜。照此主张，中国人岂不早就应该完全拜倒在外国人脚下，甘当别人奴仆，成为处处仰人鼻息的可怜虫吗？

"障碍论"者在逻辑上还陷于严重的自相矛盾。

为了证明传统文化在近代成为障碍，有的论者又提出这样的论据："贵义贱利"这种传统价值观念，是"非功利主义的空泛特征"，是极其错误的，阻碍了科学和其他进步事物的发展。可是同一位作者往下接着说：晚清时期中国近代军队、工厂、学堂的建立和创办，近代学堂中课程的设置和译书顺序从应用技术到基础理论的基本倒置，却带着鲜明的急功近利的实用主义烙印，因此而造成中国近代科学的不发达。这位作者还拿中国与欧洲作比较，说：中国古代科学技术的落后，是因为中国人民所追求的是切近人生的知识，不是为知识而求知识，古希腊人则相反，他们迷恋智慧。结果，中国古代的功利主义使科学技术没有独立的地位，丧失了发展的机会。可是同一位作者，往下笔锋一转，又说："西方的非功利主义导致了科学昌明，而中国的非功利主义却使士人沉溺于不计较社会效果的虚浮。"一会儿说中国文化的特征是非功利主义，一会儿又说成是急功近利的实用主义。而同一个"非功利主义"，在欧洲人是宝贝，带来科学的昌明，而在中国人手里却是罪孽，造成了落后和虚浮。如此的逻辑混乱真是令人吃惊！这位论者还举出一个论据：中国近代的落后还由于缺乏民族气节，"中国民众太少生死赴之的一腔爱国热情"，这是由传统文化熏陶所致。又说：在中国古代，"富贵不能淫，贫贱不能移，威武不能屈"是传统文化的美德。而到了近代，"这种优美的气质只要理智弱些就很容易走向反面，成为'时穷节不见'"。所以中国近代简直是个"不幸的时代"。

从"障碍论"者看来,就因为中国人在近代落伍,那么反正就没有理。你的价值观是"功利主义"也错,"非功利主义"也错;欧洲人手里可以有"非功利主义",他们会由此探求智慧和真理,而中国人手里却绝不能有这种"非功利主义",否则将造成迷误。中国人不能为追求理想而生死赴之,可见没有民族气节;如果有民族气节也要不得,因为到了近代你还不能改变操守,岂非保守愚钝?所以中国人真是"不幸",简直没有什么对的地方!照这样说法,确实很容易得出彻底虚无的结论。

据我看来,"障碍论"者的认识误区在于,他们先定下一个"中国反正落后,传统文化反正不好"的框框,然后提到什么就否定什么。只要指责得痛快,也顾不及明显的自相矛盾。这恐怕很难说是严肃地讨论问题的态度,也根本无益于推进现代化事业,只会造成混乱,涣散斗志,使人们丧失前进的信心。我们需要的是客观冷静地作辩证的分析,对于传统文化中确属优良的部分要加以发扬,而对于确属落后的部分则予以批判和摒弃。

三、传统文化在近代具有一定的应变力

为了进一步证明"障碍论"违背了近代史的进程,我们还需要具体地分析近代史开端时期思想文化领域的新变化,看看传统文化在中西文化冲突的关键时刻所具有的一定的应变力。

林则徐是最早注重探求西方知识的人物,但在当时他并非孤独一人,而是有一批人物,对于社会问题和文化问题的认识有共同的倾向,主要是魏源、龚自珍和姚莹。他们在鸦片战争前便有密切交往,周围还有黄爵滋、汤鹏、张际亮、包世臣、潘德舆等人。其共同基础是经世思想和重视气节,以"力振颓风"自任,希望于时局有所匡救。至鸦片战争爆发,林则徐、龚自珍、魏源、姚莹都是著名的抵抗派,互相竭诚支持。在文化问题上,则由经世和变革的思想,发展到注视殖民者东来的新变局。上述取

向是这一群体所共同经历的思想轨迹，而由于各人不同的地位和遭遇，又形成个性不同的特点。龚自珍在鸦片战争前即十分关心研究社会现实问题，倡导变革，并尖锐地抨击封建统治的腐败。他卒于鸦片战争发生的次年，而对于这场巨变的态度，则在《送钦差大臣侯官林公序》中显示出来。此文写于林则徐被委任为钦差大臣、南下广州时，龚自珍表示了他坚决抗击侵略的立场。他还写了"故人横海拜将军，侧立南天未蒇勋。我有阴符三百字，蜡丸难寄惜雄文"①的深沉诗句，表明自己虽被权贵排挤出京城，生活漂泊无定，却仍然关注着林则徐所领导的这场斗争的命运。姚莹在鸦片战争前后，也经历了由经世派向抵抗派的转变。他写文章喜议论治国大事，被称为"指陈时事利害，慷慨深切"②。1838年姚莹被擢为台湾兵备道。这一时期他在台湾，就怀有"控制外夷，屏藩数省"的目的，搜集了沿海形势的资料，与西人所著舆地书籍相对照。他带领台湾军民抗击英军的侵略。1841年秋和1842年春，英侵略军屡次进犯台湾，姚莹与台湾总兵达洪阿率兵把它打败。《南京条约》签订后，姚莹遭到诬陷，被逮入狱。后被贬官四川，再罚往西藏。经历了鸦片战争事变后，姚莹对中国因昧于外事招致失败无比痛心，说："然而（海夷）所至望风披靡者，何也？正由中国书生狃于不勤远略，海外事势夷情平日置之不讲，故一旦海舶猝来，惊若鬼神，畏如雷霆。……不待兵革之交，而胜负之数已较然矣。"他认识到古今时势已完全不同，今后的局面更加"可忧可惧"！因此，在贬官西南期间，他著成《康輶纪行》一书，"就藏人访西事"，身在边陲就近了解外国，同时记述沿途所见山川、物产、宗教、风俗等情况。自称"喋血饮恨，而为此书，冀雪中国之耻"。③书中对西藏的关隘险要，道路远近，特别是内地入藏的里程，从印度、尼泊尔入藏的路线，都详加考订，即意在为防守边疆提供可靠资料。

魏源在鸦片战争前的改革思想和学术主张，更加清楚地显示

---

① 《龚自珍全集》第十辑《己亥杂诗》。
② 《清史稿》卷三百八十四《姚莹传》。
③ 《复光律原书》，《东溟文集》卷八。

出传统文化优良部分所具有的光彩，在鸦片战争后，由于时代的推动和林则徐的影响，成为著名的倡导了解西方、学习西方的先进人物。

首先，魏源和龚自珍一样认识到清朝专制统治的腐败，无情地揭露封建皇朝已到了"气运将尽"的"衰世"。同时渴求和憧憬一个变革进取的"新"时代的到来。魏源继承了自先秦民本思想到黄宗羲激烈批判封建统治的传统，大胆揭露封建专制统治黑暗的实质，并且提出"天子是众人中之一人""由众人所称而成""天下为天下人之天下"的新命题，论证君主必须服从众人的意志。魏源冀求出现下情上达、上情下达的局面，说："政治之疾苦，民间不能尽达之守令，达之守令者不能尽达之诸侯，达之诸侯者不能尽达之天子，诚能使壅情之人皆为达情之人，则天下无不起之疾苦矣。"[①] 这就使他的思想与近代民权学说有相通之处。

其次，魏源同龚自珍一样大力倡导变革。他说："天下无数百年不敝之法，亦无穷极不变之法，亦无不易简而能变通之法。"[②] 所以，时代不同，人的思想和治国方法也必须改变，"变古愈尽，便民愈甚"[③]。对于空谈性理的程朱理学，"爪剖铢析"的烦琐考据，禁锢士人头脑的科举制度，他都予以尖锐的抨击，呼吁人们关心研究现实问题。他在三十三岁时即编辑了《皇朝经世文编》一书，精选出清朝一代有关社会问题的论著文献，视野所及，包括学术、治体、吏政、户政、兵政、刑政、工政各个方面。这种改革主张和经世思想，推动他在时局剧变以后，呕心沥血地寻求救国良策，探求西方知识。

复次，魏源吸收和改造了儒家今文经学的变易历史观，使他具有认识东西方局势变化潮流的哲学头脑和时代智慧。他的论证见于《公羊春秋论》《董子春秋发微序》等著作。

这样，在鸦片战争前，魏源集中地体现出传统文化中朴素的民主思想、主张变革、提倡经世致用和具有朴素进化观点等优良

---

① 《魏源集·默觚下·治篇十一》。
② 《魏源集·淮南盐法轻本敌私议自序》。
③ 《魏源集·默觚下·治篇五》。

部分，这些都构成他在鸦片战争以后转变为倡导御侮图强和迅速地把眼光投向外国、探求西方知识的内在基础。

鸦片战争刚刚发生过一年余，魏源即撰成近代爱国启蒙的名著《海国图志》（五十卷本）。魏源能这样做，同他在战争中的经历，特别是同林则徐的交往有密切关系。是林则徐将《四洲志》等资料交给魏源，并嘱咐修撰完这部书的。所以，《海国图志》一书可以视为鸦片战争时期爱国抵抗路线在文化上的产物。在当时复杂的历史条件下，近代探求西方知识的先进人物，就必须兼有下列品格：爱国热忱——关心国家民族命运，坚决反抗侵略；求实精神——敢于打破素以"天朝上国"自居的偏见，不耻向昔日视为"夷狄"的西方国家学习；辩证态度——能够跨越东西方文化的巨大隔阂，走出学习西方这一近代迫切课题的第一步。从林则徐和魏源身上可以看出，正是传统文化的优良部分赋予了他们这样的品格。

《海国图志》在近代产生了巨大的影响，如梁启超所说："其论实支配百年来之人心，直至今日犹未脱离净尽，则其在历史上之关系，不得谓细也。"① 这是因为，魏源在书中做到了：

第一，他呼吁了解外国的紧迫性，展示出一幅真实的世界图画。魏源批判了两千年来视为"神圣古训"的"严夷夏之防"的迂腐观点，大声疾呼了解外国是当务之急。他尖锐地揭露统治集团对外国昏暗无知，是造成战争惨败的重要原因："以通市二百年之国，竟莫知其方向，莫悉其离合，尚可谓留心边事者乎？"② 同时他用英国以新加坡为基地，处处侦探中国情报作了对照："（英人）建英华书院，延华人为师，教汉文汉语，刊中国经史子集图经地志，更无语言文字之隔。故洞悉中国情形虚实。而中国反无一人了彼情伪，无一事师彼长技。嘻矣哉！"③ 总结双方的成败教训，结论就是：必须彻底抛弃闭目塞听、视外国为夷狄的旧意识，迅速了解外国情形。这是对付西方列强的先决条件。因

---

① 《中国近三百年学术史》，《饮冰室合集》专集之七十五，第323页。
② 《海国图志》卷二《筹海篇三》。
③ 《海国图志》卷九《东南洋四·暹罗东南属国今为英吉利新嘉坡沿革三》。

此，魏源一再呼吁："欲制外夷者，必先悉夷情始；欲悉夷情者，必先立译馆翻夷书始；欲造就边才者，必先用留心边事之督抚始。"① 为了介绍外国知识，魏源把当时所能搜集到的资料全部汇辑到《海国图志》书中去，"钩稽贯串，创榛辟莽，前驱先路"②。对于外国人的撰述，即所谓"西洋人谭西洋"者尤为重视，使内容更为可靠，除了采辑林则徐派人翻译的《四洲志》外，他如英国人马礼逊《外国史略》、葡萄牙人马吉斯《地理备考》、美国人高理文《美理哥国志略》，都大量引用。全书收入各种地图七十五幅，图志配合，内容详博，同时具有实用性和直观性的特点。

第二，魏源论述了西方殖民者东来以后亚洲的局势，注意反映东方民族反抗侵略的经验教训。他重视总结缅甸、安南这类国家抵抗英国侵略的经验，认为："观于缅栅之足拒夷兵，而知我之所以守；观于安南札船之足慑夷艇，则知我之所以攻。"③ 对于已经沦为英国殖民地的新加坡、印度，则重视他们在英国侵略活动中的地位。如说英国控制新加坡是"欲扼此东西要津，独擅中华之利，而制诸国之咽喉"④。说印度为英国提供财力、兵力，在英国侵华活动中占据重要地位："东印度为英夷驻防重镇，凡用兵各国皆调诸孟加腊。"⑤

第三，魏源倡导学习外国，赞扬民主制度的优越性。他总结中国战败的又一原因是，列强船坚炮利，武器和技术远比中国先进，因此响亮地倡导"师夷之长技以制夷"。这一口号的提出成为近代先进的中国人向西方寻找真理的起点。当时他注目的重点固然在学习军事技术，即制造轮船枪炮、仿效西方练兵方法整顿军队等，但我们还注意到魏源学习西方有更丰富的内容。他进而提出发展民用工业的主张："凡有益民用者，皆可于此造之"，如

---

① 《海国图志》卷二《筹海篇三》。
② 《海国图志原叙》。
③ 《海国图志》卷十《东南洋五·缅甸》。
④ 《海国图志》卷九《东南洋四·暹罗东南属国今为英吉利新嘉坡沿革三》。
⑤ 《海国图志》卷十九《西南洋·五印度国志叙》。

千里镜、火轮机、自转碓、千斤秤等,并允许私人设厂制造,"沿海商民,有自愿仿设厂局,以造船械,或自用,或出售者,听之"。① 并在书中介绍外国铁路、银行、保险等知识。这些在客观上都有利于发展资本主义的意义。

考察传统文化优良部分在近代史开端所具有的应变力,还应该说到《海国图志》对日本社会所产生的深远影响。《海国图志》撰成后,自1852年至1854年,曾有三次运入日本,总数二十多部。此后日本人士纷纷为之翻译、注解、刊刻。1854—1856年间翻刻版本竟多达二十余种(均是部分翻刻)。当时日本正处于"幕末"时期,社会状况及对外关系均与清朝相类似。把《筹海篇》译成日文的学者盐谷世弘对这部著作极为推崇,称为"实武备大典",并感慨:"(魏源)忠智之士,忧国著书,其君不用,反而资之他邦,吾固不独为默深悲,抑且为清主悲也夫!"② 一百多年以后,日本学者研究《海国图志》对19世纪后半期日本社会的影响,成果甚多。如大谷敏夫指出:"在幕末时,《海国图志》起了决定日本前进道路的指南针的作用。"③ 著名的爱国志士吉田松阴特别重视读《筹海篇》。他用《海国图志》作为教授学生掌握日本开国后应具有的外交知识的教材,其间即培养出伊藤博文等明治时期主管日本外交的人物。从梁川星岩到佐久间象山等幕末学者都由于读了《海国图志》而惊醒,立志走上开国维新的道路,确实证明这部书为日本社会输入了新的活力,起到了当时日本前进的指针的作用。

以林则徐为先导、魏源加以发展的探求西方的进步思想,不仅影响到19世纪后半叶的中国思想界,而且深刻地影响了幕末日本社会,这正是中国传统文化的优秀部分与近代文化前后相承接的明证。笼统地指责传统文化在近代只是障碍,以此全面否定传统文化在近代的价值,是根本经不起历史事实的检验的。考察

---

① 《海国图志》卷二《筹海篇三》。
② 转引自王家俭《魏源年谱》,中央研究院近代史研究所1981年版,第150页。
③ 大谷敏夫著,胡修之译:《〈海国图志〉对"幕末"日本的影响》,《福建论坛》1985年第6期。

文化问题不能离开对社会经济政治背景的分析。《海国图志》在中国产生的影响远不如对日本社会的影响巨大，原因在于满洲贵族统治下的中国，封建守旧势力更加强大，这种顽固势力对传统文化具有应变力蛮横地压制扼杀，所以最后需要用革命手段将满洲贵族的反动统治扫除。这就是我们研究这一问题所应得出的结论。

四、当代与"传统"有质的区别

近年来学术界中存在要"全方位"引进西方史学理论和方法的主张，有的研究者提出了要彻底变革包括当代马克思主义史学在内的"传统史学"的论点。对此也有加以深入讨论的必要。

这种主张包含两个问题：一是，如此将马克思主义史学与传统史学相混淆，在认识上实属大的失误。二是，把质的规定性根本相区别的当代马克思主义史学与传统史学相混淆，在理论方向上将会导致什么。

"传统史学""近代史学""当代马克思主义史学"三者各自的内涵本来有着明显的根本区别。"传统史学"大体是指鸦片战争以前在中国自身社会和文化环境中演进的、原有的史学，在时间上大致与中国封建社会相始终。"近代史学"是指鸦片战争以后，由于社会变动和西方文化的输入，逐步产生的以资产阶级历史观点和方法为指导的史学，其时间范围自1840年至1949年以前（广义的"近代史学"，也可包括1921年以后产生的马克思主义史学，若作这样理解，则近代史学的部分内涵与"当代马克思主义史学"相交叉）。"当代马克思主义史学"包括两个阶段，前一阶段是中国共产党成立后至新中国成立前马克思主义史学的产生和传播，后一阶段是新中国成立后至今马克思主义史学在全国范围的大发展。就质的规定性而言，"传统史学"属于封建社会的意识形态（其中有精华与糟粕之分）；"近代史学"属于半殖民地半封建社会和旧民主主义时期的意识形态（其中有不同的政治分野);"当代马克思主义史学"属于新民主主义时期(1949年以前)和社会主义时期的意识形态。

就社会主义意识形态发展阶段说,当代马克思主义史学比传统史学高出了两个阶段。中国马克思主义史学凝聚着21世纪的时代精神与品格,具有传统史学所无法比拟的进步性、革命性、科学性。作这样的评价并非人为的拔高,而是当代马克思主义史学披荆斩棘、艰苦斗争而建树的历史功绩所昭示的。

第一,当代马克思主义史学用科学的世界观作指导,摆脱了"至多是积累了片断收集来的未加分析的事实,描述了历史过程的个别方面"的旧史阶段,而要"考察了一切矛盾趋向的总和","把历史当做一个十分复杂并充满矛盾但毕竟是有规律的统一过程来研究"。① 在中国马克思主义史学的奠基时期就已经明确提出了这一任务。李大钊在《史学要论》(1924)中指出:我们若想要研究历史,像《史记》、二十四史、《资治通鉴》等,以及其他种种历史记录,无疑都是很重要的材料。"但是他们无论怎样重要,只能说是历史的纪录,是研究历史必要的材料,不能说他们就是历史。这些卷帙、册案、图表、典籍,全是这活的历史一部分的缩影,而不是这活的历史的本体。"我们所要研究的是"活的历史",它"屹然存在于这些故纸陈编的堆积以外,而有他的永续的生命"。"从来的史学家,欲单从社会的上层说明社会的变革,——历史,——而不顾社会的基址;那样的方法,不能真正理解历史。社会上层,全随经济的基址的变动而变动,故历史非从经济关系上说明不可。"当论述到研究历史的意义时,李大钊又将旧史学与唯物史观指导的新史学作对比,说,旧历史观认为历史是神造的,是天命的,因此旧史把帝王将相这些特权阶级放在神权保护之下。使一般人所遭受的种种苦难,无论惨酷到如何地步,都只能悲吟。而"把人们的个性,消泯于麻木不仁的状态中,只有老老实实的听人宰割而已"。新历史观则"教吾人以社会生活的动因,不在'赫赫''皇皇'的天神,不在'天直'

---

① 《列宁选集》第二卷,人民出版社1972年版,第586页。

'天纵'的圣哲，乃在社会的生存的本身"。"这种历史观，导引我们在历史中发见了我们的世界，发见了我们的自己，使我们自觉我们自己的权威，知道过去的历史，就是我们这样的人人共同造出来的，现在乃至将来的历史，亦还是如此。"① 这就在历史学的内容、对历史发展规律的认识和研究历史的意义等根本问题上，划清了马克思主义史学与旧史学的界限。此后，中国的马克思主义史学即遵循着这一方面，为解释历史发展的总相和探索中国历史发展的规律，而不断开拓前进。

第二，中国马克思主义史学家在斗争中，论证了中国历史的发展同世界各国遵循着共同的规律，驳斥了企图抵制用马克思主义指导中国革命的"国情特殊论"，同时，论证了近代中国社会的矛盾、革命的性质、任务，证明了中国共产党领导反帝反封建革命斗争纲领、方针、路线的正确。这是马克思主义史学在第二次国内革命战争时期关于中国社会性质大论战中的出色贡献。这一时期，郭沫若著成《中国古代社会研究》，这是马克思主义史学家运用唯物史观系统地阐述中国历史的第一部著作。他在《自序》中说："对于未来社会的待望逼迫着我们不能不生出清算过往社会的要求。""认清楚过往的来程也正好决定我们未来的去向。""目前虽然是'风雨如晦'之时，然而也正是我们'鸡鸣不已'的时候。"他以马克思、恩格斯的著作为指导，"把中国实际的社会清算出来，把中国的文化，中国的思想，加以严密的批判，让你们看看中国的国情，中国的传统，究竟是否两样"！② 当时，由于国民党反动派残酷屠杀、迫害共产党人，革命处于低潮时期。国民党反动派的御用文人们反共的叫嚣甚嚣尘上。中国向何处去？人们对此感到彷徨。郭沫若正是在这样"风雨如晦"的严峻时刻，自觉地担当"鸡鸣不已"的任务，即通过揭示中国社会同样经历原始社会、奴隶社会、封建社会这一人类历史的共同规律，使人们相信马克思主义符合中国的国情，中国革命必将在

---

① 《李大钊史学论集》，河北人民出版社1984年版，第198—199、246—247页。
② 《郭沫若全集·历史编》第一卷，人民出版社1982年版，第6、9—10页。

这科学理论指导下，渡过低潮时刻，最后取得胜利。

第三，中国马克思主义史学家在通史及民族史、经济史、思想史等专史研究领域中，不断取得出色成就，对于革命战争和社会主义事业，起到了有力推动作用。以通史论，范文澜所著《中国通史简编》总发行达几百万册。他所著《中国近代史》也是通史著述计划的一部分，在抗日战争后期发表后，对广大群众起到巨大的教育作用。书中有力歌颂了近代中国人民反抗侵略、进行革命斗争的光荣传统，有力地揭露帝国主义勾结国内反动派掠夺和摧残人民的罪恶，生动地显示出近代中国社会的基本矛盾是帝国主义和中华民族的矛盾与反动阶级和人民大众的矛盾，这一切都激发了人们的爱国热忱和革命意志。"许多人因读了范著《中国近代史》而奔赴延安，在抗日战争后期和第三次国内革命战争时期，发挥了巨大的战斗作用。"① 至新中国成立后，马克思主义史学在全国范围内得到发展。拿民族史来说，史学工作者们深入总结各族人民逐步交流、融合的历史和近代以来共同斗争的革命传统，对于促进民族大团结起了巨大作用。新中国史学工作者在20世纪50年代进行了大规模的民族社会历史调查工作，所得材料在二万万字以上。历史学形成了部类完整的学科体系，这更是以往时代所不敢梦想的。

经过新时期以来的学术实践，我们对于恰当地区分以下两个问题已经有了相当深刻的体会：一是正确评价中国马克思主义史学的历史地位；二是正确地认识和总结马克思主义史学在其演进过程中有过的失误，从中吸取有益的教训，使之健康地向前发展。中国马克思主义史学由郭沫若、范文澜等杰出学者奠基之后，即在通史及专门史等领域中取得重要成果，形成了与传统史学有本质不同，且与21世纪前期兴起的新考证学迥然有别的中国马克思主义史学。新中国成立以后，唯物史观在全国范围内确立了指导地位，并继续发展，但自20世纪50年代末，尤其是60

---

① 朱瑞熙等：《范文澜》，《中国史学家评传》下册，中州古籍出版社1985年版，第1484页。

年代初以后，遭受重大挫折。其中有两种性质不同的情况。一种是马克思主义史学队伍在唯物史观的具体运用中，由于水平限制和经验不足，产生了一些偏差和失误，出现了教条化、公式化的偏向。这些经过拨乱反正、总结经验教训之后，整个马克思主义史学研究队伍认识已大大提高，认真吸取了教训，并且将之变成推动新的历史时期学术发展的动力。另一种则是"四人帮"别有用心的破坏，直至在"文革"中对马克思主义史学队伍疯狂迫害。这些罪行已经得到清算。前者是属于学术问题，后者则是野心家蓄意破坏，是政治问题，二者不能混淆。新时期以来，经过有效的拨乱反正，肃清"左"的错误的影响，解放思想，实事求是，马克思主义史学已进入冷静发展的时期。坚持马克思主义史观为指导，不是因为它是"神灵"，或先验的正确，而是因为经过长期学术实践的检验，证明以此作指导，能使研究工作更加接近于历史的真实，更符合历史的本来面貌。因此，对于唯物史观，我们绝不能当作教条看待，而要作为原理的指导，要结合具体的历史事实来运用它，放在具体国家、民族特定的环境和特定的历史时期中接受检验，加以补充、发挥和发展，对于不适用的论点则予以修正。坚持唯物史观指导与吸收、掌握其他有价值的理论、学说、方法并不矛盾，可以兼容发展。对于新考证学派的成就，对于外国有用的科学成果，都以开放的心态吸收、借鉴和运用，由此而形成20世纪80年代以来学术发展的良好局面。坚持这些正确有效的方针和做法，相信我们未来的史学工作将会更加繁荣。

20世纪中国马克思主义史学的历史地位

当21世纪的钟声即将敲响的时候,回顾20世纪学术发展的历程,进行深入的思考和科学的总结,无疑是意义重大的工作,将使我们更好地看清脚下要走的道路,把握未来前进的方向。对20世纪中国历史学发展进行回顾,其中带有核心性质的问题,是如何看待和评价马克思主义史学的历史地位。

一、马克思主义史学把20世纪中国史学推向新阶段

中国马克思主义史学所取得的巨大成就,把20世纪中国史学推向更高发展的崭新阶段,放在素来发达的中国史学演进长河中来考察,也标志着达到前所未有的发展的新时期。

20世纪中国史学,可大致勾勒为:1. 20世纪初期,是"新史学"思潮涌起的时期。2. 五四前后至二十世纪三四十年代,是新史学发展阶段,也是新考证学(实证史学)取得建树阶段。3. 从1929年郭沫若《中国古代社会研究》问世,至新中国成立前,为马克思主义史学崛起阶段,李大钊宣传唯物史观是其前导。此

一马克思主义史学的发展阶段,与上述新考证史学获得建树阶段在时间上有交叉,形成双线前进。4. 新中国成立后至二十世纪六七十年代,是马克思主义史学发展并经受严峻考验阶段。5. 新时期以来,是马克思主义史学在改革开放的新历史条件下继续发展和探索阶段。冷静地反思、总结,是进行探索的重要内容。

从新中国成立后直至今天,马克思主义史学一直在全国范围内居于主导地位,大多数,或占绝大多数史学工作者,都是自觉地以唯物史观为指导。奠基时期几位杰出的开拓者,在新中国成立以后继续取得优秀成果,他们的成就至今仍然有很大影响。所以,从郭沫若以来,马克思主义史学又应视为一个整体性的发展过程来考察。我们讲"马克思主义史学把20世纪史学推向更高发展阶段",表现在哪些地方呢?

(一)产生了为数不少的卓有成就的马克思主义史学家,无论在通史、断代史、各种专门史和史学理论领域,贡献出数量极其可观的有价值的学术著作,从著述的规模,开拓研究领域之宽广,论述之深度,都是远超前人。郭沫若、范文澜、翦伯赞、吕振羽、侯外庐"五老",在新中国成立前已有名作,新中国成立后又做出更大建树。断代史、专门史等领域的优秀著作,已有论文详细列举。

(二)培养了大批史学人才(大体应有四代),创办了众多的史学刊物,成为繁荣学术的园地。不同时期培养出来的史学人才,有不同特点(如"开拓的一代","继承的一代","探索的一代"),而许多有成就以科学理论为指导的史学工作者的共同特点是,思想活跃,视野开阔。新中国成立以后,马克思主义史学工作者不断拓展新的研究基地,建立了包含通史、各个断代史、民族史、考古学、军事史、经济史、制度史、思想史、宗教史、科技史、历史地理、边疆史、史学理论、中外关系史、世界史等在内的门类齐全的学科体系,形成了人才众多、声势甚壮的研究队伍。20世纪50年代末以后出现的"左"的错误,和"文革"对历史科学的摧残,反而促使史学工作者冷静思考许多问题,对马克思主义理论理解得更深刻了。

（三）在史学理论和史学方法上，达到更高的层次，达到更科学的认识。

自从20世纪初倡导"新史学"之后，新史家在理论和方法方面，都比旧史家先进得多。从梁启超到"二陈"（陈寅恪、陈垣），他们的史学理论、史学方法都有创新，推动了20世纪史学的发展，而且至今仍然值得我们珍视。如，梁启超批判"君史"，批评旧史为帝王将相作家谱，只会因袭，不会创造；主张新史学应该探求人类社会进化的公理公例，即规律性；晚年又一再论述新史家应抛弃孤立对待史实、史料的旧法，而应重视联系的考察，横的方面注意其背景与交光，纵的方面注意其来因与去果；又论述史家的观察力，应注意从全部到局部，你研究局部，不要忘记是整体的一部分，再由局部到全部，对局部事件或个人，要考察他对全体的影响。王国维出色地运用"二重证据法"，综合《史记》及其他古代文献与地下出土的甲骨文相对证，对整个商王室世系作总体研究。由于运用这种近代科学方法，使传统的文献资料与出土的考古资料同时为历史研究服务，这就丰富了古史研究中的可信资料，扩大了史学工作者的视野。就文献而论，他又能突破以往研究者仅从史书上找证据的局限，而将以往视为神话、小说，不当作历史材料看待的记载，如《楚辞》《山海经》，也加以重视，与考古材料互相补充印证，得出重要的新见解。陈寅恪治史的特点是既能细致入微地考辨史实，又能作综合分析，因小见大，探求带规律性的东西。他长期致力的范围是"中古以降民族文化之史"，采用了近代西方学者所重视的比较研究、民族文化关系、因果关系等"外来观念"和方法，与清代学者实事求是的严密考证功夫结合起来，既善于钩稽史料，抉幽阐微，又具有比乾嘉考证学家开阔得多的眼光，从比较和联系中探求一个历史时期带全局意义的大事。陈垣发展了传统史学讲类例的方法，在文献学上做了总结性的工作。他善于将有用的材料按类区分，归纳出若干问题，然后选取其中最有代表性的例子，排比说明，并加议论发挥。他写有多部宗教史的名著，跳出以往宗教研究专重教义传承、演变的局限，把宗教史与文化史、社会史结合起来，揭示出有关民族间文化上的交流和融合、弘扬民族正气、激发爱国主义等项具有积极意义的内容。

中国马克思主义史学家继承了前辈学者的优良方法，同时自觉地运用马克思主义的观点和方法，达到了新的高度。20世纪中国马克思主义史学的理论和方法内容丰富，自老一辈史家以来，到今天成绩优异的学者对之灵活运用，非几句话所能概括。起码说，以下诸项都是重要的：生产力与生产关系、经济基础与上层建筑的矛盾运动决定社会基本进程；社会存在决定社会意识，社会意识对社会存在又有反作用；在阶级社会纷纭复杂的事实中，要用阶级斗争观点和阶级分析方法作为指导线索，同时要严格地把问题提到一定的历史范围之内，坚持历史主义；承认英雄人物的作用，同时认为人民大众的意志最终决定历史的根本方向；推动和影响社会进程的诸项原因中，经济的前提和条件归根到底是决定性的，但是政治等的前提和条件，以及人们头脑中的传统，也起到一定的作用，各种因素构成了"合力"；研究不同国家历史发展的共性，更要研究各自的特殊性，共性寓于特殊性之中；评价历史人物，不是根据他的口头宣言，而是根据其社会实践，衡量历史人物的功绩，是根据他比前人提供了什么新东西；运用发展的、联系的、辩证的观点，反对割断历史联系、孤立地看问题；详细占有材料，去伪存真，由表及里，具体问题具体分析，一切以时间、地点、条件为转移；宏观研究与微观研究相结合，掌握由具体到抽象，再回到具有多样规定性的、内涵丰富的具体的研究方法。——马克思主义关于史学理论和方法提出的重要原理，以往史学家只能是片断地提出，朴素地认识到，而马克思主义却明确地、系统地提出一整套科学的历史观和方法论，这当然把中国史学推进到崭新的发展阶段，高出以往史学一个历史时代。马克思主义史家中某一个人可能存在缺陷或失误，但总体上说，马克思主义史学成就更高。

在"左"的观点影响下，马克思主义史学发展过程中出现曲折，对此应区分两种情况。一种是史学工作者不熟练，运用失当，这是可以通过学术实践，通过讨论逐步提高的。另一种则是别有用心的分子恶意的歪曲、破坏,这种人本身即是马克思主义的对立物,不能把他们造成的混乱和谬误算到马克思主义理论的账上。马克思主义重理论,又重史料。马克思是革命导师,而他首先是科学巨匠。与一些专重材料的学者不同的是,马克思主义史学家既重视材料,又重视理论的指导作用。我们至今可能还做得不够,但总的方向一定是越来越好。

(四)用可信的、科学的历史知识教育群众,自觉地发挥历史教育对推动社会前进的作用。

历史学是严肃的学术,它又与现实社会生活和未来走向息息相关。这是历史学本身的性质所决定的,不以人的意志为转移,古代优秀史家就是这样认识和实行的。司马迁撰《史记》,做到"原始察终,见盛观衰","述往事,思来者"。司马光撰《通鉴》,"专取关国家盛衰,系生民休戚,善可为法,恶可为戒者",来作为"资治"的依据。之所以要总结、清算过去,是为了把握现在,认识未来,发挥史学的社会功用。有的学者喜欢搞纯学术,不赞成史学可以致用,也不妨保持这种认识,这些研究者只要在纯学术领域即专门考证上做出成绩,他们同样应当受到尊重。但另一方面,又应承认历史学既然是社会意识形态的一种,必然要对社会存在产生作用。史学工作既然是社会分工的一个部门,也应该为社会尽到责任。所以,赞成"发挥社会功用"更有道理,更应当受到尊重,问题在于要拿可信的、科学的历史知识教育群众。故此,发挥历史教育对推动社会前进的作用,也应是衡量历史学进步的重要标准之一。在这方面,马克思主义史学比起"新史学"和新考证学派,无疑是大大向前推进。关于此项,我们可以举出以下三方面非常显著的事实。

1. 马克思主义史学的一些名著发挥了教育人民、鼓舞人民的巨大作用。郭沫若《中国古代社会研究》出版在"风雨如磐,鸡鸣不已"的年代,帮助许多进步青年认清中国革命前途,坚定对未来的信心。而在抗战后期和解放战争时期,许多青年读了范文澜《中国通史简编》和《中国近代史》而奔赴延安。翦伯赞主编的《中国史纲要》长期被用作大学教材,教育了一批又一批青年学子，且长期受到社会各界重视，1995年还荣获全国高校社科著作评奖历史类的重奖（特别奖）。

2. 中国是一个由五十多个兄弟民族共同组成的大国，历史学在加强中华民族的凝聚力和激发爱国主义情感方面，担负着重要任务。在这方面，恰恰是马克思主义史学队伍中，许多人都注重教育广大民众认识中国历史如何一步步发展到今天，中华人民共和国这样一个各族人民的大家庭怎样由来，并为此做了很有意义的工作。有许多以马克思主义为指导的史学工作者，都很重视以可信的史实，阐述中国自古代以来，如何一步一步走向更加统一，阐述全国各民族如何共同创造祖国的历史，历史上各民族之间关系的加强为何是民族关系的主流，发掘历史上民族之间联系加强、和好相处的有积极意义的史实。中国早在春秋战国时期，以中原地区为中心，民族之间的联系和融合已达到相当高的水平。至秦汉建立了封建统一国家，形成了汉族这一中华民族的主体民族，并不断加强与周边民族的联系。魏晋南北朝天下大乱，但全国范围内民族的融合和联系得到加强，在此基础上建立了更加盛大的唐朝。元朝蒙古族入主中原，造成了生产破坏，但同时也促进了广大边疆地区封建化的进程。自秦汉至元，中国历史发展的总趋势是更加统一，国家统一是长久的，分裂割据是短暂的。元朝以后，再没有出现公开割据。清朝建立，满族对汉族有压迫、歧视，但康、雍、乾三朝对蒙古、新疆、西藏广大边区的民族政策却取得了成功，最后奠定了今天中华人民共和国的版图。特别是在近代以来，在共同的反帝反封建斗争中各民族互相支持，大大密切了民族间的关系。——这些都写在马克思主义史家编著的书中，对加强今天民族大家庭的团结产生了很好的教育、促进作用。祖国的统一，各民族的团结，是我们国家事业发展的保证，马克思主义史学在这方面发挥的社会作用是应该充分估价的。

3. 马克思主义史家自觉地批判继承祖国几千年的史学遗产，吸收其中有价值的东西，作为思想资料和历史编撰的借鉴，加以改造，创造出有民族特色、又有时代内涵的新的历史著作，使具有多种风格的历史书籍受到读者喜爱。

二、马克思主义史著有没有科学性？

　　与评价马克思主义史学的历史地位密切相联系的问题是：马克思主义史家的著作有没有科学性？所谓"战时史学"的提法有没有道理？这些问题都应予以明确回答。这里以范文澜为例，因为范老被称作"战时史学"的典型代表。

　　范文澜是中国马克思主义史学大师。1940年至1941年在延安著成《中国通史简编》，五十六万字。新中国成立后修订出版了第一、二、三编（分四册出版），共约一百一十万字。他又于1943年至1945年离开延安时，完成《中国近代史》（上册），约三十万字。以后对此书多次进行修订，至1955年出版修订第9版。

　　新中国成立初，范文澜严格检查《中国通史简编》原著存在的缺点：（一）唯物史观运用得还不熟练，对汉武、唐宗有贡献的一面写得不够。（二）"有些地方因'借古说今'而损害了实事求是的观点。"如借三国时孙、刘联合抗曹类比抗日统一战线，借写孙权来批评蒋介石破坏统一战线。范文澜治学特点是不爱讲自己的成就，常爱作严格的自我批评，因而上述讲的两项缺点给人们的印象极深。实际上，延安版《中国通史简编》成就是主要的。1. 对几千年中国历史演进提出系统的看法。将起于西周、迄于鸦片战争的中国封建社会划分为三个阶段，奠定了此后范文澜关于古史分期学说的基本格局。2. 体现了马克思主义关于人类社会发展的普遍规律与中国历史的特殊性二者的结合，做到比较深入而成功地分析和描述各个时代的特点。如战国养士制度，魏晋门阀制度，唐代安史之乱后藩镇割据，明清以后对外关系的逆转、西方势力的东来、"海禁"政策造成的被动局面等，都有深入的分析和生动的叙述。范文澜的书写于延安窑洞，而其理论方向和学术品位，则标志着史学新时代的到来，以其新颖的观点、系统的内容、生动的文字而大受欢迎。故历史学家戴逸在1993年纪念范文澜诞辰100周年学术座谈会上的发言中评价说："它集中了当时许多革命者的智慧,第一次系统地说出了革命者对中国历史的全部看法。""观点新颖,气势磅礴。使人发聩振聋,耳目一新。"

《中国近代史》(上册)更是一部名著,被誉为"造端宏大,材料新颖"。范文澜连续多年认真地做修订工作,还请了近代史研究所几位同志,及北京大学历史系世界史教研室的同志帮助审订、修改。其史料采用自大量官私文献,包括许多以往很少被征引的文集、笔记;还有许多外文材料。书中论述鸦片战争、太平天国、中日甲午战争、义和团运动,都放在当时的国际背景中考察,有开阔的视野。范文澜引用来论证义和团运动阻止了帝国主义瓜分中国的野心这一论点的史料,就有:八国联军统帅瓦德西的言论,英国外相及外交部副大臣的演说,奥京报纸评论,赫德的著作,印度总督的言论,法国议员的演说等。可见史料之翔实,立论之有据。故范著《中国近代史》是一部建立在详细占有材料基础上、体现了革命性与科学性高度结合的成功之作。它深刻、丰富、生动地再现了中国近代史的进程,中肯地评价了各个时期的事件和人物,标志着近代史研究达到了新阶段,它所提出的基本框架和一系列深刻的论断,影响了近代史研究达数十年。

本书揭示出中国近代半殖民地半封建社会的特征,深刻地阐述人民大众和进步人物爱国反帝和反封建斗争推动着近代社会前进,帝国主义的野蛮侵略与统治集团的卖国和腐败则是近代中国灾难的根源。近代史的起点是鸦片战争,对这场"空前未有的大变局"如何认识,足以反映出对整个近代史进程的总特点、对近代社会基本矛盾的看法。在鸦片战争时期,著名思想家、抵抗派人物魏源的史著与侵略者和投降派的所谓"著作",就存在鲜明的不同。魏源所撰《海国图志》总论部分《筹海篇》,及《道光洋艘征抚记》中,明确指出战争的引起是英国进行可耻的鸦片走私贸易,继又破坏中国禁烟运动,魏源伸张正义,表彰沿海军民及林则徐等抵抗派人物的抗英斗争,揭露侵略者的罪行,谴责穆彰阿、琦善等投降派人物的媚敌行为。而英国侵略军海军军官宾汉于1942年出版《英军在华作战记》一书，却胡说引起战争的原因是"大不列颠民族从愚昧而骄傲的中国官吏们的手里所受到的无数的侮辱"，是由于中国政府的固执和狡诈，所以要加以打击。至20世纪30年代，蒋廷黻著《中国近代史》，竟为侵略者开脱，称引起战争的原因是中国"禁烟"。"英国对于我们妄自尊大和闭关自守的态度已不满意，要想和我们算一次账。"故蒋廷黻将这场战争侵略和反侵略的性质，歪曲为"东西对打"，又说，"我们称为鸦片战争，英国人则称为通商战争，两方面都有理由"。称赞琦善替代林则徐主持外交，"论审势，论知己知彼的工夫，琦善无疑远在时人之上"。污蔑林则徐主张抵抗是为了自己的名誉，口上讲的和心里想的并不一致，"把自己的名誉看得重，把国家的事情看得轻"，林则徐讲"民心可用"，被他指责为不过是"士大夫传统的高调和空谈"。这种著作当时受到国民党政府的支持，公然占据大学讲台。

由此可见，在当时，近代史研究领域存在着严重的斗争，对中国近代史如何认识，直接影响到走什么路的大问题。而打开范著，则有一系列新鲜、醒目的标题跃入眼帘："可耻的鸦片输入者""腐烂的'天朝'""烟毒泛滥于中国""统治阶级对鸦片的态度——妥协、抵抗、投降三大派""轰轰烈烈的禁烟活动"……在这些标题下，范老叙述，1838年，英国鸦片走私已高达四万零二百箱，走私给英印当局带来大量收入，"它不惜用武力来阻止中国自救的行动"。所以中国的禁烟和抵抗，完全是正义的；英国侵略者却是派出舰队，到几万里以外进行野蛮的侵略战争！范文澜赞颂林则徐六月三日开始在虎门销烟的行动："这一伟大行动，是以林则徐为代表，第一次向世界表示中国人民纯洁的道德心和反抗侵略的坚决性，一洗多少年来被贪污卑劣的官吏所给予中国的耻辱。'六月三日'，是中国人民值得纪念的一日。"书中怒斥琦善：到广州后，"一切反前任所为"。"作为道光帝代表的琦善，实际上是义律的代表。"范文澜的这些论断，经受了几十年岁月的考验，因为它们不仅征验于当时大量确凿的史实，而且反映了自鸦片战争时期至晚清社会的公论，可谓秉公严正，褒贬分明，史德高尚。下列史料就是最好的证据。《满清稗史》称琦善"性畏葸，善诒媚"，极其准确地刻画出其本性，并将之列入"奴才小史"一目中。《清史稿》也谴责琦善："去备媚敌，致败之由。"而近年来有的论著中，竟然宣扬琦善是当时最能了解外国情形、在外交上最有眼光的人物，岂非对历史开了绝大的玩笑！

范著《中国近代史》（上册）担负着让广大读者了解和掌握真实的近代史知识的任务，使人们懂得要救国，就必须继续把近代以来的反帝反封建斗争坚决进行下去，争取民族的彻底解放，除此以外别无出路。书中对太平天国运动、甲午战争等重大事件的复杂过程，尤其是对戊戌变法中各派力量的作用、变法失败的原因及其历史意义等，都有精到的论断。范文澜还特别强调：维新运动在思想上的发动和舆论宣传，形成了冲破"满清严禁士人干政的堤防"的潮流，戊戌运动是"资产阶级要求民权的运动"，它的成就，不仅在于民间资本主义工商业获得了法律上的承认，更在于它在政治上，"冲破了满清禁例，争得某种程度出版结社的民主权利"。正是由于有上述精到的深入的分析，以后在1958年范文澜发表纪念戊戌变法六十周年的讲演中，才进而提出"戊戌运动是中国知识分子的一次思想解放运动"这一发人深省的伟论。这些都有力地证明范著《中国近代史》深刻地、中肯地反映了近代史的进程，证明范文澜具有卓越的史识。如果要说"学术经典"，范著《中国近代史》就是成功的一部！范著出版以来，近代史研究更加深入，恰恰说明是在范文澜著作的基础上更加向前推进，说明范文澜奠定的基本格局具有指导意义。近代史又担负着思想教育的任务。在今天，弘扬近代以来反帝反封建的爱国传统，珍视近代以来中华民族走过的道路，坚持民族独立，是我们实现现代化的重要精神支柱之一。如果听信蒋廷黻之流的胡说，中国将永远处在帝国主义奴役之下，也就绝不可能有今天祖国强大、香港回归、"百年耻辱一朝洗刷"的胜利！

范文澜等位马克思主义史学奠基人当年所做的拓荒、创始工作，他们所坚持的马克思主义普遍原理与中国历史实际相结合的正确方向和科学态度，我们应当予以充分肯定。范文澜的创始工作固然有缺点，但远不是主要的，而其成就明显是主要的，且是异常宝贵的。不久前，学术界有"战时史学"的提法，用以指二十世纪三四十年代的马克思主义史学，并认为范文澜即其典型。持这一看法的论者的主观动机是出于推进当前史学工作，但其立论是否有据，值得商榷。"战时史学"的含义大致有二：第一，这一时期马克思主义史家所写的著作，学术听从于政治、配合中心任务，是战时政治的附属物，自然谈不上什么学术价值。第二，"战时"早已结束，这些著作早已过时，其学术方向也毫无价值，应予摒弃。而按照"对中国当代史学来说"，"就是要走出'战时历史观点'的束缚和禁锢"的说法，范文澜等人的著作在今天只能提供反面的东西了。我们拿上述范文澜的成就来相比照，"走出束缚和禁锢"之说，岂不是等于抹杀老一辈史家的学术业绩？否定在时代推动下中国史学所达到的新阶段，岂非极不恰当地夸大范文澜等人在二十世纪三四十年代存在的缺点而本末倒置？如果按此"走出束缚和禁锢"之说，那么，范文澜等人所坚持的并且成功地做到的革命性与科学性相统一的治学方向，岂不是也产生疑问了吗？

三、坚持科学理论指导和创新精神，迎接新世纪

正确地审视20世纪中国马克思主义史学走过的道路和它所取得的科学成就，对于我们展望新世纪史学发展的前景，有着重要的意义。

20世纪中国史学的发展，堪称波澜壮阔，名家辈出，成果丰硕。自1930年至"文革"以前，是马克思主义史学迅速发展的时期（自1958年起至"文革"前夕，已受"左"的错误的影响，但总的来说影响还是局部的）。而始于20世纪之初中西学术交融的推动而引起的实证史学的崛起，是本世纪史学又一个重要发展

时期。20世纪初年（实际上发端于19世纪末，即上一个"世纪之交"时期），以进化论传播为中心内容，是西方近代学理第一次集中的输入，其直接影响，是梁启超《新史学》和夏曾佑《中国古代史》的撰成，以此标志着近代史学的正式展开。

此后，在五四时期，是西方史学观点和史学方法更加强劲的输入，因而在这一时期及稍后产生了王国维、胡适、顾颉刚、陈寅恪、陈垣、傅斯年等著名史学家，他们将西方传入的审查批判史料的方法、实证方法、历史演进法、比较研究（包括比较语言学研究）方法等，与我国原有的乾嘉考证方法、清代今文经学派勇于批判一千多年来禁锢人们头脑的守旧、僵化思想体系的怀疑和进取精神相结合，因而在不同的领域取得显著的成就。中国传统史学有一套处理史料的方法，以乾嘉考证学大家为代表，达到严密、精熟的程度，20世纪的新考证学家将之充分发扬了，并与学习西方近代观念、近代方法相结合，因而建树卓著。这就启发我们：善于继承前辈学者的优秀成果，在新的时代条件下加以发展，此乃保持学术之树长青的真谛。许多著名的马克思主义史学家都做到自觉继承前人的优秀成果，郭沫若充分地尊重罗振玉、王国维的学术成就而加以发展，范文澜本来熟悉清儒的经史之学，成为他以后研究通史的基础，翦伯赞、侯外庐也十分重视吸取朴学家的考证成果。因此，从学术关联说，吸取新考证学家的成果，是二十世纪三四十年代马克思主义史学崛起的一个重要条件。而从另一方面言之，新考证学家实事求是的治学态度，以联系的观点分析史实、以"通识"的眼光考辨史料的方法，恰恰能与唯物史观的原理互相沟通；问题在于，前者是朴素的，尚非十分自觉的运用，而后者则是构成体系的，是自觉的运用，因而达到更高的层次，能够更加深刻地发现真理。唯其如此，在新中国成立前后，一批原本具有扎实考证功力而又具有"通识"眼光的学者，一旦跟随时代前进，接受和运用唯物史观作为指导之后，便为他们的学术注入新的生命，原先的学术专长和识见极大地得到提升和发展，成为享誉海内外的一代出色学者。如徐中舒、唐长孺、谭其骧等，就是很好的例证。

展望21世纪,史学理论和史学方法将更加多样。其中,可以设想,有以学习、运用西方史学方法为主者,也有偏重于史料的收集、整理、诠释者。但以我的浅见,真正有前途、代表发展方向的,应是既十分注重材料的发掘、新材料的利用,又注重理论指导、理论的概括和分析,也即是那些既充分地发挥新考证学家的成功方法,同时更加自觉地以马克思主义理论作指导,并加以创造性运用的学者。马克思主义是开放的思想体系,它完全能够容纳新考证学家在观点和方法运用上的新成就,也完全能够容纳当代西方史学理论和方法的新成就,使自己得到丰富和发展。马克思主义也绝不是教条,它从大量事实和史料中所提炼出来的原理,并不是要让人机械地照搬、套用;而是要求以这些原理作指导,灵活地运用,并且在实际研究工作中加以发挥和检验,修正其不正确的地方。

　　21世纪的史学,要求研究者更加富有创新意识,采用新视角,提出新课题,运用新方法,发现新材料,在各个领域大力拓展。同时,又应充分注意到,近年来学术界的实践又使许多研究者得出一种共识:创新的目标,必须在正确观点指导下,以扎实的材料和研究功夫为基础才能达到,舍此之外别无他途。创新绝不是故意标新立异,随意否定以往人们普遍接受的结论,而不顾是否符合基本的史实。研究工作必须详细占有材料,尊重并掌握史实的基本联系,通过分析审慎地得出结论——这是从事学术研究的基本方法,也是任何学术创新的前提。展望即将到来的21世纪,以"科学创新"为崇高目标,坚持马克思主义基本原理的指导,发扬自郭沫若、范文澜以来几代人的学术业绩,勇于开拓;大力学习外国一切有科学价值的理论和方法,为我所用;继承和发扬传统史学和新考证学派的优良方法:三者不可偏废,就一定能为中国史学再创辉煌。我们对此充满信心。

上 编

《左传》在传统史学上的地位

《左传》是我国先秦时代一部极宝贵的文化典籍。以往学者较多地从训诂、考证、成书年代及史料来源等项研究,而关于它在古代史学上的地位似尚有必要进一步讨论。

《左传》是我国第一部初具规模、体例颇为精严的史书。作者具有开阔的视野,囊括了当时全中国范围,包括地处偏僻的吴、越等国,这一著史格局对于加强中华民族强大的凝聚力有巨大贡献。《左传》注重人事,通过记载和总结各国政治的盛衰成败,显示出春秋史前后期的不同特点。本文仅就上述三项加以讨论。

一、古代史学发展的阶段性标志

春秋至西汉是我国古代史学建立的重要时期,其中足以构成史学发展阶段性标志者,有《春秋》《左传》和《史记》这三部典籍。《春秋》一书,按照传统的说法是孔子据鲁史所修的,成书当在公元前5世纪后期,它开创了我国私人著史之先河,并且第一次用"史义"来统率"史事""史文",因而影响深远。但从史学发展角度来讲，《春秋》只处在史学草创阶段，它记载极其简略，记二百四十二年史事，只用了一万五千字，实际上只保留了简单的事目。宋代王安石曾讥之为"断烂朝报"，虽属偏激，但确也有其道理。司马迁《史记》成书于公元前1世纪初年，而它却是一部上下囊括几千年史事、网罗异常丰富、体制严整的不朽巨著，在中国乃至世界文化史上都占有极重要的地位。在记载极其简略的《春秋》的基础上，是无法过渡到如此成熟阶段的。《春秋》与《史记》之间还有一个不可缺少的中间环节，这就是成书于战国前期的《左传》。《左传》以其多方面的成就，构成古代史学承先启后的重要阶段；对于《春秋》来说，它是由只具历史著述雏形提高到颇具规模的史著的阶段；对于汉代以后的史家来说，它从著史范围、著作规模和修史方法等方面提供了足以仿效的范例，为产生更加成熟的史学巨著准备了条件。司马迁著史固然博采众长，而在先秦史籍中，《左传》提供的成功经验无疑是最重要的。

二、记载全中国范围的历史

《左传》的内容，是着重以史实解释《春秋经》的。关于《左传》的作者和成书年代，历来学者们分歧极大，迄今未有定论。在未有新的确凿材料发现以前，我们只能根据《左传》本书的证据和其他可靠的材料，综合出一种较为合理的看法。对此，我在《史学与中国文化传统》一书中曾有申述：第一，《左传》一书非出一人之手。最初传授者应为左丘明，尽管成书出自后人之手，但因古代学术最重传授系统，最初的传授者便是此书作者。这犹如《公羊传》写定于汉初而仍称为公羊高所作。第二，《左传》成书年代可初步判定为战国前期，大约应在公元前350年前后，但这并不排除后人之有所增益。①《左传》在战国以前已

---

① 见拙著《史学与中国文化传统》，书目文献出版社1992年版，第48—51页。

经流传。西汉初，《左传》的传授者始于北平侯张苍及梁王太傅贾谊，此后流传更广。至司马迁著《史记》，则大量采用《左传》的记载。

《左传》的宝贵价值，首先在于它进一步奠定了中国史籍记载全中国范围的历史这一传统。中国很早就形成了统一的多民族国家，历代的政治人物、思想家以及民众，都视中原地区建立的政权是全中国各民族共同的国家，即使在短时期内国家处于分裂状态之下，统一的意识仍然占主导的地位，这是保证中华民族文化几千年长期连续发展的强大精神纽带。西周时期，中原境内虽仍保存有许多部落小国，而周天子却绝无疑义是"天下共主"，受到诸侯和境内各小国的尊奉。秦汉以后更发展成为统一的封建国家。春秋时期便是推动中国进一步走向统一的时期。《春秋》和《左传》所作的正是把全中国范围的历史记载在典籍上，具有极不平常的意义，反映了我们民族早就产生统一意识，反过来又对国家进一步统一和民族形成共同的凝聚力、向心力，起到积极的推动作用。《春秋》创于前，《左传》继其后，把这一传统发扬光大；因为《春秋》只记简略的事目，《左传》则发展到首尾完整地记载各国的重要历史事件。《左传》的编撰方法，实际上是以年为经，而以全中国范围的各诸侯国的史实为纬。它广泛地、尽其所能地采纳了周王室和各诸侯国的史料，熔铸为一部有系统、有断制的历史著作。这不仅体现出作者的技术，更重要的是显示出作者均衡地记载全中国范围史事的识见。唯其如此，清人马骕《左传事纬》、高士奇《左传纪事本末》两书，全书采用《左传》的原文，却都能按事件和国别为线索，而重新组织成为一部包括周王室和各诸侯国在内的纪事本末体史书。按照高士奇《左传纪事本末》所列事项，记载鲁、齐、晋、楚四国史事为最多，而宋、卫、郑三个中原小国的史事也不少。吴、越交通中原较晚，自鲁成公七年起，不但每年多有记载，而且成为春秋后期的主要角色。只有秦，因史料缺乏，记载较少。从周王室的政治影响说，尽管周天子的权威已经下降，却仍保存名义上的地位，各诸侯国在名分上仍应服从，春秋的霸主也应打起尊王的旗号。

这种历史编撰特点,对于后代史家特别是司马迁,影响是十分巨大的。

前人在讨论《左传》作者是谁时,每以书中记载哪一诸侯国史事最详作为论据。宋代朱熹认为《左传》作者是楚人,他说:"左氏乃楚左史倚相之后,故载楚事极详。"① 郑樵有类似的说法:"左氏之书序晋楚事最详,如'楚师熸,犹拾渖'等语,则左氏为楚人。"② 而近人卫聚贤《左传之研究》一书认为《左传》作者是晋人,理由是"《左传》晋占第一,为百分之二十六,是《左传》为晋国作品"。又认为:"子夏得晋国详细史稿而著《左传》,故《左传》记晋事特多。"童书业则认为:"作者似与鲁国有关,故本书记鲁事较详而可信。"③ 这些学者所言都有其理由,又都不能驳倒对方。我的看法是,我们不妨跳出前人的限制。因为孤立地从某一国来看,书中记载楚国、晋国、鲁国的史事都很详。若据以判定作者是何国人,诚难以定论。但若换一个角度看问题,恰恰说明:作者记史态度极忠实,有博大的胸怀和开阔的视野,尽可能采用各国史料,有意识均衡记载,因而成为一部春秋时期全中国范围的信史。这才使《左传》既有高度的史料价值,又有宝贵的思想价值。

三、政治史为主干,显示春秋史前后期的不同特点

注重人事,注重记载社会生活和总结政治、军事、外交活动的成败经验,是先秦儒家学派明显的进步倾向,也是我国古代文化的优良传统。《左传》对此有突出的体现。它从各国政治的盛衰成败,从广泛的社会生活,以及从完整的人物活动,多层面地反映了春秋史的丰富内容。

---

① 《朱子语类》卷八十三《春秋》。
② 郑樵:《六经奥论》。
③ 童书业:《春秋左传研究》(三)《春秋左传札记》附录《春秋左传作者推测》,上海人民出版社1980年版,第351页。

《左传》以政治史为主干。记载晋楚史事为最详,这是春秋时期政治形势所决定的,因为此两国霸业的盛衰,实是春秋史的骨干。齐桓、晋文的霸政,在列国兼并、秩序混乱的情况下,是有进步意义的,也是走向大一统的重要步骤。《左传》所载史实证明:霸政的建立需要奉正大的名义,且能扶助弱小,为公众捍患难。《左传》具体记载了齐桓公实现霸政的主要事件。先是任用管仲,修明内政。然后先合与国,为障楚国北进之势。经过北杏之会、柯之盟、鄄之盟、幽之盟,至鲁庄公十六年,东诸侯(除蔡以外)尽服齐,"齐始霸也"。抑制楚国势力北进,故十年间无北扰之师,诸夏遂稍得安宁。齐桓扶助弱小,伐山戎以救燕;狄人伐邢、伐卫,齐桓迁邢于夷仪,封卫于楚丘,《左传》作者评论说:"邢迁如归,卫国忘亡。"① 特别是鲁僖公四年召陵之役,齐桓公先争取楚之邻近小国江、黄的支持,乃合齐、鲁、宋、陈、卫、郑、许、曹八国,攻伐依附于楚之蔡国,蔡溃,遂于召陵与楚师相遇,以雄厚的实力和严整的阵势,不战而屈楚人。九年,齐侯盟诸侯于葵丘。盟辞上写:"凡我同盟之人,既盟之后,言归于好。"齐桓公称霸四十年,北惩戎狄,南抑楚国,扶助弱国,申明约束,使中原获得了安宁。赖《左传》对以上史实的翔实记载,读者乃得明了霸政兴起的脉络。加上晋文公称霸,遂使前期春秋史增辉生色。

　　晋文公取威定霸,在城濮一役,也是春秋霸政的最大关键。《左传》的记述,逐层揭示出称霸的必然。第一层,写晋国战前以五年时间,在政治上、军事上作出取胜的充分准备。鲁僖公二十四年,出亡十九年之重耳始归晋国,值周王室内乱,晋侯果断地出兵勤王,此举使之在政治上获得辅佐王室以号令诸侯的有利地位。晋文公为了压服楚国,归国之后励精图治,为修政、治军等项竭尽全力。《左传》对此有精彩的叙述:

　　　　晋侯始入而教其民,二年欲用之。子犯曰:"民未知义,未安其居。"于是乎出定襄王,入务利民,民怀生矣,将用

---

① 《左传》鲁闵公二年。

之。子犯曰："民未知信，未宣其用。"于是乎伐原以示之信。民易资者不求丰焉，明征其辞。公曰："可矣乎？"子犯曰："民未知礼，未生其共。"于是乎大蒐以示之礼，作执秩以正其官，民听不惑而后用之。出穀戍，释宋围，一战而霸，文之教也。①

于是晋国君臣协力，上下同心，讲究信义，三军严整，在当时各国中最富于竞争力，为建立霸政作好充分的准备。第二层，写晋国在战前的周密部署。当时，陈、蔡、郑三国依附于楚国，晋国为了摆脱外交上的劣势，并取得齐、秦的支持，晋中军将先轸提出政策：

使宋舍我而赂齐、秦，藉之告楚。我执曹君而分曹、卫之田以赐宋人。楚爱曹、卫，必不许也。喜赂怒顽，能无战乎？②

晋侯依计而行，一石二鸟，既取得齐、秦的支持，又激怒楚国。晋又用计私下许复曹、卫，离间它们与楚国的关系。第三层，用对比手法，写楚国在政治、军事上处于劣势。楚新任令尹子玉骄躁无谋，故楚已有识者预言：子玉率师"过三百乘，其不能以入矣"③。楚成王明知晋处优势，故意欲退兵，子玉却轻敌贪功，坚持冒险作战，君臣离心离德。晋为报答文公出亡时楚国的礼遇，退避三舍。楚军众欲止，子玉不许，坚持向晋挑战。鲁僖公二十八年四月，两军在城濮展开大战，晋三军密切配合，大败楚军。《左传》记述此役堪称重笔浓彩，通过叙事和人物议论，令人信服地证明：晋国取威定霸正是多年励精图治的必然结果。城濮战后，中原各国望风向从，晋国霸局始定，影响中原局势垂百年。故梁启超说："晋文之功，视齐桓为烈也。"④

对于重要性次一等的郑、宋诸国，《左传》也恰当地写出它

---

① 《左传》鲁僖公二十七年。
② 《左传》鲁僖公二十八年。
③ 《左传》鲁僖公二十七年。
④ 梁启超：《春秋载记》，《饮冰室合集》专集之四十五，第30页。

们在大国政治角逐中的特点和作用。郑国处于中原四战之地,晋楚连年争霸,郑国首当其冲。这种地理和政治背景,决定郑国君臣善于辨别形势,揣度利害,视大国力量的强弱决定向背。《左传》以史实表现郑国卿士大夫的外交手段,与强国相周旋,巧妙地维护本国的利益,前后相承的特点,是很突出的。郑大夫子良有言:

> 晋、楚不务德而兵争,与其来者可也。晋、楚无信,我焉得有信?①

子驷亦告诫诸卿大夫说:

> 民急矣,姑从楚以纾吾民。晋师至,吾又从之。敬共币帛,以待来者,小国之道也。牺牲玉帛,待于二竟,以待强者而庇民焉。寇不为害,民不罢病,不亦可乎?②

子展也与诸大夫谋曰:

> 与宋为恶,诸侯必至,吾从之盟。楚师至,吾又从之,则晋怒甚矣。晋能骤来,楚将不能,吾乃固与晋。③

通过这些记载,《左传》真切地写出郑国处于两大国的夹缝之中,遂采取视强者服从的"弹性外交",以谦恭委屈的方式顽强地维护本国的利益。虽然连年负担繁重的征赋,却使国势得以保持下来。著名的政治家子产善于权衡形势展开外交活动,"能事楚而不受楚害,事晋而不为晋屈"④,就是从他的先辈们继承而来的。

与前期霸政迭起的特点相对照,《左传》所载春秋后期的特点是公室衰弱,世卿专政。鲁国三桓递秉国政,势力逐渐膨胀。至鲁昭公五年,舍中军,四分公室,季氏取二,孟氏、叔氏各取

---

① 《左传》鲁宣公十一年。
② 《左传》鲁襄公八年。
③ 《左传》鲁襄公十一年。
④ 顾栋高:《春秋大事表》卷二十五《春秋郑执政表·叙》,中华书局1993年版,第1894页。

一，鲁君完全失势，反得依附于卿族。其后，鲁昭公不能忍受三家逼迫，乃起而伐季氏，遭三家联合反对，昭公出奔。昭公赴诉于晋，执政的世卿范鞅接受了季孙的贿赂，不加顾恤。七年以后，鲁昭公客死于乾侯。

晋国以三军（上军、中军、下军）的将、佐为卿，他们因功受到尊宠，久而骄横，视晋君为傀儡，卿族之间更互相攻杀。《左传》鲁宣公二年载：

> 初，骊姬之乱，诅无畜群公子，自是晋无公族。及成公即位，乃宦卿之适而为之田，以为公族。又宦其余子亦为余子，其庶子为公行。晋于是有公族、余子、公行。①

此乃以异姓世卿代公族，晋公室自然卑下。卿族之间互相翦灭，最后乃演成三家分晋之局。

《左传》所载《春秋》后期政治局势的另一特点，是吴越的崛起，所向披靡，先后在中原称霸。鲁成公七年，晋联络吴以攻楚，派申公巫臣为行人至吴，"教吴乘车，教之战阵，教之叛楚"②。从此，吴国开始登上春秋时期政治角逐的前台。《左传》概述说："蛮夷属于楚者，吴尽取之。是以始大，通吴于上国。"③吴与楚经过大小十余战，重创楚国。鲁定公四年，吴师攻入楚郢都，楚国几乎灭亡。以后吴进兵北方，迫鲁、郑、卫屈服，并败齐师于艾陵。鲁哀公十三年黄池之会，吴王夫差自居霸主。

越与吴毗邻，结成世仇，势力骤起骤落。吴师入郢次年，越师入吴。后槜李一战，越王勾践大败吴王阖庐，子夫差立志报仇。鲁哀公元年，夫差败越于夫椒。勾践一面设法保存实力，一面向吴求降，吴、越讲和。越国"十年生聚，而十年教训"④，终于重新崛起，至鲁哀公二十二年，一举灭吴。其后，越师北上中原，合鲁、宋之师伐卫。鲁哀公二十七年，越以霸主身份遣使者

---

① 《左传》鲁宣公二年。
② 《左传》鲁成公七年。
③ 《左传》鲁成公七年。
④ 《左传》鲁哀公元年。

聘鲁，"且言邾田，封于骀上"①，为鲁、邾划定边界。故《左传》载"越新得诸侯，将必请师焉"②，说明越王勾践此时已称霸中原，东方诸侯皆附属于越。以上作为春秋后期政治角逐的尾声。

《左传》的著史规模，作者记载全中国范围历史的开阔视野，以及重视总结政治盛衰的成功经验，都对后代史家产生了巨大影响，因而推动传统史学在汉代迅速走向成熟。《左传》所反映的社会生活相当广泛，包括制度、社会阶层、婚姻风俗等。它又开创了记载完整的人物活动的传统，并且记事方法高明，叙述与议论结合，文采斐然，富有情趣，以上诸项，将在下文再作专门讨论。

---

① 《左传》鲁哀公二十七年。
② 《左传》鲁哀公二十五年。

《左传》为古代史学树立的范例

通观先秦史学的发展,从《春秋》到《左传》,实是经历了由只具历史著作的雏形到出现内容丰富翔实的著作这样巨大的飞跃。《春秋》虽然开创了私人著史的传统,但它记载极其简略,实际上只保留了简单的事目。《左传》的出现,标志着难以索解的"事目"发展到撰成气魄宏大的巨著,这就从多方面为古代史学树立了典范。只读《春秋》所记"郑伯克段于鄢"之类,往往连事件的基本轮廓都不明白。《左传》则原原本本地记载了事件的起因、经过、结果、余波和影响,成为一部翔实生动的春秋史。故桓谭言:若无《左传》,"圣人闭目思之,十年不能知也"。

《左传》创立的范例,为两汉史家司马迁、荀悦等所效法,从而推动纪传、编年两大史书体裁走向成熟。本文重点所论述的是:《左传》多层面反映了社会史的丰富内容,包括制度、氏族、社会阶层、婚姻习俗等。它又开创了记载完整的人物活动的传统,如对齐桓、晋文、郑子产、阖庐、伍子胥等的记载。故从史实记载讲,确如杨向奎先生在其《绎史斋学术文集》中讲,没有《左传》,《史记》很难成书。作者具有进步的历史眼光,记事方法高明,叙述与议论结合,文采斐然,富有情趣。《左传》所创立的著史范例,不但一向被史家所运用,而且受到唐代史学评论家刘知幾的高度重视,被誉为"著述罕闻,古今卓绝"①,《史通》一书对《左传》成就的总结,丰富了中国古代史学的理论。

一、反映广泛的社会生活

　　《左传》所反映的社会生活相当广泛,记载了有关制度和氏族、社会阶层、民族关系、婚姻和习俗等方面的丰富史料,尚有待于我们深入地发掘整理,这里仅就其中突出者加以论列。

　　(1)制度和氏族

　　《左传》记载有春秋各国官制、兵制、赋税制度等项史料。官制有各国不一致者,也有因不涉及所记史事而阙如者。但列国主要官职宰(太宰)、司徒、司马、司空、太史等,都因《左传》随史事而记,得以证明。如宰与太宰:"天王使宰咺来归惠公仲子之赗。"②"天王使宰渠伯纠来聘。"③ 杜注称:"天子三公兼冢宰也。"说明周王室设有"宰"。鲁隐公十一年传:"(鲁)羽父请杀桓公,将以求太宰。"顾栋高据《左传》鲁昭公四年传谓:"传称季孙为司徒,叔孙为司马,孟孙为司空,则鲁之三卿无太宰。羽父名见于经,已是卿矣,而复求太宰,盖欲令鲁特设是官以荣己耳。"④ 鲁桓公二年传:"(宋)督为太宰。"又谓:"遂相宋公。"此说明宋曾设有"太宰"。(后来宋国以六卿听政,以右师为正卿,有时也以左师或司城为执政者。)此外,鲁昭公元年传:赵孟曰:"武请于冢宰矣。"(杜注:"冢宰,子皮。")鲁定公四年传:"伯州犁之孙嚭为吴太宰以谋楚。"说明郑、吴亦以冢宰、太宰为执政之官职。

　　春秋时,中原各国盛行车战。《左传》鲁闵公二年载:"齐侯使公子无亏帅车三百乘、甲士三千人以戍曹。"据此则一乘有甲

---

① 《史通》卷十六《杂说上》。
② 《左传》鲁隐公元年。
③ 《左传》鲁桓公四年。
④ 顾栋高:《春秋大事表》卷十《春秋列国官制表》,第1033—1034页。

士十人。加上徒卒，当以三十人为足数。城濮之战时，晋国有战车七百乘，楚国兵车数量超过晋国。鲁昭公十三年，晋会诸侯于平丘，有兵车四千乘，向诸侯示威。兵车以外，亦用徒卒，似少用车战。

《左传》关于税制的记载文字甚简略，但很可贵。鲁宣公十五年传："初税亩。"学者多认为这是实行"履亩而税"，是井田制开始崩溃、土地私有制逐渐发展的标志。关于军赋演变的记载，鲁成公元年传：鲁国"为齐难故，作丘甲"。鲁昭公四年传："郑子产作丘赋。"鲁哀公十二年："用田赋。"童书业认为：作丘甲，疑为案"丘"出兵"甲"。赋是指军赋。用田赋是进一步增重军赋，作战之车、马、兵、甲等确皆掌握在大贵族（君、大夫）之手，藏之府库，畜之牧圉。军赋之赋于民者，似主要为物或原料耳。①

姓氏也是古代社会生活的重要现象。春秋时期众多的姓氏何以得来？"姓"的本义为"生"。《说文》："姓，人所生也。"姓本身由"女"和"生"二字组成。相传上古八大姓，姬、姜、妫、嬴、姞、姚、妘，都有女旁。据此可以推论，由远古而来不同的姓，是用以区别不同血缘关系的居民集团的分支，因不同地域、职业、官名、祖先名号等而形成不同的氏。《左传》不仅记载有大量与姓氏有关的史料，而且通过鲁大夫祭仲作了概括，鲁隐公八年载："因生以赐姓，胙之土而命之氏。诸侯以字为谥，因以为族。官有世功，则有官族。邑亦如之。"诚如顾栋高所说："欲考姓氏之分，断须以《左氏》为枢纽。"②《左传》所载大量例证可以作为考察姓氏起源的可靠材料。有以官为氏。如：以先世有功之官号为氏，称司马氏、司空氏、司徒氏。晋国士氏，即因先世子舆为理官；中行氏，即由先世荀林父始将中行。郑国有褚师氏，也因官名氏。（杜注："褚师，市官。"）有以邑为氏（或以居地为氏）。晋国士会（即范武子），初受封于随，故曰随

---

① 见童书业《春秋左传研究》（一）《春秋左传考证》第一卷（89）"赋制及其改革"条，第191—196页。

② 顾栋高：《春秋大事表》卷十一《春秋列国姓氏表·叙》，第1150页。

武子，后受封于范，复为范武子。鲁庄公之子襄仲居东门，故曰东门氏。齐北郭氏，亦以居地为氏。有以父字为氏。鲁国无骇，为公子展之孙，故为展氏。僖伯之子臧，其孙始以臧为氏。陈国夏徵舒之祖父少西字子夏，故为夏氏。有以本国为氏。陈公子完出奔于齐，称陈氏。郑丹、宋朝、楚建，均以国为氏。有以职业为氏。《左传》鲁定公四年太祝子鱼所言："分鲁公……殷民六族，条氏、徐氏、萧氏、索氏、长勺氏、尾勺氏……分康叔……殷民七族，陶氏、施氏、繁氏、锜氏、樊氏、饥氏、终葵氏……"所言索氏、长勺氏、陶氏、施氏等，均系以职业为氏。

（2）社会阶层

《左传》记载了春秋时期各社会阶层的活动，尤其值得注意的是国人和商人。

"国人"指居住在国都中的人，主要指士与工、商，也可包括近郊农民，故其社会地位大致是下层贵族及上层庶民。① 国之盛衰，战争胜败，国君及执政卿大夫地位是否稳定，贵族能否保持宗族与其兴盛，几乎都决定于国人是否拥护。《左传》中有许多国人议政、逐君、参与朝会和国家盟誓、国人起义的记载。如鲁闵公二年载："狄人伐卫。卫懿公好鹤，鹤有乘轩者。将战，国人受甲者皆曰：'使鹤，鹤实有禄位，余焉能战！'"结果是，懿公死，卫师大败，几乎亡国。鲁僖公二十四年载：周襄王十七年，襄王把私通于王子带（即大叔）的狄后废弃，引起王子带及其同党的反对："（襄）王遂出。及坎欿，国人纳之。"王子带伐周襄王的举动因国人纳王而不克。僖公二十八年又载："晋侯将伐曹，假道于卫，卫人弗许。还，自南河济，侵曹伐卫。……卫侯请盟，晋人弗许。卫侯欲与楚，国人不欲，故出其君以说（悦）于晋。卫侯出居于襄牛。"这是在外有晋国压力、内有国人反对的情况下，国君被逐出国都的例证。又，《左传》鲁成公十三年载："己巳，子驷帅国人盟于大宫，遂从而尽焚之，杀子如、

---

① 见童书业《春秋左传研究》（一）《春秋左传考证》第一卷（74）"释国人"条，第132—146页。

子蟜、孙叔、孙知。"此为国人参与国之盟誓的例证。郑国两大夫子如、子驷相攻,子驷因获得国人支持而取胜。郑国此后仍有类似的事件发生。

《左传》所载以上史实证明:春秋时期,国人是十分重要的社会阶层,国家局势和国君、卿大夫的地位,往往取决于国人的支持或反对。

《左传》还记载有郑国商人活动的典型材料。郑国处在四方交通的要冲,独特的地理条件造成郑国商人比其他国家更加活跃。郑国商人弦高犒秦师的著名故事,便在《左传》鲁僖公三十三年中得到记载。鲁昭公十六年又载:晋使者韩宣子从郑国商人手里买一只玉环,成交之后,商人要求韩宣子将此事报告执政的正卿子产。子产陈述郑国政府与商人曾经订立的协议,要求韩宣子放弃交易,理由是:"昔我先君桓公,与商人皆出自周。庸次比耦,以艾杀此地,斩之蓬、蒿、藜、藿,而共处之。世有盟誓,以相信也,曰:'尔无我叛,我无强贾,毋或匄夺。尔有利市宝贿,我勿与知。'恃此质誓,故能相保,以至于今。今吾子以好来辱,而谓敝邑强夺商人,是教敝邑背盟誓也,毋乃不可乎!"终使韩宣子退玉。又,鲁成公三年,鲁国大夫荀䓨受囚禁于楚,郑国商人曾有谋救的计划。

(3)民族关系

《左传》中还有大量反映华夏族与当时称为戎狄蛮夷的这些少数民族相错居,通过斗争而不断融合的史料。晋最初受封,即与诸戎狄相比邻。按籍谈所追述的:"晋居深山,戎狄之与邻,而远于王室。王灵不及,拜戎不暇。"[①] 晋则在与戎狄相处中培养了强悍的精神,同时不断地将原先文明程度较低的戎狄同化,开拓疆土。晋献公外嬖梁五与东关嬖五说献公,令重耳与夷吾居于蒲、屈二地,称:"蒲与二屈,君之疆也。"又曰:"狄之广莫,于晋为都。晋之启土,不亦宜乎!"[②] 这些都说明姬族与戎狄毗邻

---

① 《左传》鲁昭公十五年。
② 《左传》鲁庄公二十八年。

又不断开拓疆土的事实。范文子则言："吾先君之亟战也，有故。秦、狄、齐、楚皆强，不尽力，子孙将弱。"①将狄与秦、齐、楚并称为四强，这又说明晋与戎狄的融合是经过激烈的竞争逐步达到的。

晋王室与狄通婚更为平常。故吕相绝秦之辞中谓："白狄及君同州，君之仇雠，而我昏（婚）姻也。"②晋献公娶大戎狐姬，生重耳。③重耳又娶赤狄之女。《左传》载：重耳因晋国之难，奔狄。狄人伐廧咎如，获其二女叔隗、季隗。公子取季隗，生伯儵、叔刘，以叔隗妻赵衰，生盾。④晋文公返国后，有妃妾七人。杜祁将班次让于季隗。可见戎狄出身的王妃在晋国有地位，这也是因狄是晋之强邻的原故。⑤又，赵衰之妻也以叔隗为内子，而己下之。⑥

河内地区，在周王城附近，戎狄的活动也甚为频繁。鲁僖公十一年，夏、扬、拒、泉、皋、伊、雒之戎同伐京师，入王城，焚东门。此役乃"王子带召之也"。后由晋侯出面，让戎与周襄王讲和。鲁僖公二十四年夏，周襄王以狄师伐郑，取栎。襄王报答狄人的功德，以其女为后。王子带通于狄后隗氏。王废弃狄后，遂引起颓叔、桃子以狄师伐周，大败周师。襄王出居于郑。次年，即有晋文公勤王之举。

春秋初年，北戎势力强大，以齐国这样的大国，尚受北戎侵略。《左传》载：鲁隐公九年，北戎侵郑，郑人大败戎师。鲁桓公六年，北戎伐齐，郑太子忽率师救齐，又大败戎师，获其二帅，甲首三百。于诸侯之大夫戍齐。《左传》的记载说明北戎在春秋初年曾使齐、郑大受威胁。

楚国在春秋时期，是融合南方许多开化程度较低的少数民族的国家。楚处在众多的蛮夷小国（部落）之中，力革蛮俗，自求

---

① 《左传》鲁成公十六年。
② 《左传》鲁成公十三年。
③ 见《左传》鲁庄公二十八年。
④ 《左传》鲁僖公二十三年。又据鲁成公三年传，廧咎如是"赤狄之余"。
⑤ 见《左传》鲁文公六年。
⑥ 见《左传》鲁僖公二十四年。

提高文化层次，先后灭江、黄、蓼、六、英、舒等十数个小国。楚国扩大疆域的过程，也是广纳这些被称为"群蛮""百濮"的小国，达到融合和提高的过程，如梁启超所说："乃孕育一新文明统系"①，最后与中原文化统系相汇合，这是中华民族发展史上的大事情。《左传》记载，当时人已称誉这是楚国对于华夏的一大贡献。楚子囊颂其王："赫赫楚国，而君临之，抚有蛮夷，奄征南海，以属诸夏。"②

（4）婚姻习俗

《左传》反映出春秋时期婚姻习俗有以下特点：第一，婚姻制度残留有某些原始的形态，贵族等级中婚姻关系较乱。但在春秋时此类行为已有"非礼"之嫌。鲁庄公二十八年载：晋献公娶于贾，无子，烝于齐姜（献公父武公之妾），而所生子女可以当大国夫人（秦穆夫人）及太子（申生）。鲁僖公十五年载：晋惠公夷吾由秦入晋，秦穆姬托之于贾君（夷吾之兄太子申生之妃，故是夷吾之嫡长嫂），惠公烝于贾君。鲁桓公十六年载：卫宣公烝于夷姜。夷姜本为宣公之庶母，却成为宣公夫人。生急子，宣公为之娶于齐，而貌美，宣公又自娶之。鲁昭公十九年载：楚平王为太子建娶于齐，又听从费无极所言，自娶之，成为楚夫人。第二，春秋时未有"守节"的观念。鲁成公二年载：夏姬（郑穆公女）先后嫁子蛮、御叔、陈灵公、连尹襄老、楚申公巫臣。鲁哀公五年又载：鲁季姬是季康子之妹，已妻公子阳生。阳生归齐，季姬之叔又与之通。后来公子阳生迎季姬返国，明知其情，亦不废，仍嬖爱之。第三，婚聘要征求女子本人意见。鲁昭公元年有一则郑国女子自己择夫的生动故事：

> 郑徐吾犯之妹美，公孙楚聘之矣，公孙黑又使强委禽焉。犯惧，告子产。子产曰："是国无政，非子之患也。唯所欲与。"犯请于二子，请使女择焉。皆许之。子晳（按，即公孙黑）盛饰入，布币而出。子南（按，即公孙楚）戎服

---

① 梁启超：《春秋载记》，《饮冰室合集》专集之四十五，第8页。
② 《左传》鲁襄公十三年。

入,左右射,超乘而出。女自房观之,曰:"子晳信美矣,抑子南夫也。夫夫妇妇,所谓顺也。"适子南氏。

《左传》的记载生动而值得玩味,这桩婚姻引起郑国两个大夫发生尖锐矛盾,不得不诉诸郑国执政子产,显然已经成为贵族阶层中的突出问题。在这种情况下,子产却仍然坚持由女子本人自择,可以推见当时一般婚姻是要征求女子本人意愿的,比起后代父母包办的强迫婚姻更符合理性。而郑国这个美貌女子所喜欢的,则是子南那种戎服劲射、超乘而出的男子阳刚之美。

二、记载完整人物活动的创始

人类历史是多元因素的复杂演变联结而成的总体。政治的盛衰、战争的胜败、经济的发展、制度的沿革等等,互相联结成复杂的历史活动。而历史活动的主体是人,人的意志和行为推动着政治、军事、经济、制度以及社会生活的种种变化。因此可以说,未能写出人物活动的史著是有严重缺陷的。在中国史学的创始阶段,《尚书》是政治文献的汇集,《春秋》只按年月记载简单的事目。《左传》则在具体记述复杂历史事件的同时,开始做到记述完整的人物活动,这不仅是历史编纂学上的重大成就,而且是历史认识上的巨大飞跃——历史家的认识已得到升华,认识到政治、制度等等的演变是由于人的活动所推动的。《左传》这一创造具有继往开来的意义。《史记》这部纪传体史著的开山之作,正是在此基础上继续发展而产生的。

《左传》记载了各式各样的人物,最有代表性的当推晋文公、郑子产和伍子胥。

《左传》写晋文公重耳,首先集中记述他经过十九年流亡生活的磨炼,由一个不谙世事、贪图安逸的贵公子,成长为志向远大、明达老练的政治家。《左传》写重耳,确能写出他经过艰苦磨炼而在政治上逐渐成熟,写出他周围大臣对其成长和争霸所起的作用,表现出这位春秋前期霸主的风采。

子产相郑二十一年，他是春秋后期郑国著名的政治家。《左传》记子产，起自鲁襄公八年，至昭公二十年，时间既长，事件又多，作者却能根据郑国与各国频繁交往的特点和春秋后期的社会变动，集中表现出子产杰出的外交才能和改革家的形象。如前所说，郑国是小国，处于晋楚两大国威逼之下，处境艰难。子产以非凡的才能折衷于大国之间，维护了郑国的利益和尊严，而且得到大国的尊重。

春秋中叶以后，社会变动激烈。《左传》又突出地记载郑子产顺应时势，在国内进行一系列的改革，树立了一位古代改革家的形象。

《左传》不但记子产的行为，而且大量记述他总结治国经验的言论，反映这位政治家、改革家的思想，揭示出他的外交努力和政治改革成功的原因。子产回答从政的要领是："政如农功，日夜思之，思其始而成其终。朝夕而行之，行无越思，如农之有畔，其过鲜矣。"① 由于他处事谨慎，认定目标就坚决做下去，又注意措施得当，不超过限度，所以取得成功。他反对毁乡校，把众人议论执政的贤否，视为"吾师"，"其所善者，吾则行之；其所恶者，吾则改之"。认为用压制的手段堵住众人议论，等于企图堵截洪水，"大决所犯，伤人必多"。② 这是一种古代民主意识，子产还有古代无神论思想，反对禜灶祭神以救火的主张，说："天道远，人道迩，非所及也。何以知之？灶焉知天道？是亦多言矣，岂不或信？"③

鲁昭公二十年，子产卒。《左传》特意引用孔子对他的评论："仲尼闻之，出涕曰：'古之遗爱也。'"以此作为对子产一生事业的评价。

《左传》记伍子胥，则突出他为父报仇长期隐忍等待时机的特点，写他作为谋略家的非凡经历。他去楚适吴，是为了以吴制楚，使楚战败受辱。当他劝说吴伐楚，公子光不从时，即察知公

---

① 《左传》鲁襄公二十五年。
② 《左传》鲁襄公三十一年。
③ 《左传》鲁昭公十八年。

子光"将有他志",企图篡位自立。王僚被刺,公子光登位,是为吴王阖庐。《左传》写伍子胥谋略过人,主要是以下两次关键事件。第一个关键是鲁昭公三十一年,阖庐问伍子胥伐楚之计,伍子胥提出一套拖疲楚国、多方误敌的计策。阖庐用其计,果然令楚军疲于奔命。鲁定公四年,吴军伐楚。吴胜楚后,却被越王勾践所败。至鲁哀公元年,夫椒一战,吴王夫差大败越军。此为《左传》所载第二次关键事件,越人贿赂吴太宰嚭以求和,夫差将许之。在此决定吴越未来命运的关头,伍子胥痛陈必须彻底打败越军。夫差终不听从,伍子胥预见到,勾践将利用讲和以报仇雪耻:"越十年生聚,而十年教训,二十年之外,吴其为沼乎!"①其后吴国虽曾暂时称霸于中原,但最终被越所灭,时势的发展完全证明了伍子胥的预见。

《左传》通过记载曲折跌宕、富有感染力的事件,形象地表现出伍子胥坚忍的性格和过人的谋略。司马迁采用了《左传》的材料,并加以补充,写成《史记》中脍炙人口的《伍子胥列传》。这也是《左传》记载完整人物形象的创始工作被司马迁所继承和发展的具体例证。

三、史识·体例·叙事艺术

作为一部产生于公元前4世纪前后的古代史著,《左传》作者具有高明的史识,在丰富的史实记述中贯穿着进步的历史眼光。

《左传》详述并表彰齐桓、晋文的霸业,以具体的史实证明春秋前期大国争霸符合于当时历史的需要。春秋后期"政权下移",公室衰弱、卿族崛起,《左传》通过具体记载,表明作者对于社会大变动持赞成态度。《左传》鲁昭公三年记载了齐国晏婴和晋国叔向评论两国政局的谈话,称齐国"公弃其民,而归于陈

---

① 《左传》鲁哀公元年。

氏",晋国则"民闻公命,如逃寇雠"。这段记载显然表达了对新兴政治力量齐国陈氏的拥护,和对于残酷剥削民众的晋齐两国公室的谴责。《左传》还具体记述鲁三桓势力的崛起,"失民"的鲁君被驱逐出境,最后老死他乡。若以维护旧统治秩序为标准,季氏的做法是何等大逆不道。可是,《左传》作者却借史墨回答赵简子的话,肯定季氏的做法得到民众的支持:"鲁君世从其失,季氏世修其勤,民忘君矣。"表明鲁君的垮台、季氏的兴起都是必然的,而且用"社稷无常奉,君臣无常位"这样富有思辨色彩的话,概括了春秋社会变动的规律。① 《左传》作者选择、整理了这些材料,也就显示出其思想倾向性,这些都表明作者进步的观点和历史观察力。

《左传》记叙了多次战役,其特点是将战争与政治结合起来,常常从政治的得失揭示出造成战场成败的更为深刻的原因。如记鲁齐长勺之战(庄公十年)、晋楚城濮之战(僖公二十七年、二十八年)、晋楚邲之战(宣公十二年),都能从"信""忠""教其民""德立刑行"这些条件,说明战场上取胜的政治原因。特别是,记春秋时期最大的战役城濮之战开战之前,楚成王称晋文公政治经验丰富、治国有方,"险阻艰难,备尝之矣;民之情伪,尽知之矣"②。料定晋师必胜,恰恰为战争结局所证实,《左传》作者这样把战争与政治联系起来,同样显示出高明的史识。

《左传》反映的民本思想很突出,这是历史前进的产物。如沈尹戌说:"民弃其上,不亡何待?"③ 逢滑警告说:"国之兴也,视民如伤,是其福也;其亡也,以民为土芥,是其祸也。"④ 师旷对残民虐民的统治者更严厉谴责,称"其使一人肆于民上,以从(纵)其淫",是"弃天地之性"!⑤ 《左传》所载"民本""重民"思想的丰富资料,反映了下层人民的力量受到一定程度的重

---

① 《左传》鲁昭公三十二年。
② 《左传》鲁僖公二十八年。
③ 《左传》鲁昭公二十三年。
④ 《左传》鲁哀公元年。
⑤ 《左传》鲁襄公十四年。

视,所以是先秦思想史上的新突破。

《左传》表彰晋董狐、齐太史、南史的直笔精神①,书中揭露当权者残民以逞的罪恶和荒淫无耻的行为。晋灵公暴虐,"宰夫胹熊蹯不熟,杀之,置诸畚,使妇人载以过朝"②。又载:"陈灵公与孔宁、仪行父通于夏姬,皆衷其衵服,以戏于朝。"③ 对这类残暴丑恶的行为,作者都用直书的笔法予以暴露。作者同样反对用人祭祀和殉葬的暴行。秦穆公以子车氏之三子为殉,作者即用"君子"之言批评他"死而弃民","难以在上"。④

《左传》又有恰当的编撰方法和生动的史笔。

《春秋》和《左传》都是编年史体裁,但《春秋》只具编年史雏形,而《左传》则已达到基本成熟的阶段。其主要标志有二:第一,《左传》作者善于驾驭复杂的史料,做到曲折有致地记载各种历史事件的前因后果,成为一部翔实生动的春秋史。《春秋》只记事目,读者无法明白其详,《左传》则将复杂的事件记载得清楚明白。如记鲁隐公元年"郑伯克段于鄢"这件史事,《左传》完整连贯地记述了事件的起因(郑庄公与弟共叔段不和)、经过(段将袭郑,庄公伐之)、结果(段出奔共)及余波(庄公母子重归于好),波澜起伏,使读者获得深刻的理解,故桓谭《新论》才有"左氏传之与经,犹衣之表里相持而成"的恰当比喻。

第二,《左传》作者善于运用记事、记人、记言的方法。编年体史书的优点是:事件发生的年代先后清楚,且能看出同一年代发生的不同事件的相互影响。但又有其缺点:若事件经历的年代长,则前后要分散到许多篇中记载,彼此间隔,首尾难以稽查,史事发展的线索不易显现。因此,熟练地运用编年体裁,就包括在必要时打破按年叙述的限制,以突出事件为主线。《左传》正是这样做了。例如,桓公十年记载郑、卫、齐三国对鲁作战,

---

① 分别见《左传》鲁宣公二年、鲁襄公二十五年。
② 《左传》鲁宣公二年。
③ 《左传》鲁宣公九年。
④ 《左传》鲁文公六年。

为明其原因，追叙了四年前郑公子忽救齐有功，怨恨鲁人亏待他，这样事情的前因后果才得显豁。这类"追叙法"在书中运用甚多，最成功的例子，是鲁僖公二十四年，在记述秦帮助晋重耳回国之前，追叙了重耳出亡十九年，先至狄，又历卫、齐、曹、宋、郑、楚，最后到秦的经历。若将这些事情分散到十九年中叙述，就会前后悬隔，零乱而无系统。《左传》作者于是突破了按年记载的限制，集中放到这里叙述，这样，就成功地刻画了重耳政治才干的成长，并写出他身边大臣们这一群体的作用，交代了晋文公争霸成功的政治条件。作者精心安排这段文字，甚至使《左传》全书前半部生色不少。有的地方，还需要预先交代结尾，有的学者称之为"预叙法"。如鲁闵公二年，预先交代"僖之元年，迁邢于夷仪。二年，封卫于楚丘"。鲁成公七年，写申公巫臣至吴，教吴叛楚，也预叙马陵之会以后，楚"一岁七奔命"。恰当地运用追叙法和预叙法，表明已将纪事本末的方法糅合到编年体史书之中。

　　《左传》又有完整记述人物活动的创意，这对于纪传体巨著《史记》在西汉出现无疑是巨大的推动。《左传》还把记言与记事结合起来，记载了春秋各国许多贤士大夫的谠言高论，保存了反映我国古代民族智慧的丰富资料，并进一步形成了传统史书形式容量广阔，可以储存大量史料的特点。

　　《左传》既是史学名著，又是文学名著，它开创了中国史学上历史与文学相结合的好传统。《左传》长于记述战争，它着意写春秋时期争霸和关系大国地位变化的重要战役。如城濮之战、鞌之战、鄢陵之战，都写得有声有色。《左传》又善于写辞令，写行人在彼强我弱的情形下，如何以真情至理，委婉地折服对方。如吕相绝秦、子产献捷、子产坏晋馆垣、子产辞韩宣子求玉环等，都是历代传诵的名篇。

　　作者还善于选取有意义的细节表现人物性格或事物的独特意义。如鲁文公六年写晋人计诱士会归晋一段，以短短百余字，写得生动紧凑，人物栩栩如生。又如鲁宣公十二年邲之战，晋人兵车陷入坑中，楚人教之出坑之法，乃得脱，"顾曰：'吾不如大国之数奔也'",反讥楚人因屡屡奔逃而很有经验。像这类成功的细节描写,都大大增强了史书的情趣,给人以深刻难忘的印象,至今仍有借鉴意义。

《左传》的语言是反复加工锤炼而成的,极富表现力,其中有许多被长期直接沿用,有的是脱胎于此,略作变动,便成为词约义丰的成语典故,沿用二千余年,具有很强的生命力。诸如:一鸣惊人、一鼓作气、一国三公、有备无患、居安思危、义无反顾、厉兵秣马、先声夺人、宾至如归、相敬如宾、有过之而无不及、铤而走险、治丝益棼、退避三舍、与君周旋、知难而退、风马牛不相及、不辨菽麦、朝不保夕、众怒难犯、大义灭亲、外强中干、疲于奔命、腹心之疾、众叛亲离、多行不义必自毙、甘拜下风、困兽犹斗、贪天之功据为己有、东道主、孺子牛——这些成语或词组无不是沿用《左传》中的语言而来的,即此而论,也可说明《左传》对民族语言文化贡献之大!

四、"古今卓绝"——刘知幾对《左传》的赞誉

《左传》作者有开阔的视野,囊括当时全中国范围的史事,多层面反映了历史的进程,全书在历史观点、编撰体例和文学表述上又都有很高的成就,遂使中国史学完成了由只具历史著述的雏形到出现内容丰富翔实的著作这一意义巨大的飞跃。这样,《左传》就从多方面为古代史学树立了范例,为两汉史家所效法,从而推动纪传、编年两大史书体裁走向成熟。

至唐代,史学评论家刘知幾从理论上总结了《左传》的成就和影响,他确实把《左传》视为古代史学的典范,赞誉为"著述罕闻,古今卓绝"。他把《左传》与《公羊》《穀梁》二传作了比较:

> 《左氏》之叙事也,述行师则簿领盈视,哤聒沸腾;论备火则区分在目,修饰峻整;言胜捷则收获都尽;记奔败则披靡横前;申盟誓则慷慨有余;称谲诈则欺诬可见;……叙

兴邦则滋味无量；陈亡国则凄凉可悯。或腴辞润简牍，或美句入咏歌，跌宕而不群，纵横而自得。若斯才者，殆将工侔造化，思涉鬼神……①

并认为二传与《左传》比，"云泥路阻，君臣礼隔"②，不可同日而语。《史通·六家》中，又盛称《左传》"其言简而要，其事详而博，信圣人之羽翮，而述者之冠冕也"。而荀悦以下各家编年体史书"大抵皆依《左氏》以为的准焉"。

针对有的人囿于经师成见，不理解《左传》的史学价值，刘知幾特意写了《申左》一篇，指出《左传》又有三长：一是符合孔子学说的义旨，"故能成不刊之书，著将来之法"。二是遍采各国史料，"博总群书"，"广包它国，每事皆详"。三是取材可靠，"凡所采摭，实广闻见"。又赞扬书中所载大夫辞令、行人应答，"其文典而美，其语博而奥，述远古则委曲如存，征近代则循环可覆"。刘氏还高度评价《左传》的史料价值，指出后世其他史籍有关春秋时期的错误，全赖《左传》得以订正。若无《左传》，则《春秋》史事"茫然阙如，俾后来学者兀成聋瞽矣"。③《史通》还总结《左传》修辞有"用晦"的特点，"言近而旨远，辞浅而义深，虽发语已殚，而含意未尽"。④ 文字极简洁，而意思深刻，因而也成为后代史家学习的范例。

刘知幾通晓《左传》，他对于《左传》成就所作的总结，为中国古代史学理论增添了宝贵的财富。

---

① 《史通》卷十六《杂说上》。
② 《史通》卷十六《杂说上》。
③ 《史通》卷十四《申左》。
④ 《史通》卷六《叙事》。

汉初史论的时代色彩和主要成就

一、汉初思想家的时代感

西汉初年产生了成批的著名史论,如陆贾《新语》、贾谊《过秦论》、晁错的议论、贾山《至言》、司马谈《论六家要指》等。史论活跃的局面,是汉初这一历史转折时期各方面社会矛盾推动的结果。汉初思想家处在秦末农民大起义和秦亡汉兴的历史转折时代,处在新的封建统一政权刚刚建立,必须解决它在政治上、经济上所面临的矛盾以巩固自己的时代。这个时代向思想家们提出了一系列重要的课题:如何总结秦亡教训,新的封建统一政权应该采取什么样的治国方针,如何解决经济上的凋敝、政治上藩国割据势力膨胀这些严重的社会矛盾,如何建立起巩固的中央集权的政治秩序,等等。汉初思想家以史论回答这些课题,反映了时代的要求,显示出鲜明的时代感。

汉初思想家不作迂腐的不切实际之谈,他们关注时势的变化和社会问题,具有政治眼光,有的还置身于政治旋涡的中心。《新语》作者陆贾是刘邦有远见的谋士,他不怕冒犯素厌儒生的刘邦，敢于直率地讲出"马上得天下，不能马上治之"的道理。这一条实际上成为汉初政权的指导思想。陆贾曾先后两次出使南越。诸吕用事、刘氏政权处于危险时，他说服陈平、周勃解嫌结好，诛平诸吕、立孝文帝，陆贾出力颇大。贾谊二十一岁时才识就大受汉文帝所敬重，拟任为公卿，因周勃等排斥贬放长沙，召回后当文帝少子刘揖的太傅。贾谊对社会问题感受敏锐，他"过秦"意在"戒汉"，建议重农业、重积贮，建议"众建诸侯而少其力"，削弱藩国力量，这些都与当时国家大计密切相关。晁错在景帝时官御史大夫，坚决主张削藩，遂使自己置身于中央政权与藩国势力矛盾的焦点，随时可能招致杀身灭族之祸。他的父亲警告他"刘氏安矣，而晁氏危"，并饮药自杀，这也没有使晁错动摇。吴楚七国起兵就以讨诛晁错为借口，结果晁错被误杀。陆贾犯颜直谏，贾谊被贬仍忧心国事，晁错面临杀身之祸却不肯后退，他们都相信自己主张的正确，显示出封建阶级上升时期进步思想家为本阶级利益奋斗的勇气。

　　社会实践的检验是社会思想具有何种价值的最好标准。《史记》《汉书》有不少记载说明贾谊、晁错许多主张都被采纳施行。如："诸律令所更定，及列侯悉就国，其说皆自贾生发之。"[①]"于是上感谊言，始开籍田，躬耕以劝百姓。"[②]"故文帝采贾生之议分齐、赵，景帝用晁错之计削吴、楚。"[③] 说明他们的主张产生了直接的重大的影响。进而言之，汉初是封建社会成长的重要时期，而汉文帝在位的二十三年在这一时期中又起着关键作用。恰好在文帝时代，陆贾为文帝登位立了功，贾谊先为太中大夫，后为皇子太傅，晁错当时已拜为太子家令，号称"智囊"。此三人同在汉文帝时活动，都与文帝关系密切。文帝相当重视纳谏，为他们提供了发表言论的有利条件。文帝政绩显著，陆、贾、晁三人与有功焉。景帝继续执行的是文帝的政策。从西汉建立至武帝初六七十年间，政治上新的封建统一政权确实获得巩固，经济

---

① 《史记》卷八十四《屈原贾生列传》。
② 《汉书》卷二十四上《食货志上》。
③ 《汉书》卷十四《诸侯王表》。

上代替汉初的凋敝，出现了富厚的景象，《史记·平准书》所讲情况当与事实相去不远。"文景之治"扭转了汉初"接秦之弊"的艰难局面，开启了武帝时期的西汉盛世。这一巨大的历史进步，除了主要应归功于秦末农民大起义的推动和西汉劳动人民的创造外，其中也不能忽视汉初进步思想家所起的作用。

马克思说："理论在一个国家实现的程度，总是决定于理论满足这个国家的需要的程度。"① 事情正是这样。汉初史论与时代息息相关，反映了时代的需要，推动了社会政治经济的发展。这一历史地位应该得到肯定。

汉初史论在回答时代提出的课题的同时，也为《史记》的产生准备了条件。先秦史学虽有一定成就，但还比较粗糙，规模也比较狭小；至武帝时期出现的《史记》，却是一部内容丰富、气魄宏大的成熟的巨著。为什么恰恰在汉初思想家之后出现了《史记》呢？"人类始终只提出自己能够解决的任务，因为只要仔细考察就可以发现，任务本身，只有在解决它的物质条件已经存在或者至少是在生成过程中的时候，才会产生。"② 马克思这段话的原理同样适用于文化领域，划时代的巨著同样离不开能够产生它的物质条件。先秦史学的积累，武帝时代的盛世，司马迁的经历和才能，当然都是《史记》产生的条件。但也不能忽视汉初人对司马迁的启发和所作的准备。刘知幾在讲到《楚汉春秋》一书时曾说："刘氏初兴，书唯陆贾而已。子长述楚、汉之事，专据此书。譬夫行不由径，出不由户，未之闻也。"③ 他认为汉初史学成果为司马迁开了门径，这是可贵的见解。然则为司马迁开启门径的不仅有陆贾，还有其他汉初思想家；所提供的也不限于楚汉史事记载，还有更加重要的方面，即在形成一套封建阶级上升时期历史哲学方面为司马迁开辟了道路。概括来说，从陆贾到司马谈

---

① 马克思：《〈黑格尔法哲学批判〉导言》，《马克思恩格斯选集》第一卷，第11页。
② 马克思：《〈政治经济学批判〉序言》，《马克思恩格斯选集》第二卷，第33页。
③ 《史通》卷十六《杂说上》。

的史论，已在总结历史变化，提出加强中央集权的等级制理论，暴露封建制度的黑暗，以及在学术思想上兼采各家学说等方面，发表了许多有价值的言论。在史学史上，汉初史论构成了由先秦史学向司马迁史学过渡的不可缺少的中间环节。

二、社会历史观方面的成就

汉初史论在社会历史观方面的成就可归纳为三项。

第一，总结秦亡教训，阐述历史发展变化的思想。

"汉人多言秦事"，汉初思想家尤为突出。秦汉之际的历史大转折给了他们极其深刻强烈的印象，汉初史论几乎都要突出讲到显赫一时的秦皇朝在农民起义风暴中顷刻灭亡的教训，为汉政权提供鉴戒；同时阐述历史发展变化的观点，在历史观上作出了贡献。

陆贾《新语》一书，就是应刘邦的要求，"试为我著秦所以失天下，吾所以得之者何"而作的。刘邦本来因"马上得天下"而意满志得，不考虑得天下之后如何"治天下"。陆贾以"秦任刑法不变"招致灭亡的事实向他敲起警钟，并提出"文武并用，长久之术"的治国主张。这实际上是讲要由武力征战转为讲求治国方法，由秦的严酷政治转到宽省政治。这对于汉初政权来说，实在具有存亡攸关的意义。因此，《新语》一书大受激赏，"每奏一篇，高帝未尝不称善，左右呼万岁"。①

《新语》书中反复讲到："秦以刑罚为巢，故有覆巢破卵之患。"② "事逾烦天下逾乱，法逾滋而天下逾炽，兵马益设而敌人逾多。秦非不欲治也，然失之者，乃举措暴众、刑罚太极故也。"③ 既然秦亡教训是滥用民力和刑罚残酷，反其道而行之，治

---

① 以上引文均见《史记》卷九十七《郦生陆贾列传》。
② 《新语·辅政》。
③ 《新语·无为》。

国就必须注重"德政"、实行"无为"。"虐行则怨积，德布则功兴。"① "道莫大于无为，行莫大于谨敬。"② "君子之为治也，块然若无事，寂然若无声。"③ 汉初"与民休息""清静无为"的局面正是陆贾上述主张的实际体现。总结秦汉之际历史变局，使陆贾具有明显的历史发展观点。他批评倒退的历史观，"世俗以为自古而传之者为重，以今之作者为轻，淡于所见，甘于所闻"。主张重视"今之作者"即当前现实。又说："善言古者，合之于今；能述远者，考之于近。""道近不必出于久远，取其至要而有成。"④ 要求人们注重当今，注重实效。他还著有《楚汉春秋》⑤，是关于汉初的当代史著作，及时记载了刘项战争直至惠帝时事，后来为司马迁所取材。

贾谊后来居上，在《过秦论》中对秦亡原因作了更为深刻的分析。他以一种纵贯分析的眼光概述了秦国由崛起——统一六国——最后灭亡的历史，从而剖析它成败兴亡之"理"。他相当正确地论述了这个僻居雍州的小国所以迅速强大，主要得力于商鞅推行"内立法度，务耕织，修守战之备"等政策。相当正确地论述了各国间长期战争给人民造成巨大灾难，秦的统一符合于人民愿望："近古之无王者久矣。周室卑微，五霸既殁，令不行于天下，是以诸侯力政，强侵弱，众暴寡，兵革不休，士民罢敝。今秦南面而王天下，是上有天子也。既元元之民冀得安其性命，莫不虚心而仰上。"又说："（秦）南面称帝，以养四海，天下之士斐然乡风。"他又相当正确地论述了秦的灭亡是实行暴政的结果，"禁文书而酷刑法，先诈力而后仁义，以暴虐为天下始。……故其亡可立而待。""（陈涉）奋臂于大泽而天下响应者，其民危也。"可以说，贾谊的分析已经接触到问题的实质，他把国家兴亡和时势变化的原因，归结为政治的得失和人心的向背，

---

① 《新语·道基》。
② 《新语·无为》。
③ 《新语·至德》。
④ 《新语·术事》。
⑤ 今佚。有清茆泮林辑本，见《十种辑逸书》。

这在当时历史条件下不能不说是卓越的见解。他还发问：统一了天下的秦国比起它以前僻处雍州时要强大得多，而拿陈涉的地位、武器等等来说又根本无法与秦以前的对手山东六国相比，然而"成败异变，功业相反"，为什么呢？他的结论是："仁义不施，而攻守之势异也。"政治搞坏了，攻势就会变成守势，兴盛就会转向灭亡。这些都突出地表明，历史是不断变化的，而盛衰存亡有一定的道理。"见始终之变，知存亡之机"，"察盛衰之理，审权势之宜"，就是贾谊对发展的历史观所作的概括。《过秦论》的精彩分析和进步观点得到司马迁的高度赞赏，说："善哉乎贾生推言之也！"并破例地将贾谊几千字的原文全部引在《秦始皇本纪》论赞之中。

总结秦汉之际的历史使贾谊认识到人民的力量。《过秦论》赞扬陈涉首难的历史作用的论点，在《新书》①中又大大加以发挥。《新书·大政上》说："闻之于政也，民无不为本也。国以为本，君以为本，吏以为本。……故夫战之胜也，民欲胜也；攻之得也，民欲得也；守之存也，民欲存也。故率民而守，而民不欲存，则莫能以存矣；故率民而攻，民不欲得，则莫能以得矣；故率民而战，民不欲胜，则莫能以胜矣。""故夫民者，至贱而不可简也，至愚而不可欺也。故自古至于今，与民为仇者，有迟有速，而民必胜之。"尽管贾谊极其错误地认为人民"至贱""至愚"，但他仍然充分肯定了人民力量对于政治成败的作用。农民起义推动了历史前进，也为进步思想家提供了丰富营养，从而推动了历史理论的前进。

陆、贾以外，贾山《至言》也是"言治乱之道，借秦为谕"②。其他伍被、晁错、主父偃、徐乐、严安等人也都引用秦亡教训以讽谏。主父偃等皆武帝时人，这说明总结秦亡原因在当时仍是一个具有现实意义的课题。

第二，主张加强中央集权。

---

① 不少学者认为，《新书》虽有增窜，但内容可信。但也有人认为《新书》窜乱失真。

② 《汉书》卷五十一《贾山传》。

汉初史论的时代色彩和主要成就

汉初史论反映了加强中央集权以战胜地方割据势力的时代要求。贾谊总结西汉建国以来的历史，得出"疏者必危，亲者必乱"，"强者先反"的结论，① 不管是"异姓王""同姓王"，一旦羽翼已成，就公然与朝廷对抗，因此坚决主张削藩。同时，从陆贾开始，汉初思想家都主张等级制，这在当时也具有巩固中央集权的意义。

汉初群臣是与刘邦"共定天下"的，往往居功自傲，甚至就在刘邦登上帝位的时刻，他们也敢于无礼放肆。虽有叔孙通定礼仪以"正君臣之位"②，到文帝时，史籍仍称"天下初定，制度疏阔"③。汉初思想家主张等级制，在当时是建立一种政治秩序以加强中央集权的需要，具有一定的进步意义。陆贾说："长幼异节，上下有差，……尊卑相承，雁行相随。"④ 贾谊的主张更有理论色彩，他认为严格君臣之分是封建国家安危攸关的大事，"令君君臣臣，上下有差"，"此业壹定，世世常安"，否则就像行船没有绳和桨，遇到风浪就要沉没。他又把皇帝、群臣和众庶比成堂、陛、地三个大等级，"等级分明，而天子加焉，故其尊不可及也"。又说皇帝与诸侯好比轮辐与轮轴，"辐凑并进而归命天子"。⑤ 晁错也说："诸侯藩辅，臣子一例，古今之制也。"⑥ 他们主张等级制与削藩密切联系，要诸侯永远居于从属的地位。

"任何一个时代的统治思想始终都不过是统治阶级的思想。"⑦ 既然等级制理论为加强当时中央政权所需要，它作为这个时代的"统治思想"，必然要影响到一切领域。《论六家要指》是论述学术史的。但司马谈评论各家得失的一个重要标准也是等级制，赞扬儒家"列君臣父子之礼，序夫妇长幼之别，虽百家弗能易也"，

---

① 《汉书》卷四十八《贾谊传》。
② 《汉书》卷二十二《礼乐志》。
③ 《汉书》卷四十八《贾谊传》。
④ 《新语·至德》。
⑤ 《汉书》卷四十八《贾谊传》。
⑥ 《史记》卷二十三《礼书》。
⑦ 《共产党宣言》，《马克思恩格斯选集》第一卷，人民出版社1995年版，第292页。

赞扬法家"尊主卑臣，明分职不得相逾越，虽百家弗能改也"，批评墨家"尊卑无别"。① 符合等级制的就是好的，违反等级制的就是坏的。赞扬道家的司马谈却抛弃了先秦道家"以道观之，物无贵贱"②的信条，转而强烈地主张区分上下贵贱的等级制。稍后司马迁则在《史记》全书结构上使用本纪、世家、列传来表示等级的关系。这些都是社会思想对社会存在的反映。马克思和恩格斯在《德意志意识形态》中说："第三种形式是封建的或等级的所有制。"③ 可见等级制是封建社会的基本特征，在欧洲和中国都是如此。

汉初思想家等级制的主张在当时具有一定的进步作用。封建等级制又是以残酷压迫最底层的人民大众为前提的。随着等级制越来越森严，对于社会进步越来越起到阻碍的作用。因此，所有民主启蒙思想的产生或民主主义革命的发动，都把斗争锋芒指向封建等级制。如今封建制度早已被埋葬，但是长期的等级观念却还有遗留的影响，我们必须予以彻底扫除，这是毫无疑义的。

第三，暴露封建制度的黑暗面。

封建地主阶级即使处于上升时期，对于农民阶级同样进行残酷的剥削。贾谊对人民怀有深切同情，当他为封建国家"多所欲匡建"时，就反映出封建剥削对人民造成的苦难，并已敏锐地感知到一种潜伏的危机。他用"抱火措之积薪之下而寝其上"来形容国家的形势，批评粉饰太平之谈是"非愚则谀"，自己则因忧国忧民而"痛哭""流涕""长太息"。他认为构成国家潜在威胁的不但有藩国割据和匈奴入侵，还有剥削阶级"以侈靡相竞"的风尚。④ 他说："今背本而趋末，食者甚众，是天下之大残也；淫侈之俗，日日以长，是天下之大贼也。残贼公行，莫之或止；大命将泛，莫之振救。生之者甚少而靡之者甚多，天下财产何得不蹶！汉之为汉几四十年矣，公私之积犹可哀痛。失时不雨，民且

---

① 《史记》卷一百三十《太史公自序》。
② 《庄子·秋水》。
③ 《德意志意识形态》，《马克思恩格斯选集》第一卷，第70页。
④ 《汉书》卷四十八《贾谊传》。

狼顾；岁恶不入，请卖爵、子。……兵旱相乘，天下大屈，有勇力者聚徒而衡击，罢夫羸老易子而咬其骨。政治未毕通也，远方之能疑者并举而争起矣，乃骇而图之，岂将有及乎？"① 在这里贾谊揭露了剥削者对社会财富严重浪费造成人民遭受饥寒，毫无顾忌地预示社会动乱的危险前景。他的批判和警告，对后人确有惊醒的作用。侯外庐先生说："严密地讲来，汉代的异端思想，起于贾谊，但贾谊还是在预觉的阶段"②，是很有道理的。晁错在当时也指出商人剥削兼并、农民破产流亡这一严重社会问题。他说："（农夫）勤苦如此，尚复被水旱之灾，急政暴赋，赋敛不时，朝令而暮改。当具有者半贾而卖，亡者取倍称之息，于是有卖田宅鬻子孙以偿责者矣。而商贾大者积贮倍息，小者坐列贩卖，操其奇赢，……此商人所以兼并农人，农人所以流亡者也。"③ 贾谊、晁错的言论，对于后代史学家、思想家观察反映封建时代社会矛盾有着深远的影响。

三、学术思想的新创造

汉初史论在学术思想上兼采各家学说，这是经过总结秦禁百家的反面教训之后中国文化史上的一大进步。

秦始皇专任狱吏，严刑峻法，实行赤裸裸的刑罚统治，又采纳李斯建议，焚烧百家著作，偶语诗书者弃市，以法为教，以吏为师，结果反而加速了秦的灭亡。汉初思想家总结了这一反面教训。他们谴责秦"燔百家之言，以愚黔首"，转而吸收各家之学以著书立说。这是对于秦禁百家的一种反动，具有深刻的历史必然性。诚然，在汉初，师承一家学说或喜好一家之言者也不乏其人，前者如治黄老言的盖公、黄生，传授儒家经典的鲁申公、辕固生，后者如好老子书的窦太后。不同学派的信奉者之间也有争

---

① 《汉书》卷二十四上《食货志上》。
② 侯外庐：《中国思想通史》第二卷，人民出版社1957年版，第160页。
③ 《汉书》卷二十四上《食货志上》。

执，例如黄生与辕固生在景帝面前争论汤武是否"受命"，又如窦太后因不满辕固生贬低老子书而让他下圈刺豕。这些事例说明不同学派有互相排斥的一面。然而，从陆贾、贾谊、司马谈等人身上却又明显地表现出各家学说的相互吸收与汇合。如果说不同学派的争论反映了战国百家争鸣的余波，那么兼采各家学说则是汉初进步思想家富有时代色彩的新创造，是文化史上的新篇章，因而更加值得注意。

主张文武并用的陆贾是首开风气者。他既强调"德政"和"仁义"，具有强烈的儒家色彩；同时又强调"无为"，治理国家应该"块然若无事，寂然若无声"，明显地吸取了道家的学说。他又兼有法家"功利主义"的色彩，主张"富国强威，辟地服远"；[1] 批评伯夷、叔齐式的消极避世，"当世不蒙其功，后代不见其才，君倾而不扶，国危而不持"，而赞扬汤、武、伊、吕"征敌服众，以报大仇"。[2]《新语》内容乍一看来似乎驳杂，但只要联系汉初迫切需要缓和阶级关系，巩固国家统一等历史背景，就明白上述主张无一不是针对现实情况而发。陆贾高明之处就在于他反映了时代要求，不囿一家之见，开创了新的风气。他说："书不必起仲尼之门，药不必出扁鹊之方。合之者善可以为法，因世而权行。"[3] 明白主张摒弃门户之见，不管出自哪一家，只要是好办法，都可拿来实行。

贾谊也融合了不同学派的主张。司马迁曾断言贾谊和晁错都继承了法家主张，《史记·太史公自序》说"贾生、晁错明申、商"；班固在《汉书·艺文志》中却把"贾谊五十八篇"列为儒家。其实，贾谊对儒法两家学说都吸收继承了，马、班的说法只各自道出贾谊思想的一个侧面。贾谊认为治理国家应该"礼义"与"刑法"并重，"礼者禁于将然之前，而法者禁于已然之后，……庆赏以劝善，刑罚以惩恶，先王执此之政，坚如金石，

---

[1] 《新语·至德》。
[2] 《新语·慎微》。
[3] 《新语·术事》。

行此之令，信如四时"①。认为礼刑并用就像金石不可动摇，像四时运行不可怀疑。荀子讲过"勉之以庆赏，惩之以刑罚"②，现在由贾谊作了充分的发挥。荀子的学说体现了由儒到法的过渡，贾谊的思想则在新的基础上体现了亦儒亦法的结合。贾谊还作过形象的比喻，说："仁义恩厚，人主之芒刃也；权势法制，人主之斤斧也。"③ 芒刃用来剔肉，指处理容易办的事；斤斧用来对付大骨头，指对藩国应该施加强力打击。贾谊对礼法并用的阐述具有不可忽视的意义。它表明：反映新兴地主阶级利益的治国思想，由战国中期荀子提出其雏形，经过秦实行赤裸裸的刑罚统治的失败教训，到汉初陆贾、贾谊总结出"文武并用"、礼法并重，至此才有了一套比较成熟的学说。以后的封建统治者，不管他表面标榜何种主张，实质上都必须兼用两种手法，汉宣帝告诫太子说汉家制度"本以霸王道杂之"④ 就道出了其中的秘密。贾谊对黄老学说也有吸收，如说："轻赋少事，以佐百姓之急；约法省刑，以持其后"⑤，同样主张与民休息。

陆贾、贾谊吸收融合各家学说并非由于巧合或出于个人偏好，而是汉初历史条件下的产物。这一点还可以从晁错、贾山以至汉文帝身上看出来。晁错被称为"峭直刻深"，法家色彩十分强烈，然而他对其他学说也是有吸收的。他曾被派到伏生处学习儒家经典《尚书》，学完后"上书称说"。他对文帝讲人主应知的"术数"，就包括"安利万民"和"忠孝事上"。在《贤良文学对策》中，他表彰三王"取人以己，内恕及人；情之所恶，不以强人"，又赞扬文帝"除苛解娆（师古注引文颖曰："娆，烦绕也。"），宽大爱人"，"尊赐孝悌，农民不租"，可见晁错也吸收了儒家以至黄老学派的主张。⑥《汉书·贾山传》说："（山）所言涉猎书记，不能为醇儒。"汉文帝执行"与民生息"的政策，

---

① 《汉书》卷四十八《贾谊传》。
② 《荀子·王制》。
③ 《汉书》卷四十八《贾谊传》。
④ 《汉书》卷九《元帝纪》。
⑤ 《过秦论》。
⑥ 《汉书》卷四十九《晁错传》。

《史记》《汉书》又说他"本好刑名之言"①，并称他在位期间儒者"颇登用"②。这些都说明，兼采各家学说乃是汉初许多人物共同的特点。

司马谈继续了这一趋势，所著《论六家要指》是对学术思想的初步总结。

以往论者常拿《论六家要指》与其他评论各家学说的作品，即《庄子·天下》《荀子·非十二子》《韩非子·显学》相提并论。实际上，司马谈对各家学说的基本态度与庄子等人有根本的不同。庄子等人都对其他学派采取坚决排斥的态度。

庄子说："天下大乱，贤圣不明，道德不一，天下多得一察焉以自好，譬如耳目鼻口，皆有所明，不能相通，犹有（孙诒让云："有"当作"百"。）家众技也，皆有所长，时有所用。……天下之人各为其所欲焉以自为方。悲夫，百家往而不反，必不合矣。后世之学者，不幸不见天地之纯，古人之大体，道术将为天下裂。"③庄子强调"百家众技"，"不能相通"，"必不合矣"，各家学说都是片断的认识，是谋求私利的，天下的道术是分裂的。

荀子说："假今之世，饰邪说，文奸言，以枭乱天下，谲宇嵬琐，使天下混然不知是非治乱之所存者，有人矣。""以务息十二子之说，如是则天下之害除。"④他把各家学说统统视为"枭乱天下"的"邪说""奸言"，当世之要务是把它们灭绝。

韩非子说："孔子、墨子俱道尧、舜，而取舍不同，皆自谓真尧、舜，尧、舜不复生，将谁使定儒、墨之诚乎？……愚诬之学，杂反之行，明主弗受也。"⑤认为儒墨都是无知欺骗之说，有害于治理国家，必须予以排斥。

司马谈与他们不同，他对各个学派有批评也有肯定，而特别强调各派贯通融合。《论六家要指》开宗明义说："'天下一致而

---

① 《史记》卷一百二十一《儒林列传》、《汉书》卷八十八《儒林传》。
② 《汉书》卷八十八《儒林传》。注：《史记》卷一百二十一《儒林列传》文为"颇征用"，与《汉书》有一字之差。
③ 《庄子·天下》。
④ 《荀子·非十二子》。
⑤ 《韩非子·显学》。

百虑，同归而殊途。'夫阴阳、儒、墨、名、法、道德，此务为治者也，直所从言之异路，有省不省耳。"明言各家学说都是"为治"，只是提法不同，归根结底，它们是殊途同归的。就是说，对各家学说只要取舍适当，都能为治国服务。司马谈从这种基本态度出发，分别对各家学说"一分为二"，批评其短处，肯定其长处。他批评阴阳家"使人拘而多所畏"，而肯定它"序四时之大顺"；批评儒家"博而寡要，劳而少功，是以其事难尽从"，"累世不能殚其学，当年不能究其礼"，而肯定它"序君臣父子之礼，列夫妇长幼之别"；批评墨家"俭而难遵"，肯定它"强本节用"；批评法家"严而少恩"，肯定它"正君臣上下之分"；等等。显然，司马谈主张吸收各家之所长，为当时的"治"即巩固新的封建统一政权服务，他在学术思想上是陆、贾以来的集大成者。司马谈对道家赞扬最多，说道家吸收了各家学说的长处，能"因阴阳之大顺，采儒墨之善，撮名法之要，与时迁移，应物变化，立俗施事，无所不宜"。这些话同样反映了把各家学说融合贯通起来的愿望。

战国诸子和司马谈对待各家学派态度如此不同，只能从时代变化来找原因。战国时期各国并立，社会急剧动荡，代表不同阶级或阶层的不同学派，为了各自的利益，必然要通过互相辩难击败对手，扩大自己的影响。汉初则是国家实现空前统一的时代，要求学术文化经过相互吸收而进行一番整理总结。司马谈著《论六家要指》，就是以各家学说同归于"治"为指导思想，进行此项总结的尝试。与此密切相联系的是，他本来怀有更加宏大的抱负，念念不忘要著史以反映"汉兴，海内一统"的局面，但成为未竟之志而留待其子司马迁去完成。

从陆贾到司马谈的历程表明，汉初思想家在学术思想上随着时代前进而比前人跨进了一大步。他们抛弃了囿于一家一派的偏狭见解，兼采各家之所长，具有拥抱整个民族学术文化的气魄。这就大大开阔了后来者的眼界，为西汉史学发展的前景指示了途径。在汉初进步思潮之后紧接着产生了中国封建时代进步史学的杰作《史记》绝非偶然。恩格斯说："每一个时代的哲学作为分工的一个特定的领域,都具有由它的先驱传给它而它便由此出发的特定的思想材料作为前提。"① 对史学发展具有重要意义的历史哲学也是如此。汉初思想家总结历史经验、注重时势变化的成就为司马迁所继承并加以发展,形成《史记》"原始察终,见盛观衰","通古今之变"的史学思想;他们关于等级制的强烈主张影响了司马迁,使《史记》的总体结构也反映出封建等级制度的特点;他们勇于暴露封建制度的黑暗面的精神为司马迁所继承,构成其异端思想的一个重要来源;特别是,他们兼采各家学说,总结文化遗产的态度为司马迁所继承,并发展到"厥协六经异传,整齐百家杂语"②,完成了一部气魄宏大、内容丰富的百科全书式的历史巨著。汉初富有时代精神的史论促进了社会政治经济的发展。它在社会历史观和学术思想上的重要成就又构成史学发展史上重要的一环,为《史记》的产生作了准备。

---

① 《恩格斯致康·施米特》,《马克思恩格斯选集》第四卷,第703—704页。
② 《史记》卷一百三十《太史公自序》。

司马迁对历史发展趋势的卓识

《史记》是中国历史上最杰出的通史著作，尤其是司马迁（前145—？）在把握和叙述历史大势方面的成就，至今仍然值得我们深入地探讨。《史记》有《三代世表》《十二诸侯年表》《六国年表》《楚汉之际月表》《汉兴以来诸侯王年表》等，这些篇的设立，体现出司马迁将上古以来的历史划分为具有不同特点之演进阶段的看法，这是十分值得注意的。深入研究这些表的价值，并与相关的本纪、列传联系起来分析，即可以明瞭：司马迁著史做到对于各个历史发展阶段的特点和演进趋势有准确的把握，瞭然于胸，并且生动翔实地叙述出来。而把各个历史阶段贯通地考察，便是司马迁所出色地做到的"通古今之变"。白寿彝先生讲过：《史记》写得最详细和最精彩的是汉朝的历史，这是司马迁的当代史。[1] 这个看法对我们很有启发。从汉朝上溯，中国怎样从战国分立攻战而走向秦的统一，秦又如何由强盛到骤亡，这一历史阶段是司马迁的近代史。司马迁不愿做纯客观记载的超然的历史学家，他要"成一家之言"，写出自己对历史变迁和当前社会的看法，主张"法后王"，因此对于撰写这段近代史，

---

[1] 参见《白寿彝史学论集》下册，北京师范大学出版社1994年版，第720页。

同样倾注了巨大的心血,从中总结有益的经验教训。在以往研究的基础上,更深入一步考察《史记》对战国时期和秦的历史的记载、评论,总结司马迁对历史发展趋势的卓识,这对于进一步认识《史记》的历史思想和编撰成就,无疑将有所裨益。

一、《六国年表》所表达的历史大势

"表"是司马迁创立的五种体裁之一,紧依于"本纪"之后,它对于反映历史发展大势有重要的作用。然则,自唐代史学评论家刘知幾始,学者们对《史记》中"表"的价值的认识,却经历了很长过程。刘知幾曾把"表以谱列年爵"[①] 列为《史记》长处之一,又称"虽燕、越万里,而于径寸之内犬牙可接;虽昭穆九代,而于方尺之中雁行有叙"[②]。这些话,肯定表在整理帝王、诸侯世系和谱列各国异世同时的年代,使之眉目清楚上很有作用。但《史通》在另一处又说,将表"载诸史传,未见其宜",认为既有本纪、世家、列传所载互相考核,史实已经清楚,而再"重列之以表,成其烦费,岂非谬乎"?[③] 这种看法失于片面,且与前者相矛盾,后代学者几乎无人赞成。宋以下,有不少学者从不同角度肯定《史记》十表的价值。郑樵称作表是司马迁之功。吕祖谦认为表的形式,可以观天下大势和寓经世之意。顾炎武则认为表中所记人物可补"传中有未悉备者","年经月纬,一览了如,作史体裁,莫大于是"。[④] 这些学者的看法对于后人有所启发,惜其往往仅是点到而已,因而需要作进一步的研究。

在当代学者中,白寿彝先生对《史记》十表予以充分重视,他在《史学史教本初稿》中有一段精辟的论述:

《史记》十表是最限度地集中表达古今之变的。其中,

---

① 《史通》卷二《二体》。
② 《史通》卷十六《杂说上》。
③ 《史通》卷三《表历》。
④ 《日知录》卷二十六《作史不立表志》。

如《十二诸侯年表》，是要表达"周室衰微，诸侯专政"，"王霸更盛衰"的历史。《六国年表》是表达"春秋之后，陪臣秉政，强国相王，以至于秦，卒并诸夏，灭封地，擅其号"的历史。……司马迁写每一个表，就是要写这个历史时期的特点，写它在"古今之变"的长河中变了些什么。把这十个表总起来看，却又是要写宗周晚年以来悠久的历史时期内所经历的巨大的变化——由封国建侯走到郡县制度，由地方分权走到中央集权。这跟本纪、世家、列传之写汉初的风云人物由布衣而帝王将相，同样显示了《史记》通古今之变的如椽的大笔。①

这段话，精到地论述了《史记》十表表达西周以后长时期中历史发展大势的特殊价值，较前人的见解远为深入。笔者在本节中冀图在以下两点发挥先生的论点：其一，《六国年表·序》的精华在于驳斥西汉时期流行的庸俗见解，高度评价秦在结束战国分立到实现统一过程中的历史作用。其二，由此决定了《六国年表》记载大事明显地以秦为主干。

西汉皇朝代秦而立，拨乱反正，逐步达到国家的强盛，就是反复地以秦朝的过失为鉴戒而实现的。汉初人士自陆贾起，此后有贾谊、贾山、张释之、主父偃、徐乐、严安，直至东汉的王充、班固等，都严厉地谴责秦朝不行仁义、滥施刑罚等种种罪过，论证汉朝继立的历史必然性。概言之，用秦的暴虐来反衬汉朝扫除烦苛、与民休息的功绩。在这种情况下，自然会出现过头的看法，如贾山《至言》中论"秦以熊罴之力，虎狼之心，蚕食诸侯，并吞海内，而不笃礼义，故天殃已加矣"②，把用暴力"并吞海内"与"天殃"即灾难报应联系在一起，主要从批判的角度看待统一。《汉书·王莽传·赞》中，班固把短促的秦朝与短命的"新朝"并提，称它们为"紫色鼃声，余分闰位"，只是历史上的小插曲，不具有"正统"皇朝的资格。王充论历史，直斥为

---

① 《白寿彝史学论集》下册，第885—886页。
② 《汉书》卷五十一《贾山传》。

"亡秦"或"秦无道之国",又将它与蚩尤并提:"案前世用刑者,蚩尤、亡秦甚矣。蚩尤之民,湎湎纷纷;亡秦之路,赤衣比肩。"① 真是"墙倒众人推"。按照这类言论,秦简直成为历史上"恶"的势力的代名词。

司马迁写通史,以总结中国历史客观进程自任,做到"通古今之变"。他把秦放在中国历史发展的总过程中来考察,既看到秦负面的作用,更看到其推动历史前进的正面作用,提出了迥异别人的卓越看法。

《六国年表·序》提纲挈领,中心是论述秦的历史作用。首先指出,秦国的强盛和兼并六国代表了战国时期历史发展的主导方向。秦自文公攘夷狄、穆公修政,国势始强,与齐桓、晋文这些中原霸主相侔列。以后进入战国时期,各国武力攻伐,纷争不已。"秦始小国僻远,诸夏宾之,比于戎翟,至献公之后常雄诸侯。"最后兼并天下,"非必险固便形势利也,盖若天所助焉"。其次,总结自夏禹、商汤、周文王,至秦、汉兴起,都符合崛起于西北而最后获得成功的规律。这段话似乎带有某种神秘色彩,这一层姑且不论,其中主要价值,显然在于把秦与夏、商、周、汉这些对中国历史有重大贡献的朝代相并提。这是在前一层评论秦兼并天下"盖若天所助焉"的基础上,进一步提高秦的历史地位。进而,司马迁针对汉代流行的否定秦的历史贡献之偏颇观点,提出中肯的批评:"秦取天下多暴,然世异变,成功大。传曰'法后王',何也?以其近己而俗变相类,议卑而易行也。学者牵于所闻,见秦在帝位日浅,不察其终始,因举而笑之,不敢道,此与以耳食无异。悲夫!"既谴责秦在统一过程中的暴虐行为,又明确肯定秦统一中国是符合形势发展的巨大成功,对于"不察其终始"即不认识历史发展趋势的俗学浅见予以辛辣的讽刺。有的论者曾将"盖若天所助"理解为迷信的说法②,其实,这里的"天所助",是指历史发展趋势的推动,相当于今日之谓

---

① 《论衡·寒温篇》。
② 如刘知幾曾谓:"论成败者,固当以人事为主,必推命而言,则其理悖矣。"见《史通》卷十六《杂说上》。

"必然性"。司马迁另一处论秦的统一符合客观必然性，见于《魏世家·赞》："说者皆曰魏以不用信陵君故，国削弱至于亡，余以为不然。天方令秦平海内，其业未成，魏虽得阿衡之佐，曷益乎？"两处讲"天"，都是指明秦的统一行动符合于历史发展的必然趋势。司马迁的论断，以其对历史发展大势的洞察力，以其对复杂问题作辩证分析的深刻性，以其勇于辟除俗议坚持正确见解的气魄，给后代研究者以宝贵的启迪，堪称千古巨眼卓识！

《六国年表》记载战国时期二百五十五年间大事的方法，是以秦为主干。秦在表中的位置，列于六国之上。记载秦国史事独详，如：秦灵公三年，作上下畤。简公六年，初令吏带剑。七年，初租禾。献公二年，城栎阳。孝公二年，天子致胙。十年，卫公孙鞅为大良造，伐安邑，降之。十二年，初聚小邑为三十一县，令。为田，开阡陌。十三年，初为县，有秩史。十四年，初为赋。十九年，天子致伯。二十年，诸侯毕贺。会诸侯于泽。朝天子。惠文王二年，天子贺。行钱。四年，天子致文武胙。凡显示秦逐渐强大的事件均有明白记载。又，战国时期的异常天象，如日食、彗星、蝗灾，也一律记在秦国栏目之内。六国亡后，又继续记载秦朝十四年间史事，直至子婴降，表示记载自秦国兴起至秦朝结束，首尾完整。

以上所举证据，都足以证明《六国年表》记载史事的确以秦为主干。实际上，前代学者评《史记》，已有人敏锐地道及这一点。清人汪越论《十二诸侯年表》及《六国年表》云，前表"以周为主"，后表"以秦为主"。又谓，《十二诸侯年表》"断其义不骋其词，非独具年月世谱而已"，旨在显示"春秋二百四十年之大势"。[①] 推而言之，则《六国年表》旨在显示秦逐渐强大至最终统一海内之势。方苞进而认为："（《六国年表》）篇中皆用秦事为经纬。"他强调司马迁议论之精彩，正在于把握到战国之情势已异于古代的特点，秦适应时势变古之制，故不仅能取得统一天下之成功非侥幸所致，而且秦的政制因其符合近世的特

---

① 汪越：《读史记十表》。

点，故多为汉所沿用。故云"迁之言，亦圣人所不易"，年表以秦事为经纬更有充分的道理。① 方氏这段议论，在前代学者中相当突出，因它已实在地触及《六国年表》表达历史发展大势这一实质性内容。

二、如何评价秦的历史地位

《六国年表》与《秦本纪》《秦始皇本纪》内容密切相关，把它们放在一起讨论，更有助于认识司马迁洞察历史发展大势的非凡史识。

《史记》在《秦始皇本纪》之前设置《秦本纪》，这是司马迁的精心安排。然则前人对《秦本纪》的设立却有不同的看法。刘知幾根据"以天子为本纪，诸侯为世家"的标准，批评《周本纪》记文王以前和《秦本纪》设立不当："案：姬自后稷至于西伯，嬴自伯翳至于庄襄，爵乃诸侯，而名隶本纪。若以西伯、庄襄以上，别作周、秦世家，持殷纣以对武王，拔秦始以承周赧，使帝王传授，昭然有别，岂不善乎？必以西伯以前，其事简约，别加一目，不足成篇。则伯翳之至庄襄，其书先成一卷，而不共世家等列，辄与本纪同编，此尤可怪也。"② 《史记索隐》也有类似的指摘："秦虽嬴政之祖，本西戎附庸之君，岂以诸侯之邦，而与五帝三王同称'本纪'，斯必不可。可降为《秦世家》。"③ 蒋湘南也批评太史公以秦之先世僻在西戎者，亦称本纪而不称世家为"自乱其例"。④ 刘知幾、司马贞等拘于"本纪"只能用于

---

① 《望溪先生文集》卷二《读子史·书史记六国年表序后》。
② 《史通》卷二《本纪》。
③ 按，《索隐》此条为中华书局排印本所无。兹据《史记会注考证》卷五及牛云震《史记评注》卷一引录。
④ 《七经楼文钞》卷三《读史记六国表后》。按，蒋湘南《再书史记六国表后》中又论云："三代之运已终，一统之局非变，因生始皇，以雄才大创之，而儒者犹以灭古为始皇罪也。'世异变，成功大'，非迂儒所能知矣。"此则有见地的地方，不可埋没。

天子、表示至尊这一"史例"，要求削足适履，让内容去迁就形式。司马迁创立"本纪"，固然用以代表帝王为中心，而更重要的是，本纪在全书中起到史事总纲的作用，故称："王迹所兴，原始察终，见盛观衰，论考之行事，略推三代，录秦汉，上记轩辕，下至于兹，著十二本纪，既科条之矣。"① 科条者，即整理记载历史事件之大纲目也。他在《太史公自序》中论《秦本纪》撰述义旨所言："维秦之先，伯翳佐禹；穆公思义，悼豪之旅；以人为殉，诗歌《黄鸟》；昭襄业帝。作《秦本纪》"，已经点明昭襄王时，秦之帝业已成，这是作《秦本纪》的原因所在，他们未加细察。故牛运震对刘知幾、司马贞的说法予以驳正："以《史记》之编次条理考之，则有不得不纪秦者。……如欲降《秦本纪》为世家，则史家无世家在前、本纪在后之理，势必次《始皇本纪》于《周本纪》之后，而列《秦世家》于十二诸侯之中，将始皇开疆辟土席卷囊括之业，政不知从何处托基，其毋乃前后失序而本末不属乎！……至《史通》以姬嬴并论，乃谓后稷以下西伯以上亦应降为世家，尤事理之必不可通者。周不可降，何独降秦耶！此其持论非不有见，惜徒为局外闲观而未察乎太史公编次之苦心也。"②

让史例服从史实，或反过来要求史实适应于史例，二者的分歧实则在于能否透过表象看到历史发展的实质性内容，能够把握到历史发展的趋向。我们今天对这个问题的认识应该较前人有所前进。以下即从三个方面加以申述。

第一，《秦本纪》起到春秋和战国两个时期历史总纲的作用。

秦自战国初期开始强大，在春秋时期，它的国势尚未足与此相比，为何也具有春秋时期史事总纲的作用呢？这是因为春秋、战国具有共同特点，各国纷争，周王室仅有名义上的地位，实际上已降为小国。故《周本纪》提挈历史总纲的作用，乃只限于西周时期。司马迁在《周本纪》与《秦始皇本纪》之间安排《秦

---

① 《史记》卷一百三十《太史公自序》。
② 《史记评注》卷一《秦本纪》。

本纪》，作用即在于提挈自春秋至战国历史的总纲。试以周惠王元年至周襄王三十三年（前676—前619）间约六十年史事为例证明之。

此六十年间，《周本纪》只记了王子颓之乱、王子带与戎狄之乱及晋文公召襄王三件事，大致只限于记周王室本身史事，而对诸侯各国大事很少涉及。反观《秦本纪》，则除记载秦国大事（秦德公初居雍城大郑宫，秦穆公得贤臣百里奚、蹇叔，穆公运粟救晋饥荒，助重耳归晋，秦军兵败于殽，秦穆公得由余、霸西戎等）以外，还提挈了各国大事，如：宣公元年，卫、燕伐周，出惠王，立王子颓。三年，郑伯、虢叔杀子颓而入惠王。成公元年，齐桓公伐山戎，次于孤竹。穆公四年，齐桓公伐楚，至邵陵。五年，晋骊姬作乱，太子出奔。九年，齐桓公会诸侯于葵丘。……可见，《秦本纪》不仅突出记载秦国自德公至穆公崛起，开地千里，称霸西戎，而且兼及此六十年间周王室、晋、齐、郑、楚等国大事，显然起到这一时期历史事件总纲的作用。

第二，《秦本纪》又一撰著特点，是以秦逐步奠定统一中国的雄厚基础为主线。这正预示着中国历史由各国并立向实现统一的方向发展的客观趋势。

司马迁重笔浓彩记载秦孝公对奠定帝业的重大贡献，即是很有说服力的例证。他的出生，司马迁郑重载入史册："（献公）四年正月庚寅，孝公生。"（《六国年表》也破例记载，同是寓含微言大义的史笔。）二十四年，"献公卒，子孝公立，年已二十一岁矣"。则表明孝公继位富于春秋，正是大有作为之时。紧接着叙述秦孝公面临的形势："孝公元年，河山以东强国六，与齐威、楚宣、魏惠、燕悼、韩哀、赵成侯并。淮泗之间小国十余。楚、魏与秦接界。魏筑长城，自郑滨洛以北，有上郡。楚自汉中，南有巴、黔中。周室微，诸侯力政，争相并。秦僻在雍州，不与中国诸侯之会盟，夷翟遇之。"七国并立，攻战不已，而秦僻居西隅，不能得到平等待遇。孝公乃励精图治，"于是布惠，振孤寡，招战士，明功赏"。作为建立帝业的重大步骤，孝公招募宾客群臣能出奇计强秦者，予以重赏。于是卫鞅西入秦，助孝公变法。

司马迁对历史发展趋势的卓识

由于孝公君臣奋发有为，使诸侯各国刮目相待，而变法获得显著的成效，更使秦的国力迅速增强。至孝公十年，围魏安邑，降之。十二年，秦徙都咸阳。秦的疆域向东越过洛水。十九年，天子致伯，承认秦有霸主地位。二十年，诸侯毕贺，秦率师在逢泽会诸侯，朝天子。仅二十年间，秦即由"夷翟遇之"的受歧视处境，一变而为合法地取得号令诸侯的地位。此后，孝公二十三年，虏魏公子卬，二十四年，又败晋于雁门，虏其将魏错。故虽然此年商鞅被诛，秦已形成的对诸侯各国支配的地位已不可逆转，惠文君刚继位，"楚、韩、赵、蜀人来朝。二年，天子贺"，"四年，天子致文武胙"。

《秦本纪》所载秦历代国君奠定帝业雄厚基础之奋发努力，深刻地揭示出中国为何能实现统一的历史根源，这是中国历史发展上的大事情。显然，只有把这一篇设置为记述"王迹所兴，原始察终"的本纪之一，编撰体例才能与内容需要相一致。

第三，从《秦本纪》和《秦始皇本纪》结构上的特殊处理，看司马迁对秦之历史地位的充分肯定。

这两篇本纪在结构上的特点是紧相衔接，联合照应。《秦本纪》的末尾，记载秦攻六国接连取得胜利。昭襄王三十年，伐楚，取巫郡，及江南为黔中郡。三十五年，初置南阳郡。五十一年，秦攻西周，西周君尽献其邑三十六城。庄襄王元年，灭东周国，韩献成皋、巩，秦东界至大梁，初置三川郡。三年，攻赵，取三十七城，北攻上党，初置太原郡。最后更归结到："秦王政立二十六年，初并天下为三十六郡，号为始皇帝。"而《秦始皇本纪》开头即概述秦始皇登位时秦国已有包举天下之势："当是之时，秦地已并巴、蜀、汉中，越宛有郢，置南郡矣；北收上郡以东，有河东、太原、上党郡，东至荥阳，灭二周，置三川郡。……招致宾客游士，欲以并天下。"上下两篇针线缝合，互相紧密呼应。这种结构在《史记》全书中也很特殊。司马迁如此精心安排，是为了透过纷纭复杂的历史事实，揭示出春秋战国以来历史的共同主线：历史的趋势，是由各国分立攻战逐步走向统一，而秦历代国君苦心经营，成为这一历史使命的担负者，特别是秦始皇非凡的作为和周围文臣武将的努力，最终实现天下统一。这正代表了司马迁对秦历史作用的高度评价。所以《魏世家·赞》中又称"天方令秦平海内"，而《六国年表·序》更将秦与其他四个重要朝代并列。这同汉代人士动辄称"亡秦"，列之为闰位，排斥在"正统"以外的观点相比，见识不知要高出多少！

总结上述三项，我们自然可以得出这样的认识：在《秦始皇本纪》之前设置《秦本纪》，是司马迁基于认识历史进程复杂性和确切把握历史发展走向而独运匠心之安排，是根据表达实质性内容需要而对于所创体例的有意突破，决非"自乱其例"。在十二本纪中，秦占了两篇，唯有这样做，才与秦在中国历史上的重要地位相称。分析这些问题，对于我们认识通史著作中如何体现"通古今之变"，对于认识《史记》全书是一个体现卓越史识和完善体例的有机统一体，以及了解历史思想与编撰体例之辩证关系，都是极有意义的。

三、记载人物活动以反映历史大势

《史记》把记述秦推动中国走向统一作为全书又一重点，读史者于此切不可轻轻放过。司马迁为众多的有功于秦的帝业和统一的人物立传，有商鞅、张仪、樗里子、甘茂、魏冉、白起、王翦、范雎、蔡泽、吕不韦、李斯、蒙恬等，占有汉以前人物列传很大的分量。这些著名的政治、军事人物的活动，汇集起来，便构成秦由小国崛起到一统天下这一波澜壮阔的历史画卷。商鞅佐孝公实行变法，奖励耕战，废除贵族特权，移风易俗，奠定了秦国富强的基础；张仪富于权智，成功地实施连横策略，散六国之纵，使之西向事秦；范雎劝说秦昭王内废擅权之太后、穰侯，外陈远交近攻之策，蚕食诸侯；白起率大军一举攻取鄢陵，再战而并蜀汉，又接连击败韩、魏、赵之主力，为秦攻取七十余城；王翦以不可阻挡之势，先后破赵、破燕，又率六十五万之师大败楚军，平楚地为郡县；司马迁笔下这些秦国文臣武将的活动，都构成战国时代空前历史变局中不可缺少的环节。

司马迁做到把人物放在特定环境来写,并进而从哲理高度回答"人物活动与历史时势"二者之关系问题。《范睢蔡泽列传》篇末赞云:"韩子称'长袖善舞,多钱善贾',信哉是言也!范睢、蔡泽世所谓一切辩士,然游说诸侯至白首无所遇者,非计策之拙,所为说力少也。及二人羁旅入秦,继踵取卿相,垂功于天下者,固强弱之势异也。"总结范、蔡二人入秦前后的经历,指出他们所以获得成功,凭借的主要不是个人的能力,而是秦所具有的统一中国的实力、条件,也就是说,中国需要走向统一的"势"和秦能够统一的"力",为二人建功立业提供了历史舞台。正因为司马迁深刻地把握到战国分立必将走向统一这一历史动向,他才可能对个人作用与历史时势的关系作出如此发人深思的阐述。此一认识,也应视为对所有有功于秦统一大业的将相人物之总概括。司马迁也讲到"偶合",即历史的机遇:"然士亦有偶合,贤者多如此二子,不得尽意,岂可胜道哉!然二子不困厄,恶能激乎?"机遇,是必然性与偶然性的交汇。在众多才能之士中,正好范睢、蔡泽二人先后得秦昭王任用为卿相,这当中自然有偶然性在起作用。然而二人因先遭困厄而发愤,故入秦以求立功成名,这又说明偶然性背后隐藏着必然性。

司马迁对历史趋势的洞察力,还在于清楚地区分秦统一中国之功和实行暴政而致败亡之过。在历史现象极其复杂、功罪集于一体面前,司马迁相当清醒地运用符合于"二分法"的分析方法,不仅体现于记述之中,而且作了理论的阐发,这是很可贵的。《李斯列传》《蒙恬列传》诸篇,都明确贯串了这一基本观点。

李斯是秦始皇统一中国过程中的总参谋长,如《太史公自序》所言:"遂得意于海内,斯为谋首。"前后三十年,从秦实现统一到诸侯反秦前后两大变局中,他都处于政治旋涡的中心。司马迁以鲜明的倾向性和生动的史实,分别写出李斯在前后两个时期的功与过,实则借此以显示秦政权前后成败的关键,故《李斯列传》应与《秦始皇本纪》并读,以收互相发明之效。司马迁鄙视李斯利欲熏心的性格,且道出这是他最后酿成悲剧的重要原因。而贯串全传中心的,则是李斯的政治活动,以此反映他的时代。开头写李斯之所以告别其师荀卿,决计入秦,即因为看清"六国皆弱,无可为建功者",而秦"欲吞天下,称帝而治"之势已成,故决计入秦,欲佐秦统一天下,交代这一背景已为全篇定了基调。司马迁从大处落笔,肯定李斯的三项功绩:一是劝说秦王嬴政把握有利时机,下定兼并六国的决心,并献离间六国君臣、分别击破之策,于是大得秦王信任,拜为客卿。二是谏阻逐客。陈述"夫物不产于秦,可宝者多,士不产于秦,而愿忠者众"的道理,警告若实行不问曲直、为客皆逐的法令,后果必是"弃黔首以资敌国,却宾客以业诸侯",断送统一事业,并使秦处于危险境地。此后二十年间,秦用李斯计谋,完成统一大业。三是秦皇朝建立后,李斯任丞相,反对实行分封制,在全国范围内推行郡县制。又统一法令制度,统一文字,以加强中央集权统治。

秦并六国后,时势已发生绝大变化,李斯却不以安民抚民为务,反而继续其暴力统治的政策:"收去《诗》《书》百家之语以愚百姓","治离宫别馆,周遍天下",身为丞相,竟追随赵高,合谋伪造遗诏,迫令扶苏自杀,立胡亥为二世皇帝。秦二世暴虐无道,李斯因贪恋权势,处处阿意求容,上书引申、韩之说,主张对臣下督责重罚,排斥仁义之人、谏说之法、死节之行,遂使秦国"刑者相半于道,而死人日成积于市。杀人众者为忠臣"。李斯助纣为虐,终遭赵高构害,具五刑,腰斩咸阳市!此为秦二世二年七月,反秦烈火已经遍地燃烧。《李斯列传》撰述的义旨,是借李斯三十年的政治经历来显示秦政权成败的关键,因此这篇传并不止于李斯受刑被斩,而一直写到李斯死后,赵高令二世自杀,孺子婴用计杀死赵高,沛公入关,子婴自系其颈迎降,完整地写出秦由成功到败亡的结局。

篇末论赞中肯地评判了李斯的历史功过,认为李斯入秦"以辅始皇,卒成帝业,斯为三公,可谓尊用矣",若按其佐秦统一大业成功的功绩而论,几乎可与辅助周王室的周公、召公相侔列。同时严厉谴责李斯的罪过：背叛所学儒家学说，"不务明政以补主上之缺，持爵禄之重，阿顺苟合，严威酷刑，听高邪说，废嫡立庶。诸侯已畔，斯乃欲谏争，不亦末乎"！又驳斥俗议所谓李斯对秦极忠、被五刑死、死得冤枉之说，指出李斯何尝称得起"忠"，从个人来说是咎由自取，从大局来说则对秦亡负有直接责任。司马迁的卓识，正在于他洞察历史时局的变化，牢牢地把握住秦统一之后治国政策应该转变这一关键，故对于助秦实现帝业的名将王翦、蒙恬的功过，也有切中要害的评价。他论王翦："王翦为秦将，夷六国，当是时，翦为宿将，始皇师之，然不能辅秦建德，固其根本，偷合取容，以至殁身。"[1] 又论蒙恬："夫秦之初灭诸侯，天下之心未定，痍伤者未瘳，而恬为名将，不以此时强谏，振百姓之急，养老存孤，务修众庶之和，而阿意兴功，此其兄弟遇诛，不亦宜乎！"[2] 不因秦行暴政导致灭亡而否定秦统一天下之功绩，又不因秦实现"平海内"之历史使命而减轻对其弊政的谴责。忠实于客观史实，正确地评判历史的功过，使他运用辩证法达到当时所能达到的高峰。

综观《六国年表》《秦本纪》《秦始皇本纪》，以及这些文武大臣的列传，司马迁记载的"近代史"场面广阔，事件演变复杂，人物活动多姿多彩，而历史发展的大势又瞭然显现于读者面前——由分立政权到中央集权，由分封制到郡县制；秦政权则由推动历史前进变成历史发展的严重阻力，新的时代变局已经到来。所有这些都证明：善于从多角度、多层面地展现历史发展的大势，正是《史记》最大成功之处。

四、大一统历史观与"通古今之变"

司马迁表达历史大势的卓识，同他的大一统历史观有非常密

---

[1] 《史记》卷七十三《白起王翦列传·赞》。
[2] 《史记》卷八十八《蒙恬列传·赞》。

切的联系。

中国历史很早就出现统一的趋势。这种历史特点，是由于中国大陆广袤，周围有高山、沙漠、大海与外界阻隔，中央有富饶的平原这种地理条件形成的。古代政治结构和古代思想也都突出地反映出这种统一的趋势。西周建国后，以周天子的名义在全国范围内分封诸侯，各诸侯国臣属于周王室，"礼乐征伐自天子出"，因而大大推进了中国统一的规模和程度。周代诗人吟唱："溥天之下，莫非王土。率土之滨，莫非王臣。"① 表达的就是歌颂统一的思想。至东周以后，王室衰弱，地方分权的倾向发展，出现春秋十二诸侯和战国七雄并立的局面。然而从历史发展的主流看，统一趋势与分立倾向相互斗争中，统一的力量仍在根本上起主导作用。因为人民大众拥护统一，反对分裂割据造成生产、生活、交通等的困难和人民的痛苦，更反对战争造成的惨祸。因此在中国历史上，总是统一的趋势越来越加强，春秋、战国时期的各国分立，实际上酝酿着更大规模的统一。《周礼》《禹贡》这些产生于战国时期的典籍，都反映出天下共归于统一的中央政权的思想。尤其是孔子和孟子主张统一的思想，更直接被司马迁所继承和发扬。

孔子修《春秋》，用褒贬书法，贯彻正君臣名分的原则，对诸侯国无视周王室的僭越行为严加挞伐。司马迁对此极为尊崇，称：孔子修《春秋》，乃因愤慨于"吾道不行矣，吾何以自见于后世哉"！"故吴、楚之君自称王，而《春秋》贬之曰'子'；践土之会实召周天子，而《春秋》讳之曰'天王狩于河阳'：推此类以绳当世。贬损之义，后有王者举而开之。《春秋》之义行，则天下乱臣贼子惧焉。"② 孔子的"道"，即根本原则或政治理想，就是实现统一的王权，重新实现"礼乐征伐自天子出"的有序局面，对此而"惧"的"乱臣贼子"，则是僭乱而破坏统一秩序者。孔子主张"从周"、梦见周公、志在"为东周"，都是愤慨

---

① 《诗经·小雅·北山》。
② 《史记》卷四十七《孔子世家》。

于当时各国互相攻伐的纷乱局面而倡导统一。孔子的主张虽有保守性一面，但其思想内核和在历史上产生的影响，却在于呼吁实现天下一统。所以大一统成为儒家学派的政治理想，以后历代皇朝都拿统一的规模作为当时政治成就的最高目标，这也是孔子被尊为"圣人"的极其重要的原因之一。联系到统一对于中国历史发展的伟大意义，我们对此应当得出新的结论。以往有过的对孔子主张"王道"、恢复周礼肆意谩骂的做法，不过出于对历史十足的无知。孟子处在战国时期，各国纷争征伐，赋敛残酷，民众痛苦不堪。孟子痛感时事之非，要求"解民于倒悬"。他以弘扬孔子学说为己任，先后游说梁惠王和齐宣王，宣传自己的政治主张，不被采用。全部《孟子》，论述的中心问题是如何做到"天下归之"，及阐发孔子所言"国君好仁，天下无敌"的道理，倡导推动中国走向统一。"诸侯有行文王之政者，七年之内，必为政于天下。""今天下之君有好仁者，则诸侯皆为驱矣。虽欲无王，不可得已。"① 这两段话，可以视为《孟子》全书的纲领。孟子鼓吹"王道"，包括两个方面。一是行仁政，减轻剥削。二是"王天下"，反对霸政，反对尚武勇战，主张"善战者服上刑"②，并明确预言："不嗜杀人者能一之。"③ 断言战国纷争局面终将被统一所取代，而且预见最终由"不嗜杀人者"来统一。孟子表达的对历史前途的看法，正好被战国至西汉历史的发展所证实。

汉代的董仲舒和司马迁都是孔孟大一统主张的继承者。董仲舒（以及公羊学派儒生）主要是进行经义的阐发。司马迁则整理史料，撰成一部中华民族不断走向统一的信史，使之流传后世。

从纵向说，记载中华民族自古以来不断加强的统一趋势，构成了《史记》"通古今之变"的重要内容。《史记》首篇《五帝本纪》载：轩辕之时，诸侯相侵伐。黄帝打败侵凌诸侯的炎帝，又擒杀"作乱不用帝命"的蚩尤，"而诸侯咸尊轩辕为天子"，是

---

① 引文均见《孟子·离娄上》。
② 《孟子·离娄上》。
③ 《孟子·梁惠王上》。

为黄帝。"天下有不顺者，黄帝从而征之，平者去之。"司马迁根据《五帝德》等儒家典籍和传说材料整理成这段历史，称黄帝为"天子"，显然是后世"天子号令天下"这种统一局面在传说时代的投影。司马迁又整理出，自传说中的颛顼、帝喾、尧、舜，至夏、商、周，这些古帝王都出于一个共同的祖先——黄帝。从社会史角度看，如此整齐的古帝先王系统无疑是后人排比加工而成的，但它恰恰反映出后人对统一的愿望。诚如郭沫若所说："如五帝三王是一家，都是黄帝的子孙，那便完全是人为。那是在中国统一的前后（即嬴秦前后）为消除各种氏族的畛域起见所生出的大一统的要求。"①

司马迁之所以具有远远高于俗儒的见识，高度评价秦的历史功绩，撰写"近代史"的出色篇章，就因为他确实做到"察其终始"，把秦实现帝业放在中国统一的历史长过程中来考察，看到由商周王权到秦的中央集权是统一之规模和程度的飞跃，又看到秦的统一为西汉更大规模的统一奠定了基础。同样值得注意的是，把《史记》有关汉代的几篇表合起来看，即表达出中央集权制越来越加强、中华民族的统一越来越发展的趋势。《秦楚之际月表·序》认为汉高祖"拨乱诛暴，平定海内"，实现西汉统一，是建立了"轶于三代"的空前功业。《汉兴以来诸侯王年表·序》概述自汉初至武帝时朝廷一步步战胜封国势力，强干弱枝之势已成，"尊卑明而万事各得其所矣"。《建元以来侯者年表·序》则肯定汉武帝解除边境少数民族对内地的威胁，"以中国一统，明天子在上，兼文武，席卷四海，内辑亿万之众"。《货殖列传》《太史公自序》等篇也对西汉实现经济上、政治上空前统一局面表示由衷赞美："汉兴，海内为一，开关梁，弛山泽之禁，是以富商大贾周流天下，交易之物莫不通，得其所欲"；"至明天子……泽流罔极，海外殊俗，重译款塞，请来献见者，不可胜道"。

从横向说，司马迁为春秋各诸侯国立了"世家"，表明春秋

---

① 《中国古代社会研究》，《郭沫若全集·历史编》第一卷，第222—223页。

各诸侯国是兄弟或亲戚关系。鲁、晋、蔡、卫、郑各国原来都是周王室成员所传下,燕、陈、杞、楚、越等也都是黄帝之后。古代的荆楚是"蛮",偏处于东南的吴也被视为落后居民,司马迁却说:"余读《春秋》古文,乃知中国之虞与荆蛮、句吴,兄弟也。"①《史记》设有《匈奴列传》《南越列传》《东越列传》《朝鲜列传》《西南夷列传》《大宛列传》,背景极其广阔地描绘出周边民族围绕中原政权整齐有序的图画。司马迁大力肯定周边民族与汉政权关系的加强,《太史公自序》论述上述篇章的撰述义旨:"汉既平中国,而佗能集杨越以保南藩,纳贡职。作《南越列传》。""燕丹散乱辽间,满收其亡民,厥聚海东,以集真藩,葆塞为外臣。作《朝鲜列传》。""唐蒙使略通夜郎,而邛、笮之君请为内臣受吏。作《西南夷列传》。""汉既通使大夏,而西极远蛮,引领内乡,欲观中国。作《大宛列传》。"司马迁以其进步的观点和确凿的史实证明中华民族的向心力不断加强,表达了民族的共同心理,自然对推进国家的统一产生深远的影响。

"通古今之变"是司马迁著史最重要的撰写要求。通过分析《史记》中记述战国、秦、汉的有关篇章,证明司马迁对中国历史由周初的分封,春秋战国各国分立,到秦汉大一统国家的建立和巩固这样的发展大势,确实有深刻的洞察力,因此也推进了我们对"通古今之变"内涵的认识。司马迁提出的这一命题,包含两个层面的重要内容。一是"承敝通变,见盛观衰",国家政治的成败,民心的向背,是导致朝代更迭、盛衰变化的根本原因。这一层是总结历史上治乱兴衰之"变"。二是中国由分封制向中央集权制发展,秦的统一天下是一大成功,而汉的文治武功又把中华民族的统一推向空前的规模。这一层是总结统一的趋势不断发展的"变",揭示出中华民族强大凝聚力的久远源泉。

由于《史记》在这两个方面都取得出色的成就,因而才成为具有宝贵历史价值和高度思想价值的不朽巨著。白寿彝先生最近一再谈到:中国古代史书体例很多,但主要还是通史。司马迁的

---

① 《史记》卷三十一《吴太伯世家》。

三句话，"通古今之变"为最重要。中国史学，以通史成就为最高，过去对这一点不大清楚。有些形式是断代史，但也是有通史的方法和见识，不做到"通"，怎样看出社会的发展变化？《汉书》的内容，一直写到当代，也是通史。唐初修八史，八史合起来是一部书，故也是通史。中国古代史学中"通古今之变"等辩证法，与马克思主义讲的道理接近，掌握其精华，接受马克思主义指导更容易，因为马克思主义是要求考察历史的发展运动。我们今天写通史，如何做到"通古今之变"是一个考验。不仅是体例问题，而且是如何体现历史发展趋势问题。（大意）认真地探讨和总结司马迁对历史发展趋势的洞察力，对于改进今天的历史编撰显然是大有启发作用的。

司马迁价值观与儒学

一、"继《春秋》"和确立孔子
在文化史上的崇高地位

探讨"司马迁价值观与儒学"这一课题,实则对于研究儒学史和中国史学史,均具有重要的意义。因为,儒学是传统文化的主干,孔子学说在长期封建社会中不仅世世代代被官方尊奉为指导思想,而且历代文人学者无不视之为圣贤之教,竭诚尽致地信仰它,实行它;史学则是中国传统学术中发达的门类。探讨这一课题,恰好是通过解剖《史记》这一典型,推进我们对儒学与史学双向关系的认识。再者,《史记》堪称是中华民族的骄傲、世界文化的瑰宝,深入地探讨这一课题,将使我们对于评价这部不朽的史学名著与时代的关系,评价司马迁的历史观点和学术成就诸项重大问题,得到更加准确的历史地位。

司马迁著史要"成一家之言",而当时儒学已上升到社会指导思想的地位。那么,他与儒学是什么关系呢?他能像有的论者所说"反儒",站在儒学对立面?司马迁是伟大的史学家,难道他会完全与时代相脱离？我们从《史记》中可找出大量证据，证明这种说法不能成立，结论适得其反。而《史记》中最能集中地体现尊儒倾向的主要篇章，则是《太史公自序》与《孔子世家》。

《太史公自序》是《史记》全书一百三十篇中居于最后的总结性文字，司马迁袒露心扉，极富感情地表达本人以"继《春秋》"为己任的著史宗旨，对《春秋》及全部儒家经典给以全面的推崇。司马迁对《春秋》的看法直接渊源于孟子。孔子修《春秋》，寓褒贬、别善恶，表达孔子的政治观点和社会理想，这个特点，被儒家巨擘孟子充分地阐扬。孟子视孔子修《春秋》是了不起的大事，其功可与"禹抑洪水而天下平，周公兼夷狄，驱猛兽而百姓宁"相等列。他认为孔子目睹世道衰微、邪说暴行有作的局面，运用褒贬手法，是借针砭世事以垂法后人，具有极大的政治意义，所以称《春秋》是"天子之事"，并说"孔子成《春秋》而乱臣贼子惧"。① 孟子还强调《春秋》所重不是史事，而是孔子加进去的"义"："孔子曰：'其义则丘窃取之矣！'"② 孟子的论述，大大提高了《春秋》在儒学总体系中的地位，阐释了《春秋》所包含的孔子的政治观点具有治理国家、纲纪社会秩序伦理的非凡作用，也说明了精深的义理乃是史书的灵魂所在这一深刻的道理。孟子的论述对后代影响至巨，首先直接影响到西汉时代的司马迁。

司马迁在《太史公自序》中非常强烈、鲜明地宣告自己直接继承了孔子的事业。他讲著《史记》以继《春秋》，是他父亲司马谈的郑重嘱托。司马谈因不能参加汉武帝封禅大典，发愤而卒，临终牵着司马迁的手而泣曰："……幽厉之后，王道缺，礼乐衰，孔子修旧起废，论《诗》《书》，作《春秋》，则学者至今则之。自获麟以来四百有余岁，而诸侯相兼，史记放绝。今汉兴，海内一统，明主贤君忠臣死义之士，余为太史而弗论载，废天下之史文，余甚惧焉，汝甚念哉！"先父把著史视为直接继承

---

① 《孟子·滕文公下》。
② 《孟子·离娄下》。

孔子作《春秋》的神圣事业，且是时代的迫切需要，临终之时郑重地托付司马迁完成。司马迁又说："先人有言：'自周公卒五百岁而有孔子。孔子卒后至于今五百岁，有能绍明世，正《易传》，继《春秋》，本《诗》《书》《礼》《乐》之际？'意在斯乎！意在斯乎！小子何敢让焉。"更确凿地表明，著史以"继《春秋》"，是司马迁本人责无旁贷自觉担当的重任。故此，司马迁所著书本来定名为《太史公书》，而非后人所称《史记》。司马迁的定名，说明他以效法孔子为宗旨，要提出自己的思想体系，如《孟子》《荀子》等书一样，要拿出自己的一套独立见解。①

司马迁尊崇儒学的又一集中表现是：他突破《史记》著述体例的限制，破格撰写了《孔子世家》，同时撰有《仲尼弟子列传》《孟子荀卿列传》《儒林列传》，它们有机地形成系列文章，郑重地记载了儒家创立者的功绩、众多弟子和儒家巨子的生平，以及秦汉以来以儒学显于世的人物事迹，构成最早的儒学史，显示出儒学繁盛的特殊地位，令其他学派黯然失色。

最为重要而确凿的事实是，司马迁立孔子为"世家"，使孔子处于突出地位。他系统地记载孔子的言行事迹和学说，并推崇他为"至圣"。老子则只列入与庄周、韩非的合传中，称之为"隐君子"。《太史公自序》中揭示出两篇传记撰写的义旨，也形成了鲜明对照。"周室既衰，诸侯恣行。仲尼悼礼废乐崩，追修经术，以达王道，匡乱世反之于正，见其文辞，为天下制仪法，垂六艺之统纪于后世，作《孔子世家》。"这是褒彰孔子的学说具有拨乱反正、作为天下统纪和社会伦理准则的价值。"李耳无为自化，清净自正；韩非揣事情，循势理。作《老子韩非列传》。"则仅以寥寥数字点出老子和韩非学说的特点而已。这一切，都被他严肃地写进《史记》这部信史之中，所以在确立孔子作为中国

---

① 此点，二百年前专重"史义"的章学诚曾敏锐地道及，他提出："《太史》百三十篇，自名一子。（原注：本名《太史公书》，不名《史记》也。）"又云："司马迁著书百三十篇。自谓绍名（按，当作"明"）世而继《春秋》，信哉，三代以后之绝作矣！"（见《文史通义》《释通》及《匡谬》二篇）称赞司马迁以"继《春秋》"自任，故能写出整个中古时代独一无二的杰作。

古代文化代表人物、古代圣人的崇高历史地位上,司马迁的历史功绩是巨大的。

二、全书以儒家学说为主要价值标准

我们扩大观之,《史记》全书的指导思想,实则都明确地贯串了以儒家学说,尤其是孔子的言论作为价值取向的主要标准。无论是篇章的设立,对人物和事件的褒贬评价,以及取材的依据和史料的鉴别取舍,都有确凿无疑的证据。

《史记》五种体裁之开篇,都是司马迁的精心安排,都明显地以儒学作为设置或裁断的标准,以孔子表扬过的人物,或儒家典籍所载为依归。《史记》以《五帝本纪》开篇,列为十二本纪之首。战国至秦汉,学者多言五帝,"五帝"为谁?说法各不相同。司马迁断从黄帝开始,五帝为:黄帝、颛顼、帝喾、尧、舜。这是采用儒家典籍《大戴礼记》的说法,决定写上古史从黄帝开始,并整理出以儒家思想为指导的古史体系。司马迁此一以儒家思想为标准的裁制在中华文明史上有伟大的意义,二千多年来,中国人世世代代普遍地以黄帝为中华民族共同的祖先。当时,司马迁面对两类史料,一类是百家杂语,另一类是《左传》《国语》《五帝德》《帝系姓》这些儒家典籍。司马迁认为,前者,"其言不雅驯",无法印证;后者,经过他在全国范围内调查访问,采访故老传说,都能得到印证。司马迁郑重其事写了篇末论赞,强调在荒远难以确考的上古历史中,以儒家典籍的记载最足以凭信:"孔子所传《宰予问》《五帝德》及《帝系姓》,儒者或不传。余尝西至空桐,北过涿鹿,东渐于海,南浮江淮矣,至长老皆各往往称黄帝、尧、舜之处,风教固殊焉,总之不离古文者近是。(《索隐》:"古文即《帝德》《帝系》二书也。近是圣人之说。")予观《春秋》《国语》,其发明《五帝德》《帝系姓》章矣,顾弟弗深考,其所表见皆不虚。……余并论次,择其言尤雅者,故著为本纪书首。"这就清楚地表明,司马迁之"整齐百家杂语",是以儒家典籍为标准的。他以此统一当时互相矛盾歧异的诸多说法,形成了中华民族对于最早祖先的共同认识,促进了"大一统"局面的巩固,加强了民族向心力,此项贡献是极其巨大的。

《史记》十二表,以《三代世表》为第一篇。篇前的序说:"孔子因史文次《春秋》,纪元年,正时日月,盖其详哉。至于序《尚书》则略,无年月;或颇有,然多阙,不可录。故疑则传疑,盖其慎也。余读谍记,黄帝以来皆有年数。稽其历谱谍终始五德之传,古文咸不同,乖异。夫子之弗论次其年月,岂虚哉!于是以《五帝系谍》《尚书》集世纪黄帝以来讫共和为《世表》。"司马迁的原则同样很清楚,若按百家杂说的谍记,黄帝以来都有年数,一概"乖异"不可信。因此他学习孔子整理《春秋》《尚书》的方法,疑则传疑,信则传信。孔子对黄帝至共和以前,不论年月,是诚实可靠的态度,为司马迁所服膺。故依据《五帝德》《帝系姓》《尚书》,作《三代世表》。

《史记》八书,《礼书》为第一篇。其原因很显然,礼是儒家的重要部分,如《礼记·曲礼》言:"道德仁义非礼不成,教训正俗非礼不备,分争辨讼非礼不决。"序中一再引用孔子的言论:"禘自既灌而往者,吾不欲观之矣。""必也正名。"表明以强调维护君臣朝廷尊卑贵贱之序为此篇著述的宗旨。"八书"是《史记》记载朝章国典、社会生活的重要篇章,司马迁将《礼书》置于其首,正是突出了儒家礼制对于维系君臣等级和人伦关系的重要作用。

《史记》三十世家之首,是《吴太伯世家》,标准即是孔子对吴太伯的赞誉。司马迁在篇末论赞中有集中的表述:"孔子言'太伯可谓至德矣,三以天下让,民无得而称焉'。余读《春秋》古文,乃知中国之虞与荆蛮、句吴,兄弟也。延陵季子之仁心,慕义无穷,见微而知清浊。呜呼,又何其闳览博物君子也!"首句引孔子的话,见于《论语·泰伯》篇。二句称"《春秋》古文",指的是相信《左传》的记载,且上升到理论认识的高度,概括出中原民族与被视为蛮夷的楚、吴本来是兄弟的关系。说明司马迁发挥了儒家典籍中的思想精华，形成了他本人开明的、有平等色彩的民族观和著史的开阔视野。最后称赞吴公子季札（即延陵季子），称赞他有"仁心"，"慕义无穷"，也是根据《左传》记载，在这篇《世家》中大量采用。

《史记》七十列传之首，是《伯夷列传》。这固然是因为伯夷是第一个有事迹可记的著名人物，而更重要的是由于他受到孔子的大力表彰。序上说："孔子序列古之仁圣贤人，如吴太伯、伯夷之伦详矣。余以所闻，由、光义至高，其文辞不少概见，何哉？"强调由于孔子记载、评论了吴太伯、伯夷，事迹才可考。不像尧时之许由、夏时之务光，什么传记资料也没有。篇末赞语，连续引孔子的话赞扬伯夷具有高尚的志节："子曰'道不同不相为谋'，亦各从其志也。故曰'富贵如可求，虽执鞭之士，吾亦为之。如不可求，从吾所好'。'岁寒，然后知松柏之后凋'。"分别见于《论语》中《卫灵公》《述而》《子罕》篇。最后慨叹世情，引用孔子所言"君子疾没世而名不称焉"，《周易·系辞》"同明相照，同类相求"，"云从龙，风从虎，圣人作而万物睹"，表达太史公本人操行峻洁、发愤著述，以求扬名后世的志向；又突出伯夷、叔齐、颜渊，都是由于孔子表彰，才得传扬后世，"得夫子而名益彰"，"附骥尾而行益显"。《伯夷列传》还有一个特点，全篇以序、赞形式发表议论的部分远超过记载史实的部分，因此有的学者认为此篇具有作为整个七十列传总序的作用。如果这样看，则司马迁在此突出保持志节、坚贞不屈这类儒家学说的精华，显然又是揭示出他从此篇以下记载众多人物事迹所恪守的重要指导原则。

不唯上述五种体裁开篇的创设体现了司马迁尊崇孔子和儒学的思想，《史记》还有许多篇章贯串了以儒学观点作为评价政治的成败兴坏、人物事件的善恶是非的标准。

《周本纪》记周代商而兴，全篇的主线是自周的先王以来如何实行"仁义"、"德政"，因此周逐步强大，得到人民和周围小邦的拥护，这正是儒家根本思想。司马迁突出地记载周的先王后稷教民稼穑，播种百谷，公刘"复修后稷之业，务耕种，行地宜，自漆、沮度渭，取材用，行者有资，居者有畜积，民赖其庆。百姓怀之，多徙而保归焉。周道之兴自此始"。至古公亶父，"复修后稷、公刘之业，积德行义，国人皆戴之"。特别是周文王，"笃仁，敬老，慈少。礼下贤者，日中不暇食以待士，士以此多归之"。因而逐步兴盛，得到诸侯拥护。最后周武王率八万诸侯战胜了暴虐无道的殷纣王。

汉文帝是司马迁理想的皇帝，他对汉文帝最集中的评价，就是"仁"这一孔子的理想道德标准。《孝文本纪》中，详细地、赞赏地记述各项德政：宽刑，纳谏，重视农业，轻徭薄赋，节俭，露台计值百金而罢建，所幸慎夫人令衣不曳地。并推崇汉文帝"专务以德化民，是以海内殷富，兴于礼义"。篇末赞语说："孔子言'必世然后仁。善人之治国百年，亦可以胜残去杀'。诚哉是言！汉兴，至孝文四十有余载，德至盛也。廪廪乡改正服封禅矣，谦让未成于今。呜呼，岂不仁哉！"所引孔子的话，见于《论语·子路》篇。评价文帝当政时期的"德至盛"，认为他真正达到了"仁"的标准。可见这篇赞典型地做到通篇以儒家观点立论。

《商君列传》的赞，则属于另一类型。司马迁的赞语，主要是对商鞅思想性格的批评："商君，其天资刻薄人也。""亦足发明商君之少恩。"都是指责他用刑深刻，不施行仁义。赞语的批评，与传中肯定商鞅变法措施的巨大成效，是一个矛盾。《商君列传》中明载："行之十年，秦民大悦，道不拾遗，山无盗贼，家给人足。民勇于公战，怯于私斗，乡邑大治。"又说："居五年，秦人富强，天子致胙于孝公，诸侯毕贺。"我们由此可得出两点认识：一者，赞语中评价的标准，表明司马迁明显地以儒家观点批评商鞅之刻薄少恩；二者，然而，司马迁又不以个人好恶歪曲或掩盖历史事实，故能克服主观好恶的影响，据实直书，这又从一个侧面说明司马迁不愧是忠实的史学家。

司马迁著史取材的依据和慎重考辨史料的态度，也是以儒家典籍为依归，以孔子为效法的榜样。他关于史料鉴别、取信的名言是："学者载籍极博，犹考信于六艺。"① 这是司马迁面对各种纷纭复杂的记载，作了认真的考辨工作之后得出的结论：儒家典籍是取材的可信依据。前文所论及司马迁对有关五帝的史料即是最好的说明。司马迁实际上作了三个层次的对照印证工作。第一层是将儒家典籍与百家杂语关于上古历史的说法相对照，得出"百家言黄帝，其文不雅驯，荐绅先生难言之"②的结论，而相比之下，儒家典籍则是可信的。第二层，是他以本人历年行踪所至，在全国各地探求古迹，访问故老传说，所得到的上古历史的材料，与儒家典籍《五帝德》《帝系姓》能互相印证，说明儒家古文典籍所载近是。第三层，以儒家系统的《左传》《国语》的有关资料与《五帝德》等相比照，又证明它们能相互发明。以上诸项工作，就是司马迁"考证"的基础，他撰写的《史记》就是建立在这种认真、扎实的史料基础上。二千多年前的史学家著史有这样严格的态度，有如此明确的史料学主张，是非常难得的。《史记》这样一部中华文化史上伟大的信史所具有的高度史料价值，便是和儒家典籍提供的史料基础分不开的。司马迁"疑以传疑"③这种富有理性精神的慎重考辨史料的态度，也直接受到孔子的影响。孔子修《春秋》，不仅寓含其政治理想，同时也创立了重视文献的传统。孔子生活在保存有大量宗周历史文献的鲁国，到三十多岁时，又到周王室观书，向担任守藏史（相当于王室图书馆或博物馆馆长）的老聃学习礼制，所以孔子对制度文献有渊博的知识。他总结一生钻研历史文献的经验，一再告诫人们："多闻阙疑，慎言其余。"④ "盖有不知而作之者，我无是也。多闻，择其善者而从之，多见而识之。"⑤ "君子于其所不知，盖阙如也。"⑥ 讲出了根据确凿事实才能下结论，对于并不明白的事情，就先予保留这条重要真理。《史记》中一再讲"疑以传疑，

---

① 《史记》卷六十一《伯夷列传》。
② 《史记》卷一《五帝本纪》。
③ 《史记》卷十三《三代世表》。
④ 《论语·为政》。
⑤ 《论语·述而》。
⑥ 《论语·子路》。

盖其慎也",就是直接秉承于孔子所强调的原则而来的。《春秋》在史料上的可靠性恰恰证明孔子认真贯彻了这些原则。近代天文学家的研究证明,《春秋经》关于日食、"星陨"、天象的记载,许多都跟近代科学方法推断的相符,是中国和世界天文学史上的珍贵史料,譬如《春秋》所见三十六次日食,经过近代天文学家用科学方法验证,基本正确可靠。司马迁在天文学上也有很高造诣,他根据西汉时代的天文学水平,对此也有正确的认识。

三、司马迁与董仲舒尊儒之异同

司马迁较董仲舒年龄、辈分低,他们都是汉武帝时代之思想文化巨人。司马迁之尊儒,与董仲舒这位"一代儒宗"有什么关系?他们的思想有何异同?对此笔者总的看法是,司马迁与董仲舒同是尊儒,司马迁还曾向董仲舒问学,但从思想体系来说,两人是对立的。

宗仰孔子,尊奉儒学,两人是共同的。关于评价儒家经典对政治的作用,特别是评价《春秋经》的特殊意义,司马迁明显地深深受到董仲舒的影响。《史记》中有四篇突出地强调孔子修《春秋》表达褒贬大义,具有纲纪天下、是正人伦的作用,因而是"行天子之事",为后王立法。《太史公自序》先引董生之言曰:"周道衰废,孔子为鲁司寇,诸侯害之,大夫壅之。孔子知言之不用,道之不行也,是非二百四十二年之中,以为天下仪表,贬天子,退诸侯(按,《汉书·司马迁传》引此无'天子退'三字,作'贬诸侯',当是),讨大夫,以达王事而已矣。"然后极言"拨乱世反之正,莫近于《春秋》","万物之散聚皆在《春秋》",有国者,为人臣者,为人父者,为人子者皆不可以不知《春秋》,否则都将遭大祸,故"《春秋》者,礼义之大宗也"。《十二诸侯年表·序》云:"孔子明王道,干七十余君,莫能用,故西观周室,论史记旧闻,兴于鲁而次《春秋》,上记隐,下至哀之获麟,约其辞文,去其烦重,以制义法,王道备,人事浃。"《孔子世家》尤有"推此类以绳当世。贬损之义,后有王者举而开之。《春秋》之义行,则天下乱臣贼子惧焉"诸要义。《儒林列传》亦云:"故因史记作《春秋》,以当王法,其辞微而指博,后世学者多录焉。"上面引录的《史记》各篇中的精辟语句有力地证明,重《春秋》、尊孔子的确是司马迁的基本思想倾向,是经过深思熟虑而形成的,因而自成系统、诸篇互相印证。而司马迁的春秋学观点乃是自董仲舒直接传授,其见解与《春秋繁露》中的论点相吻合。董仲舒著《春秋繁露》,构建了汉武帝时期成为"显学"的春秋公羊学说的理论体系,请看书中提出的下列基本观点,与司马迁的观点是如何相互呼应的:

《玉杯》篇:"《春秋》正是非,故长于治人。""是故孔子立新王之道,明其贵志以反和①,见其好诚以灭伪。"

《三代改制质文》篇:"故《春秋》应天作新王之事,……王鲁,尚黑,绌夏,亲周,故宋。""《春秋》上绌夏,下存周,以《春秋》当新王。"

《奉本》篇:"《春秋》缘鲁以言王义。"

《王道》篇:"诸侯来朝者得褒,……王道之意也。"

这里特别指出,董仲舒所总结的"王鲁,尚黑,绌夏,亲周,故宋","以《春秋》当新王"的基本命题得到司马迁完全认同的意义。"通三统"即董仲舒所论"王鲁,尚黑,绌夏,亲周,故宋","以《春秋》作新王"。不理解公羊学者视此命题为"非常异义可怪之论",荒诞无稽之谈,实则是董仲舒对于历史演进的概括和发挥,其根据,就是周朝建立时,曾封夏之后于杞,殷之后于宋。根据这一先例,他认为,每一"新王受命",就追封二代之后为王。孔子作《春秋》,代表"一王之法","应天作新王之事,以鲁为王",故"王鲁"。按照"黑统——白统——赤统"三统运行的规律,《春秋》继周的赤统,所以"尚黑",故"正黑统"。夏离《春秋》新王远了,就不再享受先王后代的封赠,改称为"帝",故"亲周"。宋作为殷之后,仍得受封,使服

---

① 按,苏舆《春秋繁露疏证》云:和,疑利之误,"诚""伪"对文可证。

其服，行其礼乐，称宾而朝，但其位置离新王远了，所以称"故宋"。这一命题对于阐释公羊学说有两项极重要的意义，其一，从历史哲学的高度为公羊变易进化观提供了富有启发意义的根据。既然国家的重大礼制要随着时代变迁而变迁，那么，现实的实行"改制"就是必然的规律，这就为汉武帝时"兴造制度"，要颁历法，定礼制，建明堂，立太学，实行荐举制度等提供理论的依据。其二，大大推进了《公羊传》"制《春秋》之义，以俟后圣"的观点，强化了公羊学说"以经议政"、讲"微言大义"的特色。司马迁深谙公羊学说的真谛，他一再倡言孔子"作《春秋》，以当王法"，"以制义法，王道备，人事浃"，这正是武帝时代公羊学说的核心主张。特别是他讲孔子著《春秋》，"据鲁，亲周，故殷，运之三代"①，"据鲁"，即董仲舒所说"《春秋》缘鲁以言王义"，"亲周，故殷"，即绌夏、亲周、故殷，"运之三代"，即将夏、商、周三代因时代推移制度也要改变的理论恰当地运用；说明他接受公羊学"通三统"的命题，在历史哲学上吸收了公羊学朴素社会进化观的营养。司马迁如此善于提取时代哲学的精华，再一次有力地说明《史记》的产生同当时的社会思潮是紧密相联系的。

董仲舒和司马迁都继承并发展了儒家大一统思想。董仲舒在向汉武帝对策中，论述"大一统"是天地最长久的普遍原则："《春秋》大一统者，天地之常经，古今之通谊。"言下之意，"大一统"当然也是指导国家政治的最高理论。他又论证皇权的神圣性和正确性："《春秋》之文，求王道之端，得之于'正'。'正'次'王'，'王'次'春'。春者，天之所为也；正者，王之所为也。其意曰，上承天之所为，而下以正其所为，正王道之端云尔。"② 在《春秋繁露·符瑞》篇中，他倡言"一统乎天下"，讲孔子"托乎《春秋》正不正之间，而明改制之义，一统乎天下，而加忧于天下之忧也"。董仲舒主要是从经义对大一统

---

① 《史记》卷四十七《孔子世家》。
② 均见《汉书》卷五十六《董仲舒传》。

进行阐发，司马迁则整理史料，撰成一部中华民族不断走向统一的信史，使之流传后世。司马迁继承、发扬了孔孟的大一统民族观，他以确凿的史实证明中华民族的向心力不断加强，表达了民族的共同心理，对于推进国家的统一和教育华夏子孙世世代代牢固树立民族统一的观念都产生了深远的影响。

然则，同样尊儒，司马迁与董仲舒又有很大差异。首先，是思想体系不同。司马迁尊儒，是认为孔子从倡导大一统和确立政治体制的原则上为后世制仪法，尤其是从文化和思想教化方面高度推崇孔子的贡献，放在当时的历史关系中来评价孔子的历史地位。司马迁立志著史以继《春秋》，旨在"成一家之言"，拿出自己一套独立的思想体系。其突出的特点，是以忠实的态度考察客观历史进程和社会情状，"稽其成败兴坏之理"①，总结出民心向背对于政治成败的决定作用，因而把"安民"和"任贤"视为治理国家的最大关键，反映出平民阶层的政治要求，表达出自己的政治思想。司马迁发扬了先秦思想家的民本思想，认识到民众是国家政治的根本，以此为线索，总结商周以来的历史变局。《殷本纪》《周本纪》以具体史实，揭示殷纣王倒行逆施，遭到民众痛恨，逐步为其垮台准备了条件；而周的兴起，则是自后稷、文王历代"积德行义"，"民赖其庆，百姓怀之"。在《秦始皇本纪》篇末，对于秦的暴政作了有力的揭露："刚毅戾深，事皆决于法，刻削毋仁恩和义。"在项羽、刘邦两篇"本纪"中，则以对比手法，揭示项羽失败在于一贯实行杀戮政策，刘邦成功在于一向争取民心的深刻道理。这样一来，对于历史盛衰大事的解释，便完全置于政策的得失和民众的意志这些具体切实、容易明了的问题上。抓住真理就能所向披靡。所以正当董仲舒天人感应说风行一时、汉武帝拜神求仙执迷不悟的时代，司马迁却清醒地提出："国君强大，有德者昌；弱小，饰诈者亡。太上修德，其次修政，其次修救，其次修禳，正下无之。"② 这实际即是对于

---

① 《汉书》卷六十二《司马迁传》。
② 《史记》卷二十七《天官书》。

"王权神授""天意决定人事"的神学观点作正面的否定。依靠"修德""修政"使国家昌盛又如何体现呢？司马迁最为重视的是"安民"和"任贤"。他针对武帝连年派兵征伐匈奴这一严重问题，明确反对大事征伐，反对长期造成民众不堪忍受的重负。当时武帝一心攻灭匈奴建其伟业，群臣一味奉迎讨好，因此议论出兵征战的损失成为朝廷大忌。《平准书》却直书无隐，指出由于连年征战，造成"天下苦其劳，而干戈日滋。行者赍，居者送，中外骚扰而相奉，百姓抏弊以巧法，财赂衰耗而不赡"，故而成为由盛到衰的转折点！在《匈奴列传·赞》中，又特意以《春秋》微旨作比喻，表露他处在专制政治压力下，仍然要委婉地讲出以下真话："世俗之言匈奴者，患其徼一时之权，而务谄纳其说，以便偏指，不参彼己，将率席中国广大，气奋，人主因以决策，是以建功不深。"指出满朝文臣谄媚成性，一味附和武帝旨意，不顾敌我双方状况，置国家利益于度外；武将则滋生虚骄心，贪图多立战功，损失多少也不加顾惜。司马迁将对这场费时数十载、动员人力物力无数的战争的总看法，铸成一句话："建功不深。"这四个字具有千钧之力，凝聚着司马迁的胆识，对于头脑发热的汉武帝不啻是当头浇了一盆冷水！这些话，是在他因李陵事件得罪武帝，屈辱受刑之后写下的，他在痛不欲生的心境下，仍然讲出自己对这一重大政治问题的看法，更加显示出他坚持独立见解的伟大人格。恰恰在这篇赞的最后，他深深感慨文武贤才对于治理国家的重要："尧虽贤，兴事业不成，得禹而九州宁。且欲兴圣统，唯在择任将相哉！唯在择任将相哉！"强调"任贤"对于国家安危存亡起着决定性的作用。

　　董仲舒的思想体系，则是儒学与阴阳五行学说相结合。他通过宣扬王权神授、"天人感应"等理论，为封建统治服务，其学说，虽然在巩固西汉政治"大一统"局面，及为武帝"改制"（即兴造各种制度）提供理论依据方面发挥了作用，但其宣扬灾异迷信方面却在历史上造成很大的负面影响。董仲舒把"天"看成是有意志、有目的的，主宰人世间万事万物，"天执其道，为万物主"①。王道三纲，君臣、夫妇、父子关系，是由"天"派生的："是故仁义制度之数，尽取之天。天为君而覆露之，地为臣而持载之；阳为夫而生之，阴为妇而助之；春为父而生之，夏为子而养之；……王道之三纲，可求于天。"②封建统治要实行"德""刑"两手，也是由阴阳决定的："天以阴为权，以阳为经，……以此见天之显经隐权，前德而后刑也。"③"阳出实入实，阴出空入空，天之任阳不任阴，好德不好刑，如是也。"④董仲舒还有大量用五行说来解释封建纲常伦理的神圣性、合理性的言论，如用五行相生解释臣对君、子对父必须尽忠尽孝的道理："诸授之者，皆其父也；受之者，皆其子也。常因其父，以使其子，天之道也。是故木已生而火养之，金已死而水藏之，火乐木而养以阳，水克金而丧以阴，土之事火竭其忠。故五行者，乃孝子忠臣之行也。"⑤作为汉武帝时代儒学"宗师"的董仲舒学说，其宣扬五权神圣，维护封建制度纲常伦理永恒的实质是十分清楚的。⑥

再则，在文化思想上，司马迁与董仲舒也是对立的。董仲舒在对策中向武帝提出，"今师异道，人异论，百家殊方，指意不同，是以上亡以持一统"，主张"诸不在六艺之科孔子之术者，皆绝其道，勿使并进，邪辟之说灭息，然后统纪可一而法度可明，民知所从矣"⑦。视百家为邪说，要统统使其灭绝。汉武帝采纳其建议，罢黜百家独尊儒术，标志着封建文化专制局面的开始。司马迁则兼纳各家学说之长，具有拥抱全民族文化的广阔胸

---

① 《春秋繁露·天地之行》。
② 《春秋繁露·基义》。
③ 《春秋繁露·阳尊阴卑》。
④ 《春秋繁露·阴阳位》。
⑤ 《春秋繁露·五行之义》。
⑥ 董仲舒提出限制贵族豪强大量占有土地，提出"限民名田，以赡不足"的主张，谴责土地兼并严重，造成"贫民常衣牛马之衣，而食犬彘之食"，对民众的贫苦表示同情。他的"谴告说"，用"灾异"恐吓皇帝，要求他反省错误，施行仁政，在当时条件下也有某种积极作用。但这些都不能改变其学说体系为强化专制统治服务的实质。
⑦ 《汉书》卷五十六《董仲舒传》。

怀。《史记》中对道家（包括汉初黄老学说）、法家（包括管子学说）、纵横家都有适当的肯定，将各家各派的学术思想、各具智慧和光彩的历史人物都载入史册。故梁启超推崇司马迁是古代文化的集大成者："其于孔子之学，独得力于《春秋》，而南派（老庄）、北东派（管仲齐派）、北西派（申、商、韩）之精华，皆能咀嚼而融化之。……虽谓史公为上古学术思想之集大成可也。"①郑振铎也认为司马迁的伟大贡献在于系统整理古代学术文化，"他排比，他整理古代的一切杂乱无章的史料，而使之就范于他的一个囊括一切前代知识及文化的一个创作的定型中"②。

　　总起来说，司马迁著史正处于儒学自西汉初以来已逐步上升到社会文化舞台中心地位，并且成为国家政治和学术指导思想的时代；《史记》的尊儒倾向，是同此一时代之特征相吻合的。这也说明《史记》的产生深深扎根于时代土壤之中，《史记》作为中国传统史学的楷模，它实同儒学这一传统文化的主干部分息息相关。从司马迁著史主旨以"继《春秋》"自任，从他对孔子的敬仰和礼赞，特别是《史记》五种体裁首篇的确立和对人物、事件的褒贬，以及取材和史料别择的依据，都证明《史记》全书以儒家学说为主要价值标准。而同时，司马迁的尊儒又与董仲舒不同。司马迁是以忠实地总结历史的发展和反映平民阶层的要求为其著述的基础的，他不仅发扬先秦儒学的优秀部分，而且充分地吸收了时代的营养而加以丰富——这正是《史记》一书具有永不衰竭的生命力的根源。

---

① 梁启超：《论中国学术思想变迁之大势》，《饮冰室合集》文集之七，第 52 页。
② 郑振铎：《插图本中国文学史》，人民文学出版社 1957 年版，第 119 页。

对《汉书》十志的总体考察

《汉书》的十篇志[①]，在传统史学中历来被视为精华之作，对于后世典志体史书的发展产生了深远的影响。这十篇志的内容涉及诸多专门的学术领域。清代以前，学者多限于对它们作疏证考订的工作。近代以来，随着各个专门学科的出现，研究者也大多就本身的学术领域，如天文、历法等，利用其中的资料而加以诠释，而对这十篇志作综合的研究却未予足够重视，在发掘其中的思想价值方面尤其显得薄弱。这跟《汉书》十志在学术史上所据有的地位是很不相称的。我国古代优秀史家有通晓多种学科门类的传统，《汉书》十志即为经济史、法制史、地理学史、水利工程史、文献学史等分支学科的产生开了先河，向来被视为"博洽"的典范。因此研究《汉书》十志的成就，对于今天的史学工作者改变旧日存在的以本学科范围自限的倾向，用相关学科的知识丰富自己，进行交叉的研究，也极有启发。本文试图在以往学者所论及的基础上，对这十篇志作总体考察，对其宝贵的文献价值和思想价值作出评价，以下分四个问题提出初步看法。

---

① 这十篇志依次是《律历志》《礼乐志》《刑法志》《食货志》《郊祀志》《天文志》《五行志》《地理志》《沟洫志》《艺文志》。

一、反映社会生活与贯通古今

《汉书》十志完善了史书中的典志体,使历史学家描绘人类社会生活的能力增强了;班固(32—92)又有意识地克服了断代史体例的局限,以典志体贯通古今。从现代观点看,这两项都是史家在历史视角方面作出的有益探索,在今天也仍有启示的作用。

《汉书》十志对《史记》八书的发展,首先是调整了篇目,增写了内容。班固合《礼书》《乐书》为《礼乐志》,合《律书》《历书》为《律历志》,改《天官书》《河渠书》《平准书》《封禅书》为《天文志》《沟洫志》《食货志》《郊祀志》。班固在这些篇目中都增加了重要的新内容。《礼乐志》和《律历志》内容完全重写,《礼乐志》记载了汉初叔孙通以下有关制礼的重要言论,汉初的郊庙诗歌《安世房中歌》十七章和武帝时的乐府歌曲《郊祀歌》十九章,《律历志》记载音律和度、量、衡单位的制定,历法的演变。《郊祀志》续载了昭、宣以后帝王的封禅祭祀活动,批评统治者的迷信思想,记载了谷永等人谏议废除淫祀的进步言论。其次,《汉书》新创了《五行志》《地理志》《刑法志》《艺文志》,扩大了典志体所反映的社会生活的范围。后出的二十二部"正史",加上《清史稿》,除了《三国志》等八部未设典志以外,其余十五部所设立的典志基本不出《汉书》十志的范围。只是或者个别篇目略有增减,如《后汉书》《晋书》等设立《百官志》[①]《舆服志》;《新唐书》《宋史》等设有《仪卫志》《选举志》《兵志》;或者内容相类而篇名稍异,如《地理志》,《后汉书》改称为《郡国志》,《宋书》《齐书》改称为《州郡志》,《魏书》改称为《地形志》,又如《艺文志》,《隋书》《旧唐书》改称为《经籍志》。诚如范文澜先生所说,"《汉书》的精华在十志","十志规

[①] 《汉书》有《百官公卿表》,兼具表和志的功用,《百官志》即由它演化而来。

模宏大，……后世正史多有志书，大体依据十志有所增减"。① 不仅如此，在《汉书》十志的基础上，典志体更发展成为一种独立的史书体裁。其代表作是《通典》《通志》和《文献通考》，还有继出的《续三通》和《清三通》，俨然成为传统史书体裁中地位仅次于纪传体、编年体和纪事本末体的又一重要史书体裁。

　　典志体由纪传体史书诸体中之一体，至发展成为史书中独立的一大门类，这个事实说明了：选取记载典章制度在内的社会生活作为记载历史的一个视角，不仅是合理的，而且很有必要。人们熟知时间、人物和事件是历史演进的三个要素，它们都可构成记载历史的视角。以时间为主要视角，故有纪传体中的"本纪"和编年体史书；以人物为主要视角，故有纪传体中的"列传"；以事件为视角，则原先糅合在"本纪"与"列传"之中，事件的纲载于"本纪"，事件的具体进程载于"列传"，后代还发展为独立的纪事本末体裁。记载了时间、人物、事件，可以说一个时期的历史已具备主干或筋脉；但是还有大量有关典章制度或经济、文化等项社会活动的内容，选取典章制度和社会生活作为视角，才能填补主干之间的空间地带，历史著作才能做到既有骨骼筋脉，而又血肉饱满。唯其如此，《汉书》十志才一向备受重视，典志体在长期史学演进中也才有存在的可能。近年来，国内学术界一再发出加强社会史研究的呼吁，实际上即反映了多视角反映历史和"改变多年来形成的内容狭窄、风格单调的状况"② 这一迫切要求，《汉书》十志在这方面无疑包含有真理的因素，因而值得我们重视。

　　《汉书》叙述西汉一代的终始，起自高祖，终于王莽，开创了断代为史的体例。这种编撰形式也一直被后代沿用，证明断代史体例与封建皇朝周期性更迭的现象正相适应。记载历史事件、人物可以一个朝代为终始，而有关社会生活的内容却往往是上下贯通的，不能割断前后的联系。班固著史恰当地解决了这个矛

---

① 《中国通史简编》（修订本）第二编，人民出版社1964年版，第245页。
② 《把历史的内容还给历史》（评论员文章），《历史研究》1987年第1期。

盾。他在全书"断汉为史"的同时,对典志体(还有兼具志书功能的《百官公卿表》)别具特识心裁,做到了"通古今"①。这无论从考察历史的角度说,或是从史书形式的灵活运用说,都是一种很有意义的创造,包含着深刻的哲理。其中,尤以《刑法》《食货》《艺文》三志最为突出。

《刑法志》前面附有兵制的内容,这是儒家"大刑用甲兵"观点的体现,交代了周秦兵制的渊源。这篇志的主要部分,是纵向论述中国刑法的源流,开我国法制史之先河。班固初步理出了古代刑法演变的线索:周代立五刑(墨;劓;膑,即砍脚;宫,阉割生殖器;大辟);郑子产铸刑书;战国申不害、商鞅实行连坐法,夷三族,还增加凿头颅、投入油锅等惨酷的刑罚;秦始皇专任狱吏,造成囚徒塞路,监狱遍地。显然,《刑法志》这样作了"通古今"的追述,此后记载汉初扫除秦朝烦苛的法律、实行简法省刑,才有所本,中国法制史上这一次重大变革的意义,才能清楚地显示出来。《食货志》是在《史记·平准书》的基础上发展的。班固把全志扩充为"食"和"货"两大部分,他论《食货志》的撰述义旨说:"厥初生民,食货惟先。割制庐井,定尔土田,什一供贡,下富上尊。商以足用,茂(贸)迁有无。货自龟贝,至此五铢。扬榷古今,监世盈虚。"②又说:"食足货通,然后国实民富,而教化成。"③认为农业生产(包括土地问题)和商业交换活动是人类生活的根本,也是国家富强和社会发展的基础。《食货志》为了显示出汉代各种经济制度的渊源所自,上篇首先叙述了先秦的井田制度,李悝的"尽地力之教"、管仲行"轻重之法"等经济措施,下篇开头也先记载周、秦的币制。而在《艺文志》中,班固把西汉时所收集到的自古以来的典籍整理为五百九十六家、一万三千二百六十九卷。并分为六大类:六艺、诸子、诗赋、兵书、术数、方技,每一大类又区分为若干种,共三十八种。做到"辨章学术,考镜源流",对各大类都论

---

① 《汉书》卷一百下《叙传下》。
② 《汉书》卷一百下《叙传下》。
③ 《汉书》卷二十四上《食货志上》。

述其源流，总结其优缺点。又将先秦诸子分为儒、道、阴阳、法、名、墨、①纵横、杂、农、小说等十家，完成对先秦学术的分类工作。《艺文志》在学术文化方面贯彻了"通古今"的要求，因而成为目录学史上的典范作品。他如《律历》《地理》《沟洫》诸志，也都保留了汉代以前的有关记载。

史书的编撰形式同史家的观点是密切相联系的。过去有一种看法，似乎体裁体例都只是单纯的技术问题，与史学观点关系不大。其实不然，历史学家采取何种编撰形式，是为了同他所表述的内容相适应，因而也能体现出史家的观点。《汉书》十志突破了断代史的局限，自觉地做到"通古今"，这是班固在记载社会生活和典章制度方面追求贯通古今的可贵努力，也是古代史家的一种"通识"。如果班固缺乏这种通识，对十篇志也刻板地按"究西都之首末"②去做，结果只能是割断必要的历史联系，这十篇志以至整部《汉书》也将大为逊色。

二、科学技术史的珍贵资料

《汉书》的《天文志》《律历志》，还有《五行志》，包含有关于古代天文、历法和其他自然现象的珍贵史料，这些记载证明汉代的天文观测和历法推算已经达到很高的成就，其中有关日食、太阳黑子、哈雷彗星等项记载，在近代以来尤为中外自然科学家所重视。

对古代天象观测的总结

《汉书·天文志》是对汉代以前天文学家观测天象成就的总结，此外，《律历志》和《五行志》也包含有这方面的珍贵内容。《天文志》继承了《史记·天官书》的传统，首先详细记载汉代已观测到的恒星，将全天分为：紫宫、东宫苍龙、南宫朱鸟、西

---

① 此六家与司马谈《论六家要指》同，而顺序略作调整。
② 《史通》卷一《六家》。

宫咸池、北宫玄武五大区域,东西南北四宫各包括二十八宿的七宿,如东宫苍龙包括房、心、角、亢、氐、尾、箕,南宫朱鸟包括井、鬼、柳、星、张、翼、轸。《史记·天官书》列有九十一星组,包括五百多颗恒星。由于观测的进步,《汉书·天文志》所列多了十七个星组,二百多颗恒星。其次,《天文志》记载了对五大行星运行的观测,它们是岁星、荧惑、太白、辰星、填星,即木、火、金、水、土五星。《天文志》所载还以二十八宿对应地面的分野,介绍古人常用的候、望说法,即借观测云气、天象预测吉凶,反映了汉代天人感应学说的流行。志的最后部分记载自春秋至西汉末对异常天象的观测,包括日食,月食,彗星,陨石,五大行星运行的守、孛、逾、逆,流星,客星等,其中也包含有不少有价值的资料,可与《律历志》《五行志》互相印证、发明,故也甚为自然科学史研究者所重视。

历法的推算离不开对天象的观测。故《律历志》中记载的刘歆《三统历》的一系列的基本数据,即为重要的天文学史资料,同样反映了汉代对日、月、行星运行观测的成就。如:

一日分为八十一分,称"日法"。①

十九年中置七个闰月,称为"章法"。每十九年中有完整的月份二三五月,称为"章月"。

一月为二三九二分,称"月法"。②

日月交食周期为一三五月,称为"朔望之会"。

这些数据都是由实际观测和相当周密的计算得来,尽管其数值与运用近代科学方法观测得到的数值尚有误差,如日月交食周期一三五月与实际交食周期二三五月之间误差还较大,但这一测

---

① 汉初使用四分历,以一回归年为 $365\frac{1}{4}$ 日,一朔望月为 $29\frac{499}{940}$ 日。《太初历》将一朔望月的日数简化为 $29\frac{43}{81}$ 日,一回归年为 $365\frac{385}{1539}$ 日。因将一日分为八十一分,故又称为"八十一分历"。《律历志》称:太初术"一月之日,二十九日八十一分日之四十三"。《三统历》即完全袭用《太初历》所规定的数值。

② 《三统历》的月法是由推算得来。即一朔望月为 $29\frac{43}{81}$ 日,按每日分为八十一分,即一月为29×81+43=2392(分)。

定却标志着探索工作向前推进了一步。

阅读《律历志》还应注意，《三统历》有意把具有科学价值的数值罩上一层神秘的外衣，必须透过这些比附和神秘的说法，才能掌握其有价值的内容。如朔望之会（日月交食周期）一三五月，本是由观测、计算所得，《三统历》却作数字的假托："朔望之会百三十五。参天数二十五，两地数三十，得朔望之会。"这里的"天数""地数"，是比附《易经·系辞》所说："天一地二，天三地四，天五地六，天七地八，天九地十。"据此而比附说："天数五，地数五，五位相得而各有合。天数二十有五，地数三十。"换成现在的明白说法，把十位数内五个奇数（1，3，5，7，9）之和（25）称为天数，把五个偶数（2，4，6，8，10）之和（30）称为地数。于是假托为参天数二十五（3×25）加上两地数三十（2×30），得会数（75+60=135）。关于"章月"，《三统历》也故意用了比附的说法。①

这种故意比附的说法，是当时迷信思想盛行的反映。近代天文学家朱文鑫说的好：《三统历》玄妙其说，附会《易象》以为月法，假托钟律以为"日法"，又故意讲历法的得来是推"大衍数"，反使人不可解。"后汉、晋、隋诸书沿袭相承，至唐开元，直以'大衍'名历，致使天文之学误入歧途，而西人之术，遂得专美于前。"②本来汉代天文观测和历法已达到很高的成就，但使用迷信说法恰恰阻碍了科学的发展，这是科学史上的深刻教训。

《律历志》详细记载了五大行星在运行轨道上作顺行、留、逆行、复留、疾行及其度数，记录的资料周备，故为历代历法家所遵奉和继承。木星合日三十三日间，位于太阳近旁，无法观测，过了这期间，木星在日出前，出现于东方天空中，叫作"晨

---

① 关于章月，《三统历》说："会数四十七。参天九，两地十，得会数。章月二百三十五。五位乘会数，得章月。"实际上，章月数二百三十五，是由一章十九年置七个闰月，化成月数直接得到，即 19×12+7=235（月）。但《三统历》为了说得玄妙，却故意掩盖起来，先将 235 化为 47 和 5 两个因子。再分为两步作数字的伪托：把 47 称为"会数"，说是"参天九，两地十，得会数"（3×9+2×10=47）。然后又说"五位乘会数，得章月"（5×47=235）。

② 朱文鑫：《历法通志》，商务印书馆 1934 年版，第 71 页。

始见"。这是隔约三九九日所发生的现象。《律历志》记载了这个周期。同时记载了金星两次"晨始见"周期约为五八四日。土星两次"晨始见"的周期约为三七八日。火星两次"晨始见"的日数为七八〇日。水星两次"晨始见"约一一六日。①

《律历志》还告诉我们：汉代天文学家对五大行星运行一周天的周期已有相当准确的记载。如：木星以十一·九二年为周期。② 在此基础上，《后汉书·律历表》则以十一·八九年的周期，与现今用科学手段观测得出的精密数值（十一·八六年）已很接近。土星运行一周天的周期为二九年半。火星运行一周天的周期为五八四日。

音律、计量和历法的制定

《汉书·律历志》虽得名于《史记》的《律书》和《历书》，而内容完全新撰，根据王莽于元始年间征集天下通晓律历者百余人讨论，刘歆等负责上奏，班固加以删节而成。《律历志》前一部分讲音律及度、量、衡制度，包括：

算术单位个、十、百、千、万的确定。

音律的确定。五声：宫，商，角，徵，羽；六律：黄钟，太族，姑洗，蕤宾，夷则，亡射；六吕：林钟，南吕，应钟，大吕，夹钟，中吕。

度、量、衡制度。度的单位：分，寸，尺，丈，引。量的单位：龠，合，升，斗，斛。权衡单位：铢，两，斤，钧，石。

后一部分，对历法作具体论列。概述了历法的起源，从古代观象授时，古六历（《黄帝历》《颛顼历》《夏历》《殷历》《周

---

① 朱文鑫对《律历志》记载五星运行规律的意义，作了高度评价："五星行度始见于《史记·天官书》，至《三统历》而大备。五步之法，为后世历家所宗。其言五星'见''复'之期，多与今测密近。可见古人观测之精。《三统》以土、木、火之周期曰'一见'，金、水之周期曰'一复'。盖土、木、火之轨道，在地球轨道之外，今谓之外行星。当地在星与日之间谓之冲日，与日相冲，如月之望，故《三统》曰'一见'；金、水之轨道，在地球轨道之内，今谓之内行星，当星在地与日之间，或日在星与地之间，谓之合日，与日相伏，故《三统》曰'一复'，区别甚明也。"（《历法通志》第47页）

② 木星在五星中，一年可看到的时间特别长而且较亮，因它大约十二年绕天一周，古人遂用它来纪岁，故称为"岁星"。创十二次之法，一年在一次。

历》《鲁历》）的存在，到秦以十月为岁首。重点是论述汉代历法的演变。汉初袭用秦朝正朔，用《颛顼历》。武帝元封七年（前104），诏大中大夫公孙卿、壶遂，太史令司马迁，侍郎尊，大典星射姓议造汉历。于是武帝颁行《太初历》。又经过元凤三年（前78）太史令引起的改历与否的辩论，才达到"是非坚定"，《太初历》的进步意义被人们所确认。有关刘歆《三统历》所提供的数据记载尤详。《三统历》产生于两汉之际迷信思想泛滥的时代，我们应剔除其中附会迷信的说法，撷取其中有科学价值的成分。

《律历志》所载"次度"和刘歆《世经》也很有意义。当代天文学史家认为：《律历志》中保存的"次度"，与《史记·历书》中的《历术甲子篇》，"堪称为我国古代天文历法的双璧"。它说明中国天文之与历法密切配合，所以是一部"宝典"。① "次度"根据对二十八宿的长期观察，记载了一年十二个月的节气，注明二十八宿的距度。十二次②的每一次，等于阴历一个月，每月中有两个节气。如说：

"星纪，初斗十二度，大雪。中牵牛初，冬至。（原注：于夏为十一月，商为十二月，周为正月。）终于婺女七度。"

这段话的意思是：当北斗星的斗柄指向"星纪"次，斗十二度，就是大雪的节气；到牵牛初，便是冬至节气。这个月夏历为十一月，殷历为十二月，周历为正月。"初"指"节"，"中"指"中气"。③ 由于汉代二十四节气的定名和顺序规定得恰当，因此从那时起一直沿用到今天。

《世经》是一部将传说中的太昊到东汉光武，都按五德终始说排列起来的正统表，准确性不很大，有关远古的年代则出于推测。但这部《世经》在史学上又有重要贡献，是刘歆用《三统

---

① 张汝舟：《二毋室古代天文历法论丛》，浙江古籍出版社1987年版，第33、31页。

② 古代天文学家分黄道周天为十二段，每段三十度，称为"十二宫"或"十二次"。按斗柄所指依次为：星纪，玄枵，娵訾，降娄，大梁，实沈，鹑首，鹑火，鹑尾，寿星，大火，析木。

③ 后代将"节"和"中气"二者合起来，通称"节气"。

历》将经传所记古史大事的年月日一一推算出来的成果。经过班固的补充，成为对古史年代的总结。故范文澜先生认为《世经》"对古史年代的探求是一种贡献"。并称董仲舒今文经学、司马迁著《史记》、邓平等人造《太初历》和刘歆的古文经学及年代学，都是西汉在文化史上的杰出成就，"充分表现出西汉一朝的伟大气象"。①

日食·太阳黑子·哈雷彗星

我国有世界上最早和最完整的日食记事。《春秋》所记三十六次日食，已为近代科学方法所验证。《汉书》继承了这一传统，详细记载了西汉二百一十二年的五十三次日食，这份完整的记录，即见于《五行志》。这是班固对自然科学史的一项贡献。当代学者用近代天文学知识进行推算，列出历史上曾经发生过的日食，《汉书》上的记载与之完全符合，足见《汉书》记载之完整。② 此后的史书历代相承，其中偶有误记，但基本上是正确可靠的。③

我国关于太阳黑子活动的最早记载也见于《汉书·五行志》：成帝河平元年"三月乙未，日出黄，有黑气大如钱，居日中央"。这是公元前28年太阳黑子活动的记载，比起外国的记载早了一千多年。

关于哈雷彗星，《汉书》提供了自春秋至西汉末五次活动的记录。④

《五行志》是《汉书》中最受后人责备的篇章。刘知幾著《史通》，其中有《五行志错误》《五行志杂驳》两篇。但我们对《五行志》的内容却仍要作具体分析：其中确有许多属于迷信和附会的成分，但它又是一篇反映汉代学术思潮和社会生活的"志"，以今天的眼光看，此篇志包含有不少关于科技史、自然史

---

① 《中国通史简编》（修订本）第二编，第128页。
② 见陈遵妫《中国天文学史》第三册《日食表》。
③ 从先秦到清末，我国史书上所见历代日食共有一千一百二十四次。
④ 这五次关于哈雷彗星的记载分别在鲁定公十四年，秦始皇七年，汉文帝后元二年，武帝后元二年及昭帝始元中，成帝元延元年。见于《汉书》之《五行志》《天文志》《律历志》及《昭帝纪》。

和灾荒史的材料。关于从历史编纂学的角度应如何看待《五行志》的设置,对刘知幾批驳《五行志》的言论应如何恰当认识,以及《五行志》在科技史等方面所具有的文献价值诸项,需要作专门的讨论,此处暂不涉及。

三、有关封建国家职能的论述

研读《汉书》十志,有助于我们认识封建国家的职能及行使这种职能的经验教训。以往长时间中,我们强调国家是阶级统治的工具,是一个阶级对另一阶级的压迫,是专政机关。这是有道理的。但国家机关从社会内部分出来之后,它还有管理的职能。这在经典作家的论述中也一再谈到。恩格斯在1890年10月致康·施米特的信和1892年6月致丹尼尔逊的信中,曾一再讲到国家对经济的发展有"好的、坏的或不好不坏的"三种作用,"可以加速或延缓经济发展"。① 讲国家权力对社会经济能起加速发展的作用,那当然指它具有管理的职能。白寿彝先生在《中国通史》导论卷中,提出《史记》八书和《汉书》十志基本上讲的是国家的职能,② 这一看法对我们很有启发。就《汉书》十志言,《礼乐志》讲制定礼乐以施教化,《天文志》《律历志》讲观测天象制定历法,使生产活动和社会活动有所遵循,《郊祀志》讲祭礼祀祖,《刑法志》讲法律制定和刑狱治理,《艺文志》讲掌管国家典籍即文化事业,这些都属于封建国家对各部门的管理。最有代表性的论述,则见于《食货》《地理》《沟洫》三志中。

《食货志》上下两篇,重点记载西汉一代的经济政策和经济生活,引述了自贾谊、晁错、董仲舒至西汉末萧望之、师丹、孔光等人的重要论议,记载了历朝实行的经济措施及其效果。总括起来,全志从国家经济政策和经济生活的角度,阶段分明地划分

---

① 《恩格斯致尼·弗·丹尼尔逊》,《马克思恩格斯选集》第四卷,第715页。
② 参见白寿彝主编《中国通史》导论卷,第五章"国家和法"。

为汉初国力上升、武帝盛世和晚年政策转变、西汉后期至王莽灭亡三个时期,很有说服力地论证经济政策正确与否如何导致完全不同的后果。

在西汉初期国力上升过程中,一件至关重要的史实是:汉初经济凋敝,而经过六七十年的恢复,到武帝初年,财富充溢,国家谷仓里的粮食堆放不下,国库里铜钱堆积成山。这种在历史上罕见的巨额财富的积蓄,主要在文景时期,而一般解释,是靠实行清静无为的政策和文帝躬行节俭所得。那么,国家真的是无所作为吗?《食货志》告诉我们,汉文帝采取了重要的行政措施,并且获得巨大的成效。事情的起因是贾谊和晁错的建议。贾谊先向文帝上《贵积贮疏》,指出当时天下"背本而趋末"和"淫侈之俗"都很严重,致使"汉之为汉几四十年矣,公私之积犹可哀痛。失时不雨,民且狼顾;岁恶不入,请卖爵、子"。他要求朝廷重视积贮以改变这种状况,"殴民而归之农,皆著于本,使天下各食其力,末技游食之民转而缘南亩,则畜积足而人乐其所矣"。晁错也向文帝上《论贵粟疏》,提出:"方今之务,莫若使民务农而已矣。欲民务农,在于贵粟;贵粟之道,在于使民以粟为赏罚。"主张招募天下民众,凡是能为国家提供粮食的可以赐爵或赎罪,这样,"主用足""民赋少""劝农功"三个目的都能达到。文帝采纳晁错的建议,号令为国家输送粮食到边境,能运到六百石的赐二等爵,逐一增加,运到四千石的赐第九等爵(五大夫),运到万二千石的赐十八等爵(大庶长)。晁错又提出建议:边塞粮食充足,可以储备在郡县;郡县储足一年所需要的粮食,即可免收田租。文帝采纳他的建议,下令减收天下田租之半(由汉初原来实行的十五税一,减为三十税一)。这说明国家在较短时间内已拥有相当的粮食储备。文帝十三年(前167),又下令免收天下田租。《食货志》所记载的史实突出地证明:国家实行正确的政策,就能迅速地产生巨大成效。可以想见,文帝的法令一经颁布,即普遍引起民间为了求赏而竞相运粮、购粮,因而有效地刺激了农民增产粮食的积极性。当我们讲到汉初经济恢复、国力走向强大的时候,对于文帝时经济措施所起的作用是应予充分估计的。

至武帝初年，财富充溢，国力强盛。"都鄙廪庾尽满，而府库余财。"可是由于武帝连年征伐，及对内兴造制度，多所设施，加上为祠神、封禅和赏赐神仙方士而大肆挥霍，数十年间，耗尽了文景时期积累的巨量财富，造成国库空虚。旧史家认为武帝晚年出现的社会动荡与秦朝灭亡前的情景很相像，因而批评武帝"有亡秦之失"，与此同时，又称武帝能"免亡秦之祸"。① 其原因是，武帝晚年转变了政策，下《轮台诏》承认自己的政策过失，下令不复出军，实行罢兵力农。《食货志》详细记载武帝末年奖励生产的"富民"措施，并予以充分的肯定："武帝末年，悔征伐之事，乃封丞相为富民侯。下诏曰：'方今之务，在于力农。'以赵过为搜粟都尉。过能为代田，一亩三甽。岁代处，故曰代田。"赵过先在太常、三辅作示范，"大农置工巧奴与从事，为作田器。二千石遣令长、三老、力田及里父老善田者受田器，学耕种养苗状"。又因耕牛缺乏，"教民相与庸挽犁"。于是"田多垦辟"，"课得谷皆多旁田，亩一斛以上"。新的耕作方法推广到边郡一带，"是后边城、河东、弘农、三辅、太常民皆便代田，用力少而得谷多"。武帝晚年所采取的这一系列措施，确实使社会矛盾得以缓和。昭宣时期继续沿着这一罢兵力农的路线走下去，重视农业生产，故又出现"田野益辟""岁数丰穰"的局面，号称"中兴"。②

《食货志》还论述：到了西汉晚期，土地兼并问题愈加严重，哀帝时，大司马师丹、丞相孔光、大司空何武先后上奏建议"限田"，但只流于空论，根本无法实行。王莽利用西汉末社会陷入严重危机的局面篡汉自立，建立了短命的"新"朝。《食货志》以确切的史实记载表明，王莽灭亡的原因，从根本上来说，是由于其经济措施造成了更大混乱，使人民无法生存。王莽实行"五均""六管"。五均是在长安以及洛阳、邯郸、临淄、宛、成都等

---

① 《资治通鉴》卷二十二武帝后元二年。
② 此段引文未注出处者，皆见《汉书》卷二十四上《食货志上》。

大都市设立五均司市师，管理市场，定期评定本地物价，企图抑制商人对农民的过度剥削和高利贷者的猖獗活动，还规定民众如因丧葬需钱或经营缺乏本钱的，可以免息或低利息向政府借贷。六管，指由国家掌握盐、铁、酒、铸钱、五均赊贷。王莽任用来推行这些政策的，多是一些大商贾，他们"乘传求利，交错天下，因与郡县通奸，多张空簿，府臧（藏）不实，百姓俞（愈）病"。"奸吏猾民并侵，众庶各不安生。"王莽又三次改变币制，骤行骤废。居摄二年（7），王莽先发行错刀、契刀、大钱等三种钱币，规定错刀面值五千，契刀面值四百，大钱面值五十，与原来的五铢钱共为四品，同时流通。始建国元年（9），王莽废错刀、契刀与五铢钱，保留一种面值为五十的大钱，又另铸小钱，两种钱币并行。次年，王莽又改作金、银、龟、贝、钱、布，称作"宝货"。黄金以一斤值一万钱为标准。银货按白银成色高下分为二品。龟货按大小分为四品。贝货分为五品。布货、钱货都用铜铸。布货称大布、次布、壮布、中布、幺布、小布等，共十品。钱货称大钱、壮钱、幼钱、幺钱、小钱等，共六品。合共"宝货"共五物、六名、二十八品，名目繁多，混乱至极。"每壹易钱，民用破业，而大陷刑。"商业交易无法进行，农民也不能从事生产，社会经济生活陷于停滞，老百姓只好坐在街头哭泣，又被陷害为买卖田宅奴婢和私铸钱币，被当作罪犯监禁起来。大批罪犯戴着镣铐，用槛车送到长安，十有六七都受折磨致死。"民摇手触禁，不得耕桑，徭役烦剧，而枯旱蝗虫相因。……富者不得自保，贫者无以自存，起为盗贼，依阻山泽，吏不能禽而覆蔽之，浸淫日广，于是青、徐、荆楚之地往往万数。战斗死亡，缘边四夷所系虏，陷罪，饥疫，人相食，及莽未诛，而天下户口减半矣。"[①] 王莽把全国人民推向灾难的深渊，人民必然要奋起埋葬他的罪恶统治。

以上分析说明：《食货志》以其翔实的记载，为研究古代经济史、土地制度史、商业史、货币史提供了宝贵的材料，而且，

---

① 均见《汉书》卷二十四下《食货志下》。

它证明不同时期封建政权的政治经济措施是造成社会治乱兴衰最为根本的原因，因而对我们认识封建国家行使管理职能及其历史教训具有重要价值。

《汉书·地理志》在我国历史沿革地理学中有很高地位。它的创立，体现出封建国家在行政管理方面的职能，因为从历史的发展看，国家的特点之一，是"按地区来划分它的国民"①。志的开头总述全国地理概况，而以重点部分记载西汉行政区划。它以郡为纲，以县为目，详细记载汉成帝元延、绥和年间全国疆域和行政区划。志中的户口数则是汉平帝元始二年（2）的数字。②这正是西汉封建国家对全国实行有效管理体制的具体反映。记载的方法，是先述各郡建置沿革、户口统计，然后逐一列举所属各县，载明境内的山川泽薮，仓储，水利设施，著名的历史遗迹，要邑关隘，以至物产、工矿、垦地亩数等。总计记载郡国103，辖县1578（县1356，相当于县的道29，侯国193）。③这样，就做到了把叙述西汉当时的行政区划和记载历史遗迹二者结合起来，不仅对于研究西汉史不可缺少，而且对于阅读先秦典籍、了解上古时代的历史和文化遗留也甚是珍贵。所以"不读《汉志》，简直无法从事沿革地理的研究"④。还应看到，由于西汉是强盛的朝代，疆域辽阔，所以《汉书·地理志》囊括的边疆史地材料，又为后代地理志所不及。志中所载，东北有辽东郡、乐浪郡，北方有云中郡、五原郡、朔方郡，西北有河西四郡，西南有益州郡，东南有合浦郡、交趾郡、九真郡、日南郡等，对于研究边疆历史地理有重要价值。如，班固所载武帝新开河西四郡（武威、张掖、酒泉、敦煌），可以了解到西汉时河西走廊有良好的水利条件。自武威向西，有谷水、千多渠、羌谷水、弱水、呼蚕水、籍端水等八条河流，发源于祁连山下，灌溉着河西的良田。其中

---

① 恩格斯：《家庭、私有制和国家的起源》，《马克思恩格斯选集》第四卷，第170页。
② 参见钱大昕《廿二史考异·侯国考》，及周振鹤《西汉政区地理》，人民出版社1987年版。
③ 此据靳生禾《中国历史地理文献概论》（山西人民出版社1987年版）的统计。
④ 靳生禾：《中国历史地理文献概论》，第59页。

羌谷水流经二郡，注入居延海、蒲昌海、冥泽等内陆大湖。由于利用祁连山雪水灌溉，为河西地区畜牧业和农业的发展提供了条件。故志中称河西"地广民稀，水草宜畜牧，故凉州之畜为天下饶"，"风雨时节，谷籴常贱"。① 西汉朝廷重视在这一地区实行屯田，在张掖番和设农都尉，在敦煌广至设宜禾都尉，都是管理屯垦的机构。西汉朝廷为了保卫西北边境和西域的交通，在河西四郡一共设置了九个都尉，著名的有北部都尉（休屠城）、居延都尉、阳关都尉、玉门都尉等。由于西汉皇朝的苦心经营，才保证丝绸之路的畅通无阻。

《地理志》末尾部分综论各地区的物产和习俗，在分析各地区的地理条件对民俗的影响方面很有特色，故被当代地理学者称誉为："可视为现代区域地理的雏形。"② 《史记·货殖列传》已论及各地物产与民俗的关系。至成帝时，刘向对各个区域作过概述，同时，丞相张禹委托属官朱赣归纳各地区风俗。班固依据上述材料加以补充，整理成文。他参照春秋、战国时期各国旧名，分述秦、魏、周、韩、郑、陈、赵、燕、齐、鲁、宋、卫、楚、吴、粤（越）各地区的概况。而班固记载民风民情，又往往与各地区经济发展状况、吏治、边防等相联系，如论述天水、陇西、安定、北地、上郡、西河六郡地区，由于迫近强悍的少数民族而形成独特的习俗，说："修习战备，高上气力，以射猎为先。""汉兴，六郡良家子选给羽林、期门，以材力为官，名将多出焉。"又论及河西四郡，由于保卫边塞的需要，地方长官把练兵习战作为头等大事，"酒礼之会，上下通焉，吏民相亲"，"有和气之应，贤于内郡。此政宽厚，吏不苛刻之所致也"。③ 这些论述

---

① 历史上有利用《汉志》这一记载在战争中取胜的著名例子。《魏书·崔浩传》载：太武帝将征伐怀有二心的河西王沮渠牧犍，弘农王奚斤等反对，理由是河西"略无水草，大军既到，不得久停"。崔浩反驳说："《汉书·地理志》称：'凉州之畜，为天下饶。'若无水草，何以畜牧？"太武帝从浩议，遂讨平凉州。"多饶水草，如浩所言。"

② 见陈正祥《中国文化地理》中《方志的地理学价值》一篇，生活·读书·新知三联书店1983年版，第26页。

③ 《汉书》卷二十八下《地理志下》。

都与书中其他篇章相印证并加以深化,丰富了史书反映社会生活的内容。

《地理志》显示出开阔的视野,材料丰富可靠,特别是它记载行政区划和民情风俗的方法,更被后来的正史地理志视为典范,而后出的地理志,除地名和数目字有所增添外,在体例上绝少超过它。《隋书·经籍志》评论说,《汉书·地理志》的价值可与《禹贡》《职方》相比拟,"是后载笔之士,管窥末学,不能及远,但记州郡之名而已"①。认为后代的一些记载,无论从眼界、学识或内容说,都无法跟《汉志》相比。

与记载行政区划的《地理志》密切相联系的,是记载国家水利事业的《沟洫志》。管理水利灌溉工程是东方国家的大事。班固就十分重视水利对于国家政治和社会生活的重大影响,《沟洫志·赞》引用《左传》所载周大夫刘定公的话:"微禹之功,吾其鱼乎!"又称水利是"国之利害",即国家和人民利益攸关的大事。故《沟洫志》也反映了封建国家一个方面的职能。

这篇志的重点是记述对黄河的治理。班固总结了西汉一代的历史经验,认为它是历朝大事。黄河自武帝元光中在瓠子决口,至平帝时,先后酿成七次大灾②,为害严重。瓠子决口,一直到元封二年(前109)才堵住,洪水肆虐达二十多年之久!至成帝建始五年(前28)和鸿嘉四年(前17),十一年间黄河又决口三次,其中两次受淹县份都在三十县以上。为了给后人积累制服黄河的经验,班固很重视记载成功办法和有价值的建议,其中最重要的是成帝时王延世治河和平帝时贾让提出的《治河三策》。王延世是河堤使者,时黄河从馆陶及东郡决口,为了堵塞决口,他命人"以竹落长四丈,大九围,盛以小石,两船夹载而下之",连续奋战三十六日,终于堵住决口,受到成帝嘉奖,并特为此改

---

① 《隋书·经籍志·地理记》。
② 这一时期黄河的七次泛滥是:武帝元光中,河决瓠子。元封二年堵塞决口不久,又从北面馆陶附近决口,分为屯氏河。元帝永光五年(前39),河决灵县鸣犊口。成帝建始五年(前28),河决于馆陶及东郡金堤,淹地十五万顷,九万七千多人无家可归。河平二年(前27),河决入平原。鸿嘉四年(前17),渤海、清河、信都黄河泛滥。平帝时,河、汴决坏。

元为"河平元年"。两年后黄河又在平原决口，王延世与丞相府属官杨焉协力负责，再次堵住决口。贾让《治河三策》被认为是"上古（按，这里指西汉以前）治河最详细的方案"①。贾让不同于一般儒生搬用过时的"经义"发空论，而能建立在实地调查的基础上提出主张。他对于下游防洪的历史和现状都有比较确切的了解，提出：战争时期齐、韩、魏之国为本身私利，不顾防洪大局，随便围堤堵水，以邻为壑。以后，在堤外又陆续形成新的居民点，于是层层向外筑堤，原先河道宽阔，洪水期不致发生险情，如今因为层层堤防围堵，河道狭小，且又迂回曲折，"百余里间，河再西三东，迫厄如此，不得安息"，遇到汛期，必然容易决口。再者，濒河附近本来有低洼地带，可以泄洪，后人却修起堤围，排去积水，建起庐舍，洪水不得分泄，增加黄河汛期险情，居民也处于危险的堤防之下。贾让深知为求眼前利益壅堵河川的危害，因而总结出一条深刻的道理："夫土之有川，犹人之有口也。治土而防其川，犹止儿啼而塞其口，岂不遽止，然其死可立而待也。"不与水争地，是贾让治河的基本主张，它被古今水利工程大量正反经验证明是正确的，所以被近代学者称誉为："即使在科学昌明的今日，依然是不磨的真理。"② 由于班固把贾让《治河三策》这一重要的治河文献载入《沟洫志》中，后人不论作正面的引申，或作反面的驳难，都由此引发，因而推进了对治理黄河这一各个时期国家大政的认识。

四、具有高度的思想价值

十志突出地体现出《汉书》的"博洽"，具有高度的文献价值。历代学者对此是屡屡称道的，《天文》诸志记载了有关天象观测、历法制定、经济政策的演变、行政区划、治河方案等，确

---

① 岑仲勉：《黄河变迁史》第八节，人民出版社 1957 年版。
② 岑仲勉：《黄河变迁史》第八节。

实显示出《汉书》材料丰富的特点，成为多种专门史的创始之作。但笔者认为，光是称誉《汉书》的文献价值，是不够的，因为公平地说，十志还有高度的思想价值。如前述《食货志》的基本思想，是论述封建国家的政治经济政策影响或破坏生产的发展，决定了国家的盛衰。按照班固的论述，自战国至西汉末的历史变动，都可以从经济的升降、国家政策的成败得到确切的解释。这同历史唯物主义从经济条件去说明历史事变的终极原因，当然不能相提并论，但其中确有某些萌芽意识。班固还记载宣帝时，"善为算，能商功利"的大司农中丞耿寿昌，建议从关内籴粮运京，以省关东漕运每年需卒六万的巨耗，大儒萧望之用阴阳感应说反对。宣帝拒不采纳望之所议，结果"漕事果便"，耿寿昌并将籴粮筑仓之法推行到边郡。班固的记述，也是对唯物论主张的褒扬和对阴阳灾异唯心说法的深刻讽刺。在西汉之际，《食货志》的这些观点体现出与迷信思潮相对立的朴素理性精神，是很可贵的。不仅如此，在《刑法》《郊祀》《艺文》三篇志中同样蕴含着班固的进步史识，值得我们深入发掘。

《刑法志》开创了我国法制史之先河。班固写这篇志，并不满足于将有关刑法的材料排比连缀在一起，而是通篇表达出鲜明的观点，做到褒贬分明，议论风发。全篇的主要内容，是概述秦汉刑法的演变，赞扬已经取得的进步，又据实批评封建皇朝法律的残酷。班固总结和肯定汉朝的刑法有过三次大的进步：汉初约法省刑；宣帝时平议案件，清查全国积案；东汉初打击豪强，使全国冤狱案件大为减少。班固又举出大量事实抨击汉朝法律的苛滥，批评文帝之时"外有轻刑之名，内实杀人"。文帝下诏废除肉刑，却又用笞三百代替劓刑、用笞五百代替砍左趾，结果改判笞刑的人多被活活打死！武帝时号称盛世，而实际情形是法律严酷，"禁罔寖密"，犯罪案件更多，武帝任用张汤、赵禹一类酷吏定出"见知故纵"一类罪名，锻炼人罪。当时律令多达三五九章，仅规定砍头之罪就有四〇九条，一八八二款，规定同样应判死罪的条文堆满屋子，连主管的官吏也无法通看一遍。结果是，各地方判案五花八门，有时案情相同，而判罪各异。奸猾的官吏更从中捣鬼，对于欲加包庇的便引用从轻判决的条文，而对欲加陷害的便引用判处死罪的条文，造成无数冤案。正直的人士对此无不感到沉痛。至成帝时，规定处以大辟之罪的条文又增加到一千多条！

以上论述，确已相当深刻地暴露出封建刑法残酷、黑暗的实际。《刑法志》的篇末，又用长段议论，强调刑律不公是关系到封建政治全局的严重问题，提出要根据现实情况，删除烦苛的旧刑律，制定简明而能"便民"的新律令。班固总结说，从西汉立国到东汉初年，历时二百余年，据有案可稽的数字，昭、宣、元、成、哀、平六世之中，每年判处死刑的达到总人口的千分之一，判处长期监禁至砍去脚趾一类重刑的，竟达千分之三以上。直至东汉初，每年被判处死刑的数以万计，全国的监狱多达二千多所，成批成批的人被冤枉致死。国家要达到政治清明，刑狱如此不平早已成为严重的障碍了。班固还把冤狱众多的原因概括为"五疾"：礼制未立，没有重视教化这一根本问题，做到防患于未然；判处死刑的太多，其他治罪判刑也太滥；百姓穷困没有活路，只有铤而走险，以致犯法；豪强坏人包庇，等于纵容犯罪；罪案得不到及时揭露，以致卷入人数更多。而为害最大的问题是：治狱风气极坏，把判重罪、多判罪当作狱吏能干的标准，狱吏上下互相驱使，加害于无辜者，能够公平执法的人，反而遭祸。"谚曰：'鬻棺者欲岁之疫。'非憎人欲杀之，利在于人死也。今治狱吏欲陷害人，亦犹此矣。"因此，历来明君贤臣已一再提出要删去烦苛、从轻量罪、使之"便民"的主张，应该付诸实行。读着班固这些痛切的言论，我们不禁为他的深刻的观察力和从同情人民出发的强烈的社会责任心而肃然起敬。

《郊祀志》和《艺文志》也从不同的角度表现出朴素的理性精神。《郊祀志》的大部分内容系抄录《史记·封禅书》所载三代至汉武帝祭祀、封禅活动而来，而同时也继承了司马迁批评封建帝王耽于迷信鬼神的进步思想，以往有的论者认为它与《封禅书》思想倾向不同的看法，并不符合实际。此篇有两点特别值得重视。一是，这篇志本为记朝廷祀神、祭祖的专篇，但班固在篇首即提出"民神异业"的论点,认为:"民之精爽不贰,齐肃聪明者,神或降之";"神民之官,各司其序,不相乱也";"民神异业,敬而不黩"。反复强调民神之分,明显地对神抱保留态度。二是,此篇昭宣以下的材料为班固新增,其中也有值得珍视的思想资料。如,成帝时,颇好鬼神,方士乘机四处活动,致使宣帝时期一度有所抑制的淫祀迷信行为又盛行起来。谷永针对这种情况上书皇帝,指出"盛称奇怪鬼神"是"背仁义之正道",他历举自周秦以来凡耽于迷信者,都求福不成反遭祸殃,"旷日经年,靡有毫厘之验,足以揆今"。要求成帝"距绝此类"!在篇末赞语中,班固画龙点睛,充分肯定谷永的言论,说:"究观方士祠官之变,谷永之言,不亦正乎!不亦正乎!"认为谷永严正地批评揭穿了方士们变换种种花样的欺骗本质,也间接道出封建帝王沉迷于祭神求仙,无异于受尽欺骗而执迷不悟的愚昧行为。可见班固在东汉初迷信邪说猖獗的情况下却能保持着比较清醒的头脑,实在难得!

《艺文志》,"艺"指儒家经典(当时六经称"六艺"),"文"包括诸子、诗赋和其他著作,合起来,就是以儒家为主导的现有全部典籍的总著录。班固以刘向、刘歆校书成果《七略》为基础而有所调整出入,按不同门类、不同学派对所有典籍作系统的区分,分别论述其学术源流,总结其得失,不仅对古代典籍作了全面著录,而且其中贯串着很高明的学术眼光。他对各家、各派学术的传授有清楚的记载,辨章学术,考镜源流,因而为我国学术史的发展开辟了道路。譬如关于《尚书》学的源流,他载明:《尚书》是由孔子编成,以后因秦朝焚书禁止传授,济南伏生藏于壁中。"汉兴亡失,求得二十九篇,以教齐、鲁之间。"至宣帝时,形成欧阳、大小夏侯三个学派,立于学官。汉代又有另一本子的《古文尚书》,是成帝时鲁恭王拆毁孔子旧宅时所发现的。①"孔安国者,孔子后也,悉得其书,以考二十九篇,得多十六篇。安国献之。遭巫蛊事,未立于学官。"——班固上述简洁

---

① 同时发现的还有《礼记》《论语》《孝经》。

的记载，就是后人研究《尚书》今文、古文学派传授关系的根据。对于其他儒家经典，《艺文志》也载明其传授源流。班固的可贵处还在于：他以比较客观的态度，分别指明各学派的长处和短处，启示后人治学的门径。对于当时拥有绝对权威地位的儒学，班固自然加以推崇，称它"于道最为高"，但他又不盲从，故能严肃地批评俗儒不求儒学精神实质和趋时投机两种弊病："惑者既失精微，而辟者又随时抑扬，违离道本，苟以哗众取宠。后进循之，是以《五经》乖析，儒学寖衰，此辟儒之患。"说明班固明确地主张矫除儒学独尊以后追求禄利和烦琐主义两种恶劣的作风。对于诸子学说，班固也作适当的肯定："今异家者各推所长，穷知究虑，以明其指，虽有蔽短，合其要归，亦六经之支与流裔。使其人遭明王圣主，得其所折中，皆股肱之材已。""观此九家之言，舍短取长，则可以通万方之略矣。"主张对诸子学说要舍弃其短处，吸收其长处。这说明他跟董仲舒主张灭绝百家的严重偏见和文化专制态度明显地不同，更多地具有尊重历史的态度和朴素理性的观点。

两汉之际阴阳五行说和谶纬说的演变

两汉之际阴阳五行说和谶纬说的流行，是汉代思想史上值得研究的特殊现象。汉代的阴阳五行说肇始于董仲舒，至西汉后期而盛行，大讲灾异，推演比附，以至皇帝下诏、大臣的更换、不同政治集团之间互相攻击都要引用阴阳灾异。成哀以后，由于社会局面动荡，险象丛生，图谶之说又大肆传播，王莽夺取汉家政权，即利用这种妖妄邪说做欺世惑众的工具。至东汉光武"宣布图谶于天下"，谶纬即被视为"国宪"，敢于表示不信者甚至有被杀头的危险！阴阳五行说和图谶说实际上都是为神化皇权统治而制造出来的，打的是"尊经""崇圣"的旗号，但它们与原始儒学中具有积极意义的部分相对立，也是思想史上的一股浊流。面对汹汹浊流，儒学内部具有卓识的、正直的人物勇敢地加以批评抵制，才避免了民族文化思想因迷信邪说盛行而倒退。

一、汉代阴阳五行说的产生和流行

在汉代首倡阴阳五行说的人物，是武帝时代的董仲舒。"五行"，原指木、火、土、金、水五种物质，古代思想家企图用日常生活习见的这五种物质来说明世界的起源和各种自然现象。战国时代便有"五行相生相胜"之说，用来解释自然界变化的道理。阴阳家邹衍又把它附会到社会历史范围，提出"五德终始说"，借用五行相生相胜、终而复始的循环变化相比附，来说明国家政权的更迭、朝代的变化。至西汉武帝时代，最高统治者热衷于提倡迷信思想，神化其专制主义统治，董仲舒便迎合这种需要，宣扬一套阴阳五行化的儒学。董仲舒把《春秋》所记天变灾异任意加以穿凿附会，说成是天有意志、有目的地向人间表示喜怒和实行惩罚："《春秋》之所讥，灾害之所加也；《春秋》之所恶，怪异之所施也。书邦家之过，兼灾异之变"[1]；"小者谓之灾，灾常先至而异乃随之。灾者，天之谴也；异者，天之威也。谴之而不知，乃畏之以威"[2]。他又用阴阳解释"三纲"："君臣、父子、夫妇之义，皆取诸阴阳之道。君为阳，臣为阴；父为阳，子为阴；夫为阳，妻为阴。""王道之三纲，可求于天。"[3] 即是说，封建等级制度和伦常关系都是天意、阴阳的安排。董仲舒还说五行的相生或相胜都表现了天的意志："天意难见也，其道难理。是故明阳阴入出、实虚之处，所以观天之志；辨五行之本末、顺逆、小大、广狭，所以观天道也。"[4] 又说："木生火，火生土，土生金，金生水，水生木，此其父子也。""是故木已生而火养之，金已死而水藏之，火乐木而养以阳，水克金而丧以阴，土之事火竭其忠。故五行者，乃孝子忠臣之行也。"[5] 他就是这样用五行相生的神秘说法，处处与封建的君臣父子关系相比附，统统归结为上天的安排。董仲舒的"天人感应"说和灾异思想，使不多谈鬼神灾异的孔子学说变成充斥阴阳迷信鬼神的西汉"新"儒学，并且与"求雨闭诸阳，纵诸阴，其止雨反是"[6] 的巫术相结合。董仲舒的学说虽然在当时起到巩固封建大一统的作用，但

---

[1] 《汉书》卷五十六《董仲舒传》。
[2] 《春秋繁露·必仁且智》。
[3] 《春秋繁露·基义》。
[4] 《春秋繁露·天地阴阳》。
[5] 《春秋繁露·五行之义》。
[6] 《汉书》卷五十六《董仲舒传》。

由于这位"一代儒宗"对阴阳灾异大力提倡，导致了西汉后期迷信思想的盛行，这是历史为它付出的沉重代价。

董仲舒的"天人感应"唯心思想体系，以后被眭孟、夏侯胜、京房、刘向、翼奉、李寻等所传承。《汉书·艺文志》"六艺略"著录《灾异孟氏京房》六十六篇，刘向《五行传记》十一卷，许商《五行传记》一篇，"术数略"著录五行三十一家，六百五十二卷；《隋书·经籍志》"五行"类目下著录有，京房所撰《风角要占》三卷、《晋灾祥》一卷、《周易占事》十一卷，翼奉所撰《风角要候》十一卷、《风角鸟情》一卷、《风角杂占五音图》五卷等，都是这一时期推言阴阳灾异之作。眭孟在昭帝时，因大石自立、僵柳复起，推《春秋》之意，论说"故废之家公孙氏当复兴"。夏侯始昌"明于阴阳"，能预言柏梁台之灾。夏侯胜在昌邑王时，因"天久阴而不雨"，预言昌邑王将被废。元帝时，中书令宦者石显专权，京房建言："今陛下即位已来，日月失明，星辰逆行，山崩泉涌，地震石陨，夏霜冬雷，……《春秋》所记灾异尽备。"以此劝说元帝疏远石显，卒遭石显报复被杀。翼奉也在元帝时，因连年大水灾、饥荒、地震，遂上书称：灾异频仍的原因，是"二后（按，指宣帝王皇后，此时为皇太后，及元帝王皇后）之党满朝，非特处位，势尤奢僭过度"，阴气太盛。成帝时，李寻也上书推言灾异，谏请"少抑外亲，选练左右，举有德行道术通明之士充备天官"。[①] 西汉后期，不仅儒臣以灾异言政事成为风气，专权的宦官、外戚集团也引灾异来攻击别人，皇帝也常因"灾异"下诏让臣下议政，或因"灾异"更换大臣。仅成帝一朝，即因日食、地震、火灾等"灾异"下诏达十三次。[②] 成帝又因何武上书言灾异，而擢用辛庆忌。[③] 哀帝也因"灾异"用鲍宣言，召用彭宣、孔光、何武，而罢去孙宠、息夫躬等。[④]

刘向《洪范五行传论》、刘歆《洪范五行传论》，由于被采入

---

① 《汉书》卷七十五《眭两夏侯京翼李传》。
② 《汉书》卷十《成帝纪》。
③ 《汉书》卷六十九《辛庆忌传》。
④ 《汉书》卷七十二《鲍宣传》。

《汉书·五行志》，成为今天所能见到的阴阳五行说的代表性言论。刘向著《洪范五行传论》，是结合当时"灾异"，对外戚王氏而发。《汉书》本传具体记载其著述的动机："是时帝元舅阳平侯王凤为大将军秉政，倚太后，专国权，兄弟七人皆封为列侯。时数有大异，向以为外戚贵盛，凤兄弟用事之咎。而上方精于《诗》《书》，观古文，诏向领校中五经秘书。向见《尚书·洪范》，箕子为武王陈五行阴阳休咎之应。向乃集合上古以来历春秋六国至秦汉符瑞灾异之记，推迹行事，连传祸福，著其占验，比类相从，各有条目，凡十一篇，号曰《洪范五行传论》，奏之。天子心知向忠精，故为凤兄弟起此论也，然终不能夺王氏权。"①《汉书·五行志》保存了刘向《洪范五行传论》约一百五十二条。其中论灾异跟后、妃、君夫人及外戚间的关系约三十一条，论灾异跟君王失势、国家败亡间关系约三十九条。这是有意识地利用阴阳五行说做政治斗争的工具，企图抑制外戚王氏势力、维护刘氏皇室。《五行志》也保存了刘歆《洪范五行传论》的材料，约七十三条，尽管论述的对象基本上都在刘向曾经论述的范围内，但没有一条的具体论述与其父意见相同，原因是刘歆是王莽的"国师"，他用阴阳五行说帮助王莽代汉自立。

譬如，解释鲁隐公九年"三月癸酉，大雨，震电；庚辰，大雨雪"，刘向认为这表明君权受到威胁："天戒若曰，为君失时，贼弟佞臣将作乱矣。后八日大雨雪，阴见间隙而胜阳，篡杀之祸将成也。公不寤，后二年而杀。"刘歆则只讲不正常，是天示罚的意思："当雨，而不当大雨。大雨，常雨之罚也。"② 他根本不往君权削弱方面去讲。又如，解释庄公二十四年，"大水"，刘向认为是象征对后妃不利："哀姜（庄公夫人）初入，公使大夫宗妇见，用币，又淫于二叔，公弗能禁。臣下贱之，故是岁、明年仍大水。"刘歆则认为象征着对国君不利："先是严饰宗庙，刻桷丹楹，以夸夫人，简宗庙之罚也。"③ 从不同的意图出发，各自可

---

① 《汉书》卷三十六《楚元王传》附《刘向传》。
② 《汉书》卷二十七《五行志》中之上。
③ 《汉书》卷二十七《五行志》上。

以杜撰比附一套为自己服务的说法——这正是西汉末阴阳五行说演变的特点。

这里还应指出：刘向、刘歆父子在学术思想上各自包含着深刻的矛盾。刘向宣扬阴阳五行说，助长了两汉之际神秘主义思潮的泛滥，但他一再抨击外戚势力对国家的祸害，在当时又有其合理性。他所著《新序》，以历史故事的形式，希望人君进贤能退谗佞，申明"民可载舟，民可覆舟"，对民"宜厚"，否则政权不会长久，省刑罚、"无失民"等道理，并有力地鞭挞统治者穷奢极欲，都具有一定的进步性。① 刘歆宣扬阴阳灾异，助王莽篡汉，其《三统历》也杂糅了天意安排的神秘说法，来解释太初历的天文数据，如讲："元始有象一也，春秋二也，三统三也，四时四也，合而为十……"② 用天人感应之说相附会。但同时，《三统历》又有重要的科学价值，它是我国古代流传下来的一部完整的天文学著作。它的内容有造历的理论，有节气、朔望、月食（没有日食）及五星的常数和运算推步的方法，还有基本恒星的距度。当代天文学家认为它"可以说含有现代天文年历的基本内容"，"被认为是世界上最早的天文年历的雏形"。③ 刘歆的《世经》，用五行相生（即五德终始）之说附会自伏羲、神农、黄帝以来朝代的嬗递，但《世经》又是流传下来的第一部年代学著作。总之，对于西汉后期流行的阴阳五行说，诚如梁启超所说，是"二千年来迷信之大本营"④，应该坚决摈弃，而对其中包含的有价值的东西，则应经过审慎的剔别，予以肯定。

---

① 见《新序》杂事四"哀公问孔子"章，杂事四"梁尝有疑狱"章，杂事五"颜渊侍鲁定公于台"章。
② 《汉书》卷二十一《律历志上》。
③ 陈遵妫：《中国天文学史》第三册第五编"历法"，上海人民出版社1984年版。
④ 梁启超：《阴阳五行说之来历》，《饮冰室合集》文集之三十六，第47页。

二、谶纬说的流行

两汉之际还有谶纬说大肆泛滥,谶又称图谶、谶记,是一种神秘性预言,起源甚早。在古代由于科学知识不发达,不了解自然变化、人事沧桑、国家兴亡的原因,而归结为神秘性的因素所支配。秦始皇时有"亡秦者胡"的说法,就是较早的一种谶言。但在汉代前、中期,一般政治人物和学者都不大引用谶言。至西汉末年,图谶之说大盛,这是当时社会危机增长、局面动荡的一种反映。此时的谶又大多与纬相杂。纬是对经书的解释,并把这种解释托于孔子,其中虽也包含有某些有关天文、历法等自然科学方面的知识,但其主要内容都属神学迷信。而且越沿袭下来,就越发成为神秘杂乱的妖妄之词,并与谶合而为一,故称为谶纬。

西汉成帝时,由于阶级矛盾加剧,社会险象丛生,再度出现了像秦始皇末年那种人心动摇的局面,于是政治性的谶言应运而生。齐人甘忠可造了一部《包元太平经》,神秘性地预言:"汉家逢天地之大终,当更受命于天,天帝使真人赤精子,下教我此道。"① 赤精子指汉高祖,因汉代传说刘邦感赤龙而生,甘忠可即据此造谶言。意即赤精子下凡传达天意,汉家要再受命,要有新人当皇帝。当时因刘向以宗室和大儒身份反对这种说法,甘忠可以妖言惑众被治罪,病死于狱中。哀帝时,王莽势力已成,夺取西汉政权野心毕露,甘忠可的学生夏贺良看准了这一点,进行投机,他继续鼓吹其师"赤精子下凡,汉家要再受命"的谶语,王莽立即加以利用,胁迫汉哀帝宣布"再受命",自称"陈圣刘太平皇帝",这个很怪的称号正隐含天下要归王莽的意思,因为王莽自称虞舜之后,而舜是陈姓。②

---

① 《汉书》卷七十五《李寻传》。
② 见《汉书》卷十一《哀帝纪》及卷九十九《王莽传》。

从此，谶言便和王莽实现其政治野心的企图同步升级。王莽做了"安汉公"还不满足，就有朝臣奏武功长孟通开井，掘出一块白石，上圆下方，石上写有八个红字："告安汉公莽为皇帝。"于是王莽做了假皇帝，群臣称为"摄皇帝"。居摄三年（8）齐郡临淄亭长报告说，有神人给他托梦：天公要摄皇帝做真皇帝，亭中开了一口新井为证。次日一早果然见亭中开有一口百尺深的新井。又有巴郡献来石牛，扶风献来石文。王莽派人去看时，等刮过一阵狂风之后，石牛前留着一幅铜符帛图，上写："天告帝符，献者封侯，承天命，用神令。"于是王莽又只好顺应天命，去掉"摄皇帝"的"摄"字，群臣直称"皇帝"。至此王莽代汉只差正式登基、废掉汉帝称号这最后一个步骤。有个无赖哀章（广汉郡人，当时在长安读书）揣透王莽这种心思，便造谶言施行更大的骗术。他预先造两个铜匮，一个上写"天帝行玺金匮图"，一个上写"赤帝行玺某传予黄帝金策书"，表示上帝发布命令，赤帝刘邦应该传玺于黄帝。还有天书，说王莽应该做真天子。还有八个大臣的姓名，哀章本人是其中之一。于是王莽应谶言登上天子位，定国号"新"。哀章任国将，封"美新公"，与封为国师、嘉新公的刘歆，同列上公。①

图谶在王莽废汉自立过程中发挥的奇迹般的作用，遂造成当时一种普遍的社会心理：谁符合了图谶，谁才是符合天命的"真命天子"，才无可争辩地得到拥护。在西汉末群雄并起的局面中，刘秀及其周围人物也学到了王莽的这一套，利用制造谶言，把刘秀神化。刘秀起兵时，南阳人李通便造出谶言："刘氏复起，李氏为辅。"经过三年征战，刘秀已经成为中原地区最有希望统一中国的势力，然而，他还必须求助于图谶，才能具有强大的号召力。当手下将领劝他做皇帝，他本人还在迟疑之时，先前在长安的同学强华从关中带来《赤伏符》，上写："刘秀发兵捕不道，四夷云集龙斗野，四七之际火为主。"用三句谶文宣布刘秀称帝是天命所归，于是刘秀正式登上帝位，在祭群神的祝文上，堂而皇

---

① 见《汉书》卷九十九《王莽传》。

之写上精心修改过的谶语:"刘秀发兵捕不道,卯金修德为天子。"① "卯金"指"刘"字,把刘氏称帝的预言说得更明显,更利于鼓动人心。

当时刘秀与割据巴蜀的公孙述之间不只展开军事斗争,还有图谶之争。原因是公孙述也学得王莽、刘秀的法子,他在蜀称帝时也征引谶语:《录运法》上讲"废昌帝,立公孙";《括地象》上讲"帝轩辕受命,公孙氏握";《援神契》上讲"西太守,乙卯金"(乙同"轧",卯金指刘秀)。他还一再向中原传寄书信宣扬这一套。刘秀对此很苦恼,害怕这些谶语"感动众心"。为了取得主动,他对谶语作了有利于自己的解释。他致书公孙述说:"图谶言'公孙',即宣帝也。"② 这样转手之间,原来预言公孙氏立为帝的谶语,又被刘秀抢过来变成为他自己服务的法宝,所以他在信末落款自称"公孙皇帝",演出一场以图谶对图谶之战。

图谶的地位达到了顶峰是在建武三十二年(56)。此时光武帝年届六十二岁,正月斋戒时夜读《河图会昌符》,强烈地感受到谶纬对东汉朝廷具有性命攸关的作用。于是诏令虎贲中郎将梁松搜集谶纬中有关"九世封禅"的话,"九世"指从刘邦至刘秀共九代,他要在晚年大大加以显扬。③ 原来他因主张节俭不行封禅,这时他决定要学汉武帝,上泰山祭祀天地。遂在泰山顶上刻石勒铭,向全国宣布由他钦定的八十一篇谶纬,赋予它们以权威的地位。这篇铭文还以近一半的文字,详细地引载谶纬书上有关"九世受命"的神秘性语言,其中有:《河图赤伏符》云,"刘秀发兵捕不道,四夷云集龙斗野,四七之际火为主"。《河图会昌符》云,"赤帝九世,巡省得中,治平则封,……帝刘之九,会命岱宗,诚善用之,奸伪不萌"。还有《河图合古篇》曰"帝刘之秀,九名之世,帝行德,封刻政"等。④ 铭文中还用"《河》《洛》命后,经谶所传","受命中兴","以承灵瑞"一类话,为

---

① 《后汉书》卷一上《光武帝纪上》。
② 《后汉书》卷十三《公孙述传》。
③ 《续汉志·祭祀上》。
④ 《续汉志·祭祀上》。

东汉朝廷加上层层神秘光圈。这就是有名的光武帝"宣布图谶于天下"。尊称图谶为"经谶",也说明这类妖妄言词,已经取得和儒家"经典"相同的地位。当时有个薛汉即以谶纬为专业,所教弟子达数百人。

由于光武帝的提倡,东汉初几十年间,几乎所有的国家大事都要决定于图谶。这些大事包括:

(一) 决定大臣的任命

光武帝在谶文中读到一句"孙咸征狄",恰好手下有个孙咸,就命他为平狄将军,行大司马事。他读到《赤伏符》有一句:"王梁主卫作玄武",当时野王令是王梁,战国末年卫即被迁于此,玄武是水神,东汉司空是主管水土之官,光武便任他为大司空。① 尹敏受命负责校定谶纬书,他见到只要谶文上有名字,一夜之间便可授高官,于是也想侥幸得逞,在纬书缺文中加了一句:"君无口,为汉辅。"不料被光武认出是他的字体,没有当成官,但也未予治罪。② 东汉初功臣云台二十八将也不能冷落在图谶之中,所以到安帝时,也下诏确认他们是"谶记有征",用附会图谶的方法给他们以特殊的表彰。③

(二) 论定皇帝功德

章帝及群臣商议为明帝立庙号,特别称颂他"聪明渊塞,著在图谶"④。这是指《河图》上讲:"《图》出代,九天开明,受用别典,十代以光。"还有《括地象》讲:"十代礼乐,文雅并出。"刘邦至刘秀是九代,加上明帝正是十代。皇帝值得颂扬与否,也必须用图谶来评定。

---

① 见《后汉书》卷二十二《王梁传》。
② 见《后汉书》卷七十九上《儒林传上》。
③ 见《后汉书》卷十七《冯异传》。
④ 见《后汉书》卷三《肃宗孝章帝纪》。

(三) 决定一代礼仪大事

建武二十六年（50），南单于、乌桓降，张纯案七经谶请立辟雍。明帝永平三年（60）下诏，称：由于《尚书·璇机钤》上讲"有帝汉出，德洽作乐名予"。便决定把郊庙之乐改为《大予乐》，乐官称为大予乐令，也应合图谶。此事原出于曹充的建议，故此曹充及其子褒在明章时，因杂引谶言成为制礼的权威。曹褒在章帝时，曾以五经谶记纠正叔孙通所定汉礼仪，重新编定汉礼百五十篇。后因翟酺、尹敏反对而未行。章帝时，樊鯈与公卿定郊礼仪，以谶记修正五经异说。章帝时颁行四分历的诏令，亦引用谶文作为依据。[①]

(四) 图谶与儒家经典相依存，相杂糅

明帝时，诏令东平王刘苍正五经章句，命令他一律依据谶语。章帝时，贾逵争《左氏传》立博士，其重要理由，是《左氏传》与图谶相符合，胜过《公羊传》。贾逵说，五经都没有证明汉家皇帝刘氏出于尧后的谶言，唯独《左氏传》书上有明文。其他经书上都找不出尧是火德的根据，独《左氏传》上能找到。如果不能证明尧是火德，则不能证明汉代必须尚赤。贾逵的结论是：《左氏传》是与图谶相发明的，实在有很多补益，所以有充分的理由立为博士。[②] 明帝时皇帝亲自裁定的《白虎通义》，就是把儒家经书与图谶混在一起，互相杂糅而成。清代学者庄述祖对此有专门研究，他论定：《白虎通义》一书是"傅以谶记，援纬证经，自光武以《赤伏符》即位，其后灵台、郊祀，皆以谶决之，风尚所趋然也。故是书论郊祀、社稷、灵台、明堂、封禅，悉隐括纬候，兼综图书，附世主之好"[③]。庄氏讲得十分中肯：由

[①] 均见《续汉志·祭祀上》。
[②] 见《后汉书》卷三十六《贾逵传》。
[③] 庄述祖：《白虎通义考序》，见《珍艺宦文钞》卷五。

于皇帝爱好谶纬,而且也是当时的风气所决定,《白虎通义》中论郊祀、封禅等项礼仪,都是把经书与谶纬杂糅起来叙述的。

三、儒学内部朴素理性精神的发扬

汉代阴阳五行说和谶纬说的流行并非偶然,是统治者为了神化皇权,有意识地提倡和利用造成的恶果,其性质,是中世纪的神学体系。阴阳灾异与图谶的宣扬者,打的是"尊经""崇圣"的旗号,但是显而易见,它们跟孔子学说中具有积极意义的部分是相对立的,故是思想史上的一股浊流。孔子学说中有浓厚的保守、消极的成分,这只是一方面;另一方面,孔子又有许多具有积极意义的主张。《论语》中说:"子不语怪、力、乱、神","敬鬼神而远之","未能事人,焉能事鬼",①孔子所修《春秋经》也"纪异而说不书"②;孔子又重视史事的记载和文献的甄别整理,反对主观臆测,故《论语》中又说:"多闻阙疑,慎言其余","毋意,毋必,毋固,毋我"。③——这些都被后代进步的儒家学者所继承,形成儒学内部朴素理性精神的传统。而阴阳灾异说和谶纬说却是愚昧荒诞的意识,用唯心邪说扰乱人们的头脑,传播极其荒谬的历史观和文化观。按照灾异说、谶纬说的逻辑,国家的治乱、历史的推演不是政治兴衰、人心向背等因素决定的,而是所谓的神意安排,由几句神秘难解的妖妄言词所预先注定的!如果不抵制这种妖妄的邪说,将是民族文化思想可悲的倒退。

在东汉初迷信思想势头最大的时候,就有进步的学者敢于起来进行批评和抵制,代表人物是桓谭、王充、张衡。桓谭等人的言论和行动,使儒学朴素理性精神的传统焕发出光彩,在思想史上作出了贡献。桓谭(前?—56)因反对图谶而与光武帝在朝廷

---

① 分别见《论语》之《述而》《雍也》《先进》篇。
② 《史记》卷二十七《天官书》。
③ 分别见《论语》之《为政》《子罕》篇。

上发生冲突，最后被流放而致死。桓谭眼见光武帝宣布图谶为"国宪"，用谶言决定朝廷大事，便上书提出尖锐的批评："观先王之所记述，咸以仁义正道为本，非有奇怪虚诞之事。……今诸巧慧小才伎数之人，增益图书，矫称谶记，以欺惑贪邪，诖误人主，焉可不抑远之哉！臣谭伏闻陛下穷折方士黄白之术，甚为明矣；而乃欲听纳谶记，又何误也！其事虽有时合，譬犹卜数只偶之类。陛下宜垂明听，发圣意，屏群小之曲说，述五经之正义，略雷同之俗语，详通人之雅谋。"他用激切犀利的言辞强调三点：一是图谶同以仁义为本的儒学格格不入；二是宣扬图谶者使用的是欺骗手段，身为帝王却相信图谶妄言，全是受骗上当；三是帝王应坚决摒弃谶纬邪说，斥逐制造妄言的小人，回到儒家经典的正路上来。桓谭具有如此卓识的谏言，却引起光武的"不悦"。随后，即在朝廷上爆发了一场君臣间的争论。当时议建造灵台，地址尚未选好，光武帝在满朝文武官员商议时，问桓谭说："吾欲以谶决之，何如？"桓谭沉默良久，面对巨大压力，仍不作违心之论，回答说："臣不读谶。"接着又当着大臣们的面，批驳图谶的荒谬，不能置信。光武帝于是大怒，责骂桓谭"非圣无法"，要将他处斩。桓谭只好叩头请罪，直至流血，光武帝才平息了怒气。但却罢了这位七十多岁老人议郎给事中的官职，并将其撵出京城，流放外地，做六安郡丞，以示处罚。桓谭在流放路上抑郁而死。[①] 有的学者，如贾逵（30—101），虽曾为争《左传》立为博士而引图谶作论据，但内心并不信谶，故又"摘谶互异三十余事，诸言谶者皆不能说"[②]。

　　王充（27—约97）和张衡（78—139）则从逻辑道理上驳斥图谶的荒谬。王充很敬重桓谭，二人在反对图谶上更为一致。《论衡》书中批评说："谶书秘文，远见未然，空虚暗昧，预睹未有，达闻暂见，卓谲怪神，若非庸口所能言。"指出谶纬书上所谓预知未来，全是诡诞怪异的说法，根本违背了常理。他举出例

---

① 以上引文均见《后汉书》卷二十八上《桓谭传》。
② 《后汉书》卷五十九《张衡传》。

证，谶记上称"孔子将死，遗谶书曰：'不知何一男子，自谓秦始皇，上我之堂，踞我之床，颠倒我衣裳，至沙丘而亡。'"事实是，秦始皇三十七年十月出游，从会稽北还，傍海而行，经过琅邪，北至劳、成，西还至平原津而病，至沙丘而卒。故此王充反驳说："既不至鲁，谶记何见而云始皇至鲁?"他进而从逻辑上论证：凡要做到判断和预言，都得依据既有的事实，"缘前因古，有所据状"。同样的道理，圣人论断祸福，也必须"揆端推类，原始见终，从闾巷论朝堂，由昭昭察冥冥"。[①] 毫无凭据而作预言，只能是虚造的妄说！谶纬书上所讲孔子预言"不知何一男子……"云云，即是此类。张衡是东汉和帝、安帝、顺帝时人，他上书论述谶纬"虚妄，非圣人之法"。他驳斥谶纬说法与人们共知的历史事实相乖戾，譬如《尚书》上载大禹治水，而《春秋谶》却胡说"共工理水"，益州的设置明明在武帝时，《春秋元命苞》却说春秋时"别有益州"，可知都是凭空捏造。张衡又指出：图谶被称为能预见未来，但是顺帝废而复出的事，为何又不能预知？所以张衡的结论是："此皆欺世罔俗，以昧势位，情伪较然，莫之纠禁。""譬犹画工，恶图犬马而好作鬼魅，诚以实事难形，而虚伪不穷也。宜收藏图谶，一禁绝之，则朱紫无所眩，典籍无瑕玷矣。"[②] 张衡从史实和逻辑上批驳图谶，突出地显示出求实、理智的态度，这同他在自然科学上取得伟大成就是有内在联系的。

我们在讨论汉代进步学者抵制神学迷信浊流的功绩时，对于《史记》和《汉书》这两部古代优秀史著所起的作用，也应予足够的估价。《史记》记载夏、商、周的嬗代，秦的灭亡，汉的兴起，都是以史实为依据，从治国政策的得失、民众生活的情况等出发的。《汉书》继承了《史记》的优良传统。《汉书》记载西汉盛衰至王莽灭亡，以丰富的史实，表明班固强调历史演进主要决定于政治家的活动和人心的向背，而对在东汉初年被奉若神明

[①] 引文均据《论衡·实知》。
[②] 《后汉书》卷五十九《张衡传》。

的谶纬说法根本不提。《汉书·艺文志》著录天下图书,却对当时大量存在的谶纬书摈弃不载。班固讲诸子出于王官、儒家是诸子之一,孔子是先师,是学者,而不是神怪,儒家经典是文化典籍,这些都与谶纬针锋相对。班固还在《汉书·王莽传》中揭穿王莽制造谶语夺取帝位的欺骗伎俩,更是对谶纬妖妄本质的有力揭露。他把秦的败亡和王莽的灭亡都归结于倒行逆施:"昔秦燔《诗》《书》以立私议,莽诵六艺以文奸言,同归殊途,俱用灭亡。"① 这里的"奸言",就是指王莽利用图谶制造的妖言。《史记》和《汉书》的内容,代表了在历史范围内发扬孔子学说中朴素理性的精神。被公认为信史的《史》《汉》,即为后人认识我们民族历程提供了有说服力的依据,这对于中国中古文化走上一条跟欧洲中世纪神学体系判然不同的途径,起着不容低估的保证作用。这也是马班史学巨著对于民族文化的巨大贡献。正是由于进步的学者和著作一再对迷信邪说进行抵制、批评,谶纬的欺骗作用逐渐缩小。至隋炀帝时,朝廷终于明令禁毁。

---

① 《汉书》卷九十九下《王莽传下·赞》。

今文公羊学说的独具风格和历史命运

一、理解公羊学说的钥匙

在中国学术文化史上,公羊学说作为今文经学派的中坚,曾经在思想领域和政治领域扮演过重要的角色,而其历史命运陡升陡降,近乎离奇。在西汉时代,今文公羊学说盛行于世,不但学者宗从,而且受到帝王的尊奉。到东汉末以后,它却消沉达一千余年。到了清朝中叶,才有学者重新提起,随之崛起,至嘉道年间,由于封建社会已到衰世和外侮的逼迫,今文公羊学说经过进步思想家的改造,成为批判专制、唤起人们危机意识的武器。晚清维新派人物更把它与西方政治学说相糅合,锻造成为倡导维新改革的理论纲领,公羊学说在社会上风靡一时;而晚清"新学"的传播,也得力于公羊学说对旧思想体系的冲决作用至巨。

今文公羊学说在19世纪末最后一次波涛涌起的平息,距离今天时间并不算遥远。可是,近几十年来,对于这一在历史上曾两度成为"显学"、与中国历史进程和学术变迁曾经大有关系的学说,除了有一二学者加以探讨、评论外,其他则绝少有人提起,甚至还使人感到陌生得很。产生这种情况,固然与时过境迁、往事容易淡忘有关。而更为深刻的原因是,由于公羊学说在理论上具有独特性,如果以长期流行的古文经学的眼光对待,会感到不好理解甚至怪诞诡异。它的理论发端是极其古朴的,而经过长期的推演,却发展成为复杂的体系;它具有进步的、富有哲理性的学说精华,却包含在"非常疑义可怪之论"的外在形式之中,而且提出了一系列有独创性的命题。这就必须仔细地寻绎公羊学家的论著,深入地作具体分析,解开其内容与形式的矛盾,探究和诠释其独特的命题。近代著名的今文学大师康有为对此曾有过很恰切的比喻:如同不懂四元、借根、括弧等就无法解开算学题一样,若对公羊学的"大一统""张三世""通三统"等无所知,就无法理解公羊学说。① 掌握、探究其理论命题这把钥匙,结合不同时代条件的变迁,方能对这一联系中国古代和近代的儒家学派之演进脉络,以及它所经历的戏剧性命运,作出一番清理和总结。

二、公羊学主体的形成及其学术特色

公羊学说的源头,在于《春秋》之"义";而《公羊传》对《春秋》大义的解释,便构成了公羊学说的核心。

《春秋》是儒学最重要的经典之一,又是我国最早的编年史,它记载自鲁隐公至鲁哀公共二百四十二年史事,只用了大约一万五千字,文字最少的一条只有一个字。传统的说法是孔子依据鲁国史册修成《春秋》,如司马迁所说:孔子"论史记旧闻,兴于鲁而次《春秋》,上记隐,下至哀之获麟,约其辞文,去其烦重"②。历来绝大多数学者对此没有怀疑。记载如此简略的《春秋》,在二千多年中国学术史、政治史上却有重大而深远的影响,

---

① 见康有为《春秋董氏学·春秋例第二》,中华书局1990年版,第26页。
② 《史记》卷十四《十二诸侯年表·序》。

原因在于人们普遍认为，《春秋》简略的文辞寓含着孔子的褒贬书法，孔子借此以表达他的政治观点和社会理想，这就是《春秋》重义的特点。如《史记》说，孔子"为《春秋》，笔则笔，削则削，子夏之徒不能赞一辞"①。《公羊传》即以口说相传，阐发《春秋》的"微言大义"。

与公羊学派的认识相通的，是儒家巨擘孟子，他对《春秋》重"义"作了精辟绝伦的评价，认为《春秋》的"义"具有纲纪天下的作用，孔子修《春秋》是"行天子之事"。孟子将孔子修《春秋》的事业与尧、舜、禹、文王、武王、周公这些人物对中国统一之历史功绩相并列，说："世衰道微，邪说暴行有作，臣弑其君者有之，子弑其父者有之。孔子惧，作《春秋》。《春秋》，天子之事也。是故孔子曰：'知我者其惟《春秋》乎！罪我者其惟《春秋》乎！'""孔子成《春秋》而乱臣贼子惧。"② 这深刻地说明，《春秋》寄托着孔子的政治理想，孔子因目睹王室衰微，原有的政治秩序陷于崩坏紊乱，恐惧日后情形将越发不可收拾，他要挽狂澜之既倒，于是采取修《春秋》的方式，以褒贬为手段，重整纲纪，匡正君臣上下关系，明是非，别善恶，要使社会恢复到他所希望的"礼乐征伐自天子出"的"天下有道"局面。孔子这样做，是针砭世事以垂法后人，具有极大的政治威力，因此才使"乱臣贼子惧"。孟子又说："王者之迹熄而《诗》亡，《诗》亡然后《春秋》作。……其事则齐桓、晋文，其文则史。孔子曰：'其义则丘窃取之矣。'"③ 进一步说明修《春秋》的意义在于继承"王天下"、实现中国统一的大事业，在史事、史文、史义三者之中，最重要的是"史义"，此乃行天子之事，为后世立法。

《春秋》具有如此重要的价值（但从其简略的文字难以理解），是依靠《春秋公羊传》专门解释其中的"微言大义"，凸现《春秋》纲纪天下的作用，并由此形成了公羊学说的核心，在

---

① 《史记》卷四十七《孔子世家》。
② 《孟子·滕文公下》。
③ 《孟子·离娄下》。

儒学中独树一帜。《公羊传》阐释《春秋》的微言大义,按古人所极言,"其旨数千"。举其最为关键者,有如下四项。

首先是"大一统"观念,把它放在全书的首要地位,上升为儒家的重要理论,因而在历史上产生了难以比拟的巨大影响。《公羊传》开宗明义提出"大一统"说,强调统一的王权具有绝对的权威,强调全中国范围的统一具有至高无上的意义。《公羊传》鲁隐公元年解释《春秋》何以首书"春王正月",曰:"元年者何?君之始年也。春者何?岁之始也。王者孰谓?谓文王也。曷为先言王而后言正月?王正月也。何言乎王正月?大一统也。"这一"大一统"理论纲领,贯穿在对《春秋》所载许多具体史实的解释之中。如僖公二十八年(前632)践土之盟,实际上是晋文公召周天子赴会,《春秋》却讳之曰:"天王狩于河阳。"《公羊传》于此揭示出孔子维护周天子的尊严、反对以臣召君做法的深刻寓意:"公朝于王所。曷为不言公如京师?天子在是也。天子在是,则曷为不言天子在是?不与致天子也。""天王狩于河阳。狩不书,此何以书?不与再致天子也。"一再表示对晋文公不尊重王权的做法之严正谴责。经过《公羊传》的总结,"大一统"说成为《春秋经》的首要大义,成为孔子这位儒家圣人提出来的最高政治指导原则,要求全中国臣民和社会生活的各个方面都应绝对服从于统一的王权之下。以后董仲舒、何休、庄存与这些著名的公羊学家,都极其重视结合当时的政治现实,大力发挥"大一统"学说。

其次,《公羊传》从"大一统"观出发,在民族问题上阐发了很深刻的思想,体现了理智的态度。《公羊传》主张"内其国而外诸夏,内诸夏而外夷狄",因为当时"诸夏"即中原地区,处于较先进的社会阶段,应该阻止处于较后进阶段的"夷狄"对中原地区的袭扰。因此,《公羊传》作者肯定齐桓公北伐山戎、南服楚,称赞是"王者之事",即有助于实行王者大一统的事业。见于僖公四年传,曰:"南夷与北狄交,中国不绝若线。桓公救中国而攘夷狄,卒怗荆,以此为王者之事也。"尤其值得注意的是,《公羊传》不是以种族、血统来区分"诸夏"与"夷狄",

而是以文明道德来区分，所以，"夷狄"在文明上进步了，可以称"子"，受到赞许，而诸夏在文明或道德上倒退了则视为"新夷狄"。这是公羊学有利于多民族国家形成和巩固、有利于民族文化交流和进步的很光辉的思想。《公羊传》宣公十二年载楚庄王伐郑而舍郑、迎战晋军，大战之后又让其退走的过程，证明楚庄王能讲礼义，在文明和道德上远胜晋人，故赞许楚王有礼，进爵为"子"，而对诸夏的晋国加以贬责。《公羊传》定公四年又记载："冬，十有一月庚午，蔡侯以吴子及楚人战于伯莒。""吴何以称子？夷狄也而忧中国。"赞扬原先落后的吴，现在能"忧中国"，文明和道德大有提高，故进爵为"子"。至春秋尾声，吴北上取得中原盟主的地位，有利于诸夏局面的稳定，于是《公羊传》又明确表示"重吴"。此即哀公十三年所载："公会晋侯及吴子于黄池。吴何以称子？吴主会也。……不与夷狄之主中国，则曷为以会两伯之辞言之？重吴也。曷为重吴？吴在是，则天下诸侯莫敢不至也。"《公羊传》这种以文化和道德区分"诸夏""夷狄"，视为可变概念的观点，是战国以后民族间的交流融合加快，特别是汉代民族关系发展这种社会现实的反映。经过《公羊传》的概括、阐释，不以种族，而以文化区分民族的先进和落后，就成为《春秋》大义，成为儒家思想宝贵精华之一。

再次，《公羊传》创造性地提出"三世说"朴素进化观的重要命题。《公羊传》先后三次讲"所见异辞，所闻异辞，所传闻异辞"[1]。这是后来学者推演的"公羊三世说"的雏形，其中包含着极其宝贵的历史变易观点，人们可以据以发挥，划分历史发展的不同阶段。"异辞"即用辞不同。亲见的时代、亲闻的时代、传闻的时代，为何用辞不同？这不仅因时代远近不同，还因史料掌握详略不同，文字处理也因而不同。不仅如此，《公羊传》又有特别的解释："定、哀多微辞，主人习其读而问其传，则未知己之有罪焉尔。"[2] 讲的是时代越近，孔子因惧祸而有所忌讳，故

---

[1] 见《春秋公羊传》隐公元年、桓公二年、哀公十四年。
[2] 《春秋公羊传》定公元年。

多采用隐而不显的"书法"。司马迁接受了《公羊传》这一观点，并作进一步解释："孔氏著《春秋》，隐、桓之间则章，至定、哀之际则微，为其切当世之文而罔褒，忌讳之辞也。"① 《公羊传》又解释《春秋》何以终于哀公十四年。作者的看法是："备矣。"至此已完全齐备。后来何休解释说，因西狩获麟，瑞应显现，"见拨乱功成"②。以上所说，除证明《春秋》是一部重褒贬的政治书外，还有两层意思：一是，孔子著《春秋》，因所见、所闻、所传闻这三个时代的不同特点，采取了不同的态度和书法；二是孔子修这部《春秋》，起自隐公之时是不完备的，最后到哀公十四年才达到完备齐全。这样，《公羊传》再三强调"所见异辞，所闻异辞，所传闻异辞"，就包含着对历史的一个很宝贵的观点：不把春秋二百四十二年视为凝固不变或混沌一团，而看作可以拿一定标准划分为各有特点的不同发展阶段。这种历史变易观点，在中国"述而不作"风气甚盛的文化氛围中，更显示出其独特的光彩和价值。此后在两汉和清代嘉道以降，处在中国封建社会这两个变动最激烈的阶段，思想深刻的公羊学者，即能结合时代的感受，从中得到启迪，并且推演新说，使公羊学说对推进社会变革产生巨大的作用。

最后，拨乱反正，以待后圣，也是《公羊传》所阐发的一项极其重要的《春秋》大义。与首篇开宗明义讲"大一统"相呼应，《公羊传》的终卷突出《春秋》具有拨乱反正的政治威力，为后世立法。《春秋经》的终篇为何郑重地记载"西狩获麟"？《公羊传》解释说："曷为为获麟大之？麟者，仁兽也，有王者则至，无王者则不至。"意思是不寻常的"仁兽"麟的出现，是王者的瑞应、"受命之符"，表示新的天子要出现了，代周而起，所以孔子作《春秋》不是普通的史书，而是具有重新安排天下秩序的意义。《公羊传》进一步强调"为后王立法"的政治意义："君子曷为为《春秋》？拨乱世，反诸正，莫近诸《春秋》。则未

---

① 《史记》卷一百一十《匈奴列传·赞》。
② 《春秋公羊解诂》哀公十四年。

知其为是与？其诸君子乐道尧、舜之道与？末不亦乐乎尧、舜之知君子也？制《春秋》之义，以俟后圣，以君子之为，亦有乐乎此也。"① 强调这部《春秋》是孔子有意修成的政治书，通过明是非、别善恶，以绳当世，为后王制法，故是拨乱反正的最高准则。而倡导"大一统"、正君君臣臣的关系、夷狄而忧中国则进爵称"子"、诸夏倒退则为"新夷狄"等项，也无不具有拨乱反正的意义。

《公羊传》最早的传人是公羊高，为子夏门人。② 先是经过长期的口头传授③，至汉景帝时由公羊寿、胡毋生著之竹帛。胡毋生和董仲舒二人都因通《公羊传》而同为汉景帝博士。④ 以后的传人有眭孟、严彭祖和颜安乐。⑤《公羊传》系用汉代通行的隶字写定，与汉初流传的齐、韩、鲁三家《诗经》、伏生所传《尚书》等经典，称为今文学派。《公羊传》以精深的哲理和密切联系社会现实，成为今文学派的主要代表。西汉又有《春秋左氏传》（即《左传》）及《毛诗》《逸礼》《古文尚书》等典籍，是经过秦焚书和秦末大乱之后，散落于民间，或藏于屋壁，而后发现的，因是用先秦文字书写，与用西汉通行的隶字书写的今文经传不同，被称为古文经传。今文和古文，最初是文字记载的歧异、训读的不同，以后又形成学派之间地位高下，不同的政治、学术指导思想和不同学风的激烈斗争。

从记载简明、褒贬书法不甚明显的《春秋》，到大力推演"微言大义"的《公羊传》，从一个侧面反映了儒家学说的发展，形成了一个以发挥"义理"为特色的公羊学派。《公羊传》通过它所阐释的《春秋》大义和基本命题，形成了鲜明的独特风格，概括来说是为三项：（一）政治性。它视《春秋》为一部政治书，

---

① 《春秋公羊传》哀公十四年。
② 据陆德明《经典释文·序言》。
③ 据《春秋公羊解诂·序》徐彦疏所云，自战国至汉初，经过六代口说传授，即：子夏——公羊高——公羊平——公羊地——公羊敢——公羊寿。公羊寿为汉景帝时人。
④ 《史记》卷一百二十一《儒林列传》。
⑤ 《汉书》卷八十八《儒林传·胡毋生传》。

讲"改制",尊奉王权,主张一统,拨乱反正,为后王立法;而作为古文学派的主要代表《左传》则视《春秋》是一部历史书,注重史实而少讲"义理"。(二)变易性。它有一套"三世说"历史哲学,认为历史是变易的,可以按一定的标准划分为不同的发展阶段,其思想内核是朴素进化观,为"改制"的主张提供哲学基础;而古文学派则往往与"尊古""信古",甚至视三代为黄金时代的观点联系在一起。(三)解释性。它专门阐发"微言大义",可以根据现实的需要,对《春秋》之义加以解释或比附,以这种解释经义的方式发挥自己的政治见解,在时代激烈变动时期更便于容纳新思想;古文学派则注重文字、训诂,学风迥然而异,对于公羊学派的大胆解释或比附,往往感到骇怪。

三、两汉时期公羊学说的发展

西汉时期,经过秦末大乱以后,需要重建并巩固封建统一国家,需要创建适应封建生产关系成长和版图规模远远超过前代的制度。而《公羊传》倡导"大一统"、尊奉王室、拨乱反正、为汉代立法,作为孔子学说的根本大义,这就恰恰符合时代的需要,经过大儒董仲舒进一步发挥,成为西汉皇朝政治指导的学说,因而显赫于世。

汉武帝继承了乃祖乃父创建的基业,物质财富积累丰厚,国力达到强盛,客观上要求在巩固统一、兴建制度上有一番大的作为。汉武帝本人雄才大略的性格具备着担当这一时代使命的主观条件,而他需要有指导行动的理论。董仲舒的春秋公羊学恰恰适时地为他提供了一件既有权威性、又便于发挥的理论武器。在《天人三策》中,董仲舒发挥了公羊学"为后王立法"的观点,向武帝作出两项极其重要的建言。其一,治国的办法需要"更张""改制"。他指出,汉朝是在推翻秦朝的基础上建立起来的,但治国的方针却继承了秦"任法以治",其结果,"法出而奸生,令下而诈起",致使秦朝实行严刑峻法的遗毒至今未灭。这是从根本上违反孔子学说和《春秋》大义,因此需要"改制"。"改制"的内容,不仅包括改正朔,易服色,确定官室旌旗之制等项,更为关键的是必须以"任德教"取代"任刑法"。他说,根据《春秋》大义,"王者承天意以从事,故任德教而不任刑"。因此治国的方针应该改变到依靠实行德政、教化为主的方针上来,"教化立而奸邪皆止"。重视"教化",就要兴办教育,提高官员和士人的智识水平和道德修养,为此,董仲舒在对策中提出的具体办法有:"兴大(太)学,置明师";并要求废除按资产授任官吏、靠积日累久决定升迁的办法,改为实行按德行、才能,由全国各地荐举的办法,"使诸列侯、郡守、二千石各择其吏民之贤者,岁贡各二人以给宿卫,且以观大臣之能;所贡贤者有赏,所贡不肖者有罚。夫如是,诸侯、吏二千石皆尽心于求贤,天下之士可得而官使也。遍得天下之贤人,则三王之盛易为,而尧舜之名可及也。毋以日月为功,实试贤能为上,量材而授官,录德而定位,则廉耻殊路,贤不肖异处矣"。其二,要求根据《春秋》"大一统"的原则,实行思想文化领域的"大一统",确立儒学在封建意识形态中的"独尊"地位:"《春秋》大一统者,天地之常经,古今之通谊也。今师异道,人异论,百家殊方,指意不同,是以上亡以持一统;法制数变,下不知所守。臣愚以为诸不在六艺之科、孔子之术者,皆绝其道,勿使并进。邪辟之说灭息,然后统纪可一而法度可明,民知所从矣。"① 董仲舒的建言和武帝的赞许,宣告了春秋公羊学说成为西汉国家指导思想地位的确立,武帝的改正朔,制太初历,立学校之官,罢黜百家,州郡举茂材孝廉,其议皆由董仲舒发之。而董仲舒以公羊学说为指导提出的治国必须以教化为先、实行德政和任刑相结合的理论,对于汉代以后长期封建社会更有深远影响。

董仲舒又著有《春秋繁露》十七卷,大力推阐《公羊传》"微言大义",与《天人三策》相表里,提出一整套大一统、皇权神授、德刑并举、维护等级名分、天人感应的理论,由此董仲舒

---

① 以上引文均见《汉书》卷五十六《董仲舒传》。

的公羊学说俨然成为西汉封建大一统国家的官方哲学。司马迁著《史记》即称誉"学士皆师尊之"①。董仲舒先后任江都王相、胶西王相,晚年病免归家,然朝廷如有大议,常"使使者及廷尉张汤就其家而问之,其对皆有明法"②。董仲舒因精通公羊学而受到朝廷礼遇,公孙弘更因通《公羊传》而官至丞相。当时,瑕丘江公因通《春秋穀梁传》著名,欲与公羊学争高下。"上使与仲舒议,不如仲舒。而丞相公孙弘本为公羊学,比辑其义,卒用董生。"汉武帝推尊公羊学还有一个重要事实:他因本人喜爱公羊学说,而诏令太子向董仲舒学习《公羊传》,"由是《公羊》大兴"。③

历西汉武、昭、宣各朝,公羊学说成为议定国家大事的重要依据和处理重要难题的标准。武帝元朔年间,淮南王谋反事发,武帝令董仲舒弟子吕步舒"持节使决淮南狱,于诸侯擅专断,不报,以《春秋》之义正之,天子皆以为是"④。昭帝始元年间,曾发生有人假冒卫太子出现在长安城,引起吏民聚观达数万人,京城一时混乱的事件。京兆尹隽不疑精通《公羊传》,引用鲁哀公三年传文为依据,当即喝令将假冒者抓进监狱,迅速平息了这场巨大的风波,令在场的数万吏民人人信服。⑤ 汉昭帝和大将军霍光对隽不疑大加赞许,要求大臣们都仿效他,"用经术明于大谊"⑥。又此后,昭帝无子嗣而卒,朝臣先迎立昌邑王刘贺继位。刘贺荒淫昏乱至极,登位二十七日便做出一千一百二十七件错事。然而刘贺已立为皇帝,要由臣下废掉,事情非同小可。于是

---

① 《史记》卷五十六《董仲舒传》。
② 《汉书》卷五十六《董仲舒传》。
③ 《汉书》卷八十八《儒林传》。
④ 《史记》卷一百二十一《儒林列传》。
⑤ 卫太子即原先武帝所立太子刘据,九年前在巫蛊之祸引起的混乱中自杀,但因太子受冤而死,老百姓又有传言,说太子未死,尚流落民间,冒充者即企图借此招摇撞骗。隽不疑以熟习《公羊传》进身,他平息这场混乱的根据是,《公羊传》哀公三年载:卫太子蒯聩与卫灵公夫人不和,出奔晋国。尔后被晋国护送欲入卫,其子、后立的国君辄拒纳。按《公羊》解释,蒯聩为无道,灵公逐蒯聩而立辄,辄拒而不纳符合于"义"。故果断地喝令从吏将冒充者收缚。
⑥ 《汉书》卷七十一《隽不疑传》。

大将军、丞相与经学博士商议，联名向皇太后上奏，引用《公羊传》僖公二十四年所载"天王出居于郑"为理由，顺利地废掉昌邑王，解决了这个十分棘手的大难题，立汉宣帝（刘询）。①《公羊传》还用来作为指导边疆民族问题的最高经典。宣帝五凤年间，值匈奴大乱，朝臣中有不少人提出：匈奴长期为害，正好乘其内乱出兵攻灭之。大儒萧望之举出《公羊传》襄公十九年所载，君子不乘人之危、"不伐丧"为依据，认为在匈奴单于愿意归附的情形下，伐之不义。应该派遣使者前往吊问，使之受感动，更加决意归附汉朝。宣帝遂采纳望之建议，导致此后呼韩邪单于决然内附，北部边境出现长达六十年安定的局面。②

以董仲舒为代表的西汉公羊学说对于巩固汉朝"大一统"局面和汉武帝"改制"，无疑有其历史功绩。但董仲舒学说是儒学和阴阳五行说的结合，宣扬"天人感应"的迷信思想，因而本身又孕育着走向衰落的因素。加上今文经学成为禄利之途，经师们竞相加上烦琐的解说，这种烦琐主义的做法也表明学术走向末路。至哀帝时，古文经学派代表人物刘歆写了《移让太常博士书》，激烈地批评今文博士"专己守残，党同门，妒道真"③，今文学大儒们感到怨恨愤怒，可是不敢正面与之论辩，这一事件实则显示出古文学派的第一次胜利。

王莽代汉，建立新朝，任刘歆为国师公，崇尚古文。东汉继起，恢复刘姓统治，废除新莽制度，五经博士仍沿西汉旧规，所立者均为今文学。但自东汉初年起，古文学派渐盛的趋势日益明显，相继出现了为数不少的声名显著的古文学家；而今文学家著名者前后仅有章帝时的李育和桓灵间的何休二人而已。今文学派虽然逐渐失去优势，但何休所著《春秋公羊解诂》却成为公羊学说的集大成著作。著名的古文经学家郑玄与何休同时，治学博采今古文，而以古文为宗。"当时学者，一则苦于今古文家法的烦

---

① 《汉书》卷六十三《武五子传·昌邑王传》。
② 《汉书》卷九十四《匈奴传》及卷七十八《萧望之传》。
③ 《汉书》卷三十六《楚元王传》附《刘歆传》。

琐，一则震于郑氏经术的渊博，所以翕然宗从。"① 何休对公羊学说的精髓有深刻的理解，他不随时俯仰，不顾今文学派已现颓势，以坚毅特立的精神，综合了西汉胡毋生、董仲舒的成果，创造性地加以发展，形成了旗帜鲜明的独特思想体系，当代学者杨向奎先生称许何休的著作是"比较完备的公羊学派义法的总结"②。故从学术思想体系的建构而言，何休的著作标志着公羊学说仍然向前取得重大发展。在东汉末年思想界比较苍白的情况下，何休的建树更是儒学所取得的极其难得的积极成果，值得高度重视。

何休发展公羊学说最突出的贡献，在于推进了"大一统"说和"三世说"，由此确立了公羊学说的两大主干。何休对大一统说的阐述更加理论化。他提出"元"即是"气"，是世界物质性的基础，"无形以起，有形以分"，由此构成天地万物。那么，"王"作为最高权力的代表，就赋有"养成万物"统理一切的职责。何休又论证要真正体现天子之"大一统"，就须自王侯至于庶人，以至山川万物，统统置于天子的治理之下，"故《春秋》以元之气，正天之端；以天之端，正王之政；以王之政，正诸侯之即位；以诸侯之即位，正竟（境）内之治。……五者同日并见，相须成体，乃天人之大本，万物之所系，不可不察也"③。这样，何休便进一步从哲理的高度，对于天子大一统权力从何而来和大一统权力如何体现这两个问题，作了更具理论深度和更加有力的论证。中国是一个幅员辽阔的国家，统一局面是历史长期形成的，也是历史进一步发展的需要。当东汉末年，世族豪强的势力正膨胀，分裂割据已出现苗头，何休这样突出地阐发"大一统"的政治观，并且抨击世卿豪强掌握重大权力、构成对君权的威胁，④ 就具有很强的现实针对性。

---

① 周予同：《经今古文学》四"经今古文的混淆"，见《周予同经学史论著选集》，上海人民出版社1983年版，第16页。
② 杨向奎：《论何休》，《绎史斋学术论集》，上海人民出版社1983年版，第163页。
③ 《春秋公羊解诂》隐公元年。
④ 《春秋公羊解诂》隐公三年。

公羊三世说在何休书中，更成为系统的历史哲学。何休进一步发展了《公羊传》、董仲舒的朴素历史进化观点，在儒学史上第一次系统地用"据乱世——升平世——太平世"作为描述社会进化的理论。他在《春秋公羊解诂》隐公元年注文中，系统地、多层次地阐发公羊学派对于历史变易的见解。第一个层次，从孔子修《春秋》对所传闻世、所闻世、所见世采用不同的书法，证明历史是变化的，不同阶段有不同的特点。第二个层次，论述孔子对所传闻世、所闻世、所见世，还寄托了不同的政治态度和理想。《春秋》"始于粗粝，终于精微"，因此终篇有"西狩获麟"之笔，何休解释说："上有圣帝明王，天下太平，然后乃至。""人事浃，王道备。"① 这是孔子以此表示拨乱功成，理想实现。第三个层次，何休提出了"据乱——升平——太平"的"三世"历史进化学说。他论述说："于所传闻之世，见治起于衰乱之中，用心尚粗觕，故内其国而外诸夏，先详内而后治外；……于所闻之世，见治升平，内诸夏而外夷狄……至所见之世，著治太平，夷狄进至于爵，天下远近小大若一。"② 何休的"三世说"，包含有国家统一规模、文明程度和民族关系都越来越发展的丰富内涵，到太平世，则达到空前的大一统，并且实现民族之间平等、和好相处的理想，不再有民族的歧视、压迫和战争。在阶级压迫、民族压迫不断的封建时代，何休却能提出这样美好的理想，这说明他眼光远大、思想深刻。他总结了孔子、韩非、司马迁等人肯定历史向前进步的思想而加以发展，从具体的社会现象概括出历史由低级向高级进化的哲理，在理论思维上实现了升华。"三世说"历史哲学成为儒家今文学派宝贵的思想精华，并以其对历史本质的哲理概括和对未来社会的信心，深深启发了清代进步的公羊学者，使他们各自结合本人的时代环境和迫切问题，发展了公羊学说。

---

① 《春秋公羊解诂》哀公十四年。
② 《春秋公羊解诂》隐公元年。

四、公羊学说在清代的复兴和极盛

东汉以来，封建社会结构趋于稳定，主张"尊古"、倾向保守的古文经学更适合于作为封建政治的指导思想，势必取代主张"改制""变易"的今文学说的尊崇地位。郑玄遍注群经，主古文家说而兼采今文，实际上把今文家说统一于古文之中。于是古文学说盛行，以公羊学为主体的今文经学派，遂从西汉的显学地位一下子跌入谷底。自东汉末至清中叶长达千余年间，公羊学几乎无人问津，故像明清之际顾炎武这样渊博的学者，也对它无所了解，他从古文学派的立场，认为何休对"三世异辞"的解释，既费事，又不通，"甚难而实非"①。因此，清代公羊学从重新提起到壮大，再到能结合现实社会的需要，成为倡导变革的思想武器，是经历了相当复杂、曲折的过程。大致可划分为三个阶段：

1. 复兴，即从重新提起到壮大。主要人物有庄存与、孔广森、刘逢禄。庄存与是清代公羊学的首倡者，并影响到其侄述祖，门人孔广森、孙缵甲，外孙刘逢禄，侄外孙宋翔凤，因庄氏及其亲属籍贯在常州，被称为"常州学派"。庄氏的公羊学著作《春秋正辞》，成为在乾嘉考证学盛行时期开创新学派的代表作。庄氏不满意用属辞归类的方法去求《春秋》的经义，而主张效法公羊学家董、何的路数，去求孔子的"微言大义"，认为这才是治《公羊》的正途。在《春秋正辞》中，大一统、通三统、张三世这些公羊学说基本命题，都有所体现。如他说："《春秋》所以大一统者，六合同风，九州共贯。""据哀录隐，……拨乱启治，渐于升平，十二有象，太平已成。"② 尽管庄氏未能做到深入阐释，但他毕竟已经接触到公羊学说的要义，接续董、何的义法，

---

① 《日知录》卷四《所见异辞》。
② 《春秋正辞·正奉天辞第一》。按，"十二有象"是指《春秋》十二公的数目与一年十二月相一致，符合于天数，也即何休《解诂》隐公元年注文所言："所以二百四十二年者，取法十二公，天数备足，著治法式。"

这就能给后继者以宝贵的启示。不过，庄氏对公羊学说强调的变革观点，却不甚理解，而仍不遗余力宣扬"天无二日，民无二主。……治非王则革，学非圣则黜"①。坚决维护清朝专制统治。这种特点，与庄氏本人官运顺利有关，更与乾隆时期仍号称"盛世"，社会矛盾仍被掩盖着大有关系。故庄存与是清代第一个发现《公羊》的学者，但他却不理解公羊学的真谛。

孔广森是孔子后裔，著有《公羊通义》。所著直接用公羊命名，加上他"翩翩贵胄"的地位，对于引起学者注意公羊学说毕竟有些作用。但是他不守何休对公羊三世说的解释，自立"三科九旨"。对于据乱——升平——太平、"以《春秋》作新王"等，不唯不理解，反而全加排斥。又把今文经主要代表《公羊传》与古文经主要代表《左传》并列看待，认为"并出于周秦之交，源于七十子之党，学者固不得畸尚而偏诋也"②，抹杀今古文家法界限。故此书既不具进步色彩，也无甚学术价值。但有的学者（如章太炎）震于孔氏名气，又未细读其书，以至讲清代公羊学即举出此书为重要著作，是一种误解，应予纠正。

刘逢禄，主要活动在嘉庆至道光初年。他潜心公羊学的著述一二十年，著有《春秋公羊何氏释例》《公羊何氏解诂笺》等，俨然成为清代公羊学的系列著作，从各方面阐述公羊学说。特别是《释例》一书，创造性地发挥董、何的观点，对《春秋公羊解诂》的注文作深入的开掘和系统的整理，总结成三十例，即有关公羊学说三十个方面的问题，显示出公羊学说乃是有义理、有例证、自成体系和义法的学说，从而把公羊学的发展推向新阶段。故梁启超称他"大张其军"，标志着公羊学派开始取代以古文经学为指导的乾嘉考证学的地位。其主要贡献是：第一，他很重视阐释公羊学以三世说为中心的变易观点，大胆解释，以求上下贯通。重新梳理和明确了公羊学的"统绪"，作了这样的总结：在春秋三传中，唯《公羊传》才得孔子真传；汉代董仲舒对公羊学

---

① 《春秋正辞·正奉天辞第一》。
② 《公羊通义叙》。

大有贡献，"讲明而达其用，而学大兴"；东汉何休则有继绝辟谬之功，"修学卓识，审识白黑"，"五经之师，罕能及之"。第二，纠正孔广森别立"三科九旨"的不当做法；强调对公羊学说必须以"张三世、通三统之义以贯之"。第三，培养了公羊学派两名健将龚自珍、魏源，大大壮大了新学派的力量。刘逢禄又主张："欲正诸夏，先正京师。"① 这一方面已意味着要发挥公羊学说"以经议政"的力量，另一方面又表明刘氏仍一心希望维护封建的王纲法制。在他生前，清朝统治虽已明显衰落，社会危机已经显示却未充分暴露，更没有出现一股强大的力量推动他在阐发"变易"哲学的道路上走得更远。

2. 改造、发展阶段。主要人物是龚自珍、魏源。龚自珍是考证学大家段玉裁的外孙，但他没有按照外祖父的希望，走古文经学的道路，而是当了一个批判专制、讥议时政的今文经学家。原因是，他生活在嘉庆、道光年间，目睹清朝统治急剧地衰落，对于社会矛盾深重、危机四伏有敏锐、深刻的感受，故用公羊学说唤醒世人，倡导变革。他和魏源一样，对公羊三世说实行革命性改造，论证封建统治的演变规律是治世——衰世——乱世，说："吾闻深于《春秋》者，其论史也，曰：书契以降，世有三等。……治世为一等，乱世别为一等，衰世别为一等。"大声疾呼衰世已经到来，"乱亦竟不远矣"。② 从此，公羊学说同晚清社会的脉搏相合拍，成为鼓吹变革、呼吁救亡图强的有力武器。龚氏写有一系列政论，尖锐地揭露专制统治的黑暗残酷，他有力地论证："自古及今，法无不改，势无不积，事例无不变迁，风气无不移易。"③ 并且警告统治者，不改革就自取灭亡。他又形象地用"早时""午时""昏时"来描述三世，指出统治集团已经面临"日之将夕，悲风骤至，人思灯烛"，到了日暮途穷的境地！预言"山中之民，有大音声起"，时代大变动就要发生了！④

---

① 以上引文均见《春秋公羊何氏释例》。
② 《龚自珍全集》第一辑《乙丙之际箸议第九》。
③ 《龚自珍全集》第五辑《上大学士书》。
④ 《龚自珍全集》第一辑《尊隐》。

龚自珍用公羊学来观察、分析清朝国内的危机。其挚友魏源则进而用公羊学说观察西方侵略者打来，使中华民族生存面临严重威胁的新局势，以前他形成的"变古愈尽，便民愈甚"[①]的除弊、变革思想，进而发展到明确提出"师夷长技以制夷"[②]的主张。他又发挥公羊变易学说，提出了"气运说"，概括中国历史出现新变局，因而大力呼吁了解外国，学习外国技术，在沿海设厂造船造枪炮，以至发展民用工业。这些都证明：公羊学说使龚、魏成为近代史开端时期站在时代潮流前面的人物，成为中国近代维新改革的先驱者。

3. 达到极盛，风靡海内。主要人物有康有为及梁启超、夏曾佑等。康有为的经学思想曾受廖平很大的影响。廖平的主要著作是《今古学考》《古学考》。其学风特点矜奇多变。第一变：平分今古；第二变：尊今抑古。前二变，基本上尊崇今文家法，故其学说影响了康有为，使他由古文经学转向今文经学。至第三变，迫于张之洞的压力，变成称今、古学是"小大之学"，自卖其说，置自相矛盾于不顾，以后越变越离奇。廖平的学术经历证明了：离开关心国家民族命运这一根本问题，便离开了清代进步公羊学说的主流，注定没有前途。

康有为是戊戌维新运动领袖、近代向西方寻找真理的著名代表人物之一。著有《新学伪经考》《孔子改制考》《论语注》《中庸注》《孟子微》等。1890年至1893年，康有为在广州万木草堂聚徒讲学，改造和发挥公羊学说，便是他建构变法理论、培养维新力量的重要途径。他的巨大贡献，是将公羊三世说与西方资产阶级新学说结合起来，用"据乱——升平（小康）——太平（大同）"的新三世说，来论证人类社会走"封建专制——君主立宪——民主共和"的三个阶段，由此形成资产阶级维新运动的理论纲领，掀起维新运动。公羊学说解释"微言大义"、便于发挥新思想的特点，在他手里得到充分发挥。当时，列强瓜分中国的

---

① 《魏源集·默觚下·治篇五》。
② 《海国图志原叙》。

危险迫在眉睫，而旧的正统思想长期禁锢人们的头脑，必须用猛烈的手段，才能冲破万马齐喑的局面。《公羊传》既是儒家经典，又长期居于非正统地位，运用它"议政"和解释性的特点，与西方社会学说结合起来，在当时便是适合的思想武器，使之具有动摇旧的思想体系的力量。因此，晚清公羊学说促使了维新运动的发动，起到了思想解放的作用，推动了社会前进，这一历史功绩是不可埋没的。自龚自珍至康有为，都代表社会进步力量，利用、改造公羊学说，跟处于统治地位的顽固派的僵死观点作斗争。这是中国哲学观点演进的一个层次；因为在当时，没有更先进的思想，只有利用它作为武器。但事情的另一面是，康有为学风武断，他提出的刘歆伪造今文经、孔子改制等观点，本身就是有争议的问题，故引起一些人的疑惧，更给顽固派以诟骂的口实。因而有的学者认为，今文学说的可争议性是变法失败的原因之一。

夏曾佑在他撰于20世纪初的《中国古代史》中说："好学深思之士，大都皆信今文学。"① 戊戌前后公羊学说风靡于世的情形，还可以从以主持学术风气自命的保守派大官僚张之洞当时所写的诗句、顽固派代表叶德辉在辛亥革命后痛心疾首的评论，以及历史学家周予同、陈寅恪的中肯论述之中，得到确凿的证明。② 当时的爱国志士，如康有为、梁启超、谭嗣同、夏曾佑、唐才常、黄遵宪等，都共同地经由喜谈公羊、投身变法运动、传播西方进化论学说这一思想历程。③ 对于晚清公羊学说的盛行，我们应该分别从政治层面和文化层面考察。从政治层面说，公羊学对推动晚清社会前进起到积极作用，这是主要的，同时它又造成一定程度的消极影响。这些都随着戊戌变法的结束而成为过去。晚清公羊学的盛行又是一股学术思潮，它的影响并未因戊戌时期的

---

① 《中国古代史》第二篇第一章第六十二节《儒家与方士之分离即道教之原始》，生活·读书·新知三联书店1955年版，第340页。
② 参见拙作《晚清公羊学的发展轨迹》，《历史研究》1996年第5期。
③ 参见拙著《史学与中国文化传统》上编《公羊历史哲学的形成和发展》，书目文献出版社1992年版。

过去而消失,相反,戊戌之后仍在哲学、史学领域发生影响。概括来说有两项。从哲学领域说,晚清公羊朴素进化观的盛行,为20世纪初西方进化论在中国的广泛传播准备了条件。从史学领域说,晚清今文学盛行形成了重新研究古代典籍和历史的普遍认识,从而促进了20世纪初"新史学"思潮的兴起,并且对于五四前后"古史辨"派考辨古史、探究可信的古史体系产生了直接的影响。

至此我们可以得出结论:专重发挥"微言大义"的今文公羊学说,在儒家经典中确实独树一帜。它在中国封建社会的前期和后期两度大盛,中间渐灭殆尽达千余年,其历史命运看似离奇,但只要我们作深入、系统的考察即可清楚,其原因在于公羊学本身具有政治性、变异性、解释性诸特点,而西汉和晚清社会正处于转折时期,因此被有远见的思想家大力发挥,演出政治上的活剧,掀起学术上的波澜。在公羊学说中,精华与糟粕并存,需要我们作历史的、辩证的分析,细心地作剥离工作,"在这荒诞丛中觅取最胜义"①。公羊学朴素进化观成为接受西方近代进化论的内在基础,它推进了19世纪中国学术实现向近代学术的飞跃——揭示这一事实,对于我们进一步认识并正确评价传统文化中的优秀部分具有应变力、近代文化是经由对传统文化批判继承而产生的,尤其具有哲理上的启示。

---

① 皮锡瑞:《鹿门学案》,《清儒学案新编》第四卷,第280页。

中 编

苏颂的学术成就和治学精神

一、博学的风采

苏颂（1020—1101），字子容，北宋泉州南安（今福建同安）人，历仕仁宗、英宗、神宗、哲宗四朝，先后担任地方及中央行政、理财、刑法等各种职务，负责过校理秘阁图籍、预修国史、起草皇帝诏书，曾两次使辽，哲宗时称为贤相。难得的是，这样一位阅历丰富的大臣，同时在学术上又有卓越的造诣，而且他的主要著作《新仪象法要》《本草图经》《苏魏公文集》，还有一本记载他言论的《魏公谭训》，都流传至今。《宋史·苏颂传》也很有价值，既记述了苏颂的仕宦经历，又能反映他在学术上的贡献。其结束部分是这样概括苏颂的学术成就的：

> 颂器局阂远，不与人校短长，以礼法自持。虽贵，奉养如寒士。自书契以来，经史、九流、百家之说，至于图纬、律吕、星官、算法、山经、本草，无所不通。尤明典故，喜为人言，亹亹不绝。朝廷有所制作，必就而正焉。

这是一段具有丰富而实在的内容的文字，绝非浮泛虚美之词。从经、史、百家各种典籍，到一般儒者所难以通晓的天文历法、医药知识，苏颂都"无所不通"。博学，正是他在学术上的最大特色。

宋人对苏颂的博学备加赞誉。王禹玉、元厚之称他："记问之博，以至国朝典故，本末无遗，日月不差。"宋神宗因其博学，说过"卿家必有异书"。他之所以能达到如此造诣，首先是由于他主观的努力。苏颂的一生，博闻强记，刻苦用功。青年时期，他曾任馆阁校勘，后又任集贤院校理之职，历九年之久，编定秘阁图籍，同时以充沛的精力，遍读皇家丰富的藏书，为一生治学打下了深厚的根基。其孙追忆说："祖父在馆阁九年，家贫俸薄，不暇募佣书传写秘阁书籍。每日记二千言，归即书于方册。家中藏书数万卷，秘阁所传者居多。"苏颂本人回答宋神宗"异书"之问也说："吾收书已数万卷，自小官时得之甚艰。又皆亲校手题，使门阀不坠。""异书"自然并不存在，博学的全部奥秘乃是勤奋过人。苏颂对于刻苦攻读有特殊的体会："趋时如鸷鸟猛兽之搏，务学亦须如此。"① 读书要像猛兽鸷鸟搏击那样勇猛顽强，这就是他发愤用功的治学态度的写照。

其次，从时代条件说，苏颂主要活动的11世纪，正是北宋经济发展和学术繁荣的时期，为他治学提供了良好的客观环境。

宋朝建立之初，便进入内部相对稳定的时期。半个多世纪的统一与安定局面，促进了生产的发展，至11世纪间，社会经济明显地出现上升景象。这一时期，土地兼并风气尚未太盛，太祖、太宗时，鼓励农民"能广植桑枣、垦辟荒田者，止输旧租"，"……分画旷土，劝令种莳，候岁熟共取其利，……所垦田即为永业，官不取其租"。自耕农及小土地所有者比例增大，为封建经济的发展注入活力，耕地面积迅速扩大。治平年间（1064—1067）的垦田面积，较十多年前登记在册籍的数字增加几乎一

---

① 以上引文均见《魏公谭训》卷三。

倍，达到四百四十万余顷。① 农业生产工具有了很大进步，精耕细作的程度显著提高，南北方的生产经验和农作物的品种得到了交流，产量提高。冶铁、纺织、造船、煮盐等手工业部门都获得了前所未有的进步。城市繁荣，首都开封和洛阳、扬州、杭州、成都等城市，都以户口繁庶、商业发达著称。

社会安定和经济发展，促成了11世纪学术的兴旺，大师辈出，互相辉映，在整个中国学术发展史上放射出异彩。属于11世纪的、在中国文化史上地位卓著的大学者，我们可以举出十人之多：欧阳修（1007—1072），周敦颐（1017—1073），司马光（1019—1086），苏颂，张载（1020—1077），王安石（1021—1086），沈括（1031—1095），程颢（1032—1085），程颐（1033—1107），苏轼（1037—1101）。综观这些大学者，他们共同以博学为特色，11世纪是中国学术史上的"博学时代"。苏颂有幸生活在这样一个时代，他的"博学"也正是当时学术风气熏陶的结果。其中，如欧阳修，他是大文学家，又是大史学家，且又博学多能，对经学、子学、金石也均有造诣，著有《诗本义》《易童子问》《春秋论》等，勇创新说，开后代辨伪之先河。所编《集古录》，为我国有金石学之始。司马光是大史学家，同时"于学无所不通"②。其博学精神体现在《资治通鉴》之中，该书不仅记载政治史，而且记载了民族关系、兵、刑、礼、乐、政治、经济制度的演变，以至历法、水利工程等等。所以胡三省评论说："温公作《通鉴》，不特纪治乱之迹而已，至于礼乐、历数、天文、地理，尤致其详。读《通鉴》者如饮河之鼠，各充其量而已。"③ 很中肯地道出司马光学识的渊博和《通鉴》内容的宏富。他如王安石，是大政治家、大文学家，同时博通经史，于诸经皆有著作。苏轼是大文学家、书法家、画家，同时于《易经》《尚书》《论语》以至医药方面，也有撰著。

在同时代学者中，苏颂与沈括实有相似之处。他们同样在仕

---

① 《宋史》卷一百七十三《食货志上一》。
② 《宋史》卷三百三十六《司马光传》。
③ 《资治通鉴》"唐玄宗开元十二年"胡三省注。

途上有多样而曲折的经历，而且学识渊博，自然科学方面成就尤为突出。《宋史·沈括传》云："括博学善文，于天文、方志、律历、音乐、医药、卜算，无所不通，皆有所论著。"近代科学技术史学者誉之为中国古代杰出的自然科学家，认为他在天文学、物理学、数学、医药学、工程技术学等领域都有贡献。沈括在天文学方面，著有《浑仪议》《浮漏议》《景表议》，医学方面有《良方》（后人将苏轼论医药之说，附于沈括方书，因名《苏沈良方》），还有包含大量自然科学知识的《梦溪笔谈》，均流传至今。这跟苏颂著作的传世，同样是11世纪自然科学的幸事。

苏颂在天文学和医药学方面都有卓越成就。他于哲宗元祐三年（1088）主持重新制造一部精巧的浑仪，嗣后于绍圣元年（1094）撰成《新仪象法要》一书，分上、中、下三卷。上卷描述这座复杂而完善的浑仪，不仅附有仪器全图，还画出了每一重要部件，并给以详细的说明。中卷描述浑象（天球仪），附有许多星图。英国学者李约瑟博士认为，"图中拱极区（中宫）和南极区画成平面球形，而接近黄赤道的区域则用圆锥投影，很像麦卡托（1512—1594）的画法"。而苏颂却比他早了四个世纪。下卷描述整个水运仪象台的构造和功能。它是一座上狭下广的正方形木结构建筑物，能用多种形式反映天体的运行。它利用一套齿轮系在漏壶流水的推动下，使仪器保持一个恒定的速度，和天体运动一样。它既能演示天象，观测天象，又能计时、报时。计时仪器的机械装置叫昼夜机轮，前有几层木阁，通过击钟、鼓、钲，或出现木人等形式，自动地显示时、刻、更的推移。几层木阁之上设浑象（天球仪），上半在柜外，下半在柜内，浑象和昼夜机轮轴相接，其运行速度和天体运动一致，因而球面上星座位置能和天象相合。台顶是露台，设浑仪，它同样是通过一系列齿轮与机轮轴相连。当代科学史专家认为，这一装置"和近代转仪钟控制的望远镜一样，随天体转动"。① 李约瑟博士还作了中外科学史成就的比较，认为："苏颂的《新仪象法要》一书是特别有

---

① 杜石然等：《中国科学技术史稿》下册，第七章。

价值的。因为其中有大量的插图，并对仪器的每一部件都作了解释。""把这个仪器和两个世纪以后为卡斯提耳国王阿尔丰沙十世制造的仪器作一比较，是颇有意义的。苏颂的浑仪没有不及阿尔丰沙的仪器之处，而在某些方面还要优越一些。……当时中国机械工程学在为科学服务方面所达到的空前成就，可以从苏颂的著作中清楚地看出。"①

《新仪象法要》一书突出地体现出苏颂在天文学和工程技术学上的高度造诣，已如上述。而《本草图经》一书，则又反映出他在医药学上的渊博学识。

宋仁宗时，诏天下郡县上报所产药物，并附其图。时苏颂任太常博士，受命撰成《本草图经》一书，凡二十一卷。李时珍对此书作了高度评价："考证详明，颇有发挥。"② 譬如，对金石类药物，苏颂不仅对同一药物的不同品属之间药性的差异，分析入微，而且详载其产地分布、性能特征、冶炼技术等项，充分体现出他博学家的特色。

这些内容在《本草纲目》书中有详尽的征引。如卷八"自然铜"是这样征引的："（苏）颂曰：今信州、火山军铜坑中及石间皆有之。信州出一种如乱铜丝状，云在铜矿中，山气熏蒸，自然流出，亦若生银老翁须之类，入药最好。火山军出者，颗块如铜，而坚重如石，医家谓之鍮石，用之力薄。采无时。今南方医者说：自然铜有两三体：一体大如麻黍，或多方解，累累相缀，至如斗大者，色煌煌明烂如黄金、鍮石，入药最上。一体成块，大小不定，亦光明而赤。一体如姜、铁屎之类。又有如不冶而成者，形大小不定，皆出铜坑中，击之易碎，有黄赤，有青黑，炼之乃成铜也。其说分析颇精，而未尝见似乱丝者。"苏颂对铜的分布、品属、性能等，讲得头头是道，如数家珍。但他并不炫耀自己的渊博，对于所"未尝见"即郑重说明，可见态度之审慎。即使是很简略的释文，也能提供有用的知识。如同卷中"铅"条

---

① 《中国科学技术史》第四卷天学第一、二分册，第二十章，科学出版社1975年版，第425—426页。

② 《本草纲目》卷一《序例上》。

所引："（苏）颂曰：铅生蜀郡平泽，今有银坑处皆有之，烧矿而取。"

苏颂对于铁的阐释，表明他对于冶炼过程相当熟悉："铁，今江南、西蜀有炉冶处皆有之。初炼去矿，用以铸泻器物者，为生铁。再三销拍，可以作鏮者，为鑐铁，亦谓之熟铁。以生柔相杂和，用以作刀剑锋刃者，为钢铁。锻家烧铁赤沸，砧上打下细皮屑者，为铁落。锻灶中飞出如尘，紫色而轻虚，可以莹磨铜器者，为铁精。作针家磨锞细末者，谓之针砂。取诸铁于器中水浸之，经久色青沫出可以染皂者，为铁浆。……"①

由于苏颂学识渊博，因而能够随时解疑辨误。如"密陀僧"（取冶炼银铅的脚滓入药，状如瓶，故名），据前人说法，称来自波斯国。苏颂辨之曰："今岭南、闽中银铜冶处亦有之，是银铅脚。其初采矿时，银铜相杂，先以铅同煎炼，银随铅出。又采山木叶烧灰，开地作炉，填灰其中，谓之灰池。置银铅于灰上，更加火锻，铅渗灰下，银住灰上，罢火候冷，出银。其灰池感铅银气，积久成此物，未必自胡中来也。"② 又如"青琅玕""珊瑚"诸条，苏颂广引《尚书》《尔雅》《山海经·海中经》及汉、晋人其他记载，详细地作考核辨析。

对于植物类药物，苏颂的论述同样赅博。此举二例。《本草纲目》卷三十四"沉香"条引《本草图经》："（苏）颂曰：沉香、青桂等香，出海南诸国及交、广、崖州。沈怀远《南越志》云：交趾蜜香树，彼人取之，先断其积年老木根，经年其外皮干俱朽烂，木心与枝节不坏，坚黑沉水者，即沉香也。半浮半沉与水面平者，为鸡骨香。细枝紧实未烂者，为青桂香。其干为栈香，其根为黄熟香。其根节轻而大者，为马蹄香。此六物同出一树，有精粗之异尔，并采无时。"然后引刘恂《岭表录异》、丁谓《天香传》佐证："海北窦、化、高、雷皆出香之地，比海南者优劣不侔。"这样广征博引，使人对沉香类药物的不同品类、来源、

---

① 《本草纲目》卷八"铁"条。
② 《本草纲目》卷八"密陀僧"条。

产地、性能等有了正确的理解。有的用语不多，却同样使人增长了很有用的知识。如下卷"楝"条，引苏颂曰："楝实以蜀川者为佳。木高丈余，叶密如槐而长。三四月开花，红紫色，芬香满庭。实如弹丸，生青熟黄，十二月采之。根采无时。"①

苏颂的博学，在宋代士大夫中传为美谈。汪藻为《苏魏公文集》作序，称他"以博学洽闻，名重天下者，五十余年"。叶梦得《石林燕语》载："元丰五年，黄冕仲榜唱名，有暨陶者，主司初以'洎'音呼之，三呼不应。苏子容时为试官，神宗顾苏，苏曰：'当以入声呼之。'果出应。上曰：'卿何以知为入音？'苏言：'《三国志》吴有暨艳，陶恐其后。'遂问陶乡贯，曰：'崇安人。'上喜曰：'果吴人也。'时暨自阙下一画，苏复言字下当从旦。此唐避代宗讳流落，流俗遂误，弗改耳。"② 徐度《却扫编》载：苏颂奉使契丹，文彦博留守北京，与之宴，问：魏收有"逋峭难为"之语，人多不知逋峭何谓？颂言：梁上小柱名，取曲折之义。因即席作诗以献。因而《四库全书总目提要》称赞苏颂治学"单词只句，脍炙人口"③。

由于苏颂和同时代其他知名学者的"博学"，因而形成了11世纪学术具有"博学时代"的特色。这个问题应是中国文化学术史上很有意义的课题，值得我们作进一步深入研究。

二、求实的精神

苏颂在学术上之所以能够取得广博而卓越的成就，关键在于他具有求实的精神。

苏颂的求实精神，首先表现在他敢于针对科举制度的弊病，在奏议中提出改革措施，以收真才。宋代科举制度采用"弥封""誊录"的办法。真宗景德四年（1007），规定将试卷糊封姓名，

---

① 《本草纲目》卷三十五"楝"条。
② 《石林燕语》卷八。
③ 《四库全书总目提要》卷一百五十二《苏魏公文集》提要。

另编字号，称为"弥封"。祥符八年（1015），又置誊录院，先是乡、会试考生试卷交给封印官糊名封卷。至宋仁宗时，为防止笔迹有弊，进一步规定卷交誊录所用朱笔誊写，以清本送考官评阅。这种办法可以防止考场及阅卷中舞弊，作为考试制度看来似乎更加严密。但其实质，是录取人才完全凭生硬模仿的科举时文，而不问应考者的实际才干。苏颂在当时就能看出这一弊病，并敢于向朝廷建议改变做法。《宋史·苏颂传》云："（颂）议贡举，欲先行实而后文艺，去封弥、誊（眷）录之法，使有司参考其素，行之自州县始，庶几复乡贡里选之遗范。"《苏魏公文集》还载有他一篇奏议，要旨是选拔"特起之士"、有用之才，建议增加科举制科等级。指出："本朝故事，制科程式太严，取人太窄。自真宗以来，每举中第者多不过三人，少或一人，至有全不收者。使豪杰之士有老于科举而不预甄擢。"① 建议每科所取多分等级，增加人数，又防止侥幸授官。

苏颂强调选拔真才的主张，来源于他的实际行政经验和长期形成的讲求实效的作风。他年轻时任江宁知县，为了解决当地富户乘图籍混乱隐匿田地丁户的积弊，亲到乡间私访，"互问民邻里丁产，识其详。及定户籍，民（按，指富户）或自占不悉，颂警之曰：'汝有某丁某产，何不言？'民骇惧，皆不敢隐"。欧阳修极赞赏他这种做事认真、讲求实效的作风，说："子容处事精审。"② 以后他在知沧州任上，正值河决小吴，北流入御河，当时朝廷下诏：顺水所居，便为河道，不复修塞决口。苏颂为了找到治水办法，询问当地老百姓，黄河北决，则与御河、胡卢河、滹沱河并合，将对下游造成严重的威胁。因此曾两次上奏朝廷，建议疏浚黄河故道。他还曾向朝廷奏请在受灾地区粜官米（上供或军粮米）济民。③ 都是基于求实态度而敢于向公认的看法提出异议。长期的行政经验，使他深深体会到选拔真才的重要。

其次，苏颂的求实精神，在他的天文学著作、医药学著作中

---

① 《苏魏公文集》卷十九《论制科取士乞加立策等增取人数》。
② 《宋史》卷三百四十《苏颂传》。
③ 《苏魏公文集》卷十九《奏乞粜官米济民》。

也都有生动的体现。他撰《新仪象法要》，对这些复杂的仪器、它们的部件、复杂的天象，极致其详，就包含着让更多人懂得天文知识和机械原理的深刻用意。他著《本草图经》，也是以实用为目的，为标准，不夸多鹜博。对辗转传闻夸大其词，药效不明甚至可能致害者，则力戒慎用，如白石英、丹砂均如此。又如对"石硫黄"，苏颂的阐释是："今惟出南海诸番。岭外州郡或有，而不甚佳。鹅黄者名昆仑黄，赤色者名石亭脂，青色者名冬结石，半白半黑者名神惊石，并不堪入药。……"① 对"云母"，苏颂则说："今兖州云梦山及江州、淳州、杭越间亦有之，生土石间。作片成层可析，明滑光白者为上。其片有绝大而莹洁者，今人以饰灯笼，亦古扇屏之遗意也。江南生者多青黑，不堪入药。谨按：方书用云母，皆以白泽者为贵；惟中山卫叔卿单服法，用云母五色具者。葛洪《抱朴子》云：'云母有五种，而人不能别，当举以向日看之……'古方服五云甚多，然修炼节度，恐非文字可详，不可轻饵也。"② 苏颂特别注意拨开方术家的神秘迷雾，正是他求实精神的最好例证。

三、历史的见识

具有历史的见识，是苏颂在学术上取得卓越成就的又一重要原因。

宋太宗至真宗期间，北宋和辽有过三次战争，给两国人民带来苦难。真宗景德元年（1004）双方议和，订立"澶渊之盟"，北宋以每年向辽输纳银十万两、绢二十万匹的代价，换取辽的退兵。此后，双方有较长时间的和平时期。苏颂曾两次使辽，对于和平局面来之不易深有体会。第二次使辽时，遇到两国历法差异的问题。这一年辽历冬至日比宋历后一日。"北人问孰为是，颂

---

① 《本草纲目》卷十一"石硫黄"条。
② 《本草纲目》卷八"云母"条。

曰：'历家算术小异，迟速不同，如亥时节气交，犹是今夕；若逾数刻，则属子时，为明日矣。或先或后，各从其历可也。'北人以为然。使还以奏，神宗嘉曰：'朕尝思之，此最难处，卿所对殊善。'"在古代，历法不但关系一国的生产活动，而且被认为是"定正朔"的一国大事，关系至大。这类事情若处理不当，即会影响到两国的关系。所以神宗对苏颂的灵活态度大为嘉赞。在这次谈话中，神宗特别关切地询问辽国的山川形势、人心向背，实则试探对辽用兵的可能性。苏颂的回答，强调辽国"上下相安，未有离贰之意"，并用汉武帝"久勤征讨，而匈奴终不服。至宣帝，呼韩单于稽首称藩"①的历史教训，讽劝神宗去掉征战的念头，使神宗领悟并且接受。北宋与辽和平相处至此已有八十余年，却未有一部记载这一时期交往的史籍。神宗遂让苏颂主修。由于苏颂的见识和认真态度，此书得以迅速完成，神宗赐名《鲁卫信录》。苏颂在序言中赞扬民族间的和好，说："保塞无患，……行旅交通，边城晏闭；黎民土著，至老死而不知兵革。"②按全书的编排体系，可分为两部分。第一部分记载两国的交往，分为：叙事；书诏；誓书；岁币；国信；国书；奉使；驿程；名衔年表；仪式；赐予；书仪；市易；条例；边防。第二部分记载辽国的政治、军事、国俗等情况，分为：契丹世系；国俗；关口道路；蕃军马；州县。堪称内容详备。

苏颂很重视总结唐代史事，为本朝提供鉴戒。他认为唐代史事对于宋朝君臣来说，"其事近而易考"。元祐初年他担任吏部尚书兼侍读时，建议太后诏史官学士，采录新旧《唐书》中帝王行事与君臣言论，日进数事呈览。于是，"诏经筵官遇非讲读日，进汉、唐故事二条"。苏颂则常于每事之后论其得失大旨。③

苏颂文集中还有《与胡恢推官论南唐史书》一文，也是反映苏颂历史见解的重要文字。苏颂的看法涉及几个颇为重要的

---

① 均见《宋史》卷三百四十《苏颂传》。
② 《苏魏公文集》卷六十六《华夷鲁卫信录总序》。
③ 《宋史》卷三百四十《苏颂传》、《苏魏公文集》卷二十《请诏儒臣讨论唐朝故事上备圣览》。

问题：

（一）撰写史书不能随意自定体例以示正统闰统。苏颂不赞成胡恢在南唐史稿中采用"南唐某主载记"的书法和体例，不赞成以"纪"和"载纪"区别正闰的做法。苏颂认为："所谓'纪'者，盖摘其事之纲要，而系于岁月，而属于时君，乃《春秋》编年之例也。"至《史记》确定"本纪"之例，而秦庄襄王以上及楚项羽，未尝有天下，却也著于本纪。《汉书》以下，正史多采用"帝纪"的名称，但是《后汉书》又有皇后纪，以"继帝纪之末"。由此可见，纪不足以别正闰。苏颂还认为，也不能以《三国志》吴蜀不称纪而著于传，"以魏承汉统为正，故称纪。吴、蜀各据一方，故在诸侯之列，而言传"作为理由。因为，若《三国志》以魏为正统，则应称全书为《魏志》，不应称《三国志》，更何况吴和蜀的史事都各采用本国的纪年。苏颂还提出："所谓载记者，别载列国之事，兼其国君臣而言，有正史则可用为例。"按他的理解，"载记"是在正史中用于记载割据一方的政权史实的特殊用法，这样理解符合史书的通例。他认为，若撰一部《五代书》，则可以设《南唐载记》。

（二）历代的制度不能任意更改。苏颂说："历代各有职官志，皆所以见异代更改、沿袭之源流，来者安得易而同之乎？"故不能随意按后代的名称去改变前代的制度。胡恢南唐史稿中，记职官有"兼纳言""视秩三司"之类说法。而用"纳言"代表"侍中"，仅在隋及唐初，以后仍称"侍中"。"三司"之名是北宋熙宁才有，南唐并无此名。

（三）史书上的诏令文件，应记载"当时之言"。苏颂批评胡恢任意改动南唐的诏书文字，他说："诏令者，古左史所记王者之言，发而为号令。其美恶系时之治乱，使后世有所观法焉。今足下所载李氏诏令，皆非当时之言，并出于足下藻润之辞，美则美矣，其可为史法乎？"苏颂认为，这条原则，从孔子删订《尚书》，到《史记》《汉书》以下各代史书，都一向遵循，故扬雄称《尚书》的文字有"浑浑""灏灏""噩噩"的特点，太史公、班固所记制诏文体，"类皆不同，尽当时之言也"。"若以李氏草创，典章不备，文献不足，则其命令之文，亦可记其大指而已，不必厘改其辞也。"①

苏颂所辨析的几个问题，归根到底，是讲撰写史书要符合历史的实际，体例要与内容相一致。他的见解所具有的生命力，在以后史学的演进中得到了显示。南宋陆游撰《南唐书》，便摒弃胡恢设立载记的不恰当作法，称南唐三主为纪，并高度评价苏颂的意见是"天下之公言也"，符合于司马迁的"史法"，所以从而实行。②《宋史·苏颂传》称赞苏颂"器局闳远"，从他重视民族友好、主张以前朝史事作为鉴戒和主张修史应该符合历史真实等项看，他确实不愧为一个见识宏通而独到的学者。

---

① 以上引文均见《苏魏公文集》卷六十八《与胡恢推官论南唐史书》。
② 《南唐书》卷一《烈祖纪论》，参见陈光崇《第一部〈南唐书〉作者胡恢其人》，《史学史研究》1986年第3期。

谈迁与《国榷》

一

距今三百四十多年前,即清兵入关、明朝灭亡的第三年(清顺治四年,1647)八月,浙江省海宁县一位五十多岁的老秀才,用二十余年心血写成的一部书稿,竟然在夜间被小偷全部偷走了。多年来他所怀抱的著述志愿一旦化为乌有!这一沉重的打击使他"拊膺流涕",心痛欲裂。应该怎么办?经过长久的痛苦思索之后,他再次立下决心,从头干起,以生平余年重写一部。

这位老秀才就是明末著名史学家谈迁(明万历二十二年—清顺治十四年,1594—1657),他的书稿就是明代编年史名著——《国榷》。谈迁撰写这部著作所表现出来的勤奋精神和坚强毅力,在中国史学史上是值得大书特书的。

谈迁原名以训,明亡后改名迁,字孺木,号观若,海宁县枣林人。他的先祖原住河南汴梁,宋亡时迁来海宁。父亲是个读书人，终生未仕。至谈迁出生①时，家境已经相当困顿。谈迁从小好学，他在科举上并不顺利，只取得个"诸生"资格，但他对此并未看重。他从青年时代起，便究心史学，大量阅读各种史籍、笔记，并且习惯于随时写下札记，辛勤不辍。自称："居恒侗逫，嘐嘐慕古，遇事好征引往昔。"② 天启元年（1621），谈迁因母丧居家，集中时间阅读了陈建所撰《明纪》③一书。由于谈迁平素熟悉明代掌故，因而发现书中肤浅错漏之处比比皆是。他感到愤慨：这种陋史如何能够传世？从那时起，谈迁立志修撰一部内容翔实可信的明代编年史。这一年他才二十八岁。

要编纂一部记述明代三百年历史的著作，需要掌握多么丰富的资料。家境贫苦的谈迁当然根本谈不上藏书条件，只好到处借书。这种有志跻身于史家之林而又需处处仰求别人的艰辛，在他的记载中有真切的反映：

> 迁本寒素，不支伏腊，购书则夺于饘粥，贷书则轻于韦布。又下邑褊陋，薄视缃芸，问其邺架，率资帖括。于是问一遗编，卑词仰恳，或更鼎致，靳允不一。尝形梦寐，即檋李鼎阀间，亦匍匐以前矣。④

又说：

> 迁自恨绳枢瓮牖，志浮于量，肠肥脑满，妄博流览。尤于本朝，欲海盐（郑晓）、丰城（雷礼）、武进（薛应旂）之后，尝鼎血指，而家本儋石，饥梨渴枣，遂市阅户录，尝重跰百里之外，苦不堪述。条积匦藏，稍次年月，矻矻成编。⑤

谈迁几十年生涯，就是在到处谦卑地向别人恳求借书中度过

---

① 谈迁生年，据《北游录·纪文·六十自寿序》："癸巳十月癸亥朔。癸酉抵长安（即北京），明日为览揆之辰，周一甲子矣。"癸巳年（1653）谈迁六十岁，古人系以虚岁计算年龄，则其生年应为甲午年，即1594年（万历二十二年）。
② 《北游录·纪文·六十自寿序》。
③ 《明史·艺文志》著录：陈建撰《皇明通纪》二十七卷。
④ 《北游录·纪文·上太仆曹秋壑书》。
⑤ 《北游录·纪文·上吴骏公太史书》。

的，甚至还要步行百里之外借阅，可见他付出了多么辛勤的劳动。然而有志者事竟成。数年的汗水，换来了《国榷》初稿的告成。天启六年（1626）三月，谈迁为书稿写了《自序》，称："间窥诸家编年，于讹陋肤冗者，妄有所损益。阅数岁，衷然成帙。"崇祯三年（1630）正月，喻应益为《国榷》作序，赞扬谈迁著史之志："盐官谈孺木，乃集海盐、武进、丰城、太仓（王世贞）、临朐（冯琦）诸家之书凡百余种，苟有足述，靡不兼收，勒为一编，名为《国榷》。……取二百六十年之中十有六朝之所行事，开国中兴之烈，守成累洽之休，大政大权，胪记眉列，赫焉侈矣，洵一代之鸿业也。……孺木以帖括之暇而效为朱墨，本盖良史才，亦繇识朗而学赡，故成其大志与！"可见书稿采集宏富，已经初步具备了一部史学巨著的规模。

　　友人的夸奖并没有使谈迁自满松劲，相反，他在完成初稿的基础上继续长年累月地补充修订。这段时间最有意义的事情，是他在崇祯十五年（1643）游南京，受知于晚明大臣高弘图、张慎言。时高弘图任南京兵部右侍郎，旋迁户部尚书。张慎言则先后任南京户部尚书、吏部尚书。二人以迁"为奇士，颇折节下之"①。谈迁本人这样记载他所受到的礼遇："记甲申正月既望，御史大夫阳城张藐山（慎言）先生初度，遍齐、梁、吴、晋之士，余首坐，剧饮。先生顾诸客曰：'冠进贤而来者，趾高气扬，仆视其中，无所有也。虽一穷褐，胸中有书若干卷。'深相礼重。"② 崇祯十七年（1645）三月福王立于南京，为弘光政权。张慎言仍任吏部尚书，曾上中兴八议。高弘图改任礼部尚书兼东阁大学士，曾疏陈新政八事。③ 谈迁入高弘图幕为书记，积极为高、张二人赞画。后因弘光政权腐败，谈迁建议高、张二人辞官避祸。事见《海宁县志·隐逸传》所载："崇祯壬午间，受知阳城张公慎言、胶州高公弘图，二公者天下之望，相与为布衣交。甲申，高入相，张为冢宰，凡新政得失，皆就咨于处士，多所裨

---

① 黄宗羲：《谈君墓表》。
② 《北游录·纪文·六十自寿序》。
③ 参见《明史》卷二百七十四《高弘图传》、卷二百七十五《张慎言传》。

益。相国以处士谙掌故，荐入史馆，泣辞曰：迁老布衣耳，忍以国之不幸，博一官！高乃止。勋寺交扇，时事日非，处士私语二公曰，公等不走，将任误国之咎。"由此而表现出他对南明政局的见识。

谈迁不慕仕名，不入史馆，而本人撰史却有进展。他因受知于高、张二位大臣，遂得阅读万历实录、崇祯邸报，除补订原有书稿内容外，又续修了《国榷》一书崇祯、弘光两朝。他在南京采辑资料之勤奋，从高弘图《枣林杂俎序》得到反映："谈子孺木有书癖。其在记室，见载籍相饷，辄色然喜，或书至猥诞，亦过目始释，故多所采撷。时于坐聆途听，稍可涉笔者，无一轻置也。铢而积，寸而累，故称杂焉。"

谈迁撰史目的在明朝灭亡前后也有发展。明亡以前，他撰史是为了纠正实录和各种私人记载之失实和阙误。明亡以后，则以爱国遗民的心情，要以真实的历史流传后世。黄宗羲本人怀着同样的爱国志节，他对谈迁有很中肯的评论："（迁）好观古今之治乱。其尤所注心者，在明朝之典故，以为史之所凭者实录耳。实录见其表，其在里者已不可见，况革除之事，杨文贞（士奇）未免失实；泰陵之盛，焦泌阳（芳）又多丑正。神熹之载笔者，皆宦逆阉之舍人。至于思陵十七年之忧勤惕厉，而太史遁荒，皇戚烈焰，国灭而史亦随灭，普天心痛。于是汰十五朝之实录，正其是非；访崇祯十七年之邸报，补其阙文，成书名曰《国榷》。"①谈迁在序言原稿的末尾，加上了"嗣更增定，触事凄咽"的话，表达他对故国灭亡的无比感慨。国灭而史不能灭，这是甲申以后一些具有民族气节的明代遗民的共同意识。谈迁身为穷儒平时并不受人注意，如今，江南人士所重在亡明之史，他所著《国榷》书稿遂成宝贵之物。书稿被窃说明它在人们心目中具有的价值："当是时，人士身经丧乱，多欲追叙缘因，以显来世，而见闻窄狭，无所凭藉。闻君之有是书也，思欲窃之以为己有。君家徒四壁立，不见可欲者。夜有盗入其室，尽发藏稿以去。君喟然曰：

---

① 黄宗羲：《谈君墓表》。

'吾手尚在，宁遂已乎！'从嘉善钱相国借书，复成之。"①

从1621年谈迁开始属稿到被窃，书稿凝聚了他二十六年的心血，但他在巨大的打击面前，却没有心灰意冷，而是重新振作精神，为了保存明朝历史，发愤从头写起。为此，他在晚年又付出了异常艰辛的劳动，如他所说："遂走百里之外，遍考群籍，归本于实录，……冰毫汗茧，又若干岁，始竟前志。田夫守株，愚人刻剑，予病类之矣。"②谈迁矢志于著史事业，不畏困难的惊人毅力和爱国精神，是永远值得后人学习和发扬的。

谈迁因为贫穷，"朝不谋夕，足迹未及燕"，未能到北京搜求资料，使他多年来深以为恨。到六十岁那年（1653），义乌朱之锡官弘文院编修，服满进京供职，聘他做书记，同路从运河坐船到北京。谈迁在京城住了两年多，千方百计地访问人物、借阅书籍和实地访查，丰富著史资料，为撰修《国榷》作了最后阶段的努力。他社会地位低微，访求工作常常遭人白眼，借阅书籍也需多方求情，平时奔波劳累更不待言，但为了著史，这些困难他都忍受了。

朱之锡在《北游录序》中这样叙述谈迁访求遗闻轶事的辛劳："盐官谈孺木，年始杖矣，同诣长安（指北京），每登跋躐屐访遗迹，重跰累茧，时迷径，取道于牧竖村佣，乐此不疲，旁睨者窃哂之，不顾也。及坐穷村，日对一编，掌大薄蹄，手尝不辍，或覆故纸背，涂鸦萦蚓，至不可辨。或途听壁窥，轶事绪闻，残楮圮碣，就耳目所及无遗者，其勤至矣。"

在《北游录·纪闻》自序中，谈迁还讲他怎样怀着局促感，向有地位的人物访问旧闻："自北上，以褐贱，所闻寥寥也，而不敢自废。辄耳属一二，荤上贵人，其说翔藐尘壒之外，迁朽毋得望。至渊儒魁士，未始多值，间值之，而余颟蒙自怯，嗫嚅久之，冒昧就质，仅在跬倾，惧其厌苦，手别心怅，余则垣壁桴机之是徇，余之愦愦，不其甚乎。然幸于燕而闻其略也。若锢我荒

---

① 黄宗羲：《谈君墓表》。
② 《国榷·义例》。

篱之下，禽籁虫吟，聊足入耳，能倾喻糜之残瀋乎哉！"

谈迁在北京搜集资料收获是大的。但他心情并不愉快，经济拮据，加上气候不习惯，屡次想南归。后想佐朱之锡所任纂修事，从官府藏书、档案中得到材料，又因其残缺不能如愿。他在给好友李楚柔信中倾吐了自己郁闷的心情："口既拙讷，年又迟暮，都门游人如蚁，日伺贵人门，对其牛马走，屏气候命，辰趋午俟，旦启昏通，作极欲死，非拘人所堪，于是杜门永昼。而借人书重于卞氏璧，不复可得，主人邺架，颇同故纸，目翳不开五步之外，飞埃袭人，时塞口鼻。惟报国寺双松近在二里，佝偻卷曲，喻旬辄坐其下，似吾尘中一密友也。"①

《北游录·后纪程》序讲到他决意南下："余欲归屡矣。乙未春三月，欲附朱方庵，秋八月，欲附徐道力，而居停见挽，遂不自决。虽蜗沫足濡，而心终不怿。盖追访旧事，稍非其人，则不敢置喙。至于贷书，则余交寡，市书则余囊耻。日攒眉故纸，非其好也。迨萌归计，而居停适有纂修之命，意效一二，佐其下风。则天禄石渠之藏，残缺失次，既无可资订，遂束身而南。"

谈迁性格耿介廉直，穷而有志，不愿接受别人赠予，也不依托名人求方便。县志上称他："处士操行廉，虽游大人先生之门，不妄取一介，至今家徒四壁立。"《北游录·纪邮》上也载他多次拒绝别人馈赠或拿钱买他的文章。1656年南归时，不求名人写信介绍以得方便。《北游录·后纪程》后记云："余北游倦矣，得返为幸。……在燕时，或修贽广谒，略可自润，而余不能也。别居停竟长揖出门，不更求他胠。道中蹑一敝屣，殆于决踵。余岂不忧日后耶，忧日后又不如忍目前。余归计决矣。担签而往，亦担签而回。箧中录本，殆千百纸，余之北游幸哉！"

顺治十三年（1656），谈迁附漕船历时四个月回到家乡，由此他深知漕卒之苦和漕运的积弊。次年，他应聘为幕友到山西阳夏。这里离平阳张慎言墓数百里，谈迁徒步前往拜谒，不料在半路上中风遽逝，卒年六十四岁。谈迁一生心血萃于《国榷》一

---

① 《北游录·纪文·寄李楚柔书》。

书，一百零四卷，卷首四卷，共一百零八卷，约五百万字。据《国榷·义例》，原稿原分百卷，现本为近人张宗祥先生据蒋氏衍芬草堂抄本和卢氏抱经堂抄本互相校补后重分的。历来只有抄本，1957 年才由古籍出版社出版。谈迁其他著作有《北游录》《枣林杂俎》《海昌外志》《枣林集》等。

二

《国榷·自序》是谈迁著史画龙点睛之笔，它集中体现了《国榷》进步的史学思想。在此序中，谈迁中肯地分析了明代史学不振的原因，痛切地批评统治者所施行的种种限制严重妨害了史学的发展。

一是封锁修史资料。谈迁批评朝廷禁绝外人接触实录等记载国家大事的资料，使著史者无所取材："木天金匮之藏，每乘舆代兴，则词臣云集而从事。既奏竣，扃之秘阁，即荐绅先生不得一目瞯。"

二是任用皇帝亲近侍臣修史，所编写出来的遂成诏书的翻版。他批评说："明之史臣夥矣，大概备经筳侍从，既夺名山之晷，而前后有所编摩，俱奉尺一。其官如聚偶，其议如筑舍。"由于史臣丧失独立的思想，根本不能为后人留下信史。

三是以资历、品级选任史馆人员，结果是用非其才："非正三公而埒八座者，不得秉如椽焉。且明初史馆，布衣亦尚与坛坫之末，其后非公车不敢望，又其后馆阁有专属，即公车之隽，或才如班范，未始以概进也。噫！明之于功令断断甚矣，故史日益以偷，垂三百载而无敢以左足应者。……计其时，琅邪（王世贞）、新都（杨慎）、云杜（高岱）二三君子足任鞭弭，而曾不一收溲勃之用，又曷为史哉！故史至明，遂以秘而酿隘。"他中肯地指出，明朝统治者这种以科举资格限制史馆人员的做法，将有才华的人排挤于外，窒息了史学的生机。

四是实录严重失实，朝廷禁忌极多，修史遂被视为畏途：

"泌阳（指焦芳，正德年间曾续修《孝宗实录》）之憸险也而史；江陵（张居正，曾续修《世宗实录》及《穆宗实录》）之严刻也而史；杨文贞（即杨士奇，修《太宗实录》）、董文简（即董玘，修《武宗实录》）之褊忮也而史，史之权不有所歆，则有所避。""定（万历）、庆（泰昌）实录告成，俄而在事诸臣半削籍，甚则投缳谢世。以国家忠厚鸿庞，昌言无忌讳，而千载上腐刑余波，尚能及人，史不亦可畏哉！"他举出修史者甚至因触犯忌讳而丧命的事实，正是对统治者所标榜的"忠厚"以辛辣的讽刺！

以上四项，都是针对明代史学外部条件所受的限制说的。谈迁进而论及史家本身所应具有的修养，他发挥了刘知幾论"史家三长"的观点，用以衡量明代的一些史学名家，认为他们并未具备良史的条件。他说："明作者非一人，繁简予夺之间，得失相半。郑端简（即郑晓，著有《九边图志》《吾学编》等）号为博雅，有其学矣，惜非其才；北地（李梦阳，明代著名文人）才而不史；琅邪（王世贞）欲史而隐忍以没，又其初皆不践承明之庐；云杜（高岱）寄径非久，遂老簿书钱穀间。"对其他一些私家著述，谈迁的批评更为严厉，称它们是"讹陋肤冗"。谈迁自己以兼具才、学、识三长自勉，决心发扬前代史家直笔的传统，以撰成一部切实可信的明史为己任。这是《国榷》在史学思想上和史料价值上取得较高成就的根本条件。

《国榷》全书贯穿了上述求实和直笔的进步史学思想，具体表现在两个方面。

其一，正实录之是非。谈迁修史系以实录为主要依据，但他深知实录因隐瞒和改窜造成失实，因此要正实录之是非。对实录中有意隐去的一些事实，他多方采摭资料，郑重地写出事实的真相。朱元璋在洪武十三年（1380）兴蓝玉党案，株连论死者计三万人。谈迁用正面议论为蓝玉辩冤："蓝凉公非反也。虎将粗暴，不善为容，彼犹沾沾一太师，何有他望！胡惟庸通倭虏颇有迹，凉公欲以部校家奴数百千人冀幸万一，虽至愚不为也。富贵骄溢，动辄疑网，积疑不解，衅成钟室。噫！功臣菹醢，安得止大树之下，晚游赤松，庶几哉不殆不辱矣。"① 他敢于指出诛杀功臣是历代王朝普遍的现象，确实具有勇气和卓识。

洪武二十七年十一月乙丑条，记傅友德因受猜忌被迫自杀事，更使人触目惊心："太子太师颍国公傅友德自杀。友德先宿人，后徙砀，……骁勇绝人，累立大功，以蓝玉诛，内惧。定远侯王弼谓：'上春秋高，行旦夕尽我辈，宜自图。'上闻之，会冬宴，彻馔未尽，友德起。上责友德不敬，且曰：'召尔二子来。'友德出，卫士传语以首入，顷之，友德提二首至。上惊曰：'何忍也？'友德出匕首袖中曰：'不过欲吾父子头耳。'遂自刎。上怒，分徙其家属于辽东、云南。"② 谈迁还一再指责朱元璋"多所猜忌"③，"帝晚益振厉，刑威黩矣"④。"凡摧锋冲坚、鞭霆扼虎之才，委命狱吏，求死无地，而帝之寝食少安矣。"⑤ 这些记载和评论都暴露了统治者专横、残暴的本质。

《明实录》把建文朝一代大事尽力抹杀，将这四年事情移入洪武二十二年至二十五年实录中。《国榷》则恢复了建文年号，而且记事也站在建文的立场上，在永乐起兵以前，称永乐为燕王，到起兵以后，建文帝削除燕王位号，便直指永乐为"燕庶人"了。这反映了当时爱国的士人，借同情以失败告终的建文帝，表达出对现实政治不满和失望的心情。⑥

其二，谈迁还在书中揭露了统治者对人民沉重剥削和吏治腐败的事实。

谈迁出于对劳动人民疾苦的同情，批评明成祖为营建北京而大量耗费民力。对于明朝历代皇帝利用宦官作特务统治尤其表示了深恶痛绝。在永乐七年"始立东厂刺事"下，谈迁有一段痛切的评论："布弥天之网，牢笼一世，孰知其流弊极于后裔。如（王）振，如（汪）直，如（刘）瑾，如（魏）忠贤，深械丛

---

① 《国榷》卷十，洪武二十六年二月乙酉。
② 《国榷》卷十，洪武二十七年十一月乙丑。
③ 《国榷》卷十，洪武二十八年二月乙丑朔丁卯。
④ 《国榷》卷十，洪武三十年六月丁亥谈迁评论语。
⑤ 《国榷》卷十，洪武二十八年三月乙巳谈迁评论语。
⑥ 参见吴晗《谈迁和〈国榷〉》。

阱，胥天下而祸之也。"① 对于明熹宗时期政治的腐败，谈迁愤慨地揭露说："阉尹之祸，剧于熹庙，并边徼而二之。岌岌薛薛，国事大坏，弊极难持，自武宗而后所再见也。"② 针对明代吏治不断恶化，谈迁表彰张居正当政期间裁汰冗官，任用有能力的官员，"委任责成"，"信而任之"，因此，"一时才臣，无不乐为之用，用必尽其才，或推毂至通显"。③ 谈迁对崇祯帝身死国亡十分同情，但《国榷》书中对他刚愎自用、任用宦官同样据事直书，毫不隐饰。对于崇祯在国内局势危殆时刻仍加剧剥削，书中尤有激烈的批评："乃今日考成，明日搜掠，使海内骚然而扃钥如故，策安在也！"④ 这些评述，可以说表达了谈迁对明朝覆亡教训的反思。

在历史编撰方面，《国榷》也有独创性。卷首设立了十二目：大统、天俪、元潢、各藩、舆属、勋封、恤爵、戚畹、直阁、部院、甲科、朝贡。它们具有综述的性质，有的等于简表或简略的志，可以补编年体逐年记载的不足，颇有参考价值。谈迁还曾设想在编年体《国榷》的基础上，编撰一部纪传表志体的明史。他向好友李楚柔透露了这一计划："拟南还后，作纪传表志，三年为期，所不敢辄语人，私为足下道也。"⑤

三

《国榷》的史料价值同样值得重视。其主要成就也有两项。一是采集广博，举凡政治、军事、制度、民族等方面的记载都尽量囊括，并且大量引用了当代人的议论。二是重视考订。谈迁所用的方法，是把实录、私人撰述与亲身访问三者相印证，勇于澄

---

① 《国榷》卷十四，永乐七年十二月丙寅谈迁评论语。
② 《国榷》卷八十八，天启七年七月乙卯谈迁评论语。
③ 《国榷》卷七十一，万历八年九月戊子林之盛评论语。
④ 《国榷》卷一百零一，崇祯十七年四月癸酉杨士聪评论语。
⑤ 《北游录·纪文·寄李楚柔书》。

清官私记载之误，也勇于纠正本人旧说之非。

谈迁在编撰《国榷》三十多年岁月中，搜集材料之广，访问之勤，态度之执着，从他在北京给吴伟业、曹秋壑（溶）、霍鲁斋（达）等三位学者的信中有集中的反映。他们三人都是崇祯进士，曹秋壑是著名藏书家，清初时任御史，吴伟业、霍鲁斋也在清政府中任职。尤其是吴伟业，熟悉明代掌故，著述亦多。谈迁给他写信，诚恳地请他指出《国榷》的纰漏，并求借书：

> 门下以金匮石室之领袖，闻见广洽，倘不遐弃，祈于纰谬，椽笔抉出，或少扎原委。盖性好涉猎，过目易忘，至于任耳，经宿之间，往往遗矢。故于今日，薄有私恳。……密迩坛坫，凡有秘帙，蔾隙分青，弥切仰企。记室所抄《春明梦余录》《宫殿》及《流寇缘起》，乞先假。①

在致曹秋壑信中，谈迁请求他能提供先朝君臣事迹的记载：

> 蒙谕史例，矜其愚瞀，许为搜示。……幸大君子曲闵其志，托在后乘，假以程限，广赐携阅，旁征侧汇。……先朝召对事述，云在朱都谏子美处，及秘录、公卿年表等，万乞留意。祠曹或素所厚善者，于宗室蒐赙，大臣贲恤，月日可详，特难于萃辑耳。希望万一，企踵俟之。②

在致霍鲁斋信中，也恳请搜示材料、订正书稿：

> 既辱知遇，何敢辛讳。日夕引领，以望秘籍。……凡奥帙微言，悉得颁示。……所呈残稿，筚门圭窦之人，安知掌故，性好采摭，草次就录，涘岁以来，句闻字拾，繁如乱丝，卒未易理，幸逢鸿匠，大加绳削。尊谕云，史非一手一足之力，允佩良规，翘企以待。③

谈迁在京都还利用一切可能向别的在前朝任过职事或熟悉掌故的人访问史料，如原司礼监南书房常飞鸣、原四川副总兵马允昌、

---

① 《北游录·纪文·上吴骏公太史书》。
② 《北游录·纪文·上太仆曹秋壑书》。
③ 《北游录·纪文·上霍鲁斋大理书》。

选郎王有三、明经咸默、内侍赵朴等。而帮助最大的是吴伟业等三人。吴伟业帮助他对《国榷》修订考核,"多所裁订"。曹秋壑借给他不少书籍,如《酌中志》(刘若愚)、《崇祯事迹》(孙承泽)、《春明梦华录》(孙承泽)等。霍鲁斋借给他《西事》《九思录》《康对山先生集》等书。有些材料,在清初因涉及前朝遗事,作者惧祸不肯借阅,如孙承泽《四朝人物传》,经吴伟业从中一再说情,才借出一部分让谈迁参阅。谈迁特别在日记中写下这一材料来之不易:"其帙繁,甚秘,太史(吴伟业)恳年余,始借若干首,戒勿泄。特示余曰,君第录之,愿勿著其姓氏于人也。"①

谈迁对于史料反复核实,有错必改。他郑重地改正原来对明末张春被建州俘虏后变节的误载,便是突出一例。原来他据传闻,在《枣林杂俎·智集》中斥责张春变节:"庚午三月(按:应为辛未八月),永平道参政同州张春出关,陷穹庐中,误闻殉难,赠都察院右副都御史。居亡何,春从塞外求款,始追削,春妾□氏,年二十一,自经官舍。春愧其妾多矣,盖洪承畴之前茅也。"

在北京,他访问了吴伟业,得到了可靠材料,才改正了误记。《北游录·纪邮》载:

> 丁未八月丁卯,……过吴太史所,语崇祯初蓟州道张春陷于建州,抗节不屈,以羁死,清史甚称之。余因曰:往时谓张春降敌,追削其秩,夺赠荫,流闻之误如此。

最后,谈迁在《国榷》中记载张春"被执不屈而死",予以表彰,并澄清了当时的误传:

> (八月戊辰)是日遇敌于长山,襄营先乱,我师败绩,监军太仆寺少卿兼参政张春被执。……(庚午)春被执不屈,愿求一死。……因幽之某寺中。……后数年,以疾卒。②

---

① 《北游录·纪邮》。
② 《国榷》卷九十一,崇祯四年八月戊辰。

喻应益为《国榷》写的序文，说谈迁采诸家著作百余种，这是可信的。据吴晗先生统计，从卷一至卷三二所引书，有明人著作一百二十多家。其中采用最多为海盐郑晓《吾学篇》《今言》，丰城雷礼《大政记》《列卿记》，太仓王世贞《弇山堂别集》，武进薛应旂《宪章录》，徐学模《世庙识余录》，邓元锡《明书》，高岱《鸿猷录》等。由于谈迁大量网罗文献记载，《国榷》才有可能在纠正实录的舛误、补充实录的隐瞒缺略上作出重要贡献。

最后，尤应特别提到：由于清朝统治者有意隐瞒，《明史》有关建州史迹完全空白，《国榷》则从头如实记录。建州史料又以万历以后最为重要，《国榷》于万历以后尤详，崇祯十七年中有关建州的记载也据邸报补上。《国榷》未得刊行，正好也没有经过四库馆臣的胡乱删改，我们可以根据《国榷》和清修《明史》核对。所以《国榷》对研究建州和明朝后期历史是有积极贡献的。① 《国榷》的缺点是采摭不精，谈迁拟订编撰一部纪传表志体史书的计划，当与他自己意识到书中存在这一缺陷相联系。

---

① 参见吴晗《谈迁和〈国榷〉》。

马骕的史学成就

清初的马骕是一位值得重视的史学家,他精于上古史,时人号曰"马三代",顾炎武对他尤为推服。① 他独力完成了《左传事纬》和《绎史》两部著作。其中《绎史》是卷帙浩繁的巨制,材料汇集丰富,在编撰思想上和史书体制上很有创造性,今天的马克思主义学者仍誉之为"在先秦史方面是一部重要的名著"②。因此,研究并阐述其成就,是史学史上一项不可忽视的课题,我们从中还可以得到对于今天史学工作有益的启示。

一

马骕字宛斯,山东邹平人,生于1621年(明天启元年),卒于1673年(清康熙十二年)。他酷爱史学,青年时期居家即撰成《左传事纬》。于顺治己亥年中进士,出仕为淮安推官,《绎史》的编撰即在此前后。后任灵璧知县四年,有政绩,在其任内"流

---
① 王士禛:《池北偶谈》卷九。
② 白寿彝主编:《中国通史纲要》,上海人民出版社1980年版,第337页。

民复业者数千人"①。《绎史》的刊刻也始于此时，未成而卒于任上。（道光）《济南府志》卷三十四、《邹平县志》卷十五、清初著名文士王士祯所撰《池北偶谈》卷九均保存有其生平事略。

《左传事纬》一书，除了它本身的价值外，还在编撰思想上为《绎史》作了准备。马骕自称"有《左传》癖"，又认为编年体裁不便于读者对史事来龙去脉"一览即解"，遂"易编年为叙事"，将《左传》改编为纪事本末体裁。他按事立篇，分为一百零八篇，计十二卷。又附录《左丘明小传》《左传辨例》《图表》《览左随笔》《名氏谱》等，全书合为二十卷。前人评价此书说："于《左氏》实能融会贯通，故所论具有条理，其图表亦皆考证精详"，堪称"专门之学"。② 它的产生有三层意义。其一，有助于纪事本末体这一新体裁确立其地位。自南宋袁枢创作此体后，这种以事件为中心叙述历史的形式立即显示出其特有优点，有利于将复杂事件的前因后果叙述清楚，而因受到学者们的重视，新作不断出现，逐步取得传统史学中纪传、编年以外又一重要史书体裁的地位。袁枢之后，南宋即有章冲《春秋左氏传事类始末》、杨仲良《南宋通鉴长编纪事本末》③。继而明代有陈邦瞻《宋史纪事本末》和《元史纪事本末》。马骕此书也是闻其风而起者，它上承宋明诸作，下启清代高士奇《左传纪事本末》等书，对这一新体裁地位的确立起到张大旗帜的作用。

其二，《左传事纬》在分篇和叙事上，显示出马骕具有提挈一个时期重大事件的史识。将它与章冲《春秋左氏传事类始末》对比一下就很清楚。章冲的书在首创以按事立篇的方法改编《左传》这一点上作出贡献，但其严重缺点是分篇立目过于细碎，难以反映历史演进的大势。而《左传事纬》则在这方面有很大改进，弥补了章冲书的缺陷。例如：对于晋文公建立霸业这一完整过程，在章冲书中分作三篇叙述。首篇"楚子玉败师城濮"，主要叙述鲁僖公二十八年城濮之战楚败于晋。次篇"秦伯纳晋侯"，

---

① （道光）《济南府志》卷三十四。
② 《四库全书总目提要》卷二十九《经部·春秋类四·左传事纬》。
③ 此书据李焘《续资治通鉴长编》改编而成。

先述重耳出亡，讲到鲁僖公二十四年秦伯纳重耳，这些事件发生的时间都较前篇所记为早。三篇是"晋文城濮之战"，从晋国方面再一次记城濮战事。章冲的书这样处理，将一个完整的事件分割为三，且有的历史发生的时间前后颠倒，无法显示出历史发展的大势。马骕则能从大处着眼，他用"晋文建霸"为题，记载了从重耳出亡到城濮战后楚向晋请和、晋文公建立霸业的全部过程，史实完整连贯，清楚地反映出历史演进的主线。书中类似之处还有许多。

其三，马骕并不局限于简单运用这种体裁，他为纪事本末体加进了新的东西，用《图表》《名氏谱》相配合。这种吸收其他史书体裁之长以补单纯按事立篇之短的做法，已经显示出综合运用多种体裁的端倪。

《左传事纬》的成就说明，在对历史进程的理解上以及史书体裁的运用上，马骕都具有独到的见识。这一特点，后来在《绎史》一书中有很大的发展。

二

《绎史》一书是马骕一生精力所萃。全书共计一百六十卷，分为五部。一为"太古部"，十卷，述远古传说时代。二为"三代部"，二十卷，记夏、商、西周史事。三为"春秋部"，七十卷，记春秋时期史事。四为"战国部"，五十卷，记三家分晋至秦亡。以上均按事件始末或人物活动分篇记载，是全书主体部分。最后为"外录"，十卷，有天官书、地理志、食货志、考工记、名物训诂、古今人表等，补充前面四部记载的不足。全书之前还有世系图和年表，也是与正文配合。

清初人李清曾评论《绎史》有四个特点："体制之别创"；"谱牒之咸具"；"纪述之靡舛"；"论次之最核"。[①] 前两项所谈是

---

① 李清：《绎史·序》。

很有见地的。按照今天的观点来看,《绎史》在内容上、材料上和体制上都有突出的成就。

在内容上,《绎史》既重记事,又重记人,既详载治乱兴衰,又详载诸子学说,反映了社会生活比较广泛的内容。马骕自述其著作主旨说:"纪事则详其颠末,纪人则备其始终。……君臣之迹,理乱之由,名、法、儒、墨之殊途,纵横分合之异势,瞭然具焉。"① 可见他是有意做到记人与记事并重的。书中有大量篇目是记载治乱兴衰事件的,多能挈举一个时期的大事,如"商汤灭夏""武王克殷""宣王中兴""齐桓公霸业""晋文公霸业"等等。同时书中又有相当数量的用以记载人物活动和诸子学说的篇目,如"老子道教""孔子类记""孔门诸子言行""杨朱墨翟之言""子思孟子言行""列庄之学""扁鹊文挚医术""荀子著书""韩非刑名之学"等等。这些人物和他们的学说,正是先秦史不能缺少的内容。还有的篇目是记事兼记人。如"齐桓公霸业"一篇中,重点记述桓公得国、桓公会盟征伐等内容,又记述管仲事功、管仲对问、管子著书等项作为补充。因为齐桓公的霸业有赖于管仲,而管仲的事迹言论又应参见于《管子》书中有关论述。这一篇把记事记人兼顾起来,正有助于窥见这一段历史的面貌。

上述两项之外,《绎史》还记载了典章制度方面的内容,如"周官之制""周礼之制""春秋杂记"等篇,以及"外录"中天文地理等项记载。这样,从内容说,比起以前一些上古史著作如《皇王大记》(胡宏)、《大事记》(吕祖谦)、《路史》(罗泌)、《通鉴前编》(金履祥)等书来,《绎史》所包括的内容确实要丰富得多。

在材料上,《绎史》汇集了各方面的记载,为研究先秦史提供了极大方便。马骕打破了长期封建社会中把儒家经典神圣化的束缚,在史料上将经、史、诸子平等看待,用它们互相印证。西周末年史料缺乏,马骕就用《诗经》中"变风"诸篇作为重要材料,他说:"列国之事,其在《春秋》甚详,而幽、平以前,略

---

① 马骕:《绎史·征言》。

不多见。……秦、晋、卫、齐、郑、陈之诗列于变风,不可以阙遗也,故颇采辑著于篇。"① 这对后人研究西周末年史事是很有启发的。此书在材料抉择上有不够精审的缺点,但有的地方作者仍下功夫作了考订。例如:卷八十六《孔子类记》引录了《左传》昭公七年"孟僖子病不能相礼"这段记载。《左传》为了交代事情的结局,又连带叙述后来孟僖子临终嘱咐孟懿子与南宫敬叔向孔子学礼,于是二人师事仲尼。其实那是迟至昭公二十四年才发生的事,前后相隔十七年。司马迁写《孔子世家》时引用《左传》记载未加详审,误以为上述同是鲁昭公七年的事,而记曰:"孔子年十七……及釐(同僖)子卒,懿子与鲁人南宫敬叔往学礼焉。"不知当孔子年十七时,此二人尚未出生。马骕在引录《左传》记载之后,加以考证说:"昭七年,孔子年十七。至昭二十四年,孟僖子卒,时孔子年三十四矣。传终言之,而《史记》即载于此年,是其疏也。"② 这段考证比司马贞《史记索隐》所说更为清楚,更比梁玉绳、崔述所考要早得多。这篇《孔子类记》以《孔子世家》为线索,汇集了《左传》《公羊传》《穀梁传》《国语》《礼记》等大量材料,有许多是分散不被人注意的,将它们汇于一篇,甚便研究者参考采择。

在体裁上,《绎史》熔合了多种史书体裁,创造了新的综合的史书体制。这是《绎史》最突出的成就。

马骕曾说《绎史》是由《左传事纬》"推而广之"而成,因此书中首先具有浓厚的纪事本末体的特色,记事的篇目在书中所占分量最大。《四库全书总目提要》就将它归入"纪事本末类",并认为此书与《通鉴纪事本末》都是这一体裁的代表作,说:"史例六家,古无此式,与袁枢所撰均可谓卓然特创,自为一家之体者矣。"③ 这是对《绎史》在运用"以事件为中心"方面获得的成功十分推崇。不过,《四库全书总目提要》作者并没有认识到《绎史》所具有的新的综合体的特点。

---

① 《绎史》卷二十八《列国传世》。
② 《绎史》卷八十六《孔子类记》。
③ 《四库全书总目提要》卷四十九《史部·纪事本末类·绎史》。

实际上,《绎史》在保存纪事本末体按事立篇特点的同时,又糅合了编年体和纪传体的优点。书中记事记人的篇目都兼顾年代先后来安排,又把整个先秦史分为"太古""三代""春秋""战国"四段,这显然是吸收了编年体"年经事纬"的优点,以利于叙述历史演进的阶段及各阶段内发展的趋势。试举"战国"之部若干篇目为例。按照书中的先后顺序,有"卫鞅变秦法""苏秦合从""张仪相秦连横""秦并巴蜀""楚怀王客死于秦""屈原流放"等等。这是把"以事件为中心"和"以时间为顺序"两种方法结合起来。

《绎史》还明显地兼采了纪传体"以人物为中心"的特点,书中设立相当数量的记人的篇目就是明证。更重要的是,在全书布局上,《绎史》采用了纪传体中诸体配合的特点,创造了记事、记人、图表、书志集于一书的新的综合体裁。冠于全书之前有世系图和年表,为全书提供基本的线索,作者对此认真下了功夫。春秋战国各列国的世系,除表列各国王侯传位顺序外,还表列出各主要公族的传世。并做到"有两世可见者悉列于表",像纪、鄅之类的小国也予列出。大多还附有考释说明的文字,如第十四齐世系,说明了崔氏、庄氏、高氏、栾氏诸公族之所由来。第三十七田齐世系,说明了作者据《竹书纪年》,补充了《史记》之所阙。世系图之后是大型年表,自共和元年至秦亡止,六百三十五年间逐年表列大事。"外录"部分的"天官书""地理志""食货志"等,显然是仿照纪传体的书志而设,还附有地图多幅和一些古器物的图。

总之,《绎史》兼采了三种传统史书主要体裁的优点,熔炼成为一种新的综合体裁。由于创造这种新的史书形式,才有可能包容那么广泛的内容和丰富的材料。在这里,内容和形式达到了统一。

三

马骕创造新的综合体裁的深刻意义在于：它标志着中国史学已进展到要求从多方面来反映社会史的阶段，并且启示影响了后来的史家，成为他们继续努力的起点。

所谓"从多方面反映社会史"，是与从某一方面或角度反映相区别的。中国史学在其发展进程中先后形成的三种主要史书体裁，实际上反映了历史家主要地从某一角度认识和叙述历史。编年体以年代先后为其认识和叙述的角度，纪传体主要从人物的角度，纪事本末体则主要从事件的角度。这三种观察叙述历史的方法，当然不是历史家随心所欲生造出来的，而是社会历史本身所具有的多重因素所提供的。内容异常复杂丰富的社会历史进程，从时间说，是按年代先后发生的；从活动主体说，历史变局是人做出来的；而从历史进程的形式说，则又表现为许多事件（由发生、发展到结局）的互相联接和交错。时间、人物、事件，是历史发展的三个主要因素。历史家选取某一角度观察和叙述历史各有方便之处，三种体裁的存在各有其合理性，也各有自己的长处。然而由于它们是各从一个角度观察和反映的，所以又不可避免地有局限性，三种体裁各有自己的短处。史书以"信实"为最高标准。越是能够比较真实地反映历史面貌的史书，所取得的成功就越大。客观历史本来就是异常复杂丰富的，从多方面观察和反映历史，采用多种体裁综合运用的方法，应该是达到比较真实地反映历史面貌的有利途径。因此，史学在其发展过程中总归要向自己提出这样的任务：舍弃单一体裁的做法，而探索采用综合体裁的新途径，集中它们的优点，从多方面反映社会历史。这个任务的提出和付诸实践、逐步解决，对于史学的发展绝非小事。这样做不但必要，而且可能。时间、人物和事件既然是历史进程的要素，从其中一个角度来观察和叙述历史，尽管角度不同，但所观察和反映的对象则同是历史进程本身。三种体裁不是互相对立、互不相干，而是互相联系、互相补充。唯其如此，才有可能把它们的长处"综合"到一起，上述任务才有实际的意义。

马骕正是用自己的实践回答史学发展提出的重要课题。《绎史》熔制众体创造新的综合体裁，是史学进展到从多方面反映社会生活的可贵的一步。它的意义已经超出了体裁本身，而且具有历史哲学的意义。因为新的综合体裁能够帮助人们从多方面认识社会历史，为历史著作提供更加广大的容量，更利于表现历史的真实。尽管马骕在当时并不能自觉认识到这些，他在实践上作了尝试，而未能在理论上有所阐发，就全书说，也还存在资料汇集气味太浓的缺点。但是这些缺点并不影响我们对他的成就作出应有的评价。

马骕已经走出的可贵的第一步，启发了此后其他有识史家继续朝这个方向作出努力。在马骕之后一个世纪，章学诚经过长时期的"辨章学术，考镜源流"，而后提出了"仍纪传之体而参本末之法"①的主张。但他未能实现其重修《宋史》的志愿，这一设想只是在他主修的方志上体现出一些来。例如，《湖北通志检存稿》的体例分为纪、图、表、考、传五种（还有一项"政略"，实际上与"考"相同）。拿章学诚的主张和做法与《绎史》的体例比较一下，不难看出二者是很近似的。到20世纪初，梁启超曾发愿"大刀阔斧，跟着从前大史家的作法，用心做出大部的整个的历史来"②。为此，他拟订了两个内容大致相同的写作提纲，一个是《中国通史》提纲，一个是《中国文化史》提纲，所设想的内容比传统史书远为广泛，然而他恰恰在体裁上引马骕为同调，说：《绎史》"体制别创确有足多者，盖彼稍具文化史的雏形"③。另一位近代史家章炳麟，也曾在运用综合体裁上提出过设想。可见《绎史》熔炼众体的创造确实反映了史学发展的要求，开辟了后代史家努力的新途径。在今天，这个问题如何恰当地解决，也仍然具有现实的意义。我们是以马克思主义为指导，我们

---

① 章学诚：《文史通义·与邵二云论修宋史书》卷九，《章氏遗书》本。
② 梁启超：《中国历史研究法补编》，《饮冰室合集》专集之九十九，第168页。
③ 梁启超：《中国近三百年学术史》，《饮冰室合集》专集之七十五，第277页。

对于社会史的丰富内容有着比前人更加明确更加科学的理解，对于史书的科学内容和体裁形式的统一也有更加自觉的认识。我们要在批判继承的基础上创新，吸收古代史家的优良经验，做出超越前人的成绩。

钱大昕:历史考证的精良方法及其影响

20世纪中国学术文化史上值得大书特书的一件大事,是历史学获得重大的发展,包括新历史考证学和马克思主义史学,都取得了堪称辉煌的成就。以新历史考证学而论,出现了王国维、陈寅恪、陈垣、顾颉刚等著名大师和其他一批出色学者。人们都承认,乾嘉历史考证学是20世纪新考证学发展的重要基础,郭沫若评价王国维的贡献即讲过很有权威性的话,称他"承继了清代乾嘉学派的遗烈","严格地遵守着实事求是的态度",成为"新史学的开山"。[①] 然而迄今为止,对此都仅只停留在笼统印象的阶段,对于乾嘉历史考证学与20世纪新考证学的关系这一很有理论价值的研究课题,一直未有作专题探讨者。这显然是一个亟待弥补的缺陷。

作为乾嘉史学最重要的代表人物,钱大昕的学术成就和治学精神对于20世纪考证学者的影响是巨大的。单从几位著名的新考证学大师有过的评论,就已经清楚地显示出来,他们都把20世纪实证史学与18世纪的杰出学者钱大昕的名字相联系。王国

---

① 郭沫若:《历史人物·鲁迅与王国维》,《郭沫若全集·文学编》第二十卷,人民出版社1992年版,第306—307页。

维称誉钱大昕是清朝三百年学术的三位"开创者"之一,他说:"我朝三百年间,学术三变:国初一变也,乾嘉一变也,道咸以降一变也。……国初之学大,乾嘉之学精,道咸以降之学新。窃于其间,得开创者三人焉,曰昆山顾先生,曰休宁戴先生,曰嘉定钱先生。国初之学创于亭林(顾炎武),乾嘉之学创于东原(戴震),竹汀(钱大昕),道咸以降之学,乃二派之合,而稍偏至者,其开创者仍当于二派中求之焉。"① 既然钱大昕开创的乾嘉学派直接影响了晚清学者,那么钱氏即是 20 世纪学术的源头之一。陈寅恪同样推崇钱大昕是清代考证学的杰出代表,他评价陈垣的考证学成就时说:"近二十年来,国人内感民族文化之衰颓,外受世界思潮之激荡,其论史之作,渐能脱除清代经师之旧染,有以合于今日史学之真谛,而新会陈援庵先生之书,尤为中外学人所推服。盖先生之精思博识,吾国学者,自钱晓徵以来,未之有也。"② 这段话,明显地指出"精思博识"的钱大昕代表了清代考证学的高峰,认为他的学术与新考证学最出色的成就是直接相联系的。陈垣则总结他一生学术思想发展道路为"钱——顾——全——毛",即以效法钱大昕的严密考证为起点,经由服膺顾炎武提倡经世之学和全祖望表彰民族气节,最后走上确立以毛泽东思想为指导的道路。③ 上述三位著名史学大师的言论,集中地揭示出钱大昕与 20 世纪新考证学之间深刻的联系。本文冀图就此作个案分析,以对"乾嘉历史考证学与 20 世纪新考证学的关系"这一理论问题,提出初步的思考。

---

① 王国维:《沈乙庵先生七十寿序》,《观堂遗墨》卷下,转引自袁英宪、刘寅生《王国维年谱长编》1919 年条。
② 陈寅恪:《金明馆丛稿二编·陈垣元西域人华化考序》,上海古籍出版社 1980 年版,第 239 页。
③ 见白寿彝《纪念陈垣校长诞生一百周年》,《白寿彝史学论集》,北京师范大学出版社 1994 年版,第 375 页。

钱大昕：历史考证的精良方法及其影响

一、近世扭转"重经轻史"偏向的一位关键人物

钱大昕（1728—1804）对 20 世纪历史学的第一个直接影响是，在学术风尚上，他开创了近世以来重视史学的新风气，冲破了长期笼罩士林的"经尊史卑"的旧局面，从此考史、著史成为对士人具有吸引力的事业，终于至 20 世纪结出了硕果。

钱大昕是清代开国以后以治史名家的第一人。清初曾出现了几位杰出的学者，有顾炎武、黄宗羲、王夫之等，他们治学领域宽广，气象宏大。如顾炎武所著《日知录》《音学五书》《肇域志》等，在史学上也有其地位，但他最大的志向是"通经以致用"，首先重视的是经学，以提高先秦经学的地位与宋明理学相对抗，故并不以专门治史知名。黄宗羲、王夫之二人虽有史学方面的著作（黄著有学案史，王著有史论），但他们仍以"穷经"作为治史的主要旨趣。黄宗羲的撰述最著者为《易学象数论》《明夷待访录》《诗案》等书；王夫之的主要著作有《张子正蒙注》《思问录内外篇》《周易外传》《读四书大全说》《尚书引义》等书，因他四十余年栖伏僻乡，潜心著述，而不为并时学者所知，乾隆中，开四库馆，船山所著诸经稗疏得以著录，其姓名方为世人所知。

乾隆时期考证学盛行，首先是由考经开始的，当时士林风气，是"经尊史卑"，史学普遍地不受重视。江藩著《汉学师承记》，论述清代朴学兴起的标志是："至本朝，三惠之学，盛于吴中，江永、戴震诸君，继起于歙，从此汉学昌明，千载沉霾，一朝复旦。"[①] 三惠即惠周惕、惠士奇、惠栋祖孙三代，其学术之共同特点是"精深于绝学"。周惕著有《易传》《春秋问》《三礼问》《诗说》等。士奇则著有《易说》《礼说》《春秋说》。惠栋

---

① 江藩、方东树：《汉学师承记》卷一，生活·读书·新知三联书店 1998 年版。

治学自经史诸子百家杂说无不习，年五十后专治经术，尤精于《易》，著有《周易述》《易例》《易汉学》及《古文尚书说》《九经古义》。清代朴学以吴门惠氏为大宗，恰恰反映出经学在学术上的尊贵地位。江永是戴震的老师，深于礼学及音韵，又通天文历算，著有《礼经纲目》《周礼疑义举要》《古韵标准》《推步法解》等。戴震是清代朴学与吴派并峙的另一派——皖派代表人物，著有《经考》《仪礼正误》《声韵考》《声类表》等，以及天文历算和哲学著作。戴震名震一时，学者咸尊为大师，受业学生有王念孙、引之父子，段玉裁，孔广森等人，也都成为经学、小学的名家。

吴、皖两派双峰并峙，共同构成了考证学极盛的局面。但在这"极盛"的背后，却掩盖着学术趋向存在着严重的偏差：经学独盛，史学不振。最典型的是，惠栋治学，尊信汉人经说，主张"凡古必真"，"惟汉是从"。戴震治学的特点，按江藩所概括的，是"以肄经为宗，不读汉以后书"①。江藩在论及凌廷堪治学既肄经，又习史，于大事本末、名臣事迹、地理沿革、官制变置、元史姓氏等均所熟悉时，极其感慨这在乾嘉之际众多的朴学之士中实在稀有难得，说："近时讲学者喜讲六书，孜孜于一字一音，苟问以三代制度，五礼大端，则茫然矣。至于潜心读史之人，更不能多得也。先进之中，惟钱竹汀、邵二云两先生。友朋中则李君孝臣、汪君容甫，及君三人而已。"② 这些典型性材料指明：当时绝大多数学者都专注于先秦儒家经典的训诂考订，不读汉以后书，成为士林的共同心态。如此风尚，造成了学术的严重偏向，史学成为低一等的学问，对于祖国的历史不作研讨，特别是对汉以后历史暗然无知。陈寅恪有一段评论，也相当中肯地分析了当时学术的偏向："往昔经学盛时，为其学者，可不读唐以后书，以求速效。声誉既易致，而利禄亦随之。于是一世才智之士，能为考据之学者，群舍史学而趋于经学之一途。其谨愿者，既止于

---

① 《汉学师承记》卷三。
② 《汉学师承记》卷七。

解释文句，而不能讨论问题。其夸诞者，又流于奇诡悠谬，而不可究诘。虽有研治史学之人，大抵于宦成以后休退之时，始以余力肆及，殆视为文儒老病销愁送日之具。当时史学地位之卑下若此，由今思之，诚可哀矣。此清代经学发展过甚，所以转致史学之不振也。"①

在乾嘉时期，有志于救治这种学术偏向、开始扭转"经尊史卑"局面的学者，是钱大昕、王鸣盛、赵翼三位考史大家和史学评论家章学诚。在三位考史名家中，钱氏虽非年岁最长，却最先究心于史学和最早完成了卷帙浩巨的考史著作。自乾隆二十二年（1757）起，钱氏即开始编纂自己所撰写的考史札记，至乾隆四十五年（1780）撰成《廿二史考异》。继其后，王鸣盛于乾隆五十二年（1787）撰成《十七史商榷》，赵翼于嘉庆五年（1800）撰成《廿二史劄记》。这三部名著都有总结性的特点，纵贯中国历史上下两千年，不仅在研究史籍的版本、文字考订、编撰体例等方面是集大成之作，而且涉及各个时代的事件和人物、典章制度、历史地理、氏族、民族、社会状况、风俗变迁等广阔领域，提出了丰富的研究课题，大大开阔了人们的视野，启发人们的思考。钱氏所撰成的史著，还有《三史拾遗》《诸史拾遗》《元史氏族表》《元史艺文志》《潜研堂金石文跋尾》等，《十驾斋养新录》和《潜研堂文集》中也包含有不少考史成果。由此，以钱大昕为代表的乾嘉史家首开近世学术研究的新风气，吸引了此后许多学者继续从事史学的研究。

我们还应当注意，钱大昕为了纠正经尊史卑的偏向，不仅在著史实践上长期作了卓绝的努力，而且在理论上提出了明确的主张。此点非常重要，说明他对倡导研治历史有自觉的认识。钱大昕为赵翼《廿二史劄记》写了序言，通篇议论的重点，即批评当时流行的"经精而史粗，经正而史杂"的见解。他指出，古代经史不分，中古以后经史分途，但未见有陋史而荣经者。自宋元之后，才有重经轻史的风气，"道学诸儒，讲求心性，惧门弟子之

---

① 陈寅恪：《金明馆丛稿二编·陈垣元西域人华化考序》，第238—239页。

泛滥无所归也,则有诃读史为玩物丧志者,又有谓读史令人心粗者。此特有为言之,而空疏浅薄者托以藉口,由是说经者日多,治史者日少。彼之言曰,经精而史粗也,经正而史杂也。予谓经以明伦,虚灵玄妙之论,似精实非精也。经以致用,迂阔刻深之谈,似正实非正也"①。这段重要议论,从学术发展的源流和评论学术的价值标准两方面,严肃批判当时支配士人头脑的思想定势,指出空洞的议论、穿凿的说法,即使依附于经,也毫无价值,而轻视史学的风气是极不正常的,应予扭转。同时,钱大昕对赵翼的史著作了高度评价:"先生上下数千年,安危治忽之几,烛照数计,而持论斟酌时势,不蹈袭前人,亦不有心立异,于诸史审订曲直,不掩其失,而亦乐道其长。""读之窃叹其记诵之博,义例之精,论议之和平,识见之宏远,洵儒者有体有用之学,可坐而言,可起而行者也。"② 正是由于钱、赵、王三人共同究心于史学,所完成的著作以考证精审、见识过人饮誉于士林,这才开始改变了长期的学术偏向,为史学争得了应有的地位。此项贡献对近世学术史的影响是极其深刻的。

　　章学诚与三位考史大家时代相同,他在《文史通义》中提出"六经皆史"的主张,其实质是要将经书作为史料看待、把"经"置于"史"的范围之内,其议论足与钱氏的见解相应和。此后,龚自珍写了《尊史》《古史钩沉论》等名文,他进一步批评"号为治经则道尊,号为学史则道诎"的价值取向,并提出"六经者,周史之宗子也"、"史存而周存,史亡而周亡"、"史于百官,莫不有联事"、③"欲知大道,必先为史"④ 等一系列新颖的看法。自钱大昕以来批评"经尊史卑",倡言"六经皆史""六经为周史之大宗",都并非单纯地为了争"经"与"史"地位的高下,而有着深刻得多的意义,因为他们的观点反映出近代学术的一种

---

① 钱大昕:《廿二史劄记序》,《廿二史劄记校证》附录二,中华书局1984年版,第885—886页。
② 钱大昕:《廿二史劄记序》,第886、885页。
③ 《龚自珍全集》第一辑《古史钩沉论二》。
④ 《龚自珍全集》第一辑《尊史》。

重要趋势：把经书和各种学问都置于历史考察眼光之下。至 20 世纪初王国维出，他在治学方法上继承了乾嘉考史方法，取得了巨大成就，而且明确地主张由前清学者"以经治经"，转入"以史治经"。[①] 这一主张，明显地继承了自钱大昕以来的进步看法并加以发展，表明 20 世纪考证学者彻底打破了过去视经书为神圣的旧观念，摆脱了逐字逐句作训诂考订的注经、考经的方法；而代之以将古代经典平等地作为史料，从社会历史演进的视角，结合考古学、社会学等成果来作客观的研究，以求说明社会演进之真相的近代方法，且对经学本身也要考察其历史的演变。这种观念和方法的深刻变化，是推动 20 世纪历史学发展的重要原因之一。诚然，促成 20 世纪实证史学发展的重要原因，还有传统史学蕴积深厚、新史料大量发现、西方史学方法的输入等项。而从风气演变的渊源来说，18 世纪末以钱大昕为代表的学者在史学实践上和理论上的努力，则无疑是导致近世学术变迁的重要源头。

二、严密精审、符合近代理性精神的考证方法

钱大昕治史具有严谨的态度和严密精审的方法，与近代科学方法和理性精神相符合，他的丰富考证成果和精良的治史方法，为 20 世纪考证学的崛起打开广大法门，成为传统学术向史学近代化演进之重要中介。——这是钱大昕被 20 世纪考证学家视为传统考证学杰出代表人物的主要原因，也是我们考察钱大昕学术对 20 世纪历史学产生直接影响更为重要的方面。

20 世纪新考证学发展的根基，是中国传统考证学业已达到很高的成就，钱大昕则是传统考史方法的集大成者。他远绍宋代学者注重考证的渊源，近承清初顾炎武开创的考证学风。中国历史文化经过长期的发展，大批典籍经过久远的流传，存在许多记载

---

① 王国华：《海宁王静安先生遗书序》，转引自《中国史学家评传》下册，中州古籍出版社 1985 年版，第 1239 页。

抵牾、版本歧异以及散佚或作伪等问题，客观上早有加以整理、考订的需要。在宋代，已有一些著名学者重视考证的工作，如司马光专门撰著《通鉴考异》，详载各方面记载的歧异，说明其去取的理由。他如叶适《习学记言》、黄震《黄氏日抄》、王应麟《困学纪闻》、沈括《梦溪笔谈》、洪迈《容斋随笔》等书，也都涉及考证史事、文字、版本等项问题。清初顾炎武既提倡学术经世，又提倡考证方法，开创了清朝一代注重考证的学风。他的名著《日知录》中，既有大量考证经书的条目，又有许多涉及官制、科举、国计民生及风俗变迁等历史学的内容。这种学术文化发展的客观趋势，至乾嘉时期，因与特殊的政治、经济、文化诸方面条件相结合，遂导致考证学的极盛，产生了钱大昕等位考史名家。由于考证学蔚成风气，学者日夕研习、训练有素，加之经常互相探讨、切磋，因而方法的精审超过前人。

这里还应着重提出，在当时有一批学者注重研治天文、历算，他们因之受到严格的数学逻辑方法的训练，使考证学达到更高水平，更加符合于近代科学方法，钱大昕在这方面也是出色的代表。实际上，这是 18 世纪自然科学方法对于文献考证之学的一次渗透，推进了人文科学的发展，在今天，这个问题对我们仍有启发的意义。清儒喜习天文、历算之学的风气，始于明末清初的徐光启、李之藻，他们学习当时来华的传教士传入的西方历算学，并融合中西算法，分别译著有《几何原本》《同文算指》等书。康熙年间，王锡阐、梅文鼎继起，王氏著成《晓庵新法》，梅氏著成《勿庵历算全书》（共三十种）。他们的著作，因求会通西方历算印证本国古籍，由此引起知识界对我国固有算学的重视。康熙帝以帝王之尊和天资的聪明，笃嗜历算之学，更增强了历算学的吸引力，于是研习者云起。乾隆年间，四库馆开，尤促使对古代历算著作作一次集中的搜辑整理，戴震即负责此项整理工作。戴氏中年以前已成《勾股割圜记》等极有价值的著作，受聘为四库馆纂修后，长期究心于子部天文历算的整理编校和撰写提要的工作。阮元对他有很高的评价："（戴）庶常……网罗算氏，缀辑遗经，以绍前哲，用遗来学。盖自有戴氏，天下学者乃不敢轻言算数，而其道始尊，然则戴氏之功又岂在宣城（梅文鼎）下哉！"① 钱大昕亦精于天算学，著有《三统术衍》《元史朔闰表》《算经答问》等。他注目之重点与戴氏有别，戴虽遍注古算经，而自著之历算书，仍主宗西法，钱氏则专以提倡中法闻名。咸丰年间著名的历算家罗士琳对钱氏推崇备至，谓"宣城（梅文鼎）犹逊詹事一筹"②。要之，戴、钱以学术大师而精于历算，遂使这门学问成为积学之士必修之业，如孔广森、焦循等人，都著有天文、历算的著作。研治历算学对于促进考证方法的严密大有关系，因为研究数学、天文、历法，讲求充分的证据、严密的判断，训练了严格的归纳和演绎的方法，从而更能自觉地遵守实证研究的原则，力求排除主观臆测、穿凿附会、夸大其词的蹈空习虚的做法。诚如康熙年间历算家王锡阐所云："其合其违，虽可预信，而分秒远近之细，必屡经实测而后得知。……合则审其偶合与确合，违则求其理违与数违，不敢苟焉以自欺而已。"又云："学之愈久而愈知其不及，入之弥深而弥知其难穷。……若仅能握觚而即以创法自命，师心任目，换为卤莽之术以测天，约略一合而傲然自足，胸无古人，其庸妄不学，未尝艰苦可知矣。"③ 仔细体味这两段论述，则可知乾嘉时期历算之学受到学者的重视，其性质，实属自然科学方法与传统的文献考证之学的交叉，训练考证学者树立重客观、重实证、严格缜密的科学态度，反对无根据的臆测。钱大昕既以严谨的态度从事历史考证，又在历算学上卓有建树，因此，逻辑方法的训练促进考证的严密，在他身上得到最有说服力的体现。近代著名考证学者王国维和陈垣，早年曾分别学习过物理学和近代医学，也同样证明了这一道理。

钱大昕考证学的卓越成就，在当时即备受推崇。卢文弨恭誉

---

① 《畴人传》卷四十二《国朝九·戴震传》，丛书集成本，中华书局1991年版。
② 《续畴人传》卷四十九，丛书集成本，中华书局1991年版。
③ 分别见王锡阐《推步交朔序》《测日小记序》。

他"品如金玉,学如渊海。国之仪表,士之楷模"①。阮元更高度评价他:"国初以来,诸儒或言道德,或言经术,或言史学,或言天学,或言地理,或言文字音韵,或言金石诗文,专精者固多,兼擅者尚少,惟嘉定钱辛楣先生,能兼其成。"并恭誉他兼有"九难"。前二难,称赞他的品德;三、四难,指其经学、史学的成就,做到"洞彻原委","订千年未正之讹";从五难到八难,说他兼治天算、地理沿革、文字音韵、金石、官制等,均能"观其会通","考核尤精";最后九难,称他擅长诗古文辞,冠于士林。"合此九难,求之百载,归于嘉定,孰不云然。"② 以阮元这样身兼大学者和封疆大吏、主持士林风气的显赫人物,如此称誉钱大昕在诸多学术领域均能"洞彻原委","考核尤精",求之百载而难得,足见钱氏的学术成就和考证方法是如何令士林倾服。段玉裁也盛赞"先生于儒者应有之艺,无弗习,无弗精",凡所著述,"中有所见,随意抒写,而皆经史之精液"。③

20世纪考证学者景仰钱大昕的学术,继承他的治史方法,当然绝不是简单的重复或模仿。唯其钱大昕的治史精神和方法代表了传统考证学的精华,故其所包括的基本原则和路数是任何从事考史工作者不能违背,也不能绕过的。他为20世纪学者打开了广大法门,使他们结合20世纪许多重要新史料的发现,结合他们面临的新的课题加以发展,而大显身手。钱大昕严密精良的考证方法可以概括为以下四项,都为20世纪学者奠定了基础,提供了极其宝贵的启迪。

第一,实事求是,无征不信。

钱大昕治史,自觉地以"实事求是"为最高原则。他为"求真"而殚精竭虑,以数十年之精力,潜心于考辨史籍文字之错讹,地理、制度之误载,史实之歧异,目的即在恢复历史之"真"。基于"实事求是"的原则,他自觉地做到了一不为古人所

---

① 《抱经堂文集》卷十九《与钱辛楣论熊方〈后汉书年表〉书》,王文锦点校本。
② 阮元:《十驾斋养新录序》。
③ 段玉裁:《潜研堂文集序》。

蔽，二不为门户之见所蔽，三不为主观看法所蔽。作为考证家，他重视最早出现的证据，认为古人的说法不应轻易否定，故说："前之古人无此言，而后之古人言之，我从其前者而已矣。"① 但是如果后人的说法有确凿的证据，能驳正前人的误见，则毫无疑问要采用后人的正确说法："后儒之说胜于古，从其胜者，不必强从古可也。"② 这就避免了惠栋一派学者墨守"凡古必真"以定是非，而容易陷于胶固、褊狭、盲从的毛病。钱大昕又明确提出反对门户之见，反对主观臆测。他批评某些学者"性情偏僻，喜与前哲相龃龉。说经必诋郑、服，论学先薄程、朱，虽一孔之明，非无可取，而其强词以求胜者，特出于门户之私，未可谓之善读书也"③。他要求自己做到"择善而从，非敢固执己见"。又强调致力于考异证误的工作，目的在于存历史之真和事实之真："史非一家之书，实千载之书。祛其疑，乃能坚其信；指其瑕，益以见其美。"④

钱大昕在《廿二史考异》中汇集的考证成果，按条列出，形式上接近于琐碎。实则他所考之异，无论是校勘文字错讹，或订正史实、地理、典章制度记载的舛误，都是长期读书思考所得，引证大量材料而审慎得出的结论，在近于琐碎的形式下，寓含着渊博的学识和精良的方法，故被学者誉为碎金散玉，决千载之疑。例如，《汉书·地理志》是我国最早的关于古代行政区划和地理沿革的文献，具有极高的价值。但其中也有误载或难以理解的地方。钱氏运用纪传表志互校，辨正了几个重要问题，直破千百年之谬。汉武帝新开河西四郡（武威、酒泉、张掖、敦煌）的确切年代，是西汉历史上关系不小的问题。《汉书·地理志》记载云："武威郡 故匈奴休屠王地，武帝太初四年开"；"张掖郡 故匈奴昆邪王地，武帝太初元年开"；"酒泉郡 武帝太初元年开"；"敦煌郡 武帝后元年分酒泉置"。而据《武帝纪》所载，

---

① 《潜研堂文集》卷十六《秦四十郡辨》。
② 《潜研堂文集》卷九《答问六·论语》。
③ 《潜研堂文集》卷二十五《严久能娱亲雅言序》。
④ 《廿二史考异自序》。

四郡设置时间均与《志》不同。《纪》《志》之所载，必有一是一非。钱氏根据周密的考证解决了这一问题。武威、张掖两郡，《志》中明言故匈奴王地。钱氏引证《武帝纪》所载：元狩二年（前121），"秋，匈奴昆邪王杀休屠王，并将其众合四万余人来降，置五属国以处之。以其地为武威、酒泉郡"。据此，《纪》已明言此二郡设郡时间为元狩二年，因昆邪王来降，以其地置此二郡，此于事于理均相符合，无可怀疑。钱氏再引证《武帝纪》元鼎六年（前111）载："又遣浮沮将军公孙贺出九原，匈河将军赵破奴出令居，皆二千余里，不见虏而还。乃分武威、酒泉地置张掖、敦煌郡，徙民以实之。"据此，钱氏进一步考证张掖、敦煌二郡设置时间应为元鼎六年。并认为："敦煌为酒泉所分，则张掖必武威所分矣。四郡之地虽皆武帝所开，然先有武威、酒泉，而后有张掖、敦煌。以内外之词言之，武威、酒泉，当云'元狩二年开'；张掖、敦煌，当云'元鼎六年分某郡置'，不必云'开'也。昆邪来降，在元狩间，而《志》以为太初；张掖乃武威所分，而《志》以张掖属元年，武威属四年，皆误。"① 河西四郡设置时间及先后关系长期存在的疑问至此冰释。②

钱氏对三国两晋南北朝地理沿革也有精深之研究，他纠正了《晋书·地理志》记载的错误，得出"晋侨置州郡无'南'字"的重要结论。东晋南渡之后设置许多县，以安置北方流民，这里州郡都以流民的原居地命名。南初刘宋为了将这些州郡与北方同名者区别开来，在地名前加上"南"字，如南青州、南兖州。但

---

① 《廿二史考异》卷七《汉书二·地理志下》。
② 钱大昕对河西四郡设置时间的考证，一向为历史地理研究者所推重。另外，20世纪初叶以来，在中国西北地区的敦煌、居延等地出土了大批汉代简牍，劳榦、陈梦家等学者利用汉简作考释、研究，对河西四郡的设置年代提出了新看法，也值得注意。劳榦据居延汉简编号313.12A（《居延汉简释文合校》，文物出版社1987年版，第196—197页）简文列举了河西其他三郡，唯独没有武威郡等史料，推测武威郡的设置年代介于元凤三年（前78）十月与地节三年（前67）五月的十年间。陈梦家则据居延地节二年（前68）六月简，考证后来作为武威郡治的姑臧当时尚属张掖管辖，推定武威置郡至少在地节二年（前68）之后（见陈梦家《河西四郡的设置年代》，《汉简缀述》，中华书局1980年版）。说明钱大昕根据对文献的严密考证，对河西四郡设置年代已取得值得重视的成果，而随着新的考古文物的不断发现，对此问题尚需作近一步的考辨和论定。

唐初修《晋书》却以为侨置州郡在东晋一开始就有"南"字,造成沿袭千年的错误。钱氏为研究地理沿革专家洪亮吉所著《东晋疆域志》作序,特别就此问题批评《晋书·地理志》的纰漏:"侨置州郡,本无'南'字,义熙收复故土,因立北徐、北青。永初受禅,始诏去'北'加'南',而《志》已先有南兖、南徐、南青、南豫,且谓元帝置南东海、南琅邪、南东平诸郡,岂非误认《宋志》追称以为本号乎!"① 钱氏本人对此项纠正长期相沿成习的错误十分重视,在《廿二史考异》卷十九、《十驾斋养新录》卷六、《潜研堂文集》卷三十五《与徐仲圃书》等处都一再讲到这个问题,今天的历史地理研究者同样认为此项是钱氏运用精良考证方法所得到的重要成果。

第二,广参互证,追根求源。

善于广搜各种证据,作纪、志、表、传互证,或诸史互证,或引正史之外笔记、小说等史料互证,追根穷源,务使史实真相昭然若揭,这是钱大昕考史极受20世纪学者所称道的又一特点。梁启超在《清代学术概论》中论述清代朴学家优良的方法说:"孤证不为定说。其无反证者姑存之,得有续证则渐信之,遇有力之反证则弃之。""盖无论何人之言,决不肯漫然置信,必求其所以然之故;常从众人所不注意处觅得间隙,既得间,则层层逼拶,直到尽头处;苟终无足以起其信者,虽圣哲父师之言不信也。此种研究精神,实近世科学所赖以成立。"② 梁启超的概括和评价,正符合钱大昕广参互证、追根穷源的考证特点。兹略举数例:

《后汉书·光武帝纪》载:建武十三年(37),"省并西京十三国:广平属钜鹿,真定属常山,河间属信都,城阳属琅邪,泗水属广陵,淄川属高密,胶东属北海,六安属庐江,广阳属上谷"。此即为东汉初根据西汉末年"郡大国小"的情况,而对封域甚小的王国进行"省并"(即撤销),将其属县归入邻近的郡

---

① 《潜研堂文集》卷二十四《东晋疆域志序》。
② 梁启超:《清代学术概论》,《饮冰室合集》专集之三十四,第35、25—26页。

国。但这段记载所列举的只有九国，与"十三"之数不符。李贤注《后汉书》，于此即注云："据此，惟有九国，云'十三'，误也。"至于错在哪里，李贤指不出来。千年之后，至钱大昕才考辨出致错的原因，他指出应改成："省并西京十（三）国：广平属钜鹿，真定属常山，河间属信都，城阳属琅邪，泗水属广陵，淄川（属）、高密、胶东属北海，六安属庐江，广阳属上谷。"去掉"三""属"，即豁然贯通。钱氏以本纪与《续汉书·郡国志》互证，据《郡国志》，北海国下云："建武十三年省淄川、高密、胶东三国，以其县属。"① 据此证明高密与淄川同在省并之内，非以淄川属高密也。《郡国志》另一处又称，世祖省并郡国十。现将高密计入省并之列，正合十国之数。可知是在唐初之前传抄过程中，将十国误衍"三"字，"淄川"下又误衍"属"字。② 钱氏成功地运用他广参互证、缜密分析、追根求源的考证方法，勘破千年之误，使问题真相大白。

钱大昕又擅长于广泛搜集杂史、笔记、小说之外的材料与正史互证。汉初大封诸侯王，但是诸侯王国之国都《汉书·地理志》中仅记载了寥寥几处，余者阙如，读史者也感到茫然。钱氏则据《史记》有关的纪、志、表、传各篇，以及《水经注》《元和郡县志》《太平寰宇记》等相互参证，考得楚王韩信都下邳，梁王彭越都定陶，济南王都东平陵，济川王都济阳等三十四个诸侯王国都所在地。③ 又如，《三国志·诸葛亮传》载"亮与徐庶并从"。裴松之对此注云："《魏略》曰，庶先名福，本单家子。"有的人将"单家"错误地理解为姓单（音善），而全不明白这是反映当时门阀观念已经形成的史料。钱氏连举了裴注其他四处称"单家"，及《后汉书·赵壹传》所称"单门"，证明"凡云单家者，犹言寒门，非郡之著姓耳。……流俗读单为善，疑其本姓单，后改为徐，妄之甚矣"。④

---

① 按，其时以高密四县封邓禹，胶东六县封贾复，故不立三国而并属北海。
② 《廿二史考异》卷十《后汉书一·光武帝纪下》。
③ 《潜研堂文集》卷十二《答问九·诸史》。
④ 《诸史拾遗》卷一《蜀志·诸葛亮传》。

《辽史·道宗纪》有"寿隆"年号，钱氏据洪遵《泉志》所引《东北诸蕃枢要》《北辽通书》，又本人家藏碑刻多通，以及《东都事略》《文献通考》等书，证明年号应为"寿昌"。最后又用反证法：若道宗用"寿隆"年号，则违反圣宗名讳（耶律隆绪）。辽人谨于避讳，据此也可断为绝对没有的事。又如，钱氏据《金史·郭虾蟆传》来考证《元史》中记载的错误。《元史·汪世显传》所载称，金之绥德州帅汪世显在蒙古军队进攻之下，不顾邻近郡县望风款附，独自坚守城池，最后才勉强投降，并自诩"臣不敢背主失节"。钱氏据《金史·郭虾蟆传》与之对照，实际情况却与此大相径庭。汪世显身为金朝将领，早已决计向元朝迎降，他遣使约郭虾蟆，欲并力攻破金城巩昌。此一背金降元计划被郭虾蟆所拒，"世显即攻巩昌破之，劫杀完展（按，驻守巩昌之金将粘割完展），送款于大元。复遣使者二十余辈谕虾蟆以祸福，不从"。以两史互勘，显然《金史·郭虾蟆传》所载为实。钱氏通过考证明确下了结论："是世显以偏裨戕主帅，背主嗜利，乃小人之尤者。且久通款于蒙古，何待阔端兵至始率众降乎！"又进一步指出《元史》所载的错误，是因为所据家传文饰事实美化传主，"苏天爵《名臣事略》误信其家传书之，明初史臣又承天爵之误，不加订正"。① 由此而得出家传碑志谀美失实，需慎重采择这一具有普遍性意义的结论。

第三，义例法——逻辑方法的熟练运用。

推求义例以决疑难，是乾嘉考证学成熟的标志之一。乾嘉卓越学者重义例是共同的，戴震区分《水经注》经与注混淆问题，即是著名例子。钱氏有读书"当寻其义例所在"② 的名言。他考史自觉地运用义例法，即通过大量个别事例之分析、归纳，得出研究对象之规则；然后以掌握之义例，推而求之，解释史实，考订错误。换言之，义例法即是钱氏对于分析、归纳之逻辑方法的自觉运用，这也表明钱氏考史方法与近代科学方法相符合，故为

---

① 《诸史拾遗》卷五《元史·汪世显传》。
② 《十驾斋养新录》卷四"《说文》连上篆字为句"条，上海书店1983年版。

近代学者所继承和发展。

钱氏精通西汉历史地理的考证，即赖于运用"义例法"。他分析、归纳《地理志》，得出三项义例：（一）《志》所载郡国，"以元始二年户口籍为断"。由此，说明《志》所载西汉行政区划、建制是前后变动的，并非固定不变。凡武、昭以前所封侯国，而至西汉末国已除者，《志》均不载。（二）钱氏又拿《志》与《王子侯表》《外戚恩泽侯表》相对照，成帝绥和以后所封（按，共十四侯国），《志》均未载，这证明"《志》所书侯国，盖终于成帝元延之末"。即，一篇《志》内，不同时期的行政区划状况并存。故不能认为《志》所反映是整齐划一的。（三）《汉书》武帝以前人物的传，所涉及的地点和区域建制，均据武帝以前之郡县。故同一《汉书》中，《志》与各传所载地名、行政区划并非完全一致，各反映了不同时期的地理、政区状况，必须具体而论，不能固执一端而认为此是彼非。[①] 钱氏为此写了《侯国考》，表明他以动态观点研究《汉志》，善于总结其"义例"，故给近代治历史地理者以深刻的启发。

钱氏又重视总结古籍避讳的义例，被陈垣称誉为"以避讳解释疑难"而最突出者。陈垣因受其影响而著成《史讳举例》《校勘学释例》两书，在前书序言末行，陈垣特意写上："一九二八年二月十六日，钱竹汀先生诞生二百周年纪念日，新会陈垣。"表达对钱氏考证学成就的崇高敬意和继承钱氏学术的明确态度。

钱氏运用避讳义例，解决了有关古籍版本或内容的诸多疑难问题。一类是因明避讳之义例，断定版本年代。《潜研堂文集》卷三十四《答卢学士（文弨）书》，辨正卢氏所校《太玄经》认为是北宋刻本之不当。主要理由是，此书署衔："充两浙东路提举茶盐司干办公事张寔核勘。"钱氏考定，宋高宗建炎年间，避高宗赵构名讳，始改勾当公事为干办公事。据此署衔，即是南宋刻，非北宋刻。

又一类是以避讳义例，断定古籍因避讳而改前朝年号，或辨

---

① 见《廿二史考异》卷九《汉书四·侯国考》。

正他人之错误说法。此举他辨正惠栋称《仪礼》因避讳改字之误。《仪礼·士昏礼》中"父醮子"辞云:"勗帅以敬"。勗字在《荀子》中作"隆"。惠栋认为,这是《仪礼》为避东汉殇帝刘隆之讳而改字,一如《毛诗》改"隆衝"为"临衝"。钱氏辨正云:"礼家传闻,文字不无异同,要当从其长者。'勗帅以敬',于义为长。且信诸子不如信经。若云避讳更易,则无是理。《士冠礼》称'弃尔幼志','志'为桓帝讳;'受天之祜','祜'为安帝讳,皆未改易。即以《毛诗》徵之:'四月秀葽','秀'为光武讳;'思皇多祜','祜'为安帝讳,亦未改易也。'临衝',《韩诗》作'隆衝',《韩诗》在汉时立于学官,何尝避'隆'字耶?"①

钱氏还从总结裴松之注的义例,辨正《三国志》流行版本中将《杨戏传》末注文与正文混淆之误。因杨戏撰有《季汉辅臣赞》,所赞颂人物,大多在《三国志》中有传,故陈寿摘载赞文以相补充。有赞辞而无事迹者,陈寿简单补记了事迹。裴松之为《杨戏传》作注,又引了《益都耆旧杂记》载王嗣等三人事迹作补充。乾隆年间流行的版本,则误以这段注文作为正文。钱氏考史,总结出裴松之注往往连带附录相关材料以传异闻之义例,指出此是裴松之引《益都耆旧杂记》注李孙德、李伟南,连及将陈寿原文中所未载之王嗣等三人事迹,也引而作注。运用义例法之成功,使钱氏发前人未发之覆,纠正了《三国志》版本中一个不应有的失误。

第四,以多种辅助学科作治史基础。

历史学的内容是记载以往社会丰富多彩的活动,史书记述的范围包罗万象,涉及诸多学科领域的问题。钱大昕学识渊博,对于文字、语言学、版本学、天算学、地理沿革学、经学等都很擅长,他熟练地运用诸多学科知识作辅助,是他能够正确地解决考史中大量疑难的关键。诚如当代学者所评论的:"钱氏历史考据

---

① 《潜研堂文集》卷八《答问五·三礼》。

学之精审缜密，卓绝千古，即由于钱氏历史辅助知识之博雅。"①此项同样预示着近代学术发展的一种趋向。钱氏有大量运用多种辅助学科知识、解决考史难题的成果，限于篇幅，这里只能举出几个最有代表性的例证。

钱氏精于文字、音韵之学，多所发明。他重视古声母的研究，证明古无轻唇、重唇音的区别；由这一规律可以解决古籍上的许多疑难。如：古音文如门。《尚书》"岷山导江"，《史记·夏本纪》作汶山。古音微如眉。《春秋》庄公二十八年，"筑郿"。《公羊传》作微。古音无如模。《汉书·功臣侯表序》："靡有孑遗秏矣。"注："孟康曰，秏音毛。师古曰，今俗语犹谓无为秏。"古音房如旁。《史记·六国年表》："秦始皇二十八年为阿房宫。"宋本作旁。古音务如牟。《左传》莒公子务娄，徐音莫侯反。②今案，上述钱氏所举各例，至今广东潮汕话、广州话中都可以找到证据，这些正是古音的遗留。钱氏又以古无轻唇、重唇的区别，考证中古时期史事。他考证《魏书》所载"秃发"与"拓跋"、"佛佛"与"勃勃"均同义，云："秃发之先，与元魏同出，'秃发'即'拓跋'之转，无二义也。古读轻唇音如重唇，故'赫连佛佛'即'勃勃'。发从犮得声，与跋音正相近。"③

《汉书·高帝纪》："其有意称明德者，必身劝，为之驾。"此处"有意称明德"五字难解，颜师古因不懂古音，此未加注。钱氏据《文选》注引《汉书》"意称"作"懿称"，美称也，与"明德"对文，是当以"懿"为正。又据《诗·大雅·抑》，《国语》却引作"懿戒"，韦昭云："懿读曰抑。"《尚书·金縢》"噫公命"，马融本"噫"作"懿"，云懿犹億也。根据上述各项证据，钱氏得出结论："盖古书'懿'、'抑'、'意'相通，故本或作'意'。"④"有意称"之疑遂得到圆满的解决。

钱大昕习蒙古语，他运用蒙古语的知识以解释史籍上诸多歧

---

① 杜维运：《清代史学与史家》，中华书局1988年版，第303页。
② 均见《十驾斋养新录》卷五"古无轻唇音"条。
③ 《廿二史考异》卷二十二《晋书五·秃发乌孤载记》。
④ 《潜研堂文集》卷十二《答问九·诸史》。

疑。《元史·太宗纪》：九年春，"猎于揭揭察哈之泽"。夏四月，"筑扫邻城，作迦坚茶寒殿"。钱氏考证云："揭揭察哈即迦坚茶寒也。译音无定字，史家不能考正，后世遂以为两地矣。"① 他在《十驾斋养新录》卷九中，特别撰有"蒙古语"条目，考释元人以本国语命名的意义，或取颜色，或取数目，或取珍宝，或取吉祥，或取部族。如察汗，白也；孛罗，青也；伯颜，富也；等等。

钱氏谙熟版本之学，极重视经史考证当以善本为依据。《十驾斋养新录》卷三有"经史当得善本"条，云："经史当得善本。今通行南北监及汲古阁本，《仪礼》正文多脱简，《穀梁》纂经传文亦有溷错，……《宋史·孝宗纪》阙一页，《金史》《礼志》、《太宗诸子传》各阙一页。皆有宋元椠本，可以校补。若曰读误书，妄生驳难，其不见笑于大方者鲜矣。"② 他读《汉书》北宋景祐本，恰恰获得了证据，以证实自己撰《汉书考异》所考订的十几处错误。如《哀帝纪》"元寿二年春正月"，元寿二字为衍文；《景武昭宣元成功臣表》孝成五人，成乡当作成都等，都从景祐本证实他所考正确。③ 钱氏又以嘉靖闽本《后汉书》证实他所考订的刊误。通行本《后汉书·陈王羡传》："遗诏徙封为陈王，食淮南郡。"钱氏考证淮南当为淮阳之误。他先以纪、传参证："《和帝纪》'改淮阳为陈国，遗诏徙西平王羡为陈王'，是其证也。淮阳王昞以章和元年薨，未为立嗣，故以其地改封羡。参考纪、传，左验明白。"但这是逻辑推理而得，尚未获得刊本的确实证据。故有人提出可能应作"汝南"。钱氏后获善本嘉靖闽本，果然作"淮阳"，得到了确证，故云"私喜予言之不妄"。④

钱大昕又十分重视地理沿革学知识对于研究历史的重要作

---

① 《诸史拾遗》卷五《元史·太祖纪》。
② 《十驾斋养新录》卷三"经史当得善本"条。
③ 见《廿二史考异》卷六《汉书一》，《十驾斋养新录》卷六"《汉书》景祐本"条。
④ 《廿二史考异》卷十一《后汉书二·陈王羡传》。

用，曾形象地作比喻："读史而不谙舆地，譬犹瞽之无相也。"①历史是一幕活剧，而地理是演出的大舞台，这个大舞台的各处位置和名称不断演变，故若不懂地理沿革，则有如盲人出门不辨位置、东西，研史将无所适从。在乾隆时期，钱氏之精于地理沿革为学者所共同推崇，故有不少研治舆地之学的学者，如洪亮吉、徐仲圃等人，都经常向他请教、切磋，撰成著作请他写序。钱氏以其精湛的学识和严密的考证往往能辨析疑难，辟千年之谬。钱氏在此方面考证精彩之处不胜枚举，前文已涉及一些，现再举一成功的例证。《续汉志·郡国志四》载："乐安国，高帝西平昌置，为千乘。"这段文字与该志前后所载"平原郡，高帝置"、"北海国，景帝置"等体例显然不相符合。唯前人对此未予论及。钱氏以丰富的地理沿革知识和敏锐目光，对此作了详审的考证："案：文当云高帝置，不应有'西平昌'三字，其为衍字无疑。后读《宦者传》，彭恺为西平昌侯，注云'西平昌县属平原郡'，乃悟此三字当属上文平原郡，而平原郡九城当为十城。因此三字错入乐安注中，校书者遂改十为九，以合见存之数。"②钱氏以志、传互证，考辨一个地名而改正两处错误，故被校勘学专家张森楷称为"精确"。

三、运用新史料和开拓新领域的直接先导

钱大昕考史不限于文献范围，而是注重发掘新的史料，引用大量金石文字与史籍相印证，扩大了史料范围，使他考史的视野更开阔，成果超过前人，而且因此开创了近代王国维"二重证据法"之先河。钱氏生平又对《元史》领域下功夫最大，成就卓著，成为晚清和 20 世纪蔚为大观的元史、蒙古史研究风气之直接先导。这两项合起来，构成钱大昕对 20 世纪新考证学产生深

---

① 《潜研堂文集》卷二十四《东晋南北朝舆地表序》。
② 《廿二史考异》卷十四《续汉书二·郡国志四》。

远影响的又一重要方面。

著名学者王鸣盛十分赞许钱大昕在金石文字上搜求既博且精,运用在考史上成就特出。王氏认为,中古时代学者已开始注重考释金石。"而专著为一书者,则自欧阳永叔始。自永叔以下,著录者甚多。……其完备者凡六家:自欧阳外,则赵氏明诚、都氏穆、赵氏崡、顾氏炎武、王氏澍,斯为具体。而以跋入文集者,……惟朱氏彝尊始足并列为七焉。最后,予妹婿钱少詹竹汀《潜研堂金石文跋尾》,乃尽掩七家出其上,遂为古今金石学之冠。"又称钱氏最出色者,"以治金石,而考史之精博,遂能超轶前贤"。① 王氏的看法很有见地,钱大昕给别人的最大启发,是运用金石文字证史。从学术发展看,王国维把碑刻文字扩大到甲骨文、金文,以之与历史文献互证,便成为在20世纪享有盛誉的"二重证据法"。

譬如,钱氏以碑刻文字考证年代和历史上的称谓。《元史·太祖纪》载乙亥(1275)张致叛于锦州。而钱氏据《史进道神道碑》考证,应为丙子(1276)。《元史》之《史枢传》《何实王珣传》所载也为此提供了旁证。再如,钱氏以碑刻考证监本《北史·齐宗室诸王传》改"史君"为"使君"之误。他认为六朝人多称"刺史"为"史君",举出家藏东魏兴和二年《敬显儁碑》为证:"额题敬史君,字画分明。高湙为沧、定二州刺史,亦在东魏时,传称史君,与石刻正合。监本改'史'为'使',所谓少所见多所怪也。"② 钱氏还从肯定碑刻文字价值的角度纠正顾炎武的一则证据不足的记载。《旧唐书·突厥传》有云:"可汗者,犹古之单于……其子弟谓之特勒。"顾炎武《金石文字记》中引此条及史传中其他称"特勒"者多处,据以证明《凉国公契苾明碑》及柳公权《神策军碑》各称"特勤",断定"斯皆书者之误"。钱大昕则认为,碑刻文字对此项的记载实具更高的史料价值,应据以订正史书的误载:"予谓外国语言,华人鲜通其义,

---

① 王鸣盛:《潜研堂金石文跋尾序》,《潜研堂金石全集》第三十册。
② 《廿二史考异》卷四十《北史三·神武诸子传》。

史文转写，或失其真。唯石刻出于当时真迹，况《契苾碑》宰相娄师德所撰，公权亦奉敕书，断无讹舛。当据碑以订史之误，未可轻訾议也。"①

正因为钱大昕善于以碑刻文字与史籍相参证，故能发掘出很有价值的史料，订补了文书的缺漏。他发现东汉永和年间《敦煌太守裴岑纪功碑》记载敦煌太守裴岑率郡兵打败北匈奴呼衍王，使边境得保安宁的史实，碑文云："惟汉永和二年八月，敦煌太守云中裴岑将郡兵三千人，诛呼衍王等，斩馘部众，克敌全师。除西域之疢，蠲四郡之害，边竟（境）艾安，振威到此，立德祠以表万世。"钱大昕加了跋语："按，汉自安帝以后，北匈奴呼衍王常展转蒲类、秦海间，专制西域，共为寇抄。及班勇为长史，破平车师，西域稍通。顺帝阳嘉四年春，呼衍王侵车师、后部，敦煌太守率兵掩击于勒山，汉军不利。其秋，呼衍王复将二千人攻后部，破之。当是时，呼衍之势日张，而岑能以郡兵诛之，克敌全师，纪功勒石，可谓不世之奇绩矣！而汉史不著其事，盖其时朝政多秕政，妨功害能者众，而边郡之文簿壅于上闻故也。"钱氏深深地感慨，千载之后，此碑却能历经风霜冰雪、烟尘沙砾，经久不坏，"功虽抑于一时，而名乃彰于后代"！② 指出裴岑为保卫西部边境立了大功，而由于当时朝政多弊，有功者受掩抑，史册上得不到记载，正有赖此碑文，才使这一重要史实得以彰明。再如，南宋末年，原守将赵祥以邓州叛，乃导致赵范失襄阳。但《宋史》对此讳而不书。《元史·太宗纪》云："八年，……命应州郭胜、钧州李术鲁九住、邓州赵祥，从曲出充先锋伐宋。"对赵祥叛宋始末亦不详载。钱氏在《诸史拾遗》中，乃引姚燧所撰《邓州长官赵公神道碑》的详细材料，予以补述。末云："所述背宋归元事极分明。汉上五州移徙事（按，指邓、均、唐、襄、樊五州曾因避兵迁往洛阳及豫西，以后又徙回之事），又可补《地理志》之漏略。"③ 钱氏极为重视姚燧所撰此碑

---

① 《十驾斋养新录》卷六"特勤当从石刻"条。
② 《潜研堂金石文跋尾》卷一《敦煌太守裴岑纪功碑》。
③ 《诸史拾遗》卷五《元史·太祖纪》。

之史料价值,在《廿二史考异》卷八十六《元史一·太祖纪》,以及《十驾斋养新录》卷九"邓州移复"条也一再引用。

如果说,钱大昕运用金石文字考史,以现存碑刻实物与文献相参证,是为后来的研究者提供了治学的新观念、新思路。那么,他在《元史》这一范围长期辛勤耕耘,发现了大量问题,则是为近代学者开辟了新的有发展前途的研究领域。

段玉裁对钱大昕的学术曾有过中肯的评论:"生平于《元史》用功最深"①。而研治元史,难度是很大的。元朝是少数民族建立的王朝,其特有的语言、文字很难理解,人名、地名佶屈难记,常易混淆。元史的基本史料《元朝秘史》《元典章》连训诂学家都感到棘手,所以对《元史》的考订一向更少有人问津。而《元史》由于修撰时间匆促,错误、缺漏很多。洪武元年(1368),元朝灭亡的当年,明太祖就下令编撰《元史》。第二年,设局第一次修撰,仅用一百八十八天便修成除元顺帝一朝以外的本纪、志、表、列传共一百五十九卷。第二次设局修撰在洪武三年(1370),用一百四十三天续修五十三卷。然后将前后两次合并整理编排,共成二百一十卷。全书的修撰,总共只用三百三十一天。正如钱大昕所批评的:"时日促迫,则考订必不审","本纪或一事而再书,列传或一人而两传;宰相表或有姓无名,诸王表或有封号无人名",②如此等等,错误百出。钱大昕就选择这一困难的领域深入钻研,抱着求真的目的,对《元史》的错误详加抉摘考证。《廿二史考异》一百卷中,《元史考异》占有十五卷,为各部正史之冠。他还补撰了《元史艺文志》《元史氏族表》,《诸史考异》《十驾斋养新录》中还有为数可观的有关元史的条目。

钱大昕对元史的事件、人物活动、地理、氏族、兵制等项都提出许多创见。他指出,《元史·地理志》叙述自唐至元地理的沿革,存在两大错误。第一,唐朝天宝年间曾经一律改州为郡,十余年后又恢复州名。而《元史》中只记载"某地,唐时为某

---

① 段玉裁:《潜研堂文集序》。
② 《十驾斋养新录》卷九"元史"条。

郡",随意删掉后来又改郡为州的事实。第二,在宋代,每州又附有郡名,郡是虚名,作为王公封爵之用,州才是实际的地方建置。《元史》又误以为州在宋代升为"郡"。由于"明初修史诸臣昧于地理",几乎"涉笔便误"。① 钱大昕补撰的《元史艺文志》是对元朝一代文献的综合考订整理。他吸收了焦竑《国史经籍志》、王圻《续文献通考·经籍考》等的研究成果,又纠正了他们的错误。有一书两见的;有因书名错字将一书的作者和作序者都看成作者分为两书的;书的作者,有误以宋人为元人、元人为宋人的,有因译音不同而误分为二人的,一概予以纠正。钱大昕作的《元史氏族表》也是一篇名作,此表从起稿到完成,前后历三十年,取材于正史、杂史外,兼及文集、题名录、碑刻和各种史料。这个表,解决了《元史》中同名甚多、无从辨别的难题。因为,元朝任官,一般以蒙古、色目人为正副,中书省、御史台、枢密院的长官,必须由功臣世家子弟充任。他们虽属不同氏族,但平时只称名、不带姓氏,故史籍中人物同名甚多。钱大昕认为,"非以氏族晰之,读者茫乎莫辨"。所以他汇集了各种史料,凡蒙古、色目有族姓可考的,皆顺序胪列。似异而实同的,加以归并;似同而实异的,则加以厘正;同一族姓之下,每支按世系分列成表,使读者一目了然。后来魏源撰《元史新编》,柯劭忞撰《新元史》都袭用钱大昕这篇表,成为书中不可缺少的部分。钱大昕有大量关于元史的考证成果:有考证《元史》中年代、人名、地名错误的;有考证其官制或史实错误的;有用其他正史、杂文与《元史》互证的;有纠摘《元史》其他严重舛误的。他的大量研究成果,表明元史是一个大有可为的研究领域。晚清及20世纪的一批学者,除魏源、柯劭忞外,还有李文田、洪钧、沈曾植、屠寄、王国维、陈垣、陈寅恪,都闻风而起,长期致力于元史、蒙古史的研究,使之成为学术史上的新热点,而究其开辟创始之功,则应归于钱大昕。有关钱大昕考证元史的学术成果,另作专题论列。

---

① 《廿二史考异》卷八十八《元史三·地理志一》。

钱大昕与元史学

钱大昕是著名的乾嘉考证学派大师，同时又是清代学者中对元史学最有贡献的人物。他著述宏富，治学领域宽广，于经学、音韵、文字、历史考证、金石、天文历算等方面均有高深造诣。而生平用力最大、对后代学者影响最深远者，是对《元史》的考证和对元史学的提倡。其名著《廿二史考异》是对历代正史深入考证的总结性著作，全书一百卷中，《元史》考证占有十五卷之多。《考异》完成之后，他对《元史》考证又续得三十余条，编入《诸史拾遗》之中。他的另一名著《十驾斋养新录》，也收集有关于《元史》考证的条目。钱氏所著《潜研堂金石文跋尾》《元史氏族表》《元史艺文志》也都是有关这一领域的重要著作。故钱氏弟子、乾嘉考证学派著名学者段玉裁在《潜研堂文集序》中总结其学术时说："若先生于儒者应有之艺，无弗习，无弗精"，而"生平于《元史》用功最深"，诚为确评。《元史》的纂修系在明初洪武年间，两次开局，总共用三百三十一天，修成二百一十卷，平均用一天半时间修成一卷。时间如此迫促，兼之史臣不谙体例，故书中舛误甚多，在历代正史中最受讥议。钱大昕以其渊博的学识，精良的考证方法，纠摘出《元史》各篇中的大量错漏，提出了许多有价值的问题，尤其是发掘出重要的新史料，启示后人以新的研究思路。钱大昕在元史学上取得的出色成就，吸引了此后学者对元史研究的极大兴趣，至嘉道年间和晚清时期，研究元史和西北地理蔚成风气。本文拟从三个方面，对钱大昕在元史领域的成就作一略述。

一、对《元史》广泛、深入的考证纠谬

在《廿二史考异》诸书中，钱大昕以严密的考证，对《元史》的大量错漏加以审核、纠谬。

（一）纠正《元史》关于人名、地理沿革、年代的错误

钱大昕总结《元史》纂修者因不明姓氏，往往造成人名错误。《太祖纪》载：十年，"木华黎攻北京，金元帅寅答虎乌古伦以城降"。而在《东平王世家》中又作乌古伦寅答虎，"史臣不辨姓名，颠倒其文，遂若别有一人"。又在《史天祥传》中作北京留守银答忽、同知乌古伦，更误将一人当作二人。①《元史》又因人名译音相同或相近，而误把不同时期、不同职务的人物混为一人。《康里脱脱传》云："寻召拜中书左丞相。至大三年，尚书省立，迁右丞相。四年正月，复为中书左丞相。"钱氏对此详加考辨：据《武宗纪》，"脱脱未尝入尚书省。其为尚书右丞相者，乃脱虎脱"，为另外一人。"至大四年正月，武宗崩，仁宗命罢尚书省，以丞相脱虎脱等变乱旧章，流毒百姓，命中书省臣参鞫，皆伏诛，安得有复为中书左丞相之事乎？"钱氏进而指出这篇传的致误原因，是因《宰相表》于至大元年、二年、三年书"中书左丞相脱脱"，此即康里脱脱。《表》又于至大二年书"尚书左丞相脱脱"，三年书"尚书右丞相脱脱"，此为另外一人，即《武宗

---

① 《十驾斋养新录》卷九"太祖纪"条。

纪》所云脱虎脱。"《传》误以为一人，而贤否混淆矣。"① 再如，《阔阔不花传》载太宗命五部将分镇中原，所列五部将为阔阔不花、按察儿、孛罗、肖乃台、怯烈台。钱氏引《兵志》及《石高山传》互证，辨明肖乃台、怯烈台应为一人，而五部将应有孛罗与孛罗海拔都。因肖乃台本秃伯怯烈氏，故又有怯烈台之称，其实即为一人。修史者错将孛罗与孛罗海拔都当成一人，因而误添一怯烈台，以足五部将之数。②

关于《元史》地理的错误，钱大昕在《十驾斋养新录》卷九撰有"元史不谙地理"条，予以集中的批评。他指出，《元史·地理志》纂修者不明前代制度，致使凡涉及前代地理，几乎无处不错。钱氏严肃地批评说："修《元史》者，皆草泽腐儒，不谙掌故。一旦征入书局，涉猎前史，茫无头绪，随手捋扯，无不差谬。"他举出一些典型例子，作为笑柄。譬如，"滑州自唐、宋迄金、元无异名，而《志》乃云唐改灵昌郡，宋改武成军，元仍为滑州。考《唐志》虽州郡兼称，而改州为郡，不过天宝、至德十余年耳。乾元以后，仍为滑州，岂可以此十数年概唐一代？且改州为郡，十道皆同，不得谓滑改而它州不改也。武成为节度军额，而滑之升节度，始于唐，本号义成军，宋太宗时避讳，乃改武成。作《志》者并《唐方镇表》亦未读矣"！再如，《元史·地理志一》云，霸州，"宋升永清郡，金置信安军"。经钱氏考证，此条包含两项错误。一者，霸州为五代后周所置，宋承其旧，亦为霸州。政和三年（1113），赐郡名永清。《元史》此称"升"为郡，是不懂宋代赐郡名乃为封爵用的虚号，且有郡名与否，无关沿革。二者，宋时已于霸州淤口砦建为信安军。"金大定中，降军为县，隶霸州。然则信安军非金所置，此《志》之误也。"③ 又如，《元史·地理志五》载："惠州路，唐循州，宋改惠州，又改博罗郡，又复为惠州。"钱大昕考证云，惠州乃南汉所置，本析循州之地建置。宋代本无改州为郡之事。其时诸州皆

---

① 《廿二史考异》卷九十六《元史十一·康里脱脱传》。
② 见《十驾斋养新录》卷九"五部将名互异"条。
③ 《廿二史考异》卷八十八《元史三·地理志一》。

有郡名，大致皆沿唐代之旧。循州在唐时已有郡名，而惠州后置，在宋代无郡名，故宣和中特赐称博罗郡，并非改州为郡。钱氏严肃地批评修史者的无知和塞责："盖因《宋志》有赐郡名曰博罗之文，而妄为之说也。""史家不学，故涉笔多误。"① 至于书中大量因蒙古语译音，同一地名每有不同译法而致误者，更难以尽举。

钱大昕又深入考证出《元史》多处年代的错误。《太祖纪》载：十三年（1218），伐西夏，围其王城，夏主李遵顼出走西凉。（此年当金兴定二年，南宋嘉定十一年。）钱氏指出其年代错误，据陈桱《通鉴续编》、薛应旂《宋元通鉴》记载，皆为太祖十二年（1217）。② 又如，《元史·李德辉传》中，叙述至元十五年（1278），元兵围重庆，拔之，再围合州。李德辉派人招降合州守将张珏。既而合州遣李兴、张郃到成都侦察，皆为李德辉所获，释不杀，使其招降合州守将王立。钱氏指出，此传全取行状之文，却因删节其中一段文字，致使将追述之前事误为同年发生之事。元兵攻下重庆，及李德辉行院西川，均为至元十五年事。中间所追述李德辉招降张珏，则是至元十三年（南宋德祐二年）之事，修史者删改原文之后，却不再审明事件之前后时间而致误。③

（二）考证因不明制度致误和史实错误

钱大昕考证《元史·选举志》，指出该志修纂者不明元代考试制度为何四书先于五经。"盖经义难通，四书易解。右榜第一场四书先于五经者，先易而后难，初非重四书而轻五经也。"④ 钱氏另又举出重要证据：刘基于元统元年（1333）考中进士，在其文集中，收有《春秋》经义若干篇，而经疑则一概不收，由此证明元人之所重在五经。明初考试形式袭用元制，乡试、会试题

---

① 《廿二史考异》卷八十九《元史四·地理志五》。
② 见《十驾斋养新录》卷九"伐西夏事差一年"条。
③ 见《廿二史考异》卷九十八《元史十三·李德辉传》。
④ 《廿二史考异》卷九十《元史五·选举志一》。

目,均将四书列在五经之前。"由是士子应试,专以揣摩四书文为事,经义徒有其名尔。"① 钱氏考证元、明取士制度的不同,对于我们明瞭中国封建社会后期科举制度的演变是很有意义的。

钱大昕又指出,《元史》纂修者撰写列传,往往征采家传碑志,事迹多文饰不可信。《元史·汪世显传》将汪俨然写成忠臣,称当元军进攻金朝时,郡县望风款附,汪独守城不降。至皇子阔端驻兵城下,始率众降。且对皇太子表白曰,臣不能背主失节。钱大昕以《金史·郭蝦蟆传》互证,考证其史实是:天兴三年(1234),元军攻克蔡州,金哀宗兵败身亡后,汪世显乃遣使者约金将郭蝦蟆合力攻破金兵统帅完展,被郭力拒,世显即劫取完展,向元军请功。钱氏斥汪的行为是"小人之尤"。并指出《元史》致误的原因是误信家传。②

他还以其他典籍与《元史》互证,考证出《元史》的史实错误。如以《宋史》与《元史》互证,考定《世祖纪》载元军攻重庆史事有误。《元史·世祖纪》对宋淮西守将洪福的记载,以《宋史·忠义传·姜才传》所附洪福事迹互证,亦有错误。他又以《元典章》互证,考定元代称"答失蛮"者之身份,"乃回回之修行者也"。并引《至元辨伪录》所云,"释道两路,各不相妨。今先生(按,元人称道士为先生)言道门最高,……达失蛮叫空谢天赐与,细思根本,皆难与佛齐"。③ 达失蛮即答失蛮,正是回教徒身份的旁证。

钱大昕引用来考证《元史》的典籍,除上述《宋史》《金史》《辽史》《元典章》《国朝名臣事略》诸书以外,还有陶宗仪《南村辍耕录》,元好问《中州集》《壬辰杂编》,陈桱《通鉴续编》,及《中堂事记》《至元辨伪录》《和林广记》等。钱氏这种重视史料来源、广引各种典籍互证的治史方法,实已开启近代著名史家陈垣"史源学"之先河。《元史·姚燧传》有一段记载:"(许)衡以国子祭酒教贵胄,奏召旧弟子十二人,燧自太原驿致

---

① 《廿二史考异》卷九十《元史五·选举志一》。
② 见《诸史拾遗》卷五《元史·汪世显传》。
③ 《廿二史考异》卷八十七《武宗纪二》。

馆下。"钱大昕通过追寻其史料来源，证明此处所言姚燧来自太原乃误载，其史料来源，是姚燧所撰《白栋墓碣》，其中称："鲁斋先生（按，即许衡）奏召旧弟子散居四方者，……独公自太原，十二人皆驿致馆下"。此所云"公自太原"，系指白栋。姚燧本人则自河内应召至京。① 钱氏又指出，《姚燧传》中有一段引姚燧表达感慨的话，其史料来源于姚燧所撰《送畅纯甫序》，经过史臣删节转述，竟与姚燧作序之旨大相径庭。

二、发掘新的史料　　表彰重要元史典籍

钱大昕确立以"求真"为治史的目的，广搜各种证据，运用严密精良的方法，作追根求源的研究，这种"实证"的精神和方法，实代表了乾嘉学术的最大特色。他关于《元史》和其他正史的考证成果，表面上看来似乎近于琐碎，实际上处处蕴涵着他渊博的学识，过人的智慧，优良的方法和"祛疑""辨伪""求真"的理性精神。钱大昕对后来元史研究者的深刻启示，还在于扩大史料范围，用金石文字与典籍互证，提供了新的研究途径；并以慧眼辨识重要典籍，予以表彰，而引起了研究者的重视。

钱大昕极重视运用碑刻文字作为考史的新资料。他广泛搜集历代金石文字拓片达两千三百七十件。② 钱氏著有《潜研堂金石文跋尾》，乾嘉另一考史名家王鸣盛高度评价此书搜求之广博，尤其赞许钱氏运用金石文字以考史的成就。钱大昕能对推进元史学作出出色贡献，他广泛应用金石文字与文献典籍互证，实为很重要的原因。同时他还为近代著名考证学家王国维的"二重证据法"开了先河。《潜研堂金石文跋尾》为元代碑刻文字写了跋语的有一百二十四件。并且在运用碑刻文字考证元史上取得了很大成绩，包括考证年代、官制、史实、人物事迹诸项都有创获。他

---

① 《廿二史考异》卷九十九《元史十四·姚燧传》。
② 见《潜研堂金石文字目录》。

以碑刻互证，考辨出《元史》的记载有年代相差六十年的错误。《元史·良吏传》载："至元十一年，河北、河东、山东盗贼充斥，（段）直聚其乡党族属结垒自保。世祖命大将略地晋城，直以其众归之。"钱大昕以泽州凤台县境所存刘因撰段直墓碑与这段记载互证，考辨此传系将元太祖九年甲戌（1214）的史事误置于元世祖至元十一年甲戌（1274），年代相差六十年。① 钱大昕又以著名的《史氏庆源碑》与《元史》参证，考辨修史者不明官制之误。② 类似的例子，还有以元好问撰《千户赵公神道碑》与《元史·赵天锡传》参证，补本传不叙赵天锡"授行军千户事"之阙。"本传不载，盖以千户为不足书耳。不知元初万户，最为领兵要职，……千户佩金符，较之万户佩金虎符者，仅降一等，未可略而不书。"③

钱大昕还以碑刻考证出《元史》史实记载的多处错误。如《元史·太宗纪》载：八年"二月，命应州郭胜、钧州孛术鲁九住、邓州赵祥，从曲出充先锋伐宋"。钱氏以姚燧撰《邓州长官赵公神道碑》互证，考赵祥并无从曲出伐宋。并指出："元初不立史官，后来修实录者，大约道听途说，十不存一。""太祖四朝纪，大率疏舛，无可征信。"④ 钱大昕还从碑刻中发掘出元代航海家杨枢远航至西洋忽鲁模思的事迹，用来与《元史·宗室世系表》中"靖远王合赞"互证。按，合赞是元朝西北宗藩伊利汗国始建者旭烈兀大王（成吉思汗第四子拖雷之子）之孙，至元二十七年封。大德八年，合赞遣使向元朝廷上贡珍物，与碑刻文字所载正相应合。钱大昕所发现的这件碑刻为黄溍撰《海运千户杨君墓志》，载云："君讳枢，大德五年，君年甫十九，致用院俾以官本船，浮海至西洋，遇亲王合赞所遣使臣那怀等如京师，遂载之以来。那怀等朝贡事毕，请仍以君护送西还。丞相哈剌哈孙如其请，奏授君海运副千户，佩金符，与俱行。以八年发京师，十一

---

① 《廿二史考异》卷一百《元史十五·良吏传二》。
② 《廿二史考异》卷八十六《元史一·太祖纪》。
③ 《十驾斋养新录》卷九"李全字误"条。
④ 《廿二史考异》卷八十六《元史一·太宗纪》。

年乃至，其登陆处云忽鲁模思云。是役也，君往来长风巨浪中，历五星霜，凡舟楫糇粮物器之须，一出于君，不烦有司。既又用私钱市其土物白马、黑犬、琥珀、蒲萄酒、蕃盐之属以进。"钱大昕又以《元史·成宗纪》所载"大德八年七月，诸王合赞遣使来贡珍物"互证，正是墓志所述"遇亲王合赞所遣使臣那怀等如京师"之事，足见杨枢远航至伊利汗国确实无误。① 杨枢航行西洋共两次，每次历时数年，此一航海壮举比郑和下西洋早了一个世纪。钱大昕所发掘的元代航海史这一珍贵史料，今天仍然值得我们重视。

与上述运用金石文字互证、发掘新的史料相联系的，是钱大昕以过人的见识、判明多种原先不被人注意、甚或湮灭无闻的重要典籍的价值，为之写了跋文介绍，才引起学术界的重视。"多种重要元史史料的价值都是经他慧眼发现、表章而显于世。"② 首先是《元朝秘史》。此书原本保存在元廷档案中，是最重要的蒙古文史料（始编于1228年，后又增补了续编部分）。明初已有刻本，用汉字音译全文，逐词旁注词义，并分段加上汉文节译。但是这部珍贵史籍一直没有受到史家的足够重视。乾隆十三年（1748），万光泰曾据总译改编成《元秘史略》二卷，却谓其"文不雅驯，好述委琐之事"，将大量重要记载视为"荒诞"而删略。钱大昕得到了从《永乐大典》中抄出的十五卷本《元朝秘史》抄本③，凭借他丰富的历史、舆地、语言知识和对元史的精深造诣，立刻断定此书对元朝早期历史具有难以比拟的价值。他写了跋文，明确肯定："元太祖，创业之主也，而史述其事迹最疏舛，惟《秘史》叙次颇得其实，而其文俚鄙，未经词人译润，故知之者鲜，良可惜也。""论次太祖、太宗两朝事迹者，其必于此书折其衷与！"并举出多项重要史实，证明《秘史》足以纠正

---

① 《十驾斋养新录》卷九"旭烈兀大王"条。
② 白寿彝总主编《中国通史》第八卷《中古时代·元时期上》（本卷主编陈得芝）甲编"序说"第四章《明清两代的元史著述》，上海人民出版社1997年版，第77页。
③ 一般认为系鲍廷博从《永乐大典》抄出。但洪业推测可能就是钱大昕本人所抄。

《元史》本纪之误。① 钱大昕撰《廿二史考异》之《元史》考异部分，又屡屡引证《元朝秘史》以辨明正史有关篇章记载的错漏，这就更加引起后来学者对《秘史》的重视。

钱大昕表彰的元代重要典籍还有《长春真人西游记》《元典章》《圣武亲征录》等。《长春真人西游记》一书原来收在道家著作中，无人知道它有有关元史的史料价值，有的甚至视其为与明代通俗小说《西游记》类似的著作。钱大昕在苏州主讲紫阳书院（1788—1804）期间，于乾隆五十九年（1794）到玄妙观阅读《道藏》，发现了这部重要史料，立即借来抄出，并写了跋文，肯定此书"于西域道里风俗，颇足资考证"的价值，并举出书中所记人物事迹有确实的历史根据。② 经钱大昕表彰之后，阮元遂誊写以进秘府，并撰《提要》称：此书"凡山川道里之险易，水土风气之差殊，与夫衣服饮食百果草木禽虫之别，靡不毕载"。"此册所载，足资考证。"③ 此后，道光中徐松、程同文、沈垚相继作考订。清末民初，又有洪钧、沈曾植、王国维相继作校注、笺证。诚如王国维所说："由是此书非复丙库之附庸，而为乙部之要籍矣。"④《元典章》是元政府的文书汇集，具有极高的史料价值，但是《四库全书》却不予著录，以其"不足以资考证"而仅见于政书类存目中。钱氏为之写了跋语，又引用其记载与《元史》本纪参证，考辨答失蛮之回教徒身份等问题。钱氏还曾对抄本作了仔细研究后写了疏注，惜此本已佚失不传。再有《圣武亲征录》一书，四库馆臣不予著录，仅列于杂史类存目中，称"其书序述无法，词颇謇拙。又译语讹异，往往失真"⑤。钱大昕为此书作跋文表彰。此后，以钱大昕的"家藏抄本"为底本，道光年间学者张穆、何秋涛为之校勘，至光绪年间，李文田、文廷式、沈曾植又先后在何氏稿本上续校，桐庐袁氏将之刊出。民国初年，王国

---

① 《潜研堂文集》卷二十八《跋元秘史》。
② 《潜研堂文集》卷二十九《跋长春真人西游记》。
③ 《四库全书总目提要》附录《四库未收书目提要》，《揅经室外集》卷五《长春子游记二卷提要》。
④ 《观堂集林》卷十六《史林八·〈长春真人西游记校注〉序》。
⑤ 《四库全书总目提要》卷五十二《史部·杂史类存目一》。

维遂在前人基础上对此书加以校注,与他同一时期完成的《长春真人西游记校注》,均为元史研究者提供了完善的校本。

三、重修元史的宏愿及成就

明初官修《元史》,因时间仓促,修史者又不熟悉史料和体例,致使纰漏百出。钱大昕曾概举其明显的弊病:"古今史成之速,未有如《元史》者,而文之陋劣,亦无如《元史》者。""开国功臣,首称四杰,而赤老温无传;尚主世胄,不过数家,而郓国亦无传。丞相见于表者,五十有九人,而立传者不及其半;太祖诸弟,止传其一;诸子亦传其一;太宗以后,皇子无一人立传者。本纪或一事而再书;列传或一人而两传。宰相表或有姓无名;诸王表或有封号无人名。此义例之显然者,且纰缪若此,固无暇论其文之工拙矣。"① 中国传统史家历来对于综合性的"正史"最为重视,如此舛误百出的《元史》当然不餍人望,因此,重修一部具有信史价值的元史,便成为清代以后学者们为之努力的目标。康熙间,邵远平著成《元史类编》,意在继其高祖邵经邦之业,续编元代纪传。② 但邵氏并没有全面搜集史料,著书目的也仅为续"祖业",而非重修《元史》。钱大昕则是"真正立意改造《元史》、重构新史的第一人"③。道光年间,钱师璟(钱大昕侄孙)《钱氏艺文志》所著录的"《元史稿》百卷",注明"在金陵汪氏处",说明他重修元史的工作已完成了大部分。钱大昕为实现此项宏愿曾努力了几十年,他在《元史艺文志自记》中说,任职翰林时,以"《元史》冗杂,漏落潦草尤甚",拟仿范晔、欧阳修之例,"别为编次,更定目录,或删或补,次

---

① 《十驾斋养新录》卷九"元史"条。
② 邵经邦于明嘉靖著《宏简录》,本欲续郑樵《通志》,而仅编成唐、宋、辽、金诸朝纪,故远平之书又称《续宏简录》。
③ 同前引《中国通史》第八卷《中古时代·元时期上》,甲编"序说"第四章《明清两代的元史著述》,第95页。

第属草，未及就绪归田，以后此事遂废，唯《世系表》、《艺文志》二稿尚留箧中"。① 其曾孙庆曾在《竹汀居士年谱》（手编自题）乾隆五十六年"撰《元氏族表》四卷，《补元艺文志》四卷"条下补记云："公少读诸史，见《元史》陋略谬戾，欲重纂一书，又以元人氏族最难考索，创为一表，而后人所撰三史《艺文》，亦多未尽，更搜辑补缀之。其余纪、传、志、表，多已脱稿，惜未编定。"② 此与钱师璟所言有《元史稿》百卷，正好互相印证。③

钱大昕重修《元史》的计划虽然未能完成，然而在他身后却有一批著名学者继续为实现这一目标而努力。从道光年间魏源撰《元史新编》，到晚清洪钧著《元史译文证补》、曾廉著《元书》，民国初年屠寄著《蒙兀儿史记》、柯劭忞著《新元史》，充分证明19世纪末20世纪初重修《元史》风气之盛，而钱大昕则是前驱先路的人物。仅从其定稿和刊行的《元史艺文志》和《元史氏族表》看，即有不容忽视的价值。

钱大昕因明初修《元史》不立艺文之篇，特补撰了《元史艺文志》（四卷），对元朝一代文献作综合考订整理（辽、金两朝文献著述附之）。他吸收了焦竑《国史经籍志》、王圻《续文献通考·经籍考》等的研究成果，又纠正了他们的错误。经钱氏的综合考订整理，我们可以此为引导，分析元代（及辽、金）文献著述的一些特点。如"经部"著录为十二类，其中易类、春秋类，及《论语》《孟子》《大学》《中庸》四类著作甚多，反映出元代理学之盛，及继宋代后《春秋》学仍受学者关注的情形。又如，"史部"编年类著录亦有颇大数量，有：杨云翼等《续资治通鉴》，胡三省《音注资治通鉴》（二百九十四卷）、《释文辨误》（十二卷），尹起莘《通鉴纲目发明》（五十九卷），王幼学《通鉴纲目集览》（五十九卷），刘友益《通鉴纲目书法》（五十九

---

① 《元史艺文志辑本》附录二《元史艺文志自记》，北京燕山出版社1999年版，第546页。
② 见《十驾斋养新录》卷首。
③ 据方诗铭等著《钱大昕》"六'重刊《元史》'"内载，清朝末年日本人岛田翰曾在我国江苏、浙江访书，见到过"《元史稿》残本二八巨册"，是"钱竹汀手稿本"。

卷），徐昭文《通鉴纲目考证》（五十九卷），有：《宋季三朝政要》（无撰人姓名，陈氏余庆堂刊），张特立《历代系事记》，胡一桂《历代编年》，察罕《帝王纪年纂要》，苏天爵《金纪年》等，这些都说明元代通鉴学之盛和朱熹《通鉴纲目》之极受关注，同时证明继宋代之后，编年类体裁之受到重视。特别应该提出的是，钱氏在"经部"特设了"译语类"，著录有辽译《五代史》《贞观政要》《通历》等；有金国语《易经》《书经》《孝经》《论语》《孟子》《国语》《新唐书》；有女真字《太史公书》《孙膑书》等；有蒙古文《孝经》（大德十一年中书右丞孛罗铁木儿译进）、《大学衍文》节文（延祐四年翰林学士承旨译进，忽都鲁儿迷失译）、《贞观政要》（天历中平章政事察罕译）、《帝范》四卷（察罕译）等。这就深刻地反映了辽、金、元三代少数民族统治者对于以儒家文化为代表的中原文化的仰慕，反映出中国历史上形成的主体文化系对于周边民族的巨大吸引力，因而形成中华民族大家庭的向心力，这在学术史上是很有价值的。《元史氏族表》也是一篇名作，此表属稿始于乾隆癸酉（1753）七月，成于庚子（1780）五月，前后几三十年，广搜博采，除正史、杂史之外，兼及碑刻、文集、题名录等。钱大昕在《元史氏族表序》中说，金、元之际氏族最难稽核。金制系氏于名，元则名与氏不相属，公私称谓，有名无氏，故考稽尤难。"'今之蒙古、色目，虽族属有分，而姓氏不并立，但以名行，贵贱混淆，前后复杂，国家未有定制。'盖在当时固病其称名之淆，易代而后并族属且失之矣。"欲重新编撰，以成一代信史，则人物姓名混淆必须首先解决，诚如黄钟在所作《元史氏族表跋》中所言："非以氏族晰之，读者茫乎莫辨。"钱氏经过深入的爬梳辨析，汇集了各种史料，凡蒙古、色目有族姓可考的，皆顺序罗列。似异而实同者，加以归并；似同而实异者，则加以厘正；同一族姓之下，每支按世系分列成表，使读者一目了然。由于钱大昕熟悉元代史事，精通音韵，又通蒙古语，故所考大多正确。后来魏源撰《元史新编》，柯劭忞撰《新元史》，都袭用钱氏此表，成为书中不可缺少的部分。

《廿二史劄记》：
乾嘉学术创造性思维的出色成果

  百年史学推瓯北，万首诗篇爱剑南。①

  这是近代著名史家陈垣的诗句，他将赵翼的史学造诣与陆游的爱国诗歌成就相并提，推崇备至。清朝乾嘉朴学盛行约有百年，学者辈出，其中被推为考史大家者即有王鸣盛、钱大昕、赵翼三人。唯独赵翼在近代史学家陈垣心目中占有如此重要地位，原因何在呢？

  最根本的原因，是赵翼史学在朴学时代显示出鲜明的学术个性，并且随着时间的推移，尤其到了近代，更具多方面的启迪意义。赵翼以数十年的精力，广泛搜集资料，爬梳剔抉，考证史籍著述体例的演变和历史事实的真相，所著《廿二史劄记》一书，涉及自《史记》至《明史》共二十四部"正史"（《唐书》和《五代史》都包括新、旧两部），旁及杂史和其他典籍，还有赵氏所著另一考证笔记《陔馀丛考》中许多条目足资互相发明，充分表现出赵翼的精深功力。而在治史旨趣和学风上，赵翼尤为出类

---

  ① 见李瑚《励耘书屋受业偶记》，《励耘书屋问学记》，生活·读书·新知三联书店1982年版，第127页。

拔萃,他有开阔的视野,深刻的历史观察力,又有优良的治学方法。《廿二史劄记》一书,堪称乾嘉朴学时代创造性思维的出色成果,书中的多方面成就还需要我们运用现代眼光深入地发掘和诠释。

一、进化史观和治史旨趣

赵翼(1727—1814)在史识上比同时代人明显高出一筹,成功地运用联系和变易发展的观点来研究历史,此乃得力于他有朴素进化的哲学观作指导。处在当时崇尚考据、不喜议论的时代,赵翼的朴素进化观点不是在史著中直接论述,而是在诗句中以形象的手法表达。他有两首有名的诗作:

满眼生机转化钧,天工人巧日争新。预支五百年新意,到了千年又觉陈。

李杜诗篇万口传,至今已觉不新鲜。江山代有才人出,各领风骚数百年。①

这两首脍炙人口的诗作,本是针对当时文坛上的复古倾向而发,但它们却以清新生动、浅显易懂的诗句揭示出一种哲理,一种变革的历史观点:新陈代谢是社会发展变化的普遍规律,人类总是后代胜前代,不断地追求变革、创新,古人的东西再好,如果泥古不变,也必然要陷于陈腐,被前进的时代所淘汰。赵翼生在考据盛行、"唯古为贵"的乾嘉时代,这些诗作所表达的提倡变革创新的观点,无疑是理论思维的一次激动人心的闪光!

赵翼充满着探求新知的热情,善于从所接触的事物获得哲理的启示,因而他的认识领域保持着源头活水。他有诗句记述每游一次西湖都能获得新的观察之体验:"独兹西子湖,我来亦已屡。

---

① 《瓯北诗钞》绝句二《论诗》,商务印书馆 1936 年版。

《廿二史劄记》：乾嘉学术创造性思维的出色成果

一到一回新，不厌三四五。始识无尽藏，今览非昔睹。"① 总结出人们对客观事物的认识能不断推向新境的深刻哲理。他又因观望海景而悟出宇宙空间无限广远，有诗云："中原水皆地所包，至此始信水包地。不识此水又用何物包，六合以外真难议。"② 尤应说及的，是他由于见到西洋自鸣钟、时辰表，认识到西洋人制造之机巧、技术之先进，进而领悟天地之大，到处有开辟之圣人的道理，这在当时更堪称冲破千百年封建时代闭塞眼界之伟论。见于《簷曝杂记》中一条札记："自鸣钟、时辰表，皆来自西洋。钟能按时自鸣，表则有针随晷刻指十二时，皆绝技也。今钦天监中占星及定宪书，多用西洋人，盖其推算比中国旧法较密云。洪荒以来，在璿玑，齐七政，几经神圣，始泄天地之秘。西洋远在十万里外，乃其法更胜。可知天地之大，到处有开创之圣人，固不仅羲、轩、巢、燧已也。"③ 他听了西洋音乐，更意识到西洋文化确有先进之处，引申出中国士人应该克服保守和自大的成见，努力探索域外新事物的深刻道理，有诗云："始知天地大，到处有开辟。人巧诚太纷，世眼休自窄。域中多墟拘，儒外有物格。"④ 赵翼自觉地认识到迫切需要破除士人根深蒂固的狭隘意识，阐述儒学以外有先进文物，中国之外有圣人的道理，代表乾隆末年认识的最高水平。这种开阔的视野和不断探求新知的态度，诚与其朴素进化历史观有极其密切的联系，同样是赵翼治学创造性思维的源泉。唯其在理论思维上达到这样的高度，才使《廿二史劄记》一书在乾嘉时期众多考史著作中脱颖而出，显示出特有的经世意识和对大量历史问题的深刻见解。

赵翼的治史旨趣，在其《廿二史劄记·小引》中有含蓄而深沉的表述，并且，饶有兴趣的是，他的旨趣得到同时代考证学大家钱大昕的由衷嘉许。赵翼所概括的其本人的著述宗旨值得我们

---

① 《瓯北集》卷三十二《同乡陆蓬庵观察招游天竺、龙井诸胜，午后泛舟游湖即事》，上海古籍出版社1997年版。
② 《瓯北集》卷四十一《杨舍城北登望海楼》。
③ 《簷曝杂记》卷二"钟表"条，中华书局1982年版。
④ 《瓯北集》卷七《同北墅漱田观西洋乐器》。

303

仔细体味：

> 此编多就正史纪、传、表、志中参互勘校，其有抵牾处，自见辄摘出，以俟博雅君子订正焉。至古今风会之递变，政事之屡更，有关于治乱兴衰之故者，亦随所见附著之。自惟中岁归田，遭时承平，得优游林下，寝馈于文史以送老，书生之幸多矣，或以比顾亭林《日知录》，谓身虽不仕，而其言有可用者，则吾岂敢。①

赵翼揭示出他研史的重要目的，是探讨历史时势的变化，并且要究明治乱兴衰的内在原因，这种治学志识，在乾嘉朴学时代实为凤毛麟角，难能可贵。尤应注意者，赵翼自认他是顾炎武经世学风的继承者。清初顾炎武的主张，实际上包括倡导经世致用和重视考据两个方面。他经历了明清之际朝代鼎革、"天崩地解"的大事变，因而呼吁学术应当发挥"经世"作用，主张研究历史的目的，在于总结兴亡治乱的教训，以匡救当今社会的弊病。《日知录》中有不少条目，是揭露理学空谈造成明朝的灭亡，以及揭露明代封建剥削之沉重，政治之腐败。顾炎武又吸取明代士人"束书不观，游谈无根"的教训，主张从文字、音韵、训诂入手，求得对儒家经典的准确了解，把"经术"与"治道"结合起来。他本人对音韵、文字、金石等项学问很精通，《日知录》中也有相当数量的条目就属于考证方面，显示出其考据兴趣和深厚功力。从清初到赵翼的时代，相距已有百余年，社会状况和学术风气发生了巨大变化。朝代更迭的动荡局面早被清朝统治的相对稳定所代替，伴随而来的是清廷对汉族士人采取压制与笼络两手并用的政策，最令士人震惊畏惧的是统治者屡兴文字狱，康熙时即有庄廷鑨案、戴名世案，雍正、乾隆两朝案件尤多，治罪更加严酷，甚至捕风捉影，任意罗织罪名。在这种专制淫威逼迫下，士人为了避罪，只好闭口不谈现实问题，转向细小问题的考证。统治者对于这种在故纸堆中讨生活的烦琐考证工作也有意加以鼓

---

① 《廿二史劄记·小引》，据王树民《廿二史劄记校证》，中华书局1984年版。以下引《廿二史劄记》均据此。

励提倡。龚自珍的有名诗句:"避席畏闻文字狱,著书都为稻粱谋。"① 便是当日士人心态的真实写照。因此,在考证学"如日中天"的乾嘉时代,专重考证、忽视"经世"成为流行的价值取向,原先由顾炎武开创的学风只继承了一半,而丢掉了另一半。在此情形下,赵翼却以继承"经世致用"学风自任,在书的卷首公开亮出探求盛衰治乱和求实致用的旗帜。这深刻地说明,赵翼不媚俗,不随波逐流,他清醒地认识到,一个史学家应该以探求历史上治乱盛衰的演变和原故,作为治学的根本目的。在认为考据即学问的全部的众多朴学家中,赵翼诚不愧是具有特识的人物。无怪乎当嘉庆五年(1800)《廿二史劄记》书稿完成之时,七十四岁的赵翼带着它专程从家乡常州到嘉定,送给比他小两岁、但名气很大的钱大昕征求意见,钱氏为他作序,作了极高评价:

> (先生)所撰《瓯北诗集》、《陔馀丛考》,久已传播士林,纸贵都市矣。今春访予吴门,复出近刻《廿二史劄记》三十有六卷见示。读之窃叹其记诵之博,义例之精,论议之和平,识见之宏远,洵儒者有体有用之学,可坐而言,可起而行者也。②

钱氏推许此书"有体有用",即发扬了儒学经邦治国之体,具有经世之用。又盛赞赵翼探究中国历史上治乱兴衰的变化,显示出宏远的见识,因而使年老衰病的他,读后精神为之振作。这些话,完全符合赵翼著史的宗旨和书中的内容,绝非虚夸客套,而且,可以视为钱大昕这位在考证学领域具有通识的学者对于赵翼过人的史识,表示了衷心的敬佩。当时另一位学者李保泰作序,也极为赞叹赵翼书中所具有的特识:"方先生属稿时,每得与闻绪论,及今始溃于成,窃获从编校之役,反覆卒读之。嗟夫!自士大夫沉湎于举业,局促于簿书,依违于格令,遇国家有大措置,民生有大兴建,茫然不识其沿革之由,利病之故,与夫

---

① 《龚自珍全集》第九辑《咏史》。
② 钱大昕:《廿二史劄记序》,见《廿二史劄记校证》附录二。

维持补救之方。虽使能辨黄初之伪年,收兰台之坠简,于以称博雅,备故实足矣,乌足以当经世之大业哉。"并热情地褒扬赵翼"得史学之大且重者"。① 对于考证学者在整理文献上取得的成就,我们是充分肯定的。然则从学术的层次说,一般的治名物训诂的考据家只求知其然,志在探讨有关治乱兴衰之故的学者才是求知其所以然。因此,后者当然比前者居于更高的层次。经世目标和探求治乱盛衰变化的治史旨趣,正是赵翼取得卓著成就的根本原因。

王、钱、赵三家考证的对象都是历代"正史",王鸣盛《十七史商榷》止于《新、旧五代史》,钱大昕《廿二史考异》缺少《明史》与《旧五代史》。相比较之下,赵翼研讨了全部"正史",范围最广。从内容说,王氏主要考证制度、地理等项,钱氏主要详于校勘文字、解释名物,赵书考证的范围则包括史例和史事两个方面,三人的侧重点并不相同。由于赵氏有朴素进化观和经世主张为指导,史识上居于更高层次,因而决定《廿二史劄记》最有光彩的地方在于下述两个方面:探求古今时代风会的变化,表达对于国家命运和民生的关切,因而超出一般考据著作的格局,抒发出对历史上许多重大问题的深刻见解,具有史论的色彩;赵翼尤其重视总结明代治乱盛衰的教训,进行了深刻的历史反思,显示出鲜明的经世意识,这与同时代文人的粉饰太平之作更大异其趣。以下即对这两个方面分别加以讨论。

二、史论的特色

乾嘉朴学在训诂、考据、校勘等文献学范围成就显著,也可以说是微观研究发达。但在宏观研究方面却大为逊色,就学术界整体而言,理论思维相当薄弱。梁启超对于朴学家治学路数非常熟悉,他在广州学海堂受到严格的朴学训练,对于朴学家的成就

---

① 李保泰:《廿二史劄记序》,见《廿二史劄记校证》附录二。

《廿二史劄记》：乾嘉学术创造性思维的出色成果

作过高度评价。又由于梁氏有近代眼光，因而洞悉朴学家沉醉于细小问题的考据、缺乏思想创造力的弱点，曾一再有过切中要害的批评。他称考据学"支离破碎，汩殁性灵"①。"昔传内廷演剧，触处忌讳，乃不得已专演《封神》、《西游》牛鬼蛇神种种诡状，以求无过，本朝之治经术者亦然，销其脑力及其日力于故纸之丛，苟以遁死而已。……挽近汉学之昌明，禀兹例也。流风既播，则非是不见重于社会，幽眇相竞，忘其故矣。呜呼，斯学之敝中国久矣！"② 梁氏又总括说："乾嘉以后，号称清学全盛时代，条理和方法虽比初期致密许多，思想界却已渐渐成为化石了。"③

在此"思想界渐渐成为化石"的时代，却有赵翼的议论放射出异彩！他以独具的识力，另辟蹊径，注重从宏观角度探求历史时势的变化和盛衰之故，每能把大量分散材料加以综合，从而揭示出一个时代具有特别意义的问题，分析其对社会所产生的正面或负面作用。此类条目从形式上看是札记，实际内容却有如今日一篇篇极有分量的论文。其中所蕴含的高明史识和精彩议论，二百年后读来仍然感到具有活跃的生命力。

《劄记》的史论特色，首先表现在赵翼注重探究历史的"势"和"变"，发掘隐藏在大量分散史实背后的深刻意义和教训。他总结了这样的警句："读史者于此可以观世变也。"④ 从西汉初政治局面的特点，东汉的党锢，魏晋南北朝实行九品中正制，南北朝时期的门阀制度，一直到明代政治腐败和民众沉重负担等多方面重要问题，都在他探讨和分析的范围之内。他论述汉初布衣将相局面的变化，就是"善于捉住一时代有特别意义之问题"的典型。他首先归纳概括出，汉初政治局面出现了由世侯世卿贵族到"布衣将相"的重大变化。汉初众多文武大臣都出身低下，萧何、曹参等曾任下级属吏，其余陈平、王陵、陆贾、郦商、郦食其、夏侯婴等都是来自乡里的平民。樊哙、周勃、灌婴更加贫贱，分

---

① 梁启超：《论中国学术思想变迁之大势》，《饮冰室合集》文集之七，第87页。
② 梁启超：《论中国学术思想变迁之大势》，《饮冰室合集》文集之七，第92页。
③ 梁启超：《中国近三百年学术史》，《饮冰室合集》专集之七十五，第176页。
④ 《廿二史劄记》卷二十"唐前后米价贵贱之数"条。

别以屠狗、织薄、贩缯为业,娄敬则是挽车的戍卒。"一时人才皆出其中,致身将相,前此所未有也。"紧接着,赵翼分析这个变化经历了渐变,始于战国,定于汉初。"盖秦、汉间为天地一大变局。自古皆封建诸侯,各君其国,卿大夫亦世其官,成例相沿,视为固然。其后积弊日甚,暴君荒主,既虐用其民,无有底止,强臣大族又篡弑相仍,祸乱不已。再并而为七国,益务战争,肝脑涂地,其势不得不变。"在激烈的兼并战争中,秦、晋、齐、楚各国为了加强自己和削弱别国,遂广招贤士,破格用人,于是有范睢、蔡泽、苏秦、张仪等徒步为相,孙膑、白起、乐毅、廉颇、王翦等白身而为将,"此已开后世布衣将相之例"。至秦末群雄并起,高祖以匹夫起事,"其臣亦自多亡命无赖之徒,立功以取将相,此气运为之也。天之变局,至是始定"。赵翼还进一步分析,布衣将相定局之后,旧的残余依然存在,故有分封异姓王,以后又分封同姓王之举。至平定七国之乱以后,王国内任命官吏的权力收归朝廷。至是,"三代世侯、世卿之遗法始荡然净尽",征辟、选举之势成。赵翼史识高明之处,是认识到这是客观条件规定的必然趋势,即使"人情犹狃于故见",也改变不了客观趋势,最后将旧法扫荡净尽。他又讲"天意已另换新局","岂非天哉"![1] 在这里,"天"是与人情对举的,实则是"历史必然趋势"的代名词。他的视野上起战国,下至两汉以后,爬梳了大量分散的材料,加以概括、分析,挖掘出具有本质意义的东西。因此被后来的通史和断代史著作普遍地采用。

像这样显示出深刻历史观察力的论述,书中为数不少,这里再举出几个能给以有益启迪的例证。魏晋以降曾长期实行过"九品中正"选举制度,这是人所共知的。赵翼却能对"九品中正"实行之前的酝酿,实行中的利与弊,以后当权者为何长期不予变革的原因,层层深入地分析。赵翼首先论证实行"九品中正"的缘起,是因为汉代察举孝廉制度产生了明显的弊端,"夤缘势利,猥滥益甚",因而需要有新的荐举方法代替。实行"九品中正"

---

[1] 《廿二史劄记》卷二"汉初布衣将相之局"条。

制,是在魏文帝时采纳吏部尚书陈群的建议而规定的。赵翼又从《晋书》分散的列传中撷取材料,论述从提出建议到制度化的发展过程。在曹操时,已有何夔、杜恕提出建议,用人要在乡间选拔,州郡考士要看行为。然后分析九品中正实行之后固然出现弊病,但并非一无是处。他举出《晋书》中何攀、卞壶、张辅、孔愉等人的传,证明"乡邑清议亦时有主持公道者",中正官亦有"秉公不挠者"。进而指出九品中正制流弊所在,是中正官评高下"全以意为轻重","高下任意,荣辱在手","据上品者,非公侯之子孙,即当途之昆弟",造成"上品无寒门,下品无世族"。赵翼以激愤的语调揭露说:"高门华阀有世及之荣,庶姓寒人无寸进之路,选举之弊,至此而极!"那么,自魏晋迄南北朝三四百年,积弊至极而不予改革,是什么原因呢?赵翼回答说,原因即在"当时执权者即中正高品之人,各自顾其门户,固不肯变法,且习俗已久,自帝王以及士庶皆视为固然,而无可如何也"。① 透过表象,指出当权的既得利益者,为其门户私利而顽固不变法,确是一针见血之论。

《劄记》卷十二"江左世族无功臣"条,集中论述东晋南北朝门阀制度的种种特点,与《陔馀丛考》书中"六朝重氏族""谱学"两条相互照应、补充,同样是脍炙人口的精彩议论。赵翼遍引魏、晋、南北朝、唐、五代史书中的记载,论述前后达五百年的历史现象,既典型,又具体。赵翼揭示出门阀制度盛行的根源是:"六朝最重氏族。……当其入仕之始,高下已分。""是以矜门第者高自标置。……其视后门寒素,不啻如良贱之不可紊越。""而单门寒士,亦遂自视微陋,不敢与世家相颉颃。""当时风尚,右豪宗而贱寒畯,南北皆然,牢不可破。……甚至习俗所趋,积重难返,虽帝王欲变易之而不能者。"② 赵翼提炼出大量典型史料,描绘出门阀制度下畸形的社会现象。其时,高门与寒族有严格的界限,不能通婚。琅邪王源,嫁女于富阳满氏,遭到沈

---

① 《廿二史劄记》卷八"九品中正"条。
② 《陔馀丛考》卷十七"六朝重氏族"条,商务印书馆1957年版。

约弹劾,称:"王、满连姻,实骇物听。……此风弗剪,其源遂开,点世尘家,将被比屋。宜置以明科,黜之流伍。"① 庶族普遍的心理,是即使不能通婚,也愿与世族交际,甚至偶有接触的机会,也以为荣幸。如纪僧真曾向齐武帝请求:"臣小人,出自本州武吏,他无所须,惟就陛下乞作士大夫。"齐武帝回答说:"此事由江斅、谢瀹,我不得措意,可自诣之。"纪僧真乃奉旨去求见江斅,刚登榻坐定,江斅命左右:"移吾床让客。"纪僧真丧气而归,告诉齐武帝:"士大夫固非天子所命。"② 甚至极凶恶狡诈的军阀,凭借其驰骋战场的气焰,也不能勉强求得。如侯景请娶于王、谢,梁武帝回答说:"王、谢门高,可于朱、张以下求之。"赵翼综合了这一类典型材料,得出结论说:"可见当时门第之见习为固然,虽帝王不能改易也。"并进而指出,历宋、齐、梁、陈各朝,"立功立事,为国宣力者,亦皆出于寒人"。世族出身的人物,养尊处优,惯于以门第、服饰、风度相夸耀,却几乎不见为国家立功的人物。如王弘、褚渊等,在国家、政权改易之时,只求自保家庭门户的尊荣地位,"虽朝市革易,而我之门第如故,以是为世家大族,迥异于庶姓而已。此江左风会习尚之极敝也"。③

《劄记》卷十九"贞观中直谏不止魏徵"条,层层深入地论述唐太宗纳谏作风与极其重视吸取隋亡教训的关系,总结封建统治"多难兴邦"的规律,此篇尤为乾嘉时代的大议论。赵翼首先肯定贞观直谏之臣首推魏徵,表达对贞观君臣间开明的政治风气的由衷向往:"太宗尝谓徵曰:'卿前后谏二百余事,非至诚何能若是。'又谓朝臣曰:'人言魏徵举止疏慢,我但觉其妩媚耳。'徵以疾辞位,帝曰:'金必锻炼而成器,朕方自比于金,以卿为良匠,岂可去乎?'至今所传'十思''十渐'等疏,皆人所不敢言,而帝悉听纳之。此贞观君臣间直可追都、俞、吁、咈之盛也。"称赞贞观君臣可说是实现了古人对开明政治的理想。赵翼

---

① 沈约:《奏弹王源》,《文选》卷四十。
② 《陔馀丛考》卷十七"六朝重氏族"条。
③ 《廿二史劄记》卷十二"江左世族无功臣"条。

接着推进一层,指出其时直谏者不止魏徵,遍举《新、旧唐书》中各传,说明其时薛收、孙伏伽、温彦博、虞世南、马周、王珪、姚思廉、高季辅、戴胄、张玄素、褚遂良、李乾祐、柳范、刘洎等,都曾对唐太宗直谏面争。其中,虞世南谏田猎,谏山陵之制不宜过厚,谏宫体诗不宜作,谏勿以功高自矜,勿以太平自怠,都针对比较重要的问题,不留情面地提出谏阻意见,太宗嘉许说:"群臣皆若世南,天下何忧不理。"张玄素谏修建洛阳宫耗费民力,而且毫不客气地说这种举动比大兴土木、造成天下怨叛的隋炀帝更甚,太宗问他,那我比桀、纣怎么样?玄素回答:"若此役卒兴,同归于乱耳。"由于玄素无顾忌地讲出事情的严重后果,才终于使太宗醒悟过来,感叹:"我不思量,遂至于此。"太宗还在宴请虞世南等诸位大臣的酒宴上,称赞这些诤谏大臣敢于"批逆鳞"。赵翼由此引出论断:"诸臣之敢谏,实由于帝王之能受谏也。"中肯地分析了在专制主义体制之下,官员是否敢于建言,开明政治局面能否出现,掌握最高权力的君主实处于矛盾的主要方面。这是论述的第三层。第四层,赵翼再深入一步提出,唐太宗是平定天下、智力过人的君主,按常理应该自视甚高、惯于随意驱使臣下,然而事实恰恰相反,"乃虚怀翕受,惟恐人之不言,非徒博纳谏之名,实能施之政事,其故何哉"?赵翼回答说,根本原因是"亲见炀帝之刚愎猜忌,予智自雄,以致人情瓦解而不知,盗贼蜂起而莫告,国亡身弑,为世大僇。……此太宗所亲见也。惟见之切故惧之深,正张廷珪所云,多难兴邦,殷忧启圣"。赵翼所总结的这一客观规律是极其重要而深刻的。唐的兴起正是建立在吸收隋亡教训基础之上,魏徵等贤臣告诫唐太宗:隋炀帝恃其富强,不虑后果,驱天下以纵己欲,导致身死国亡,陛下应"以隋为戒"。赵翼真正做到能从历史动因总结唐初开明政治局面形成的时代条件:"此当时君臣动色相戒,皆由殷鉴不远,警于目而惕于心,故臣以进言为忠,君以听言为急。"读者随着赵翼层层深入的分析,由魏徵直谏而认识群臣诤谏形成风气,又进而认识关键在帝王能受谏,又进而认识由于特殊的时代条件才产生这一局面。不仅获得关于隋末唐初政治人物的大量感性认识,更在哲理上受到深刻的启示。论述至此,本已相当完满。但赵翼犀利的议论却一发而不可收,至文末又向前逼进。由于条件变化了,唐太宗纳谏的态度也起了变化。"其后勋业日隆,治平日久,即太宗已不能无稍厌(魏徵)。"故魏徵作了言简意赅的描述,贞观之初是"导人以言",态度主动恳切;"三年后见谏者悦而从之",主动性已有不同;近一二年则"勉强受谏",心中却有老大不愉快。"是可知贞观中年,功成志满,已不复能好臣其所受教。"有功而产生志满,志满而听不进去别人的话,曾以开明形象出现的唐太宗也逃脱不了这一规律。最后,赵翼笔锋一转,更尖锐地提出具有现实意义的论点:艰苦创业的人物尚且如此,那么对于生活在太平逸乐环境中的君主来说,受谏就更困难了。"惧生于有所惩,怠生于无所儆,人主大抵皆然。若后世蒙业之君,运当清泰,外无覆车之戒,而内有转圜之美,岂不比太宗更难哉!"赵翼的这些话,实际上暗示着统治者骄傲疏怠,即孕育着行将到来的危险。这里生当太平时日的"人主"当然也包括在逸豫环境中做皇帝的"十全老人"乾隆,细心的读者于此不难体会出赵翼"经世"的微旨。

他如"党禁之起"(卷五)、"六朝清谈之习"(卷八)、"南朝多以寒人掌机要"(卷八)、"唐节度使之祸"(卷二十)、"元初诸将多掠人为私产"(卷三十)、"明初吏治"(卷三十三),以及《陔馀丛考》中的"谱学""有明中叶天子不见群臣"等,也都是揭示一个时期历史特点的重要条目,这里不再一一论列。

揭露、抨击历代封建统治者的弊政,是《劄记》史论特色的又一重要体现。

赵翼怀有正直史家关心国家民族命运、同情民众疾苦的责任感,因此对封建统治者的暴政和罪行深恶痛绝。同时代的朴学家孙星衍有见于此,他赞誉《劄记》一书"于前代弊政,一篇之中三致意焉"①。稍后的张维屏也认为,赵氏"所撰著均能使人增益

---

① 孙星衍:《赵瓯北先生墓志》。

见闻,通知时事,较之断断考据于无用之地者,似为胜之"①。譬如,赵翼批评汉武帝时治狱案件繁多,治罪严酷,株连极广。诏狱所系二千石官员不下百余人,其他大案一年多至千余宗,株连多者数百人,捕人范围达数百里,以严刑逼供定罪,致使百姓一闻有罪案发生,远近逃亡一空。有的案件几起几落一再捕人,十多年了仍互相告发治罪。廷尉和中都诏狱逮捕至六七万人,受牵连者以至十余万。"是可见当日刑狱之滥也,民之生于是时,何不幸哉!"② 汉武帝时代是封建统治的盛世,赵翼却能揭露其阴暗面,这同样说明其历史见识高明之处。他又论述历代宦官为害朝政,日在人主耳目之前,以谗媚而售其奸,昏庸之主则妄加信用,于是阉人出入宫廷,口衔天宪,俨然权势在握。"迨势焰既盛,宫府内外悉受指挥,即亲臣重臣竭智力以谋去之,而反为所噬。当其始,人主视之,不过供使令效趋走而已,而岂知其祸乃至此极哉!"③ 赵翼从两个层次总结东汉宦官害民之酷烈。一是宦官自为苛虐。宦官单超、徐璜、左悺等五人,以诛梁冀功皆封侯。单超死后,四侯更盛,皆"竞起第宅,穷极壮丽,金银罽毦施于犬马",仆从乘坐牛车,列骑随从。故刘瑜上疏言:"中官邪孽,比肩裂土,皆竞立子嗣,继体传爵,或乞子疏属,或买儿市道。又广娶妻室,增筑第舍。民无罪而辄坐之,民有田而强夺之。贫困之民,有卖其首级,父兄相代残身,妻孥相视分裂。"二是更有倚宦官之势,而鱼肉小民者。因其时入仕之途,唯征辟、察举二事,宦官既据权要,则负责征辟、察举者,望风迎附,非其子弟,即其亲知,并有贿赂宦官以辗转干请者。"是以天下仕宦无一非宦官之兄弟姻戚,穷暴极毒,莫敢谁何。"如单超之弟为河东太守,侄子为济阴太守,徐璜之弟为河内太守,左悺之弟为陈留太守,都是害民之贼。徐璜侄子宣为下邳令,尤为暴虐,"求故汝南太守李嵩女不得,则劫取以归。戏射杀之"。因

---

① 张维屏:《国朝诗人徵略》卷三十八"赵翼"。
② 《廿二史劄记》卷三"武帝时刑罚之滥"条。
③ 《廿二史劄记》卷五"东汉宦官"条。

宦官子弟宾客肆为民害，"由是流毒遍天下"。① 再如卷十一"宋齐多荒主"条，论述南朝宋、齐独多荒淫凶残的君主，"统计八九十年中，童昏狂暴，接踵继出"，"是以一朝甫兴，不转盼而辄覆灭"。赵翼以憎恶的笔调，列举了宋少帝、前废帝、后废帝、齐废帝、郁林王、东昏侯、陈后主等荒主的种种丑行和罪恶。如宋后废帝刘昱立为皇帝几年以后，无日不与恶棍解僧智、张五儿四处游荡，从者手执凶器，见人便杀，借以取乐。致使京城附近"人间白昼不开门，道无行人"。刘昱又备有棍棒及钳凿等刑具几十种，"为击脑、棰阴、剖心之诛，日有数十，至尸卧流血然后快"。陈后主陈叔宝即位后，荒于酒色，不问政事。大建宫室，奢靡无度，日与妃嫔、文臣游宴，制作艳词，如《玉树后庭花》《临春乐》等。定各种苛税，榨取百姓，滥施酷刑，牢狱常满。隋兵攻至，后主藏匿井中，仓皇间竟还不忘带着张、孔二妃下到井中逃命。隋大臣高颎进入宫中，"见其臣下所启军事犹在床下，尚未启封"。② 赵翼经过认真筛选后所揭示的这些典型材料充分说明，这种荒淫无道的君主，不亡国实天理难容！

赵翼深切地同情民众的苦难。他以翔实的史料，犀利的笔触，论述唐德宗一朝纵容官吏虐民。德宗因用兵河南、北，为了征集浩巨的军费，任用李实等暴敛苛索，告讦纷起，民不聊生。又听宦官主宫市，纵五坊小使，肆毒于外，简直把小民逼向死路。③ 赵翼还深刻地论述南宋的灭亡，是由于残酷榨取民力所致。宋代设官分职滥而且杂，"日增月益，遂至不可纪极"。所有皇室、官府、军费等项庞大的开支，都落到民众身上。"民力既竭，国亦随亡。"④ 值得注意的是，赵翼还敢于正视封建阶级残酷压榨激起农民起义的某些史实，卷三十四"明乡官虐民之害"，讲官府横征暴敛，乡间缙绅视细民如弱肉，民无所控诉。邓茂七事件"激变之由"即是"势家欺凌"。尽管赵氏站在封建阶级立场上对

---

① 《廿二史劄记》卷五"宦官之害民"条。
② 《廿二史劄记》卷十一"宋齐多荒主"条。
③ 《廿二史劄记》卷二十"间架除陌宫市五坊小使之病民"条。
④ 《廿二史劄记》卷二十五"宋冗官冗费"条、"南宋取民无艺"条。

《廿二史劄记》：乾嘉学术创造性思维的出色成果

农民使用了"恶佃""奸民"一类侮辱性语言，但他承认是由官府欺压榨取而激起民变，这也是从愤恨封建弊政、同情民众疾苦出发而持有的客观态度。

《劄记》史论特色的第三个显著体现是，赵翼对历史上一些有争议的人物勇于提出自己的独到见解。如对武则天，既讲其残忍滥杀，"千古未有之忍人"，[①] 又讲她"纳谏知人，亦自有不可及者"。书中具列刘仁轨、姚璹、王方庆、杜景俭、王求礼、张庭珪、朱敬则、桓彦范等先后奏事，武后均采纳照办。历代封建文人认为武后女主称制，违反男尊女卑的封建伦理，因而痛加詈骂，对于武后在历史上有贡献的一面完全抹杀。赵翼则敢于超越封建伦理的局限，有充分根据地对武后的政治才能和积极作用作了很高评价："其能别白人才，主持国是，有大过人者，其视怀义、易之等，不过如面首之类。人主富有四海，妃嫔动至千百，后既身为女主，而所宠幸不过数人，固亦无足深怪，故后初不以为讳，并若不必讳也。至用人行政之大端，则独握其纲，至老不可挠撼。陆贽谓后收人心，擢才俊，当时称知人之明，累朝赖多士之用。李绛亦言后命官猥多，而开元中名臣多出其选。《旧书》本纪赞谓，后不惜官爵，笼豪杰以自助，有一言合辄予次用，不称职亦废诛不少假，务取实才真贤。然则区区帷薄不修，固其末节。而知人善任，权不下移，不可谓非女中英主也。"[②] 冲破封建伦理的偏见，完全从政治家的作为作出评价，这不止在当时堪称石破天惊的言论，而且至今读来也仍有深刻的启迪意义。再如王安石变法，在北宋以后招致了许多谤议，赵翼则认为王安石青苗法的施行"本以利民"，王安石本人"操履廉洁"，实行新法是为了有益于国计民生。新政推行失败的原因，在于任用官员不得人，卑污的官吏更借机侵夺人民，"干进者以多借为能，而不顾民之愿否，不肖者又藉以行其头会箕敛之术，所以民但受其害，而不见其利"。从而总结封建时代一些本来具有积极意义的改革

[①]《廿二史劄记》卷十九"武后之忍"条。
[②]《廿二史劄记》卷十九"武后纳谏知人"条。

措施，一经不肖官吏推行，辄百弊丛生，所谓"有治人无治法"的教训。① 赵翼对冯道的评论也耐人寻味。冯道在五代历四姓十君，"视丧君亡国，未尝屑意"，而自称"长乐老"。对于这样一个人物，历代以"忠臣不事二主"的封建伦理为标准，都斥之为"不知人间有羞耻事"，赵翼则以如何使民众在乱世中减轻苦难为价值标准，提出异于流俗的新看法：处在五代战乱频仍、政权更迭如走马灯的局面下，百姓求生而不可得，冯道借助这种处世哲学，却能稍稍减轻百姓的灾难，所以他有"劳来安集之功"。"道死年七十三，论者至谓与孔子同寿。此道之望重一世也。以朝秦暮楚之人，而皆得此美誉（按，指冯道及张全义二人），至身后尚系追思，外番亦知敬信，其故何哉？盖五代之乱，民命倒悬，而二人独能以救时拯物为念。""冯道在唐明宗时，以年岁频稔，劝帝居安思危。以春雨过多，劝帝广敷恩宥。对耶律德光则言，此时百姓，佛出救不得，惟皇帝救得。论者谓一言而免中国之人夷灭。""是道之为人，亦实能以救济为心，公正处事，非貌为长厚者。"② 赵翼所论含意颇为深刻，不仅深合知人论世、设身处地评价历史人物的原则，而且能超越封建伦理说教和抽象的气节观念，因而蕴涵着近代理性意识，读史者于此是不可轻轻放过的。

三、对明代历史的反思

明代历史是清朝的近代史，距离最近，也最有借鉴意义。当明朝灭亡、大厦倾塌之时，清初顾炎武曾对明代朝政的腐败提出尖锐的批评，但涉及范围不广，也有待深入。此后因考证学风盛行，一般士人对政治兴坏已不再措意。然则，由于三百三十二卷的《明史》在乾隆年间修成并刊行，明朝的历史事实已更清楚，随着时间推移，人们对明朝盛衰教训的思考也有可能更深入。赵

---

① 《廿二史劄记》卷二十六"青苗钱不始于王安石"条。
② 《廿二史劄记》卷二十二"张全义冯道"条。

《廿二史劄记》:乾嘉学术创造性思维的出色成果

翼正是考证学派中关心国家治乱兴亡的学者,必然重视对明朝历史的反思,即从整个清朝一代二百五十年学林而论,他对这一具有现实意义的领域之探讨也是最为深入的。《廿二史劄记》中关于《明史》的占了六卷,分量最重。赵翼主要从四个方面,对明代兴亡教训作了很有深度的总结。

一是明朝言路先后不同。明朝初年有颇好的政治风气。明太祖开国时,明令百官布衣皆得上书言事。赵翼对此极其重视,他称赞:"太祖开基,广辟言路,中外臣僚建言,不拘职掌,草野微贱亦得上书。沿及宣、英、流风未替,虽升平日久,堂陛深严,而缝掖布衣,刀笔掾吏,朝陈封事,夕达帝阍,所以广聪明防壅蔽也。"故在明初,言臣责任专而权力重。赵翼根据《明史》大量列传所载史实,总结明代言路先后不同:自洪武以至成化、弘治间,朝政风气淳实,"建言者多出好恶之公,辨是非之正,不尽以矫激相尚也"。至正德、嘉靖间,还有谏官敢于争朝政得失。万历中,张居正专权日久,斥逐异己,言路风气遂大变,谏官一味献媚取悦于张居正。此后又曾有变化,万历末,谏官与阁臣如水火。至魏忠贤专权时,谏官之操守志节丧失殆尽,堕落成为魏之鹰犬,最后各以门户相争,而至亡国。① 明代谏官言路习气前后变化,又与政治风气是否尽责和清廉相表里。赵翼指出,明太祖出身民间,深知百姓饱受贪官之苦,屡次对墨吏施以酷刑。"凡守令贪酷者,许民赴京陈诉。赃至六十两以上者,枭首示众,仍剥皮实草。"② 同时,每旌举贤良以示劝导,奖罚分明,"故一时吏治多可纪"。沿及成祖以下至宪宗、孝宗,吏治澄清者百余年。"当英宗、武宗之际,内外多故,而民心无土崩之虞,由吏鲜贪残故也。"官吏清明,必然民心安定,使社会保持着强大的凝聚力,这是赵翼从总结明代历史而得出的深刻道理,对于后人是有宝贵教益的。而明的灭亡,也正由于后期吏治腐败,民生日蹙,社会基础动摇,"而国亦遂以亡矣"!③ 赵翼还批评清朝

---

① 《廿二史劄记》卷三十五"明言路习气先后不同"条。
② 《廿二史劄记》卷三十三"重惩贪吏"条。
③ 《廿二史劄记》卷三十三"明初吏治"条。

人对明朝政治的误解,举出明前期崇尚循良的大量史实,恰恰从一个侧面总结了封建皇朝周期性危机这一规律。

二是明中叶天子不见群臣。赵翼指出,前明中叶以后诸帝罕有与大臣相见者。宪宗成化七年(1471),召见彭时、商辂等,刚奏一二事即令退出,以后不再与大臣相见。至孝宗弘治十年(1497),召见徐溥、刘健等议事,因两朝皇帝已有二十五六年未与廷臣相见,故举朝诩为盛事。武宗专用宦官刘瑾等人,荒淫纵乐,更不见大臣。世宗临政未久即与大臣疏远,以后二十多年,因俺答军队逼近都城,礼部尚书徐阶固请,乃勉强一见廷臣,却"不发一词"。神宗初年有召见,以后长达二十四年间,群臣仅得"一望颜色"。"统计自成化至天启一百六十七年,其间延访大臣,不过弘治之末数年,其余皆廉远堂高,君门万里。无怪乎上下否隔,朝政日非……倦勤者即权归于奄寺嬖幸,独断者又为一二权奸窃颜色为威福,而上下不知主德如此,何以尚能延此百六七十年之天下而不遽失?诚不可解也。"① 赵翼所揭露的封建社会衰老时期这种极端腐败荒唐的现象同样很有价值,证明君主制度已经无可救药,赵翼也已对它存在的合理性表示怀疑。

三是宦官专权,为害酷烈。《廿二史劄记》集中了大量史实,使我们更加触目惊心地看清宦官这一封建政治机制上孳生的毒瘤的危害。在此基础上,赵翼又总结了明代宦官干预朝政的特点。明宣宗以前,宦官还不敢放肆作恶。武宗正统以后,宦官汪直、刘瑾等擅权,又有一批腹心充当帮凶,"戕贼善类,征责贿赂,流毒几遍天下"。"公侯驸马途遇内官,反回避之,且称以翁父,至大臣则并叩头跪拜矣。"至魏忠贤专权,卑劣奸邪之徒群起投靠依附,借以倾轧逼害正直人物,爪牙遍地,号称五虎、五彪、十狗、十孩儿、四十孙等。官员敬称魏忠贤为九千岁,又在京城及各地遍立魏忠贤祠,文武将吏皆对之行五拜三稽首。"自内阁六部至四方督抚,无非逆党,骎骎乎可成篡弑之祸矣。"王振、魏忠贤的肆虐,都在正直大臣相继病殁去位之后。赵翼由此总结

---

① 《陔馀丛考》卷十八"有明中叶天子不见群臣"条。

出一条重要历史经验："然则广树正人,以端政本而防乱源,固有天下者之要务哉!"①

四是贪污猥獗和对民众残酷压榨。赵翼描绘出明代宦官和权奸骇人听闻地聚敛财富的情景。武宗时,文武大臣为贿赂宦官李广,称馈赠黄米、白米各千百石,实际上是因数额惊人地巨大,用黄白米隐指黄金、白银。刘瑾失败后没收其财产,黄金计二百五十万两,白银五千万两。严嵩是明代大权奸,败后籍没之数,按《明史》所记,黄金三万余两,白金二百余万两,其他珍宝不可数计。"此已属可骇,而稗史所载,严世蕃与其妻窖金于地,每百万为一窖,凡十数窖,曰不可不使老人见之。及嵩至,亦大骇,以多藏厚亡为虑。则史传所载,尚非实数。"赵翼又引朝臣沈炼疏劾严嵩之文谓,"文武迁擢,不论可否,但问贿之多寡。将弁贿嵩,不得不朘削士卒;有司贿嵩,不得不掊克百姓"。"户部发边饷,朝出度支之门,暮入奸嵩之府,输边者四,馈嵩者六。边镇使人伺嵩门下,未馈其父,先馈其子;未馈其子,先馈家人,家人严年已逾数十万。"赵翼进而总结出"贿随权集"的规律:"权在宦官,则贿亦在宦官;权在大臣,则贿亦在大臣,此权门贿赂之往鉴也。"② 后人记取这些历史教训,当能从中引申出"没有制约的权力必定产生腐败"的结论。

赵翼又论述明代官吏与乡绅恶霸残酷剥削压榨,使农民无法生存。"不特地方有司私派横征,民不堪命。而缙绅居乡者,亦多倚势恃强,视细民为弱肉,上下相护,民无所控诉也。"他列举杨士奇之子、梁储之子、焦芳等为害乡里的凶残行径,一次杀人达二百余口,或将利器刺入臂股取乐,③ 令人发指!万历年间,在通都大邑设矿监、税监,更激起各地民众的愤恨。"或专或兼,大珰小监,纵横绎骚,吸髓饮血,天下咸被害矣。"天津税监马堂,掠夺民财,致使一半以上民户破家,激起"远近罢市,州民万余纵火焚堂署,毙其党三十七人"。荆州税监陈奉,"鞭笞官

---

① 《廿二史劄记》卷三十五"明代宦官"条。
② 《廿二史劄记》卷三十五"明代宦官"条。
③ 《廿二史劄记》卷三十四"明乡官虐民之害"条。

吏，剽劫行旅"，激起商民数千人抛掷瓦片石块攻击。赵翼总括说："是时廷臣章疏悉不省，而诸税监有所奏，朝上夕报可，所劾无不曲护之，以故诸税监益骄，所至肆虐，民不聊生，随地激变。"对民众凶残压榨的结果，已导致全国瓦解的局面，故赵翼论断"明之亡，不亡于崇祯，而亡于万历"。①

卷帙浩巨的二十四史，记载着中国悠久历史中丰富复杂的内容和问题。与赵翼同时代的别的学者，对于古代典籍中的文字错讹和若干具体史实的记载歧异，加以考订，将它们爬梳清楚，这在文献学上固然是很有价值的工作，但又应承认，对于认识我们民族历史的由来和吸取历史的智慧来说，起翼所做的论述治乱兴衰，探讨一代大事，无论如何，是更有深层思想价值、更有启发意义的创造性工作。他以三十余年精力孜孜不倦地探索，成就是异常卓著的。他曾写有这样的诗句："搅肠五千卷，纵目廿二史。复将三寸毛锥尖，妄拟一柱中流砥。"把自己的史笔比作中流砥柱，自信他揭示出历史上的重要问题。《廿二史劄记》书成，他又作诗云："敢从《棋谱》论新局，略仿《医经》载古方。"② 更表明他研究的重点，是通过总结历史寻求救治社会弊病的药方。经过长久岁月的考验，证明赵翼完全有理由这样充满自信。赵翼在若干引文、引用书目和叙述某些史实上有不准确或粗疏之处，③指出其中疏漏之处自有必要，但这是大瑕小疵，因为赵翼以一人之力而论述二千年范围的历史，总计达三千二百四十卷的史籍，因而存在若干不准确的地方，是完全可以理解的。从著述规模、历史视野、观察的深度和学术价值等大的方面而言，赵书确是乾嘉时代创造性思维的结晶。赵翼继承了中国史学的优良传统而又有所超越，因而使其著作蕴涵着值得重视的近代价值。故梁启超在比较乾嘉考史三大家时指出，王鸣盛、钱大昕、赵翼三家著作"体例略同，其职志皆在考证史迹，订讹正谬。惟赵书于每代之

---

① 《廿二史劄记》卷三十五"万历中矿税之害"条。
② 《瓯北集》卷四十一《再题〈廿二史劄记〉》。
③ 参阅王树民《廿二史劄记校证》，及杜维运《清代史学与史家》"拾贰、赵翼之史学"。

《廿二史劄记》：乾嘉学术创造性思维的出色成果

后，常有多条胪列史中故实，用归纳法比较研究，以观盛衰治乱之原，此其特长也"①。梁氏又说："钱、王皆为狭义的考证，赵则教吾侪以搜求抽象的史料之法。"② 赵氏"不喜专论一人之贤否，一事之是非，惟捉住一时代之特别重要问题，罗列其资料而比论之，古人所谓'属辞比事'也。清代学者之一般评判，大抵最推重钱，王次之，赵为下。以余所见，钱书固清学之正宗，其校订精核处最有功于原著者。若为现代治史者得常识助兴味计，则不如王、赵。王书对于头绪纷繁之事迹及制度为吾侪绝好的顾问，赵书能教吾侪以抽象的观察史迹之法"③。当代西方学者浦立本则评论说："十八世纪迄于十九世纪初，……史学界最驰名之史家为王鸣盛、钱大昕与赵翼。前二人局促于狭义之考证，纠史籍原文之误，或以新资料补其不足。赵翼虽其学不逮二人渊博，然或为最令人感兴趣者。盖彼已致力于克服中国史学之传统缺陷。……能触及使近代史家真正感兴趣之问题，近代史家读其作品，确能获得益处。""赵翼能超越孤立之繁琐事实之上以观察，自其中归纳出社会史与制度史发展趋势之通则，此类通则，则近代史家所试图建立者也。"④ 对赵翼史学的评价无疑应该提高。《廿二史劄记》在研究方法上也有新的突破，书中成功地运用比较研究法，对于史例演变和史事的义蕴，都提出一系列独到的见解，对近代学者同样产生了深刻的影响。

---

① 梁启超：《清代学术概论》，《饮冰室合集》专集之三十四，第39页。
② 梁启超：《中国历史研究法》，《饮冰室合集》专集之七十三，第26页。
③ 梁启超：《中国近三百年学术史》，《饮冰室合集》专集之七十五，第291—292页。
④ 见《中国与日本的历史学家》一书，转引自杜维运《清代史学与史家》"拾贰、赵翼之史学"，第378页。

嘉道时期学术风气的新旧推移

一、"合力"形成的巨大推动

乾嘉时期，考证学在特殊条件下出现了极度的繁荣，学者趋之若鹜，醉心其中。然而至嘉道之际，特别是鸦片战争（道光二十年）前后，以龚自珍、魏源、张穆、何秋涛等人为代表，相继撰著了一批关注现实、反映挽救社会危机需要的史学著作，局面出现了很大变化，由"考史"而"著史"，由闭口不谈现实问题而密切结合现实需要、表达爱国义愤。从考证学的一统天下到经世致用、救亡图强史学思潮的出现，这种学术风气的剧变是短短三四十年间发生的，变化之巨大、深刻，绝非乾隆年间所能想象得到。其中有社会的、学术的、哲学指导思想上的原因，值得深入地探讨和总结。

学术风气变迁的根本原因是时代发生了剧烈的变动。乾隆末年以来，社会危机不断加深，土地兼并恶性发展，吏治极端败坏。王室、贵族、官僚的穷奢极欲和层层官吏的贪污贿赂都转到对民众残酷榨取上。张际亮曾满含悲愤地控诉官吏的贪毒残民是

"鹰鹳遍野,豺狼噬人",他揭露官府凶残地剥削掠夺,致使百姓没有活路,"此等凶惨之状,不知天日何在,雷霆何在,鬼神又何在"!① 大批农民被迫外出逃亡,造成城镇大量浮民和许多地区数量巨大的流民群。龚自珍对社会危机的深重有极敏锐的观察:"自乾隆末年以来,官吏士民,狼艰狈蹶,不士、不农、不工、不商之人,十将五六","自京师始,概乎四方,大抵富户变贫户,贫户变饿者,四民之首,奔走下贱,各省大局,岌岌乎皆不可以支月日,奚暇问年岁"?② 大量流民转徙各地,是当时社会极不稳定的显著标志。社会矛盾的激化促使农民起义接连爆发,接踵而至的是鸦片走私严重,吸毒人数众多,白银大量外流,清朝国库空虚,西方殖民者更蓄谋用武力打开中国的大门。

总之,嘉道之际清朝统治陷于危机四伏的境地。有识之士敏锐地感到时代"变"的特点:一是清朝由盛到衰的"变";一是必须寻求"变革",作为挽救危机局面的对策。龚自珍形容当时社会已到"日之将夕"的"衰世","人畜悲痛,鬼神思变置"。③时代的急剧变化必然引起学术思想的变迁,经世思潮重新抬头,有越来越多觉悟了的人物呼吁研究与现实密切相关的课题。学风的转变,就是由脱离实际到经世致用,由讴歌升平到怀着强烈的忧患意识。赵翼《廿二史劄记·小引》中申明自己治史的重点是要揭示"古今风会之递变,政事之屡更,有关于治乱兴衰之故者",并委婉地以《日知录》自比,申明自己的著述目的是对国家社会有用,已经传达出重要的信息。到龚自珍提出良史的责任是"忧天下""探世变"④,更是学风转变的重要标志。

嘉道之际学术风气的新旧推移应从多层面作深入的考察,主要是:当考证学如日中天之时,也并非铁板一块,而是内部已有分化,后期的著名考证学者中,有的更明显地露出注重探究与现实密切相关的问题的端倪;考证学派以外的学者,即"乾嘉别

---

① 《张亨甫全集》文集卷二《答黄树斋(爵滋)鸿胪书》,同治六年刊本。
② 《龚自珍全集》第一辑《西域置行省议》,第106页。
③ 《龚自珍全集》第一辑《平均篇》,第78页。
④ 《龚自珍全集》第一辑《乙丙之际箸议第九》,第7页。

派",已对考证末流的烦琐学风作尖锐的批判,影响扩大;边疆史地研究逐渐受到关注,为学术研究开辟了新领域;公羊变革学说提供了新的哲学武器,成为进步学者用来观察国家民族命运和学术风尚的指导思想。以上四项的推动汇成强大的"合力",终于冲开沉重坚实的旧堤坝,开创出学术的新局面。

二、考证学派中重经世、论盛衰意识的生长

乾嘉三大考史名家是钱大昕、王鸣盛和赵翼。以往评论三大家的学术,主要从其擅长的学术领域有所不同、方法或特长不同着眼,只看到横向的差别。实际上,钱大昕主要是考证方法严密精良、考证成果精当;王鸣盛除精于考证外,还重视对一些历史问题和学术史问题分析考辨,长于评论;而赵翼的考史著作,更有理论色彩,他已做到在大量个别史实的基础上,总结出一个时期历史的趋势,阐述社会史或制度史的一些通则,探究盛衰治乱之源。可以说,赵翼的成就代表了考证学发展的后段。依我看来,钱与王、赵的差别,实则是乾嘉考证史学前后段的差别。无怪乎当嘉庆五年(1800)《廿二史劄记》书稿完成之时,七十四岁的赵翼带着它专程从家乡常州到嘉定,送给比他年岁略小、但名气很大的钱大昕征求意见,钱氏为他作序,作了极高评价——"有体有用",即发挥了儒学经邦治国之体,具有经世之用。这些话,可以视为是钱大昕这位在考证学领域具有通识的学者对于赵翼过人的史识,表示了衷心的敬佩。当时另一位学者李保泰,也极为赞叹赵翼书中的卓识,并热情地褒扬赵翼"得史学之大且重者"。他很明确地点出赵翼治史以"经世"为旨趣,远远高出当时占绝大多数的埋头于文献整理考订的学者。近代著名史家梁启超高度评价赵翼著作的特点和价值,认为赵翼的论述最能给近代学者以启发:"若为现代治史者得常识助兴味计,则不如王、赵。王书对于头绪纷繁之事迹及制度为吾侪绝好的顾问,赵书能教吾

侪以抽象的观察史迹之法。"①

　　以上评价很值得我们深思。事实正是如此，严密考证方法固然能在整理文献、考证史实上做出重要成绩，有通识、成就巨大的考证名家的方法具有近代科学因素，应予足够的评价；但是，另一方面，对于我们认识民族历史的由来和吸取历史的智慧来说，探讨一代史事，论述治乱兴衰，则是更有深层思想价值的工作。故三大家的不同特点，固然意味着横向上研究领域的差异，而同时又显示出纵向上考证学发展前后阶段的不同。尤其是赵翼，实际上具有由考证学风向经世学风演进过渡的意义。这样讲，并不降低钱大昕在考证学、文献学上的地位，他是"清学正宗"，考证学顶峰时代的代表人物，对近代学者同样有很大影响。

　　为了说明《廿二史劄记》具有反映出考证学内部"新旧推移"变化的价值，这里举出两方面的突出例证：

　　其一是，赵翼高出于专作文字校勘训诂、史实排比考订的朴学家，他注重从宏观角度探求历史时势的变化和盛衰之故，分析历史的"势"和"变"，发掘隐藏在大量分散史实背后的法则和教训。他总结出这样的警句："读史者于此，可以观世变也。"②从西汉初政治局面的特点，东汉的党锢，魏晋南北朝实行九品中正制，南北朝时期的门阀制度，一直到明代政治腐败和民众沉重负担等多方面重要问题，都在他探讨和分析的范围之内。

　　其二是，赵翼尤其注重总结明代治乱兴衰的教训，进行了深刻的历史反思。如他论述自洪武至正德、嘉靖间，谏官敢于争朝政得失。至万历中，谏官一味献媚取悦于张居正。此后又有变化，万历末，谏官与阁臣如水火。至魏忠贤专权时，谏官之操守志节丧失殆尽，而至亡国。③ 明代谏官言路习气前后变化，又与官员是否尽责与清廉的政治风气相表里。赵翼指出，明太祖出身民间，深知百姓饱受贪官之苦，屡次对墨吏施以酷刑。同时，每旌举贤良以示劝导，"故一时吏治多可纪"。沿及成祖以下至宪

---

① 梁启超：《中国近三百年学术史》，《饮冰室合集》专集之七十五，第292页。
② 《廿二史劄记》卷二十"唐前后米价贵贱之数"条。
③ 《廿二史劄记》卷三十五"明言路习气先后不同"条。

宗、孝宗，吏治澄清者百余年。"当英宗、武宗之际，内外多故，而民心无土崩之虞，由吏鲜贪残故也。"官吏清明，必定民心安定，使社会保持着凝聚力。这是赵翼从总结明代历史得出的深刻道理，对于后人是有宝贵教益的。而明朝的灭亡，也正由于后期吏治腐败，民生日蹙，社会基础动摇，"而国亦遂以亡矣"！① 赵翼还批评清朝人对明朝政治只指责其腐败的误解，举出明朝前期崇尚循良的大量事实，恰恰从一个侧面总结了封建皇朝周期性危机这一规律。赵翼揭示出明中叶以后诸帝罕有与大臣相见者，证明专制制度所造成的极端腐败荒唐，宦官的专权和权奸疯狂地聚敛财富，则是封建政治机制上孳生的毒瘤……都是对明代兴亡的很有深度的总结，蕴涵着极具启发意义的近代理性意识。赵翼有进化观念，充满探求新知的热情，并且已认识到冲破封建时代闭塞眼界的迫切需要。有诗云："人巧诚太纷，世眼休自窄。域中有墟拘，儒外有物格。"② 指明儒学以外有先进事物、中国之外有圣人的道理。正因为赵翼有一般考证学者难以企及的开阔眼光和思辨意识，他的史著的内容和方法才与行将代起的近代史学有相通之处。

考证学内部这种新旧推移或曰"分化"，是一种潜滋暗长的趋势，在俞正燮所著《癸巳类稿》中也有清楚的反映。俞氏除继续从事名物训诂一类考订外，也注意到一些与现实关系密切的问题。如书中《驻扎大臣原始》记设置新疆、西藏等驻扎大臣的由来，《俄罗斯事辑》记载中俄关系，《总河近事表》记清代治河史实，都是超出一般考证以外，与"经世"密切相关的问题。晚清李慈铭也有见于此，他称俞氏《驻扎大臣原始》诸篇均具有高出一般史料考订之价值，故为"它日国史所必需也"③。

总之，在考证学内部，出现赵翼注重探索兴衰治乱之故，出现俞正燮重视研究与现实关系密切的问题，洵非偶然。说明单纯

---

① 《廿二史劄记》卷三十二"明初吏治"条。
② 《瓯北诗钞》五言古二《同北墅漱田观西洋乐器》，光绪三年滇南唐氏刻本。
③ 李慈铭：《越缦堂日记》同治壬戌十月二十三日，燕山出版社 1988 年影印本。

考证的一统天下局面开始被打破了,坚冰已经乍解,学术风尚将发生变化。

三、乾嘉别派针砭时弊对新旧转移的有力推动

章学诚是乾嘉主流派以外的重要学者,他的学术主张独树一帜。章氏敏锐地认识到当时考证学末流陷入烦琐主义的弊病,学术界充斥着因循守旧的沉闷空气,起而加以有力的针砭。针对朴学家认为考据就是学问的目的、学问的全部的观点,章学诚提出了对立的价值认识。《文史通义》一书中鲜明地提出"史学经世""六经皆史"等重要命题,尖锐地批评考证学界因袭、守旧、盲从的流弊,要求冲破这种学术的困境,重新唤起创造、拓展的精神。他毫不怀疑,他的主张"实有开凿鸿蒙之功"[1],"自信发凡起例,多为后世开山"[2]。历史进程恰恰证明,章学诚"史学经世"等主张,已经预示着学术风气转变的新趋向。

章氏继承了清初顾炎武"经世致用"的观点,倡导学术要密切联系当代社会生活,反对脱离实际的无用空谈,他大声疾呼:"史学所以经世,固非空言著述也。……学者不知斯义,不足言史学也。"考据家孜孜以求从事资料的钩稽排比工作,并以此相夸耀,章学诚则指出这类工作缺乏思想性,不切于当世人事,因而毫不客气地归之于较低层次:"整辑排比,谓之'史纂';参互搜讨,谓之'史考',皆非'史学'。"[3] 章学诚很明白,在考证学盛行的情况下,针对烦琐主义"擘绩补苴"的弊病大加抨击,这样逆于时势,必然遭人反对,但是他要力挽狂澜,不怕巨大的压力。他曾致书钱大昕,表明心迹:

惟世俗风尚,必有所偏,达人显贵之所主持,聪明才隽

---

[1] 《文史通义》卷九外篇三《再答周筦谷论课蒙书》,《章氏遗书》本,文物出版社1985年版。
[2] 《文史通义》卷九外篇三《家书二》。
[3] 均见《文史通义》内篇五《浙东学术》。

之所奔赴，其中流弊必不在小。载笔之士不思救挽，无为贵著述矣。苟欲有所救挽，则必逆于时趋，时趋可畏，甚于刑曹之法令也。①

他把挽救风气流弊视为不可推卸的时代责任，自觉地担负起来，即使感到像刑狱那样的威胁，他也毫不顾惜。烦琐主义的学风既然脱离实际的需要，违反学术发展的规律，那么它终将被抛弃。所以《文史通义》一书针砭学风流弊的价值超过史实的范围，对于思想史和文化史都有重要意义。

在《章学诚遗书》中，还有章学诚评论现实政治腐败的文章。这是他晚年吐露心声之作。乾隆六十年（1795），他经过四十年颠沛奔走，最后远道回到会稽老家，境况萧索贫寒。嘉庆四年（1799），嘉庆帝责令和珅自杀，查抄其家产，这个作恶多端的大权奸倒台使人心一振。章学诚心中郁积的不平也至此爆发！他一连写了《上执政论时务书》等六篇书信，抒发他对贪官污吏残酷剥削百姓的抗议。他指出，吏治败坏、"巧取于民"、大肆搜刮，"始蚕食，渐至鲸吞"，是引起"教匪"和国库亏空的总根源。② 这些直斥赃官墨吏的正直言论，深刻地揭露了当时黑暗腐败的社会情状，这同他勇敢地"逆于时趋"、针砭学风流弊一样可贵，而且是他关心国家民族命运思想的升华，并且开启了后来龚自珍、魏源激烈抨击时政的先声。

考证学内部一些有见识的学者注重经世、议论盛衰的倾向，以及非主流派学者揭起批评考证学末流烦琐主义的旗帜，正是从内部和外部两个方面推动考证学风的转变。此后至龚自珍、魏源的时代，烦琐考证无益世事的弊病更加暴露，他们的针砭也更加有力。嘉庆年间还有一位学者崔述，著《考信录》，也被称为乾嘉的"别动队"。崔述治学的宗旨与主流派不同。主流派"唯古是尚，唯汉是从"。崔述则要"考而后信"，对上古史事以儒家经书为标准，而对战国、秦汉以后的各种说法，一概要细加考证，

---

① 《章学诚遗书》卷二十九《上钱辛楣宫詹书》。
② 《章学诚遗书》卷二十九《上执政论时务书》。

立志要廓清其中大量附会和谬误。他又有对自己方法论的总结，写成《考信录提要》，上升到理论。这两项，都构成嘉庆年间学术的新内容，助长新旧推移这一客观趋势。至 20 世纪初，崔述的学说引起胡适、钱玄同、顾颉刚、洪业等学者极大研究兴趣，并直接导致了顾颉刚为代表的"古史辨派"探索可信的古史体系的热潮。①

四、边疆史地：新的学术领域的开拓

嘉道之际学术风气演变的又一推动力，使学术界有了新的关注的重点，这就是边疆史地学的兴起。这一新的学术领域在嘉道年间受到学者注意，有其深刻的时代原因。清朝建立起空前版图的统一的多民族国家，至此已有一百多年，学者们以前的智识范围大致只限于中原内地，至此很有必要将视野扩大，系统地研究西北的地理沿革、民族关系的变迁。这是国内方面巩固统一国家的需要。清中叶以后，出现了来自北方的沙俄和来自中亚的英国对我西北地区的威胁，而至鸦片战争后边疆危机更加突出。这是对外关系方面形势发展的刺激。

最早注重研究边疆史地的学者是祁韵士和徐松。祁韵士早在任国史馆纂修官时，便对边疆问题有兴趣，撰有《蒙古王公表》。后因事充军伊犁，在此期间他对边疆地区有了亲身见闻，对边疆问题的重要性也有了亲身感受，特殊的环境诱发了一门新学问，先后著有《西陲总统事略》《藩部要略》。西陲系指新疆，藩部系指蒙古。徐松的成就是在他的基础上发展的。徐松也曾因事流放伊犁，出嘉峪关后，沿途详细记下道里城郭，撰成《西域水道记》。又受将军松筠委托，在《西陲总统事略》的基础上，撰成《新疆识略》。

---

① 参阅拙著《史学与中国文化传统》下篇《崔述古史新说及其价值观》，书目文献出版社 1992 年版。

至道光年间和咸丰初年，龚自珍、魏源、张穆、何秋涛等进一步关注这一新的学术领域。龚自珍曾修撰《蒙古图志》，规模颇大，书稿未完成而遭火灾烧毁。他任国史馆校对官时，参加重修《一统志》，曾上书总裁官，订正旧志中蒙古、新疆、青海地区有关部落居住、历史沿革、山川地理等方面的错漏，共十八项。更可贵的是，他善于利用边疆史地方面的渊博知识，来研究如何解决边疆地区所出现的问题，所撰《西域置行省议》《御试安边绥远疏》《上镇守吐鲁番领队大臣宝公书》《与人论青海事宜书》等名篇，都充分显示出他着眼于安定边防、巩固国家统一，来解决边疆问题的卓识。魏源所著《圣武记》，大量的篇幅有关边疆民族问题。他不但记载康、雍、乾三朝在西北进行的巩固统一的战争，而且很注重记载民族之间联系加强、中央与地方间关系趋向密切的事实，用历史事实驳斥不利于国家统一的论调，谴责制造民族不和与边境事件的清廷不法官吏和少数民族统治者。清代边疆民族问题很复杂，而经过《圣武记》的整理记载，一些较重要的问题已初步有了一个大致清楚的蓝本。

在上述学者开创性工作的基础上，张穆和何秋涛分别著成了边疆史地的名作。张穆著成《蒙古游牧记》。他著史明确以经世致用的观点为指导，"既陈古义又论今事"。《自序》中说，各省、州、县都有方志，足以"考镜古今"，独内外蒙古未有专书，"学者多懵其方隅，疲于考察，此穆《蒙古游牧记》所为作也"。所以要"缀古通今"，着重考察古代蒙古和近代蒙古之间的关系变化。这种切于实用的观点，使张穆在当时便被誉为西北边疆史地的名家。何秋涛著成《朔方备乘》。他之所以特别关注中俄关系，是因为"俄罗斯地居北徼，与我朝边卡相近"，不能不高度重视。他强调撰著此书的目的是"备用"，在《凡例》中揭明："明曲直以示威信"，"惩前事以具法戒"，"志险要以昭边禁"，"详遐荒地理以备出奇"。前两项，强调对历史经验的总结，正直、有理的一方在中国；后两项，则强调这部书在军事防守上有重要用途。全书主干部分是《圣武述略》，囊括了清代北部边疆的主要事件。其他篇章分别对边界、边疆地理、山脉、水道、历史事件等,作详细记载和考证。当时,林则徐、魏源等有识之士都看出俄国对中国北部边疆的威胁。何秋涛在书中记载这些中俄关系史实,证明中国是正义者、受威胁者,唤起人们注意俄国挑起的新纠纷。书中对于中俄经济、文化的友好往来也如实记载,反映了史学家全面的观点,史料价值很高。

张穆、何秋涛的著作,成为嘉道之际边疆史地学这一新的学术领域兴起的标志。与他们时代相同的姚莹,其后的曹廷杰、李文田、丁谦都在这一领域撰写了有价值的著作。由于国家边疆史地学的兴起,又促进晚清另一新的研究领域——元史学的崛起。沈曾植、洪钧、屠寄、曾廉、柯劭忞等都相继取得了引人注目的成果。由嘉道年间导源的边疆史地学的研究,因其适应时代与学术发展的需要,至晚清时终于蔚成风气。

五、公羊变革学说提供了新的哲理武器

原先盛行的考证学在哲学思想上属于经古文学派。从乾隆末年开始,消沉了一千多年的经今文学派重新被提起,适逢时会地为学术界提供了新的思想武器,于是经世学风声势更壮。

今文学派的中坚是春秋公羊学,它在儒家学说中具有独特的理论色彩,讲"改制",宣扬"大一统",拨乱反正。特别是形成了一套"三世说"历史哲学,论证历史是进化的,变易和变革是历史的普遍法则。公羊学专门阐发"微言大义",可以根据现实的需要,对《春秋》之义加以解释或比附,以这种解释的方式发挥自己的政治见解,在时代激烈变动之际更便于容纳新思想。

公羊学说在清代中叶复兴的关键人物是庄存与、刘逢禄、龚自珍和魏源。先是庄存与重新发现了《公羊》,著《春秋正辞》,但他不理解公羊学的真谛。刘逢禄在嘉庆年间潜心公羊学的著述多年,撰成《春秋公羊何氏释例》等,且又奖掖龚、魏,培养了

公羊学派两名健将，至此标志着公羊学"复兴"的到来。龚自珍写有著名诗句："昨日相逢刘礼部，高言大句快无加；从君烧尽虫鱼学，甘作东京卖饼家。"① 表明他决心举起公羊学的旗帜，不怕被正统派视为有异端色彩。由于龚、魏对社会危机更加敏感，公羊学说在他们手里，便被改造成为批判专制、倡导变革的崭新思想武器。

公羊历史哲学主张变革，主张历史进化（当然是朴素进化观），为当时进步人士提供了远比古文经学进步得多的世界观和方法论，它紧扣时代脉搏，适应社会前进和学术进步的要求。龚、魏对时代向何处去的观察比前辈站得更高，因而自觉地担负呼唤变革时代到来和倡导新学风的责任。龚自珍用"早时——午时——昏时"的新三世说论证封建衰世到来②，预言"乱亦竟不远矣"③。魏源则提出"气运之说"来概括历史的大变局。④ 龚、魏发挥公羊学说讥议时政、诋毁专制的作用，猛烈批判烦琐考据、理学空谈和科举制度，呼吁士人把关注的重点转移到与现实社会关系密切的问题上来。龚自珍是激情昂扬的倡导者，魏源是卓有成效的奠基者。龚自珍主要从国内的危机着眼，魏源则在鸦片战争后又生活了十七年，他更多地注目于了解外国，倡导"师夷长技以制夷"，超越了传统学术的范围。以龚自珍犀利的政论和魏源的《海国图志》为标志，中国学术史进入倡导变革、倡导救亡图强的新阶段。从此，讲求兵农河防盐政、边防海防，以至外国政制、现状，呼唤变革图强，成为鸦片战争以后学术的主流。

---

① 是诗作于嘉庆二十四年（1819）。见《龚自珍全集》第九辑《杂诗，己卯自春徂夏，在京师作，得十有四首》之六，第441页。
② 《龚自珍全集》第一辑《尊隐》，第87页。
③ 《龚自珍全集》第一辑《乙丙之际箸议第九》，第7页。
④ 参见《海国图志》卷五《叙东南洋》，光绪二年甘肃平庆泾固道署重刊本。

六、余论

通过多层面考察嘉道时期学术风气的变迁,我们可以得出如下几点认识:

(一)社会存在决定社会意识。时代变了,必然要引起思想观念、社会思潮的变迁。故一时代有一时代之学术。即使作个案的研究,评价某一时期的学者和著作,也应与时代思潮、文化走向密切联系起来,重视作大背景动态考察,把握住时代条件对学术的制约、影响。

(二)在关注时代条件影响的同时,又要深入地分析学术内部逻辑发展的关系。从学术本身来说,新旧推移是客观规律,不可能永远停留在一个阶段上凝滞不变。一时代的学术,其内部往往存在导致向其对立面转化的因素,这些因素的生长发展,便成为由此一阶段学术向新的阶段演化的"中介"。这是学术变迁内在的矛盾运动,需要我们透过现象,作深层的辩证分析,避免把前后阶段割裂开来。譬如:明代学术向有空疏之讥,但至晚明陈子龙编《经世文编》、徐光启著《农政全书》,已经产生了经世思想,至清初便壮大为时代思潮。清初,顾炎武倡导经世致用的实学,而他的重要主张之一,是"通经以致用",针对明人务虚蹈空的习气,他提出"通经必自考文始",从一字一句的训诂考订入手,才能求得对儒家经典的正确了解,故其经世思想中又包含开启考证学盛行的方面。乾嘉考证学极盛之时,则有赵翼以恢复经世学风作为著述的宗旨,明显表示出与专门考据不同的学术倾向,这一事实,恰恰证明考证学走过它的峰巅之后,必然会出现分化,敏感的人物,会吸收新的营养,加进新的内容。所加进的东西恰好与时代变动的需求相适应,那么这种新的因素就会更加壮大,由量变达到质变。如此,原有的肌体中不断生长出新的物质,走辩证否定的道路,后浪推前浪,环环相扣,形成起伏曲折的学术长河。学术发展又是多元的。原有学术在极盛之时,也伴随产生流弊。对此，局外人看得更加清楚。如章学诚即以挽救流弊为己任。考证学内部的分化和非主流派的针砭，内外夹攻，推动新思潮出现。

（三）新的学术需要有新的哲学思想作指导。众多朴学家唯古是从，实际上有一种复古的历史观在起作用。而公羊朴素进化观是变革的思想武器，它适应时代的需要，在学术上也成为有生气、充满进取精神的哲学理论指导，因此推动学术掀起波澜，使经世意识与变革思想相结合的新学术在晚清风靡于世。

下 编

龚自珍、魏源的学术风格

清嘉庆、道光两朝共五十五年是中国社会由传统的中古时代走向近代的转折时期。此时清朝统治已从百年鼎盛的巅峰跌落下来,内乱外侮,使社会迅速陷于衰败、动荡。从对外关系来说,长期闭关锁国的中国最终被西方列强的大炮打开大门,东西方冲突和文化撞击的严峻局面陡然摆在面前,这亘古未有的历史变局迫使中国有着强烈危机意识的先进分子起而寻找变革图强的道路。时代的剧变反映到嘉道年间的学术风气上,必然表现为新旧推移的深刻变化。不少有识之士转向关心社会现实,慷慨论天下事,呼吁外御其侮和"师夷长技",成为学术史上一大转捩点。龚自珍(1792—1841)和魏源(1794—1857)正是开一代风气的出色思想家和学问家,他们的主张和著作堪称是大转折时代绽开的绚烂之花。

一

最能显示出这两位卓越学者紧扣时代脉搏之治学特色的典型例证,是他们都曾深入学术研究,对关系国计民生的重大问题提出了非凡的预见，成为嘉道学术史上交相辉映的出色篇章。

龚自珍在嘉庆二十五年（1820），以二十九岁青年的敏锐见识和豪迈之气，写成《西域置行省议》这一名篇，提出了巩固国家辽阔版图、加强边防的一项根本大计，这一在近代史上为此后客观情势的发展所完全证实的预见，其重大意义可从三方面来认识：一是治学符合时代的迫切需要，扣准了时代的脉搏；二是他考察新疆问题有更高的着眼点——国家的长治久安；三是他为这项周密的建议付出了巨大的心血。

清朝建起空前疆域的统一的多民族国家，系统地研究西北边疆地区的地理沿革、民族关系及其历史变迁，乃是巩固国家统一的需要。清中叶以后，沙俄和英国不断侵扰我西北边疆地区，至道光年间边疆危机更加突出。晚清学者关注西北史地蔚成风气，龚自珍是最早的开拓者之一。他在任国史馆校对官时，参加重修《一统志》，曾写有《上国史馆总裁提调总纂书》，订正旧志中蒙古、新疆、青海地区有关部落居住、历史沿革、山川地理等方面的错误缺漏，共有十八项之多。这些都说明龚自珍对于边疆史地的渊博知识。

龚自珍在上述学术氛围和本人精湛研究基础上撰成的《西域置行省议》，是向清政府建议并规划对治理新疆实行根本性改革，以加强中央政府对新疆的有效管理，巩固边防。新疆地区自清初已成为我国统一的多民族国家的重要组成部分。可是朝廷对新疆的管理却长期采取委派将军、参赞大臣等"镇守"的办法，且保存原有各级"伯克"统治人民的世袭制度。这显然落后于形势的需要，不利于有效地开发、管理新疆，不利于巩固国家统一。龚自珍在应进士试的朝考中，曾"直陈无隐"，反复陈述清代边疆形势与前代大不相同，"中外一家，与前史迥异"，汉唐时代的"凿空""羁縻"办法已完全不适用了；今天的迫切问题是如何加强国家统一、实现中央政府对新疆的有效管理、在新疆建立新的政治体制，"疆其土，子其民，以遂将千万年而无尺寸可议弃之地"。① 这篇《西域置行省议》的中心主张,是新疆建立行省,行政、军事制度与其他行省划归一律,任命总督、巡抚、布政使、按察使等官员,废除以前委派将军、参赞大臣"镇守"的办法。实行郡县制,取消过去保留的"伯克"制度。龚自珍所规划的新疆设置行省的建议,又是同他着眼于解决国内社会危机、冀求国家长治久安的更高目标相联系的。他对清朝统治已到"衰世",社会矛盾尖锐、危机深重的局面看得很清楚,尤其对大量农民丧失土地、变成流民,和城市游荡人口日众的现象感到严重不安,认为"自乾隆末年以来,官吏士民,狼艰狈蹶,不士、不农、不工、不商之人,十将五六……自京师始,概乎四方,大抵富户变贫户,贫户变饿者,四民之首,奔走下贱,各省大局,岌岌乎皆不可以支月日,奚暇问年岁"?因此他把开发新疆与解决国内社会危机联系起来,提出迁内地无业游民和移民开发新疆的办法:"人则损中益西,财则损西益中。"②"应请大募京师游食非土著之民,及直隶、山东、河南之民,陕西、甘肃之民,令西徙。"③ 既解决内地人口过剩、游民无以为生、造成社会不稳定的问题,又解决开发新疆、加强边防的问题。他认定,这项重大建议和规划反映了历史发展和客观情势的必然进程,利于国家整体利益,利于新疆的建设和加强边防,又利于中原内地,兼顾了全局和局部利益。龚自珍为撰成这篇《西域置行省议》,苦心经营了三年之久,表现出中国优秀知识分子对国家民族崇高的责任感!

龚自珍在晚年回顾自己一生经历的著名大型组诗《己亥杂诗》中预言:"五十年中言定验",确信他的建议反映了客观情势,历史的发展也证明了龚自珍的预见是正确的。1876 年(光绪元年),左宗棠受命督办新疆军务,率兵讨伐沙俄和英国帝国主义侵略新疆的工具阿古柏反动政权。1877 年,收复南疆之后,左宗棠从统筹全局出发,主张建立行省,设置郡县,削减地方头目

---

① 《龚自珍全集》第一辑《御试安边绥远疏》。
② 按,"损西益中",即开发新疆、增加国家财政收入之意。
③ 均见《龚自珍全集》第一辑《西域置行省议》。

的权力，省兵节饷，树立长治久安的基础。清政府表示赞许，1884年，任刘锦棠为新疆巡抚，正式建新疆省。龚自珍的预见完全被证实，这一年距离他写《己亥杂诗》的年代正好不到五十年。左宗棠这位晚清重臣成为龚自珍预言的执行者。另一晚清重臣李鸿章则对此评论说："古今雄伟非常之端，往往创于书生忧患之所得。龚氏自珍议西域置行省于道光朝，而卒大设施于今日。"① 李鸿章称龚自珍的预见是由"忧患而得"的"雄伟非常"之设想，倒是很中肯的。

魏源是龚自珍的挚友，治学旨趣相投。魏源在道光年间，对于同样与国计民生关系重大的治理黄河问题，也提出了卓越的预见，断言"黄河将自行改道北注"。事隔十三年后，他的预见完全应验。这两位经世派魁杰所论的领域虽然不同，却同样出于关心国家利害、民生疾苦，规划天下大计，同样令人惊叹地得到事实的充分验证，宛如花开并蒂，为嘉道学术增辉生色。

水利问题对于农业社会，尤其对于中国这样水灾频仍的国家，是关系国计民生之极其重要的问题。魏源对水利问题早就悉心研究。道光六年（1826），他三十三岁时，代贺长龄编成《皇朝经世文编》，书中即选有不少论述水利问题的文章、奏议。他阅历甚广，足迹遍及两湖、江浙、鲁皖、冀豫大地，所到之处，必对当地水利问题作调查访问，证之于历史记载，探求问题之所在和兴利除害的办法。他写有《畿辅河渠议》《与陆制府论下河水利书》《湖广水利论》《江南水利全书叙》等文，对华北、两湖、江南水利问题均有卓见。

研究治理黄河，尤其花费了魏源大量的心血。在当时，黄河的祸患，同鸦片走私造成的白银外流、漕运、盐政一样，都是严重危害国计民生的大患，而黄河造成的灾害最大，国家每年耗费的财政开支也最巨。道光二十二年（1842），魏源呕心沥血写成《筹河篇》上、中、下三篇，上篇痛切地陈述清代二百年间治河

---

① 《黑龙江述略序》，见徐宗亮等撰《黑龙江述略（外六种）》，黑龙江人民出版社1985年版。

策略的失当和河工管理的种种弊端；中篇总结自汉代以来治河的历史经验，论证黄河改回北行旧道的六大利处；下篇驳斥各种阻挠实行正确策略的错误主张，指出治河方法之争的背后，实际上是与利用治河巨额费用中饱私囊的腐朽官吏的斗争。魏源的中心主张是"改河"，即"筑堤束河，导之东北"，令黄河改回北行，由山东入海。魏源指出，开封、兰考以东，地势南高北低，每次黄河北决，要徙之重新南行都是难之又难，因为这是违反地势水性的错误做法。北决，则符合水势向下的规律，而每次从北岸决口，河水必定贯穿张秋运河，再沿大清河入海，这正是黄河的天然河道。治河的根本策略，就是利用黄河自行北决，或是用人力使之北行，沿这条天然通道入渤海。为了证明这一论断之不可移易，他又滔滔雄辩，纵论历史，缕举自周定王以来二千年黄河河道的变迁，分析自东汉王景至明代靳辅等著名治河专家策略的得失，最后得出结论："自来决北岸者，其挽复之难，皆事倍功半，是河势利北不利南，明如星日。河之北决，必冲张秋，贯运河，归大清河入海，是大清河足容纳全河，又明如星日。""由今之河，无变今之道，虽神禹复生不能治，断非改道不为功。人力预改之者，上也，否则待天意自改之。"这一结论，实是魏源研究水利问题的科学发现，是元代以来治理黄河历史经验的精到总结，是嘉道学术史上又一闪耀着智慧之光的预见！

魏源的卓越之处还在于，他认识到治河不仅是工程技术问题，更是一个社会问题，提出种种阻挠借口的人，骨子里是企图利用黄河祸患频繁、国家靡费浩巨，而从中贪污中饱，发国难财。他们反对让黄河改道北流的真正原因是害怕他们多年经营的巢窟被一朝扫荡。[1]

魏源提出的具有宝贵决策意义的主张并没有被采纳，这在那个时代不足为怪。然而，事情的发展正像魏源所预见的，"人力纵不改，河亦必自改之"。十三年后的咸丰五年（1855），黄河果然从兰考境内的铜瓦厢向北冲开决口，滚滚黄水沿着故道，从大

---

[1] 以上均据《魏源集·筹河篇》。

清河流入渤海。那班拼命阻挠魏源正确主张的人，再也无力阻挠黄河按地势水性之必然向东北奔流，从此一百多年黄河不再改道，直至今日。

龚自珍、魏源提出的预见，与客观事实的发展如此若合符节，绝非偶然的巧合，而是有深刻的内在必然性。最根本的原因，是龚、魏真正做到把精湛的学术研究与深切关心国家民族命运二者紧密结合起来。

二

中国是统一的多民族国家，促进民族间长期友好和睦相处、加强民族间的团结，符合于各民族的根本利益，也是实现国家强盛的根本保证。在学术领域，研究者对民族问题所持的观点是否有利于巩固多民族国家的统一，是衡量其见识所达到的高度的重要尺度之一，在清代奠定多民族国家的空前版图，和进入近代以后各民族在反帝反封建斗争中团结不断加强的时代，这一问题尤有重要的意义。龚自珍撰有《上镇守吐鲁番领队大臣宝公书》《与人论青海事宜书》等文，都是针对清代民族问题而提出的重要议论。魏源著有记述清朝当代史的《圣武记》，书中有大量涉及民族问题的记载。分析龚自珍和魏源的民族思想即可看出，他们关心民族间和好团结的主张难能可贵，其中包含有不少值得我们今天重视和吸取的思想营养。

龚自珍通过总结新疆地区复杂的政治历史事件所提供的教训，论证民族间"安"和"信"的重要性，突出地体现了他对民族问题的卓识。对于乌什事件，他谴责原清朝驻乌什领队大臣素诚"占回之妇女无算，笞杀其男亦无算，夺男女之金银衣服亦无算"的暴虐行为，认为这次事件是平日"扰回"引起的"激变"，素诚虐待回民，"死有余罪"。对于康、雍、乾三朝平定准噶尔部的战争，他既强调这些军事行动是统一国家、稳定边疆所需要，谴责噶尔丹、阿睦尔萨纳等辈的罪恶；同时又指出，长期战争使大量无辜人民死亡,"千里一赤,睢盱之鬼,浴血之魂,万亿成群"。他恳切要求驻新疆的大臣将领记取这些教训,严肃地对待自己的责任,整肃下属,建立民族间安定、信任的关系:"令回人安益安,信益信而已矣。信,生信;不信,生不信。不以驼羊视回男,不以禽雀待回女。""是故今日守回之大臣,惟当敬谨率属,以导回王回民,刻刻念念,知忠知孝,爱惜翎顶,爱惜衣食,啽诵经典。耕者毋出屯以垦,牧者毋越圈而刈,上毋虐下,下毋藐上,防乱于极微,积福于无形。"① 他殷切希望由吐鲁番的安定而带来整个天山南北路的安定,以至于整个西北地区安定和平的局面。

  魏源对民族问题的见解主要见于他的历史著作《圣武记》。这部书共十四卷,约百万字,通过记载一系列重大政治、军事事件以探索清朝的盛衰变化,涉及了大量边疆民族问题的史实,表达了魏源的进步观点。本书可贵之处在于,魏源不仅记载民族间的战争,更注重记载民族之间联系加强、中央与地方间关系趋于密切的事实。最突出的事例有:喀尔喀蒙古三部因受噶尔丹进攻东奔时,清朝中央政府立即"发归化城独石、张家二口仓储,并赐茶、布、牲畜十余万以赡之,暂借科尔沁水草地使游牧",使几十万部众得到安顿。② 再如乾隆对回归祖国的土尔扈特的安置。书中《乾隆新疆后事记》一篇记载:土尔扈特本是厄鲁特蒙古四部之一,明末清初因邻部所逼投俄罗斯。康熙间,其首领阿玉奇取道俄罗斯入贡,康熙即遣使远道前往答礼。乾隆时,土尔扈特苦于屡次被俄罗斯征调去与土耳其打仗,大量死伤,整个部落辗转来到伊犁。廷臣中有人不赞成接纳,说:"降人中有舍楞,前曾诳害我副都统唐喀禄,逃俄罗斯,今来归疑有奸计,且我受俄罗斯叛藩,恐启衅。"乾隆回答说:清朝接受土尔扈特"理直有词",不存在什么"启衅";"土尔扈特既背其上国而来,倘复干我中国,彼将焉往"? 于是隆重地接纳,妥善地安置,召其酋长

---

 ① 《龚自珍全集》第五辑《上镇守吐鲁番领队大臣宝公书》。
 ② 魏源:《圣武记》卷三《康熙亲征准噶尔记》,中华书局1984年版。

到热河入觐，各封为汗、亲王等，赐给大量物资。在国外艰难备尝的土尔扈特，回到祖国后得到政府如此款待，对比之下，真感到"息喘如归"，真正回到自己家里了。① 魏源的记述洋溢着赞颂国家统一、民族亲密友好的感情，今天读来仍然使人感到欣慰而意义深长。

在清代，帝国主义分子和某些不法的少数民族"头人"互相勾结，一再制造事端，他们用以煽动当地民众的一个借口，就是伪称若分裂活动得逞，这些"头人"将会带给民众许多好处。魏源则从确凿的事实总结出一条规律：如果搞分裂，处在反动"头人"统治下，新疆少数民族群众将遭受残酷的剥削、榨取，只有生活在中央政府的治理下，新疆民众才能大大减轻负担，改善生活。由于清朝政府对新疆实行进一步的管理，"列亭障，置郡县"，"农桑阡陌徭赋如内地"。这本是大好事情，可是有人却把新疆看成是一个包袱，"取之虽不劳，而守之或太费"。魏源对此作了批驳，强调要把乾隆以后出现的"中外一家，老死不见兵革"的统一局面，与以前的"烽火逼近畿，边民寝锋镝"的战乱时期相对比，指出这种人"狃近安，忘昔祸"，好了疮疤忘了痛。与"得不偿失"论者相反，魏源充分肯定开发新疆的意义和前途："西域南北二路，地大物奫，牛羊麦面蔬蓏之贱，浇植贸易之利，金矿铜矿之旺，徭役赋税之简，外番茶马布缎互市之利，又皆什伯内地。边民服贾牵牛出关，至辄辟汗莱，长子孙，百无一反。"② 主张进一步发展屯田、开矿等事业。魏源这些看法也早已被历史事实证明是完全正确的。

三

龚自珍和魏源对于嘉道学术又一重要贡献，是他们改造了今

---

① 《圣武记》卷四《乾隆新疆后事记》。
② 《圣武记》卷四《乾隆荡平准部记》。

文公羊学说,使之成为论证封建"衰世"到来、批判专制黑暗统治、倡导变革的哲学思想武器。从此,言进化、求变革的今文公羊学说取代了古文经学,跃居哲学思想领域的主导地位。龚自珍和魏源之所以具有非凡预见和对民族问题的卓识,即因为他们能够站在这一代表时代智慧的哲学高度来观察问题。

公羊学说以"微言大义"解释《春秋经》,在儒学中独树一帜。董仲舒适应汉武帝时期的政治需要,对这一主张"改制"的学说大加发挥,使公羊学成为西汉的"显学"。至东汉末何休为《公羊传》作注,撰成《春秋公羊解诂》,进一步推演阐释,形成比较完备的"公羊家法"。公羊学作为今文学派的中坚,有独特的理论色彩,主要有三项:(一)政治性。讲"改制",宣扬"大一统",拨乱反正,为后王立法。(二)变易性。它形成了一套"三世说"历史哲学理论体系。《公羊传》讲"所见异辞,所闻异辞,所传闻异辞"是其雏形。董仲舒加以发挥,划分春秋十二公为"所见世""所闻世""所传闻世",表明春秋时期二百四十二年不是铁板一块,或凝固不变,而是可按一定标准划分为不同的阶段。何休注《公羊传》,更糅合了《礼记·礼运》关于大同、小康的描绘,发展成为具有一定系统性的"三世说"历史哲学,论证历史是进化的,变易和变革是历史的普遍法则。(三)解释性。公羊学专门阐发"微言大义",可以根据现实的需要,对《春秋》之义加以解释或比附,以这种解释经义的方式发挥自己的政治见解,在时代激烈变动之际更便于容纳新思想。然则,自东汉以后,封建社会结构趋于稳定,主张"尊古"的古文经学更适于作为政治指导思想,取代了主张"改制""变易"的今文学说的尊崇地位。今文公羊学说从此消沉一千余年,迄清中叶方被重新提起。庄存与在乾隆年间著成《春秋正辞》,他首先重新提起公羊学说,才引起此后学者的注意,但他对于公羊学"议政"和"变易"的实质却并不理解。其弟子孔广森著有《公羊通义》,但是混淆了今古文家法。至嘉庆年间刘逢禄著成《春秋公羊何氏释例》等一系列著作,为公羊学说张大旗帜,又经他的奖掖、培养,龚、魏成为清代公羊学的两名健将,才导致公羊学说在历史上再一次盛行于世。

龚自珍目睹清朝统治急剧衰落,深感社会矛盾深重、危机四伏,故用公羊学说唤醒世人,倡导变革。他对于公羊三世说哲学体系实行革命性改造,论证封建统治的演变规律为"治世——衰世——乱世",他说:"吾闻深于《春秋》者,其论史也,曰:书契以降,世有三等。……治世为一等,乱世为一等,衰世别为一等。"大声疾呼衰世已经到来,"乱亦竟不远矣"。① 从此,公羊学说同晚清社会的脉搏相合拍,成为鼓吹变革、呼吁救亡图强的有力的哲学思想武器。龚氏还有一系列重要政论,有力地论证:"自古及今,法无不改,势无不积,事例无不变迁,风气无不移易。"② 并且警告统治者,不改革将自取灭亡。他又形象地用"早时""午时""昏时"来描述三世:日之早时,"照耀人之新沐濯,沧沧凉凉","吸引清气,宜君宜王",这时统治集团处于上升阶段;日之午时,"炎炎其光,五色文明,吸饮和气,宜君宜王",统治集团还能控制局面;到了昏时,"日之将夕,悲风骤至,人思灯烛,惨惨目光,吸饮莫(暮)气,与梦为邻","不闻余言,但闻鼾声,夜之漫漫,鹖旦不鸣",统治集团已到了日暮途穷的境地!预言"山中之民,有大音声起",大变动就要发生了!③ 跟古文学派一向宣扬三代是太平盛世,统治秩序天经地义、永恒不变的僵死教条相比,龚自珍所阐发的公羊三世哲学观点,新鲜活泼,容易触发人们对现实的感受,启发人们警醒起来投身于改革的事业。

魏源著有今文经学著作多种,其著述宗旨,是为了推动学术思潮由考证向重视发挥"微言大义"的今文学转变,"由典章制度以进于西汉微言大义"。其《诗古微》《书古微》两书,以具有扎实文献功底和新鲜敏锐见解的专门著作,作为学术论争中发动攻势的手段,进一步动摇古文学派的正统地位。把今文经学复兴推向更多的儒家经典的范围,大大壮大了今文学的声势,遂掀

---

① 《龚自珍全集》第一辑《乙丙之际箸议第九》。
② 《龚自珍全集》第五辑《上大学士书》。
③ 《龚自珍全集》第一辑《尊隐》。

起清代学术思想变革的新高潮。在鸦片战争前,魏源同龚自珍一样,以公羊学说论述"变革""除弊"的思想,他有"变古愈尽,便民愈甚"的名言。① 鸦片战争发生后,他进而运用公羊哲学思想观察西方列强入侵使中华民族生存面临严重危机的新局势,明确提出"师夷长技以制夷"的主张。在《海国图志》中,他用"天地气运之变"来概括东西方先进与落后地位转变的空前大变局,说:"地气天时变,则史例亦随世而变。"② 因此,他在大力呼吁同仇敌忾抗击侵略的同时,倡导了解外国,学习外国技术,并主张发展民用工业。对于北美民主政体他表示衷心向往,说:"其章程可垂奕世而无弊。"并再次用气运说来表达他的预见:"岂天地气运,自西北而东南,将中外一家欤!"③ 预见西方民主政治也终将在东方实行,取代封建专制,中西制度、文化有可能沟通、融合。他的大胆言论,正预示着近代历史的发展方向。因此梁启超作为近代维新运动领袖人物,曾一再畅论龚、魏推动晚清思想解放的首创性贡献。

"任何真正的哲学都是自己时代的精神上的精华。"④ 龚自珍和魏源对公羊学说的革命性改造,代表着中华民族先进人物处于民族危机时代观察国家命运和挽救危亡的哲学探求。他们大大地推进了公羊学说,使之适应现实的需要,标志着中国传统哲学思想发展到了新的阶段,并揭开了近代思想的序幕。龚、魏的哲学思想和学术成就,不愧是嘉道时代精神的代表。我们民族的精神,也因此提高到新的高度。

---

① 《魏源集·默觚下·治篇五》。
② 《海国图志》卷五《叙东南洋》。
③ 《海国图志后叙》。
④ 马克思:《〈科隆日报〉第179号的社论》,《马克思恩格斯全集》第一卷,人民出版社1995年版。

黄遵宪的近代开放意识

19世纪后半期,是中国历史上苦难与奋斗、屈辱与希望交织的年代。中华民族的命运,正处于危机日重而又兴起了新的思潮、走向新的探索的关键时刻;就文化关系说,则是东西方文化进一步撞击的时期。在这样不平常的年代,有一位粤东人,从嘉应州出发,经由"万竹潇潇俯碧流"① 的韩江,经由海滨重镇潮州、汕头,来到省城、京都,搏击时代风云,走向了世界。故乡粤东的山水风情,像母亲的乳汁滋养了他,使他具有可贵的进取精神、高昂的爱国热情和坚韧刚强的性格。他在时代大潮中经受了磨炼,终于成为近代杰出的政治思想家,维新运动的名人和"诗界革命"的旗帜,尤其在向西方学习、推进中国近代化的历史潮流中体现出时代的智慧。——他,就是近代史上著名爱国者黄遵宪。

---

① 《人境庐诗草》卷五《夜泊高陂其地多竹》。

一、自大拒外与开放进取的冲突

黄遵宪（1848—1905）活动的年代，了解外国、学习西方的进步思潮是同竭力主张保守拒外的蒙昧主义严重地相对立的，评价黄遵宪的思想，首先必须放在这种对立冲突的背景下来考察。

中国古代文化的高度发展和两千年封建主义的统治，给近代的中国人留下了双重性的历史遗产。一方面，有中华民族强大的凝聚力、自强不息的精神，传统文化中的人民性、民主性精华，这是历史文化遗产中的积极部分；另一方面，封建时代落后的保守主义，由于长期处于东方世界发展的高峰，习惯于以"天朝上国"自居，一向视外国为"夷狄""化外之民"，形成了极其顽固的自大拒外意识，这又是历史文化遗产中的消极部分。前者使我们在近代危机环境中孕育着自我更新和进取意识，不断探索民族振兴的道路；而后者则使我们民族背负沉重的包袱，在迈向近代化过程中举步维艰，由于落后挨打，而付出惨重的代价。保守拒外意识，又跟统治集团掌握的权力相结合，因而使认识世界的新思潮受到重压。这种社会文化背景决定了近代史上倡导学习西方的先进人物，更需具有过人的胆识和黄遵宪诗中所抒发的"剖胸倾热血"[①]的献身精神。

时代赋予先进的中国人的责任，就是冲破闭关自守的蒙昧状态，树立开放意识，了解世界潮流，学习外国长处。由于志士仁人们的努力，在19世纪末终于掀起了要求走日本式道路、学习西方的维新改革高潮，形成近代史上第一次思想解放运动。黄遵宪以自己的认识和实践推动这一潮流前进，他撰写《日本杂事诗》《日本国志》，大力介绍外国情况，打开观察世界潮流的窗口，并在回国之后积极投身于戊戌维新运动，实践他书中学习西方、实行改革的主张。此后因维新运动失败，形势急剧变化，当

---

① 《人境庐诗草》卷八《支离》。

年主张输入西方新学的人物思想明显后退,也主张"一意保守"。黄遵宪却保持前后一贯的主张,以鲜明的态度批评保守倾向,大声疾呼:"大开门户,容纳新学。"黄遵宪学习外国、对外开放的主张,在当时代表了民族文化的精华部分,推动了时代前进,在今天也仍是一份值得珍视的思想遗产。

二、山川毓秀　英才初露

黄遵宪在未出国之前,就表现出强烈的进取精神,并初步形成了对办理涉外事务(当时称为"时务")的浓厚兴趣,甚至在一些问题上已能提出相当卓越的见解。是岭南的地理、社会条件,哺育出这样一位英才。

近代的广东,最早遭受西方国家侵略,广州又最早辟为通商口岸,香港在割让以后则成为英国在广东活动的据点。因而广东地区既是近代国内阶级矛盾与对外民族矛盾交错的地方,较之内地更加激烈复杂,同时也最早受到资本主义经济、文化的影响。因此近代向西方学习的先进人物,如洪秀全、康有为、梁启超、黄遵宪、孙中山等人都出现在广东,并不是偶然的。黄遵宪出生的第三年(1851)爆发了太平天国起义。他十八岁时,太平军的一支攻到嘉庆地区,黄家先人以开当铺为生,在当时属中产人家,此时从三河坝乘船,南下潮州避难。这次经历,使黄遵宪从青年时代就感到社会的动荡。此后他对时代的变动就更有深切的体验。

列在《人境庐诗草》开篇的《感怀》诗即为黄遵宪十九岁时所作,它突出地表明青年诗人对于社会和文化问题具有超越常人的开阔眼光和进取精神。诗中辛辣地讽刺封建时代儒生们的保守意识,他们嗜古成癖,企图模拟古人"车战""井田"的办法,以恢复"三代"盛世。他们不明白古今时势已根本不同,完全徒劳和迂腐可笑。黄遵宪却要求"识时贵知今,通情贵阅世",以挽救时弊。因此,他对清代盛行的宋明理学、八股文章和考据学风都持严厉批评的态度:"宋儒千载后,勃窣探理窟。自诩不传学,乃剽思孟说。讲道稍僻违,论事颇迂阔。万头趋科名,一意相媚悦。""区区汉宋学,乌足尊圣哲。"①

《感怀》诗表明青年黄遵宪的思想具有两大特点:一是强烈的进取精神,胸怀匡时救世的宏大抱负,所以要不断地探索新事物,研究新问题。二是具有进化的历史观点,反对倒退,相信时代不断进步,要争取国家和民族光明的前途。这两项,已经显示了黄遵宪未来的思想路径,当时代潮流把他带到更加广阔的天地,他的思想将会随之前进。他二十一岁时又写有一首《杂感》诗,同样鲜明地批判俗儒墨守旧规的陋习,表达社会生活和诗歌创作后代胜前代的历史进化观点。

青年黄遵宪何以具有开阔的视野和非凡的见识,这是很值得深入探讨的问题。实际上,这些观点的形成有着深刻的时代原因和社会原因。近代的岭南地区,社会变动的节奏是大大加快了。另一个重要的原因是,黄遵宪从小受到客家文化的熏陶。客家人迁居闽粤以后,在艰苦环境中磨炼成勇于开拓创业的传统,具有坚韧不拔的精神,客家社会的中心地嘉应州,一代一代的客家同胞由此出发远赴外地、外洋拓殖谋生,并且形成了独具特色的客家地区文化传统和习俗。嘉应乡间又长期流行有客家山歌,由于无数民间作者的浇灌,培育出这朵洋溢着乡土气息和生活情趣的民间文学的奇花。人民的智慧和感情,是黄遵宪从小吮吸的精神营养,所以直至他旅居国外多年,成为晚清著名的外交官和诗坛巨子之后,却仍然为总结客家民间传统而倾注着深厚的感情。他的思想深深扎根于生活之中,因而才有如此蓬勃的创造活力。

青年黄遵宪开放意识的形成,还由于获得重要的机遇。他因赴考来到省城广州,游历了香港,看到了更加广阔的天地。黄遵宪二十岁和二十三岁时(1867年和1870年),曾两次到广州应本省考试,结果均落榜。这对他产生两方面的影响。一是因亲身体验到八股考试制度的腐败,促进他萌生变革现实的意识。1868年

---

① 《人境庐诗草》卷一《感怀》。

所写《杂感》诗中对科举制度作了猛烈的抨击:"老死不知悔,精力疲丹铅。""束发受书始,即已缚杻械。"① 并且迸发出"谁能出尘世,一脱束缚苦"② 的愤怒呼喊。黄遵宪认清了科举制度违反人类正常理性的本质,认清了统治者以此让"英雄尽入彀"③ 的真正目的,这对于他以后追求进步的制度、文化当然有积极的意义。

二是黄氏于1870年再次到广州赴试时,归途中经过香港作了逗留,由香港岛的位置、历史和现状而触发了深刻的感受。他见到满眼高鼻虬髯的洋人,富丽堂皇的宫殿,见到英国人修建的炮台直逼我国河山,抚今追昔,使他清楚地看到西方列强的侵略对我民族生存的严重威胁。他写下了组诗《香港感怀十首》,云:"岂欲珠崖弃,其如城下盟。帆樯通万国,壁垒逼三城。虎穴人雄据,鸿沟界未明。传闻哀痛诏,犹洒泪纵横。""方丈三神地,诸侯百里封。居然成重镇,高垒矗狼烽!"祖国领土被西方殖民者盘踞,成为侵略中国的据点,使他感到无比愤慨!另一方面,他又敏锐地认识到资本主义文明的发达,感叹它优越于封建制度:"火树银花耀,毡衣绣缕铺。五丁开凿后,欲界亦仙都。""流水游龙外,平波又画桡。佛犹夸国乐,奴亦挟天骄。御气毬千尺,驰风马百骁。街弹巡赤棒,独少市声嚣。""飞轮齐鼓浪,祝炮日鸣雷。中外通喉舌,横纵积货财。""博物张华志,千间广厦开。摩挲铜狄在,怅望宝山回。大鸟如人立,长鲸跋浪来。官山还府海,人力信雄哉!"④ 这些诗句形象地写出西方制度下香港的繁华,治安的良好,交通信息的便利,贸易的兴盛和文化的发达。说明黄遵宪从青年时代起就独具一种开放的眼光,注重研究和善于考察新鲜事物,憎恨外国侵略的感情并没有挡住他的视线,这是近代中国人最为迫切需要的态度和识力。香港之行对于黄遵宪的最大意义是:他在陌生的西方文明面前,敏锐地看到它

---

① 《人境庐诗草》卷一《杂感》。
② 《人境庐诗草》卷一《游丰湖》。
③ 《人境庐诗草》卷一《杂感》。
④ 《人境庐诗草》卷一《香港感怀十首》。

具有先进性和侵略性两重性质,以后他对外国的考察即沿着这一认识路线继续发展。此年发生了天津教案,黄遵宪利用到省城之便,阅读了有关天津教案的邸抄及《万国公报》,阅读了上海江南制造局所译西学著作。他的视野确实已扩大到涉外事件和外国知识,被人们称为"留心时务"。青年黄遵宪已做好了走出国门的准备。

1877年,黄遵宪随首任驻日本大使东渡日本,成为他人生道路的转折点。而他能获得这一重要机会,实又同粤东同乡对他的器重提携很有关系,帮助他进入外交界的官员何如璋、丁日昌,就是黄氏同乡前辈。

何如璋(1838—1891)字子峨,粤东大埔人,是黄遵宪父亲黄鸿藻(曾任户部主事)的朋友。何氏为同治七年(1868)进士,入翰林院,以庶吉士任编修。他早年喜桐城古文,后转而"究心时务",经常往来天津、上海,向当地传教士了解西方知识。尝谒李鸿章,李见而异之,退而语人曰:"不意翰林馆中亦有通晓洋务者。"1877年,由于李鸿章的推荐,清政府决定派何如璋为驻日使臣,而他早就闻知遵宪通达时务,因而邀之同行。何出使时期也注重对日本史地、政事、风俗的观察和记述,撰有《使东纪路》和《使东杂咏》,是研究日本的早期著作,对黄遵宪撰《日本国志》起到开先路的作用。

丁日昌(1823—1882)是黄遵宪在赴日本前一年北上天津时结识的。丁日昌为粤东丰顺人,当时因参加李鸿章与英使威妥玛谈判马嘉理案之事,正在天津。丁氏任江苏巡抚,平时注重奖引人才,此番遇到黄遵宪这位从家乡北上应试的青年学子,倍感亲切,他发现黄遵宪具有"究心时局"的非凡见识,深表嘉许。年底,丁日昌被委任为福建巡抚,便欲延黄遵宪至其幕下。因黄遵宪欲参加顺天乡试而未果。但丁氏的器重却引起了当日办外交、洋务的官员们对黄遵宪的注目,因而也成为黄遵宪步入外交界的有利因素。后来王韬为黄遵宪《日本杂事诗》作序,特别记载了丁、黄二人的这段交往。

三、"吟到中华以外天"

中日两国是一衣带水的近邻,但当 1877 年秋黄遵宪到达日本时,所见到的却是预想不到的另一番社会景象。当时正值明治维新变革进入关键阶段。"改从西法,计日程功",新事物新思想纷至沓来。黄遵宪的认识也经历了深刻的变化,可以说他是连过了三"关",才接受了明治维新的价值观念。一是去掉初到日本时以"天朝"使者自居的架子,与日本各阶层人士广交朋友,虚心体察一向被视为东海"蕞尔小国"的日本所出现的新事物。二是摆脱日本保守派人物的包围影响。初到时,不少日本旧派学者经常同他往来,他们对改从西法有诸多不满,黄遵宪却不去附和他们,而相信自己亲见的事实,成为明治维新的热情支持者。三是过民权学说关。明治十二三年,日本维新派大力倡导民权学说,这对黄遵宪这样的生活在中国专制政体下、习惯于"奉皇帝若天神、视平民如草芥"的传统观念的中国官员来说,无疑是一大冲击,所以他"初闻颇惊怪"。但黄遵宪没有盲目排拒,相反,他借来卢梭、孟德斯鸠的著作阅读,并且信服他们学说的原理,"心志为之一变,以谓太平世必在民主"。① 因此,在驻日使馆参赞任上是黄遵宪观察世界的重要时期,他的思想产生了质的飞跃。这一巨大进步反映在他所写《日本杂事诗》和《日本国志》一书初稿上。"草完明治维新史,吟到中华以外天。"② 二者堪称姐妹之作,一以诗、一以史的形式,共同表达对日本走维新道路和对世界潮流的看法。

《日本杂事诗》所咏甚广,包括日本历史、地理、风景、物产、文学、服饰、技艺、习俗等方面,具有独到的视角和细腻的笔触,故日本友人也极赞赏。其中最具有价值的自然是对明治新

---

① 黄遵宪 1902 年五月致梁启超信,见丁文江、赵丰田编《梁启超年谱长编》,第 290 页。
② 《人境庐诗草》卷四《奉命为美国三富兰西士果总领事留别日本诸君子》。

政、改学西法的肯定,黄遵宪以诗记事,又衍为小注,互相配合,他所表达的主张更加清晰具体。这部诗集于 1879 年送呈总理衙门后付样,王韬又在香港循环报馆刊行,所以起到较为及时地向国内传递日本维新变法信息的作用。他对日本社会最重大的变动——推翻幕府和改从西法给以热情赞扬:"剑光重拂镜新磨,六百年来返太阿。方戴上枝归一日,纷纷民又唱共和。"并加小注云:"明治元年,德川氏废,王政始复古。伟矣哉中兴之功也!而近来西学大行,乃有倡美利坚合众国民权自由之说者。"又赞美废除专制、设立议会:"议员初撰欣登席,元老相从偶踦间。岂是诸公甘仗马?朝廷无阙谏无书。"并在小注中说明,议会的开设"固因民之所欲而为之"。

《日本杂事诗》还具体反映出明治维新制度上的改革和大量新生事物的涌现,如警察制度、西法练兵、产业发展等。黄遵宪很重视设立警察制度,有效地维持社会治安,诗云:"花棒横持当佩刀,严装竟日彻通宵。烛龙报道人家火,楼上悬钟早乱敲。"诗中还有多首反映日本实行"文明开化"、开办新式学校、改革学制和教学内容、派遣留学生、发行新闻纸、兴办博物馆等等新事物,同样使人对日本取得巨大进步产生强烈印象。

四、探求万国强盛之路

《日本国志》是黄遵宪最重要的著作。黄遵宪在驻日本使馆参赞任上完成了初稿,此后他即调任驻美国旧金山总领事,在西方"泱泱大国"对资本主义制度作直接观察,至 1885 年秋辞任回国,在嘉应故居"闭门发箧,重事编纂",又历二年修订而成。因此这部书综合了他记述日本改从西法和在美国直接考察西方文化二者的成果,总结了他探求万国强盛之路的看法。他在著述《凡例》中明确说:"今所撰录,……凡牵涉西法,尤加详备,期适用也。""西法"就是当时新兴的资本主义制度。他所写《〈日本国志〉书成志感》诗云:"湖海归来气未除,忧天热血几时摅?

《千秋鉴》借《吾妻镜》,四壁图悬人境庐。改制世方尊白统,《罪言》我窃比《黄书》。频年风雨鸡鸣夕,洒泪挑灯自卷舒。"① 抒发他满怀爱国热忱,要借介绍日本由弱变强的经验,介绍他多年来旅居"湖海"观察到的世界潮流,寻找一条挽救危亡、实现民族振兴的道路,所以要寓意深刻地把这部史书比作王夫之的政论。

黄遵宪在书中以日本和欧美各国的大量事实,雄辩地证明:万国强盛之路主要靠两条,一是废除封建专制,建立民主制度;二是通过竞争,大力发展资本主义。在十九世纪八九十年代,这些主张正代表着中国反封建的进步思想。因此这部书在中国近代思想史上的价值,实应引起我们的足够重视。

黄遵宪认为日本的最大变局是,反动的幕府专制统治被推翻,贵族特权被废除,走上了议会民主制道路。书中对此有明确的概括:"日本今日之兴,始仆幕府,终立国会,固天时人事,相生相激,相摩相荡,而后成此局也。"② 他指出,德川幕府的专制统治,造成"民心积厌,外侮纷乘,内讧交作"③。他激烈地抨击封建专制在政治上、经济上、法律上对平民的残酷压制,造成"尊卑之分,上下悬绝","并无颁行一定之律,……上之于下,压制极矣"!④ 由于爱国志士乘时奋起,推翻幕府专制,"卒以成王政复古之功,国家维新之治,蒙泉剥果,勃然复兴"⑤。而平民参政,又是推动日本社会前进的关键。平民出身、具有高尚爱国心和进步眼光的人物擢居要职,"以西乡、木户、板垣、大隈为参议,大久保为大藏卿。故家世族束之高阁,居要路者多新进平民,益奋袂攘臂,以图事功,而维新之规模益拓矣"⑥。对于地方议会的加快实行也表示赞赏:"府县会议之制,仿于泰西,以公国是而伸民权,意甚美也。……是制之建,人人皆谓政出于民,

---

① 《人境庐诗草》卷五《〈日本国志〉书成志感》。
② 《日本国志》卷三《国统志三》。
③ 《日本国志》卷一《国统志一》。
④ 《日本国志》卷三《国统志三》。
⑤ 《日本国志》卷一《国统志一》。
⑥ 《日本国志》卷三《国统志三》。

于地方情弊宜，莫不洞悉。坐而言，起而行，必有大可观者。"①并认为中国应予效法，"通民情，图公益"，以"变官吏专制之治"。② 这些论述，表明他明确要求走废除专制、伸张民权、实行议会制度的道路。由于他又曾在北美大陆亲身考察，深信这种制度比起封建专制是巨大的进步。他对西方议会民主描述说："其国大政事、大征伐，皆举国会议，询谋佥同而后行。其荐贤授能，拜爵叙官。皆以公选。……而君臣上下，无甚差别，相维相系，而民气易固。"③ 这是他把民主制度的优越性与封建专制造成的"上下悬绝""压制极矣"的极端不合理性相对比而得出的结论。由于黄遵宪对于两种社会制度已经达到本质性的认识，所以终其一生，对于封建专制必将被废除的历史趋势始终不曾动摇，直到他去世前的最后一首诗，仍然预言："人言廿世纪，无复容帝制。举世趋大同，度势有必至。"④

书中论述资本主义经济上的先进性，对于中国人认识世界潮流也具有极大意义。黄遵宪论述日本实行资本主义生产方式，大大增强了国力，使这个一向落后的海岛小国，已行将跨进强国的行列。他详尽地介绍日本发展产业的种种措施，包括开矿山，修铁路，开办小型国有企业，大力引进外国的新技术新品种，设行业联合会，增强对外竞争力量，实行关税保护，鼓励商品输出，等等。⑤ 这些措施当时在日本也是前所未有的新鲜事物，黄遵宪却十分敏锐地加以总结，并向国内传播，实有重大的意义。日本的办法又是从西方学来的。书中描绘出西方各国大力发展资本主义经济的图画："今海外各国，汲汲求富，君臣上下，并力一心，期所以繁殖物产。""其在国中也，则日讨国人，朝夕申儆，教以务财、力农、蓄工。于己所有者，设法以护之，加意以精之。于己所无者，移种以植之，如法以效之。""其竭志尽力，与邻国争

---

① 《日本国志》卷十四《职官志二》。
② 《日本国志》卷三《国统志三》。
③ 《日本国志》卷三十二《学术志一》。
④ 《人境庐诗草》卷十一《病中纪梦述寄梁任父》。
⑤ 参见拙作《简论〈日本国志〉的时代价值》，《北京师范大学学报》1988年第6期。

竞，则有甲弛乙张，此起彼仆者。其微析于秋毫，其末甚于锥刀，其相顷相轧之甚，其间不能以容发。"① 这些论述高屋建瓴，中肯地概括了西方各国把发展经济作为根本国策，举国上下精心研求促使技术进步的共同特点。书中还强调各国政府奖励本国商人联合起来对外竞争的做法，并认为"世间力之最巨者莫如联合力"②，这种认识可以说已经接触到资本主义生产社会化的趋势。

那么，当时中国要摆脱积弱的局面，就必须走上述各国强盛之路。而最紧迫的问题，是要彻底抛弃以"天朝上国"自居的虚幻世界，彻底抛弃"用夏变夷"的迂腐偏见，以清醒的态度对待现实的世界。他指出："弓矢不可敌大炮，桨橹不可敌轮舶，恶西法者，亦当知之。"西方国家在技术上、文化上远居先进地位是客观事实，可是守旧派却抱着陈腐的偏见，"恶其异类"，"以通其艺为辱，效其法为耻，何其隘也"！这完全是自欺欺人！他一针见血地指出守旧派的病根是"特未知今日时势之不同，古人'用夏变夷'之说深入于中"！如今该赶快猛醒，采取"互相师法"的开放、学习态度。日本的迅速进步，即由于大开外交发愤学习西方。近代西方各国更重视互相交流、学习，"泰西诸国以互相师法，而臻于日盛"。③ 世界的潮流，就是"互相师法，日新月异，变而愈上"④。中国必须抛弃"用夏变夷"的偏见，转为"效之法之"，才能"收效无穷"，赶上西方，并且达到"远驾其上"的目的。书中还涉及转变价值观念的一系列问题，包括抛弃"足己自封"的保守意识，提倡"竞事外交"的开放态度；抛弃"讳言兴利"的陋习，讲求"理财之法"；反对"喜谈空理"，提倡"注重实学"。不过，黄遵宪对西方文明并非一味颂扬，他清醒地论述西方强烈的侵略性，论述美国民主造成两党互相攻讦的丑剧，即是明证。

黄遵宪对《日本国志》的价值有充分的自信。1887年书成之

---

① 均见《日本国志》卷三十八《物产志一》。
② 《日本国志》卷三十七《礼俗志四》。
③ 《日本国志》卷三十二《学术志一》。
④ 《日本国志》卷四十《工艺志》。

后即誊抄送总理各国事务衙门，冀图用书中"志在变法"的思想去影响清朝当局，为他们提供决策的依据。可是毫无回音。1890年，《日本国志》在广州富文斋付刊，至1895年底刊成。经过甲午战争，老大的清政府被它一向看不起的弹丸小国日本打得惨败，割让辽东、台湾、澎湖，赔款白银二万万两，在全国一片公愤中，《日本国志》的价值被大家看清楚了：原来书中所记日本经维新而崛起、预见日本争霸亚洲、主张学习西方变法图强，这一切与国家大局竟有这样密切的关系！难怪1895年秋，总理各国事务衙门章京袁昶从北京到江宁见张之洞，迢迢几千里，行箧中却带着《日本国志》。袁昶见到刚从新加坡总领事任上奉诏回国的黄遵宪，大为感慨，说："此书早流布，省币二万万两！"这反映了当时朝士的看法。维新志士梁启超则为《日本国志》写了后序，高度评价此书内容的重要和预见的卓越，说：日本在二十年间由弱变强，"一举而夺琉球，再举而割台湾。此土学子，鼾睡未起，睹此异状，挢口结舌，莫知其由"。"乃今知日本之所以强，赖黄子也！""其言，十年以前之言也，其于今日之事，若烛照而数计也。"因此，他断言："孟子不云乎：'有王者起，必来取法。'斯书乎岂可以'史乎、史乎'目之乎！"这是认为本书可做变法维新的教科书。梁氏所言并非溢美之词。

《日本国志》确实在戊戌变法中产生了引人注目的直接影响，黄遵宪本人也实践了他在书中的主张，成为维新运动的核心人物之一。1897年，光绪帝师傅翁同龢（户部尚书）读了《日本国志》，欣赏黄遵宪的才识，让他补为湖南长宝盐法道。至长沙后，署湖南按察使，"与陈宝箴力行新政，督理学堂，开办警察署，凡湖南一切新政，皆赖其力"①。湖南当时成为全国最有生气的省份，黄遵宪出力甚大。顽固派攻击他："自黄公度观察来而有主张民权之说"，"我省民心，顿为一变"。② 此时光绪帝面临最后下决心变法和筹谋变法具体步骤的关键时刻。据翁同龢日记和

---

① 梁启超：《戊戌政变记》，《饮冰室合集》专集之一，第90页。
② 苏舆：《岳麓书院宾凤阳等上王益吾院长书》，《翼教丛编》卷五。

《人境庐诗草》卷九、《己亥杂诗》所载,当时光绪帝急切地向翁同龢索取《日本国志》,因翁一时未备而"颇致诘难",后翁送上一部了,光绪又再要第二部。四月,侍读学士徐致靖奏《密保人才折》,保荐康有为、黄遵宪等人,称黄遵宪"于各国政治之本原,无不穷究,器识远大",所指的就是《日本国志》中有大量关于西方制度的论述,又称他"近在湖南办理时务学堂、课吏局、保卫局等,规模宏远,成效显著"。百日维新中,光绪帝陆续颁行的各项新政上谕固然主要是采纳康有为历陈的建议,而上谕中不少改革措施,如:命各部删去旧例、令定简明则例,选宗室王公游历各国,饬户部编列预算,命各省设商务局,命地方官振兴农业、试办机器,兴办农务局、农会,分设丝茶公司,振兴工艺、开矿、修铁路、置邮政等,则又明显地反映出《日本国志》中明治新政与黄遵宪议论的影响。六月,朝廷中帝党与后党斗争更激烈,光绪帝特命黄遵宪为出使日本大臣,"三诏敦促",谕旨中称"无论行抵何处,着张之洞、陈宝箴传令攒程迅速来京",急切之情溢于言表。时值黄遵宪因病滞留上海,未几而政变发生,六君子被害,康、梁逃到国外,黄遵宪也被革职回乡。他多年冀求的维新变法,由于那拉氏、载漪、荣禄为代表的极端仇恨社会进步事业的顽固派的绞杀迅速失败了。诚然,戊戌维新的失败证明改良的道路在中国行不通。但是,历史已经证明,戊戌变法运动所掀起的思想解放潮流是不可阻挡的。而黄遵宪《日本国志》一书,也因与这场对中国社会进程产生巨大推动作用的维新运动有如此的直接联系而辉耀史册。

五、开放意识与爱国思想

《日本国志》中强烈的开放意识是同黄遵宪炽热的爱国思想密切联系的。近代对外开放意识包含着极为复杂的问题:西方文化的传入与西方列强的大炮是同时出现的;而封建中国的落后局面,又与我们民族文化内在的优良传统交错纠缠。因此,在那个时代，如何做到承认中国落后、倡导学习西方的同时，又能保持着民族自强的信心，就需要有非凡的见识。黄遵宪正是在提倡开放意识而又坚持爱国立场的问题上，表明他比同时代的许多人站得更高。

黄遵宪在大力吸收外国先进文化的同时，又重视把祖国优秀文化遗产介绍到国外。他向日本友人介绍我国杰出的古典小说《红楼梦》，见解极为精辟："《红楼梦》乃开天辟地，从古到今第一部好小说，当与日月争光，万古不磨者，恨贵邦人不通中语，不能尽得其妙也。""论其文章，直与《左》《国》《史》《汉》并妙。"① 并将《红楼梦》亲自圈点后送给日本友人。他的评价今天看来仍不失其价值。

黄遵宪作为外交官，一贯重视保护华侨利益。他把海外侨民看作中华民族的一部分，认为维护侨胞利益是国家和官员不可推诿的职责。海外侨胞受辱，使他感到悲愤焦急。在美国，他挺身而出与种族主义者制造排华事件作斗争，面对疯狂分子手枪威胁也毫不畏惧。所以1950年美国爱国华侨领袖司徒美堂回国时，特别称赞黄遵宪是清末外交官中难得的爱护华侨的人物。

黄遵宪抵美时，正值当地发生排华事件。美国官吏又以华侨居住狭窄不合卫生为借口，无理关押。黄遵宪亲到监狱中探视被押侨胞，并援引美国法律规定的有关人口居住"方尺空气"的条文为据，反驳美方扣押华侨的口实，使美国官吏无理可据，只好释放华侨，废除条例。他对于华侨在海外艰辛创业有深刻的了解，给以高度评价，认为他们不仅为所在国作贡献，而且支援了祖国。他还一再严词谴责国内有的人把华侨视为"通番"，处处加以防范为难，甚至抢劫华侨财产的恶劣做法。在美期间，清政府发函为上海美商要求在沪用机器制造绸缎销行中国内地一事咨询，黄遵宪明确答复说，国家应扶持民族工商业，绝不能"将权拱手让人"，对美商要求应予拒绝。

直到晚年，黄遵宪仍以他一贯的观点，明确反驳梁启超"壹

---

① 《黄遵宪与日本友人笔谈遗稿》，日本早稻田大学东洋文学研究会1968年版。

意保守"的主张,提出"大开门户,容纳新学",同时促使中西文化趋于融合的卓识。此值1902年,在戊戌政变后被"放归"原籍的黄遵宪,这时才得与逃亡日本的梁启超通信。此时梁启超思想出现反复,主张"壹意保守"。是年秋,他在致黄遵宪信中商讨创办《国学报》,提出"保存国粹"。黄遵宪当即表示反对,复信说:"若中国旧习,病在尊大,病在固蔽,非病在不能保守也。今且大开门户,容纳新学。俟新学盛行,以中国固有之学,互相比校(较),互相竞争,而旧学之真精神乃愈出,真道理乃益明。届时而发挥之,彼新学者或弃或取,或招或拒,或调和或并行,固在我不在人也。国力之弱至于此极,吾非不虑他人之挽而夺之也。吾有所恃,恃四千年之历史,恃四百兆人之语言风俗,恃一圣人及十数明达之学识也。"① 黄遵宪指出中国病在"尊大"与"固蔽",正击中社会落后的要害。对症下药,就必须"大开门户,容纳新学",从学习西方中寻找救国道路。但他同时又对民族前途有坚定的信心,认为中国虽然落后,但中国文化中有值得发扬的"真精神""真道理",中国人民具有民族自立的能力,能够吸收外来文化为我所用。输入西方文化之后,主动权仍在自己,按照适用与否,将之区分和决定取舍。而中西文化经过互相比较、互相竞争,将最终达到二者融合。一个世纪以来的历史反复证明:只有在坚持民族自信、自立的前提下,对外开放,学外国之所长,才能实现民族振兴,这种主张正是闪耀20世纪时代智慧的卓越思想。黄遵宪处在当时思想潮流低落、祖国前途危险的时刻,却以他对中国国情和世界趋向的深刻见解,提出如此充满哲理和富有生命力的论题。我们称誉他的进步思想主张为近代岭南文化的骄傲,黄遵宪确实当之无愧。

---

① 黄遵宪1902年八月致梁启超信,见丁文江、赵丰田编《梁启超年谱长编》,第292—293页。

梁启超与中国史学的近代化

一、"世纪之交"的时代机遇和
中西文化交流的深刻内涵

当 20 世纪曙光初露之际,梁启超发表了著名论文《新史学》,有如中国史学近代化正式发出的一声春雷,由此激起波涛澎湃的新史学思潮,成为 20 世纪初中国思想界关注的中心。历史之所以选择梁启超这位哲人,让他担负史学近代化倡导者的角色,实有其深刻的必然性。——这就是"世纪之交"的时代机遇和中西文化冲突与交流的结果。

这场在当时展开的史学近代化潮流,乃是中国新旧社会势力矛盾冲突在史学领域的反映,梁启超正是处于时代潮流中心的人物。中国史学近代化正式展开之前,曾有过半个多世纪时间的酝酿。近代中国进步力量反抗侵略的斗争和寻求社会改革出路的努力,不断给予史学近代化的酝酿以有力的推动。这是中国史学近代化准备阶段的重要特点。魏源这位爱国者和改革家,在鸦片战争时期所提出的"地气天时变,则史例亦随世而变"①,即传达了时代已出现剧变,历史学也需对古代传统实行变革的重要信息。到了十九世纪七八十年代,王韬和黄遵宪结合自身在欧洲和日本的考察,分别著有《法国志略》(1872)和《日本国志》(1877)。王韬著史的目的,是要介绍"泰西诸国,智术日开,穷性尽理,务以富强其国"的史实,来医治国人"固陋自安"的积弊。②黄遵宪则决心撰成明治维新的历史作为本国的千秋史鉴,尤其明显地要打破国内守旧派"足己自封"的迂腐观念,故称:"今所撰录,皆详今略古,详近略远,凡牵涉西法,尤加详备,期适用也。"③王韬、黄遵宪的史著,都明显反映出中国近代社会进步的时代要求。

梁启超(1873—1929)是戊戌维新运动领袖人物之一,他和康有为一起发动变法,继承了魏源、王韬、黄遵宪这些人物批判封建专制、力倡改革的思想路线。同时,他在学术上有深厚素养,又极其重视史学启导民智、总结治国经验和认识国家积贫积弱根源的社会功用。《变法通议》的重要特点,即广泛引用国内外史实,论证变革是历史的必然,因而风行海内,并产生了巨大的宣传效果。他运用进化论观点总结历史上租税、兵制、选举等项变革。他又论述日本、土耳其、越南等亚洲国家,或变革而存,或不变而亡,以此警告国人,只有决心主动变法,才能免遭吞并或瓜分的惨祸。梁氏所全力从事的是掀起一场变革政治制度、改造中国社会的运动,极为难得的是,他认识到史学在这场改革运动中能起到重要作用。他论述中国旧史和西方近代史学的根本区别:"中国之史,长于言事;西国之史,长于言政。言事者之所重,在一朝一姓兴亡之所由,谓之'君史';言政者之所重,在一城一乡教养之所起,谓之'民史'。"④他把史学提高到治理国家和改造社会之有力工具的高度,对"君史"与"民史"

---

① 《海国图志》卷五《叙东南洋》。
② 王韬:《重订法国志略·序言》。
③ 《日本国志·凡例》。
④ 梁启超:《变法通议》,《饮冰室合集》文集之一,第70页。

作了明确界定，实已蕴含以后《新史学》论述的基本观点。戊戌变法失败后，以西太后为首的顽固派残酷绞杀维新派的惨重教训，更加激起梁氏对封建专制势力的仇恨，同时因流亡日本阅读民权学说著作，他进一步认识到进行思想启蒙、提高民众觉悟、灌输民权意识的重要性。正是从启蒙和救亡的角度，梁启超形成了倡导"史界革命"的强烈意识，自觉担当起史学近代化奠基者的角色，因而慷慨激昂地喊出："呜呼！史界革命不起，则吾国遂不可救。悠悠万事，惟此为大！"① 20 世纪初掀起的中国史学近代化思潮，绝非纯学术性的现象，而是批判专制和救亡图强的政治潮流在史学领域的表现，史学近代化成为这一大潮流的重要组成部分。梁启超本人具有政治家和学者双重身份，正好处在"世纪之交"时代潮流的中心，他成为影响深远的史学近代化的倡导者，实属时势和事理的必然。

再者，20 世纪初年史学近代化的发动，又有中西文化交流的深刻背景。换言之，史学近代化的正式展开，主要是由于大力输入西方进步社会学说而引发的；而中国传统史学之中，又包含有接受这种输入的内在基础和应变能力，两者经过撞击和交流，终于在世纪之初绽开这朵绚丽之花。当时有自觉意识而且有能力催开这一文化交流之花的人物，恰恰也是梁启超。

19 世纪最后三十年，西方文化输入的风气日盛。突出地表现在两个方面：一是译书大量增加。晚清人士邵作舟曾概述当时译书情况："若律令、公法、史记、地舆、算数、器艺之学，大略有之，中国因以知其学问政事。又读日报，而诸国政令条教盛衰大势，小有举动，朝发夕知，非复前日蒙昧之象，可谓盛矣。"②京师同文馆、上海江南制造局翻译有《西国近事汇编》《俄国新志》《法国新志》等外国史书。教会在中国的出版机构广学会，也出版有不少的史书，如《万国通史》《泰西新史揽要》等。据广学会第十一届年会（1898）称：这类书"初印时，人鲜顾问，

---

① 梁启超：《新史学》，《饮冰室合集》文集之九，第 7 页。
② 邵作舟：《邵氏危言》卷下《译书》。见中国史学会编《戊戌变法》（一），上海人民出版社 1957 年版，第 182 页。

往往随处分赠，既而渐有乐购者。近三年内，几于四海风行"①。二是西方进化论学说的传播，这是近代思想史上意义十分重大的事件。道咸以来从技术、知识和制度层面输入西学，是中国人学习西方所必经的阶段；而19世纪末哲理的输入意义更为深远，它为先进的中国人带来崭新的世界观和方法论。严复《天演论》等译著，着眼于中国的国情，对西方进化论学说加以发挥、创造，形成了一套具有强烈警醒作用的世界观、历史观。当时正是甲午战后民族危机空前严重、举国人心激奋、思变思强的时刻，他所传播的"物竞天择，优胜劣败"，弱小民族应该自强保种、奋发自为、掌握自己命运的学说，产生了极大的震撼力量，鼓舞中国人民革新图强、拯救民族危亡的决心和信心。同时，这一具有近代科学实证意义的学说也有力地推进中国史学完成由"传统"向"近代"转型的历史性飞跃。

在通过译书输入西学和传播进化论的时代风气中，梁启超是积极的推动者和热心的实践者。他在1892年撰《读书分月课程》，即专列"西学书"一篇。在《变法通议》中，他呼吁变法维新必须组织人才，大量翻译西书，做到深究西方国家"立法之所自，通变之所由，而合之以吾中国古今政俗之异而会通之，以求其可行"②，认为这在变法事业中同样具有全局性的意义。他编有《西学书目表》《西学丛书》，并痛切地指出："舍西学而言中学者，其中学必为无用；舍中学而言西学者，其西学必为无本。无用无本，皆不足以治天下，虽庠序如林，逢掖如鲫，适以蠹国，无救危亡。方今四彝交侵，中国微矣！数万万之种族，有为奴之恫；三千年之宗教，有坠地之惧。存亡绝续，在此数年，学者不以此自任，则颠覆惨毒，宁有幸乎！"③尽管他此时并未完全摆脱"中体西用"说的影响，但他对传播西方近代学说热心提倡之情跃然纸上。梁启超对于西方进化论更是贪婪地学习、欣然地

---

① 李提摩太撰，蔡尔康译：《中东战纪本末》。见中国史学会编《戊戌变法》（四），第217页。
② 梁启超：《变法通议》，《饮冰室合集》文集之一，第65页。
③ 梁启超：《西学书目表后序》，《饮冰室合集》文集之一，第129页。

接受。在此之前，他曾感到哲学的苦闷，称他与谭嗣同、夏曾佑这些立志改革进取的青年是生活在"学问饥荒"时代，为了讨论哲学问题，冥思苦索，还经常互相激烈辩论，冀图创造一种"不中不西，即中即西"的思想体系。① 读到严复著作后，使他大开眼界。《变法通议》和此后写成的许多在读者中广泛传诵的文章，正是用进化论学说观察国家民族命运而得出的新鲜见解。梁氏对西学的学习和介绍固不免"浅且杂"之讥，但其功绩却是主要的，而且是巨大的。他对西方新鲜、进步的学说感觉锐敏，又有站在变革图强、推动中国社会前进的时代高度，怀着强烈责任感大力传播，以求达到开民智、新民德、兴民权的目的。故以戊戌时期和20世纪初年热情传播西方学说的功绩而论，他不愧为一位杰出的启蒙思想家。②

中国史学近代化的启动，又不是简单地从西方史学"移植"过来的，科学的表述，应是"大力吸收西方进步学说，与中国文化优秀部分相融合的产物"。20世纪初的"新史学"一经提倡，便有中国学者写的、真正称得起植根于本国文化土壤之中的长篇史学论文《论中国学术思想变迁之大势》（梁启超），有新型的通史著作《中国古代史》（夏曾佑），而不是以翻译或照抄外来东西代替自己的创造，便是明证。梁启超具备将西方进步学说与本国历史学的实际相结合的条件。他对传统学术有深厚根柢，本来就是广州学海堂的高才生，熟悉经史，熟悉清代学者治学的成就和方法。他又是晚清具有进步性的公羊学派的重要人物。公羊学有一套"三世说"历史观，是中国本土形成的朴素进化观。康有为、梁启超、夏曾佑等维新派人物，都经由公羊学说而心悦诚服地接受了西方进化论，并用西方近代观点来解释中国历史、政体、学术的变化。还有一点值得注意，梁氏在激烈批判旧史的同时，对于中国史家司马迁等人的成就也明确地予以肯定。

梁启超曾写有著名的诗句："献身甘作万矢的，著论求为百

---

① 梁启超：《清代学术概论》，《饮冰室合集》专集之三十四，第71页。
② 见拙著《中国近代史学的历程》中《梁启超：近代学术文化的开拓者》，第一节"对近代启蒙的贡献"。

世师。誓起民权移旧俗，更研哲理牖新知。"① 当世纪之交，他是处于时代潮流中心的人物，对于输入西方学说大力提倡并身体力行，对传统文化又能加以抉择，做到融合西方近代史学理论和发扬本土学术的优良成果。因而能从批判封建专制、挽救危亡和改造中国社会的高度，揭起"新史学"的旗帜，其影响远达整个20世纪。

二、奠基：理论上廓清之功和全新的研究风格

从20世纪初年至五四运动前夕，是中国史学近代化的正式展开阶段；从五四运动至20世纪40年代，是其壮大和深化的阶段。作为史学近代化倡导者的梁启超，同时又是出色的实践者，被称为"影响最为广泛的现代史林泰斗"②。从宣告新史学时代到来到五四前后，梁启超都有出色的建树。在冲破旧的樊笼和建构新的理论体系方面，都有首创性成就，而且以其过人的勤奋和才华，为史学近代化开拓了诸多领域，撰写有一系列重要论著。因此有充分根据认为：中国近代诸多史学名家中，梁启超与史学近代化的进程关系最大，成就也最为突出。

在史学近代化正式展开阶段，梁启超的主要贡献在于：在理论上对旧史的严重弊病作了有力的廓清，并对建设近代史学的方向提出了初步的设想；在研究实践上，他对如何摆脱长久沿袭的旧格局、开创近代式的学术研究，作出了成功的示范。

作为20世纪史学近代化独领风骚之作的《新史学》，撰写于1902年。它的准备是梁氏撰于1901年的《中国史叙论》。这两篇名文，都是跨入20世纪之时来势迅猛的批判封建专制、呼唤爱国救亡的进步潮流的产物。关于《中国史叙论》中论述地理条件对中国历史的影响，古代民族都不是单纯血统，而由长期混合形

---

① 丁文江、赵丰田：《梁启超年谱长编》1901年条，第267页。
② 许冠三：《新史学九十年》卷一"史学新义"，香港中文大学出版社1986年版。

成,划分中国历史为上世史、中世史和近世史三大段,以及《新史学》对封建旧史的猛烈批判等卓识,这里都不必赘述。笔者认为,需要深入探讨的是,《新史学》对于史学近代化进程所具有的理论奠基意义。

梁启超之所以居高临下地对旧史作批判性的总结,其理论基石是国民意识和进化观念。这样的认识高度,恰恰是由于戊戌变法失败后进步社会力量要求推翻帝制,最终实现民主的时代潮流,和《天演论》传播的推进而达到的。《新史学》开宗明义标明史学的地位和作用,认为史学应是"学问之最博大而最切要"的一门,是"国民之明镜","爱国心之源泉"。而造成旧史陈腐落后的根源,正在于完全违背国民意识和进化观念:"盖从来作史者,皆为朝廷上之君若臣而作,曾无有一书为国民而作者也。""夫所贵乎史者,贵其能叙一群人相交涉、相竞争、相团结之道,能述一群人所以休养生息、同体进化之状",旧史却"未闻有一人之眼光,能见及此者",由此而造成"知有朝廷而不知有国家"等严重弊病。梁启超对千百年来封建思想窒碍了史家创造性的发展深恶痛绝,他认为过去称得上具有创造性的史家,只有司马迁等数人。而其他众多史家,则墨守成规,不求创新变通:"《史记》以后,而二十一部,皆刻画《史记》;《通典》以后,而八部,皆摹仿《通典》,何其奴隶性至于此甚耶!若琴瑟之专壹,谁能听之?以故每一读辄惟恐卧,而思想所以不进也。"再如朱熹《通鉴纲目》,则在褒贬书法上舞文弄墨,"自欺欺人"。《通鉴》旧时称"别择最称精善",但由于其出发点是为帝王"资治",备君王之浏览,故拿近代眼光看,"其有用者,亦不过十之二三耳"。旧史家因袭成性之形成,除了由于专制君主迫害,使作史者唯恐触犯忌讳外,即因为国民意识的不发达,以致"认历史为朝廷所专有物,舍朝廷外无可记载"。旧史家不懂得史学的可贵乃在于通过叙述人群的进化,培养民众爱群善群之心、进取意识和爱国精神。他们不去思考历史事件造成何种影响,不探究事物间的因果联系。尤其将人物与时代之间的主从关系颠倒过来,不明白人物只能作时代的代表,却反过来把时代作为人物的附庸。结果,旧时代的正史便成为人物传的汇集,甚至人至上千,卷次数百,"虽尽读全史,而曾无有足以激厉其爱国之心,团结其合群之力,以应今日之时势而立于万国者"。故中国史学"外貌虽极发达,而不能如欧美各国民之实受其益也"。梁氏对旧史的批评确实攻势凌厉,具有廓清摧陷之功,这是因为他的批判集中到旧史即"君史"这一根本问题,痛陈其奴化国民思想、阻挡时代潮流的危害,而以"民史"即写出民族群体之兴衰这一崭新价值体系取而代之,这就为史学近代化开辟了道路。

在哲学理论指导上,梁启超旗帜鲜明地提出用历史进化观,来取代旧史"一治一乱"的循环史观。他参照西方和日本学者的近代史学观点,进行理论的创造,生动地阐明历史的螺旋式运动等问题,使人们有豁然开朗之感。他明确提出要划清旧史一治一乱的循环观与新史学认为历史的变化"有一定之次序,生长焉,发达焉",即由低级到高级进化二者的界限。主张近代史家应该彻底摒弃旧史家几千年来所信奉的"天下之生久矣,一治一乱"的旧观点,代之以将近代进化论作为研究历史的指导,通过研究,描述人类进化途径及其具体表现。历史是进化的,但历史的进步并非直线式,"或尺进而寸退,或大涨而小落,其象如一螺线"。循环论者在认识上的错误,"盖为螺线之状所迷,而误以为圆状,未尝综观自有人类以来万数千年之大势,而察其真方向之所在,徒观一小时代之或进或退、或涨或落,遂以为历史之实状如是云尔"。这些论述,是对历史进化作螺旋式运动的特点及循环论者误取螺旋的一圈而以为作圆形运动的认识错误,作了形象的说明。他又进一步论述说明历史前进的曲折性:"譬之江河东流以朝宗于海者,其大势也。乃或所见局于一部,偶见其有倒流处,有曲流处,因以为江河之行,一东一西,一北一南,是岂能知江河之性矣乎?"

梁氏对新史学的理论方向作了初步规划。他强调根本改变旧史把史书变成孤立的人物传的做法,而近代史学要求近代史家写出人类"藉群力之相接相较、相争相师、相摩相荡、相维相系、相传相嬗,而智慧进焉"的历史情状。他又论述史家应善于通过比较研究和纵贯联系考察:"内自乡邑之法团,外至五洲之全局;上自穹古之石史,下至昨今之新闻",从人类活动背景中去求得人群进化的真相,并且重视史学与其他学科的关系,从而总结出历史进化的公理公例。"以过去之进化,导未来之进化",使后人循历史进化的公例公理,"以增幸福于无疆"。

梁启超对于旧史中因粉饰君权的需要而大肆渲染、严重歪曲历史真相的"正统"论和"书法"论痛加驳斥。如对"正统"论,他指出旧史家宣扬"正统"的实质即是维护"君统","举全国之人民视同无物",与国家是全体国民所有的观念根本对立。他分析旧史家陈寿、习凿齿、司马光、朱熹等所持的"正统"标准均互相矛盾,同科学的真知绝不相容。并且认为,要讲符合道理的正统,乃在众人而并非在君主一人。为国民所承认、所拥护的人物,才称得上真正符合"正统"。①

总之,《新史学》以其符合20世纪初救亡图强需要的时代精神,以新鲜的理论和价值观,开启中国史学近代化时代的到来,此后几十年中,进步史家无不以"新史学"看待自己的事业和这门学科取得的进展。

同年,梁启超撰成长篇论文《论中国学术思想变迁之大势》(八万余字,下称《论大势》),鲜明地贯彻了进化观和因果论的理论指导,体现出全新的研究风格,因而成为史学近代化在研究实践上结出的第一个硕果。

首先,梁氏以开阔的视野和宏观的把握,第一次把几千年中国学术作为一个发展进化的、前后有因果联系的对象来论述,揭示其演进的脉络,并且中肯地总结出各个阶段的特点。文章以磅礴的气势,将古代以来学术演进的趋势划分为七个时代:(一)胚胎时代,春秋以前;(二)全盛时代,春秋末及战国;(三)儒学统一时代,西汉;(四)老学时代,魏晋;(五)佛学时代,南北朝隋唐;(六)儒佛混合时代,宋元明;(七)衰落时代,近二百五十年。今日则为复兴时代。他大角度宏观地总结中国古代思

---

① 以上引文均见梁启超《新史学》,《饮冰室合集》文集之九。

想的若干显著特点,诸如:重视伦理关系,"凡先哲所经营想象,皆在人群国家之要务","专就寻常日用之问题,悉心研究,是以思想独倚于实际";与西方古代思想相比较,中国古代神权思想不发达,古代的"天命""天意"可以还原为民众意志;中国古代文明又重视"天人相与之际"等,均堪称见解深刻、切中肯綮。

其次,《论大势》深入地论述学术思想与社会条件的关系,论述不同学派和学者间的相互影响和推动,第一次生动地呈现出学术变迁动态的、交互作用的格局。关于战国时代学术勃兴的社会条件,梁氏从由于社会急剧变动的刺激,思想学术出现自由局面等项进行分析。他指出:"获麟以后,迄于秦始,实为中国社会变动最剧之时代,上自国土政治,下及人心风俗,皆与前此截然划一鸿沟。而其变动之影响,一一皆波及于学术思想界。盖阀阅之阶级一破,前此为贵族世官所垄断之学问,一举而散诸民间,遂有秦失其鹿,天下共逐之观。周室之势既微,其所余虚文仪式之陈言,不足以范围一世之人心,遂有河出伏流一泻千里之概。"概括了从"学在官府"到出现百家争鸣的巨大变化,论述鞭辟入里。又述论孔、老因南北地理民情之悬殊,形成迥然不同的学风,也极具卓识。

再次,《论大势》做到以近代价值观作为评判标准,精到地阐释传统学术中符合理性的、具有近代科学精神的优秀部分,同时尖锐地批判其中为封建专制服务的腐朽部分。梁氏一再用进化、竞争学说,说明政治上、文化上的专制主义对社会及学术的发展造成的严重障碍,其中说到:"罗马教皇会最全盛之时,正泰西历史最黑暗之日。……吾中国学术思想之衰,实自儒学统一时代始。"关于西汉儒学独尊对社会及学术的影响,我们今日自可比梁氏所论作更深入、具体的分析与评定,但他大力针砭封建文化专制主义阻碍学术的发展,则是击中要害的。对于清代学术,梁氏肯定清儒实事求是的学风,善怀疑,不妄徇前人成说,专攻深入,原始要终,胪举众说,折衷决断,故评价"其精神近于科学"。同时又严厉批评专制君主屡兴文字狱,钳制文人思想,使学者"举手投足,动遇荆棘,怀抱其才力智慧,无所复可用,乃骈辏于说经"。① 造成烦琐考据学风盛行,压抑学术的健康发展。这种鲜明的批判精神显然来自其浓厚的国民意识。

《新史学》和《论大势》对于史学近代化具有理论和实践的奠基意义,为中国史学的发展确立了新的路标,把一代敏锐进取的青年学者带入了一个新的天地。胡适曾经极真切地讲出自己的感受:"严(复)先生的文字太古雅,所以少年人受他的影响没有梁启超的影响大。梁先生的文章,明白晓畅之中,带着浓挚的热情,使读的人不能不跟着他走,不能不跟着他想。""我个人受了梁先生无穷的恩惠。现在追想起来,有两点最分明。第一是他的《新民说》,第二是他的《中国学术思想变迁之大势》。……'新民'的意义是要改造中国的民族,要把这老大的病夫民族改造成一个新鲜活泼的民族。……我们在那个时代读这样的文字,没有一个人不受他的震荡感动的。他在那个时代主张最激烈,态度最鲜明,感人的力量也最深刻。……《中国学术思想变迁之大势》也给我开辟了一个新世界,使我知道四书五经之外中国还有学术思想。梁先生分中国学术思想史为七个时代……我们现在看这个分段,也许不能满意。……但在二十五年前,这是第一次用历史眼光来整理中国旧学术思想,第一次给我们一个'学术史'的见解,所以我最爱读这篇文章。"② 胡适作为近代学术名家,在回顾自己治史道路时,称他"受了梁先生无穷的恩惠",《论大势》"给我开辟了一个新世界",以后著《中国哲学史》即由此布下种子。——这便是梁氏的论著开启了史学近代化这一新时代的最好证明。

---

① 以上引文均见梁启超《论中国学术思想变迁之大势》,《饮冰室合集》文集之七。
② 胡适:《四十自述》,北京大学出版社 1998 年版,第 71—73 页。

三、拓展：在广泛学术领域的出色建树

20世纪初四大新史料的相继发现,① 特别是五四新文化运动的推动，使方兴未艾的史学近代化潮流从1919年起进入其壮大和深化阶段。恰好梁启超1920年初欧游归国之后，即舍弃一切与学术无关的事务，全力从事研究和教学，至1929年去世，是他晚年全力从事著述的十年。梁氏才华横溢，学力深厚，特别是由于他掌握了近代哲学观点和方法，使他辨析问题更加左右逢源，十年间完成了一系列很有价值的专著和论文，为史学近代化的拓展作出巨大的贡献。

这些论著涉及范围宽广，有不少是他首先开辟的领域或是前人很少注意的课题，举其要者即有：社会史方面，有《太古及三代载记》《春秋载记》《战国载记》等；学术思想史方面，有《阴阳五行学说之来历》《老子哲学》《孔子》《墨子学案》《先秦政治思想史》《先秦学术年表》《儒家哲学》《清代学术概论》《中国近三百年学术史》《戴东原哲学》《颜李学派与现代教育思潮》等；史学理论方面，有《中国历史研究法》及其《补编》等；文献学方面，有《墨经校释》《国学入门书要目及其读法》《要籍解题及其读法》《古书真伪及其年代》等；文化史方面，有《中国文化史（社会组织篇）》《近代学风之地理的分布》等；文学史方面，有《屈原研究》《情圣杜甫》《陶渊明》《中国之美文及其历史》等；民族宗教史方面，有《中国历史上民族之研究》《中国佛法兴衰沿革说略》等。

以一人之力，十年之内在如此广泛的领域撰成大量论著，这在学术史上实属罕见。全面评价梁启超晚年的学术贡献自非一篇文章所能容纳，这里仅就与史学近代化关系最大的两项，即对历

---

① 关于新史料的四项重要发现是：殷墟甲骨文；敦煌及古代西域各地的汉晋简牍；敦煌石室唐人写卷；内阁大库明清档案。

史和传统学术"重新估价"的审视态度和重视方法的总结,作扼要论述。

以近代理性观点审视反思历史,做到宏观的概括与深入的分析相结合,的确是梁启超晚年学术的特色。由于他有意识地以求实求真的近代理性眼光,审视几千年来的传统学术,因而使其研究成果无论从哲理高度、开掘的深度和分析的系统性来说,都有新的、与传统学术迥然不同的时代风貌。要对传统学术作"重新估价",是梁氏在《儒家哲学》一书中明确提出来的。他对儒学的精华曾一再加以阐发,同时对儒家"正其谊而不谋其利,明其道而不计其功"的说教,在二千年封建社会中产生的严重消极作用,则给予严肃的批评。这部著作不仅深入论述了儒家思想演变与时代的关系,学派的分化,而且独具慧眼地充分重视转变期学者在学风转变过程中的枢纽作用,又对一些在历史上地位重要而历来少被论及的学者,也给予应有的地位。《阴阳五行学说之来历》一文,认为董仲舒这位历来受称赞的"醇儒",所著《春秋繁露》,"祖述阴阳家言者几居半",而他的儒学,"绝非孔、孟、荀以来之学术",故两汉阴阳五行说的流行,"大率自仲舒启之",并造成此后二千年间"機祥灾祲之迷信,深中于士大夫,智日以昏而志日以偷"的灾难性后果![1] 梁氏这样有力地廓清几千年流毒甚广的迷信学说,在近代学术史上是很有进步意义的。《春秋载记》《战国载记》两篇,曾被近代史家张荫麟誉为:如以质不以量言,非止可媲美中外名家,抑且足以压倒吉朋、麦可莱、格林诸家之作,[2] 而尤以前一篇最值得称道。此篇做到了从中国历史发展的总向来把握春秋时期历史的趋势和特征,中肯地论述了春秋时期是中国历史走向统一的重要阶段。前两章,《纪晋楚齐秦国势》和《纪鲁卫宋郑陈蔡吴越国势》,分别论述决定春秋时期全局的四个大国盛衰变化和八个较次要国家的不同地位和作用。后四章,《霸政前纪》《纪齐桓晋文霸业》《纪晋霸消长》

---

[1] 梁启超:《阴阳五行说之来历》,《饮冰室合集》文集之三十六,第 61—65 页。
[2] 张荫麟:《跋梁任公别录》,《思想与时代》第 4 期(1941 年 11 月)。

《霸政余纪》，从纵向论述春秋史的重大事件，霸业的消长和各国交互错综的关系。他从民族关系的融合和推进全国统一进程的角度肯定楚国的历史作用，纠正以往封建文人长期持有的旧见，认为楚灭国最多，"以夷猾夏"，应加以谴责。梁氏强调，当时南方诸多小国文明低下，中原的大国无力顾及，楚国兼并这些小国，是把它们的文化提高到开化的程度，在此过程中，楚国的文化也上升到更高的层次。所以历史的正确结论不应是"以夷猾夏"，而是"举蛮夷以属诸夏"，有大功于中国！他运用理性审视眼光，故能揭示出历史进程中深层次的有价值的东西。

《清代学术概论》是又一饮誉学坛的名著。它概述清代学术的演变历程，论述各个阶段的趋势、时代条件和主要成就，评价三百年间所有主要学者的历史地位。做到纵横论列，气势非凡，而又巨细兼顾，分析精当，全文不足七万字，却被称誉为一部"无所不包"的著作。本篇不唯高屋建瓴地再现了学术思想演变的清晰脉络，而且对于重要问题又有深入的具体分析。梁氏论述考证学极盛期吴、皖两大派代表人物惠栋、戴震的不同特点。惠栋治学以"凡古必真"定是非，他既有确立"汉学"地位之功，又有胶固、盲从的弊病。戴震治学以"深刻断制"为特色，主张"不以人蔽己，不以己自蔽"，推断务求精审，不盲从迷信。皖派人物段玉裁、王念孙父子即继承戴震精神，做到"虽其父师，亦不苟同"。这些论述，都力求摒弃"是古非今"的封建旧习、迷信的观念、宗派门户之见，体现出近代理性精神。篇中笔锋所至，对于传统文化的消极面，如"好依傍""名实相混"的病疾，因"重道轻艺"的偏见造成自然科学不发达，几千年来"惑世诬民泪灵窒智"的迷信邪说，都予以抨击。对其师康有为，梁氏高度评价他掀起晚清思想解放潮流的巨大进步作用，同时，对于康有为学风上的武断，托古比附的做法，杂引谶纬之言以神化孔子的神秘说法，也都中肯地指出，无所隐饰。梁氏对于他本人治学博而不专、入而不深的毛病，也公开批评，基本做到如他所说：

"以现在执笔之另一梁启超,批评三十年来史料上之梁启超也。"①《清代学术概论》自著成后,历七十多年来一直成为了解清学必读之作,最主要的原因,正在于成功地贯串了梁氏"重新估价""求真求是"的指导原则。

重视研究方法的总结,是梁氏对推进史学近代化又一重要贡献。此项体现出他熟练地运用演绎、推论、归纳等逻辑方法,并且突出地具备构建体系的近代思维特点,达到了自觉的程度,因而示人以门径。他总结朴学家的治学精神是:"盖无论何人之言,决不肯漫然置信,必求其所以然之故;常从众人所不注意处觅得间隙,既得间,则层层逼拶,直到尽头处;苟终无足以起其信者,虽圣哲父师之言不信也。此种研究精神,实近世科学所赖以成立。"② 清儒严密考证的精神和方法,本来颇多符合于近代科学方法,经过梁氏的总结而更具系统,遂成为推进史学近代化一大助力。

梁启超晚年发展了《新史学》的观点,著成《中国历史研究法》及其《补编》,进一步建构自己的史学理论体系。《中国历史研究法》设有专章论述史料的搜集和鉴别,形成了梁氏独特的史料学方法论。他指出重视史料搜集和考证的目的是"求真",务得史实之准确。他总结需要特别注重的几项原则是:第一,要从表面上看似乎是孤立的材料中,广泛爬梳,联系分析,发现问题,并得出恰当的有价值的结论。第二,官书记载每经朝廷有意篡改,历代皆然,而清朝尤甚。如清初所兴诸大狱,实录稿均有意隐匿,必须从多种文集笔记,钩稽参核,方得其真相。第三,鉴别史料,"正误辨伪",是极复杂的工作,必须具有严谨的态度、精密的方法。从本国说,要继承"前清诸老严格考证法";从外国说,则要吸收"近代科学家之归纳研究法"。一般原则是,年代愈早,可信程度愈高;但在特殊情况下,有较可贵的史料晚出或较迟传布,为前人所不及见。第四,考定史籍之价值,应结

---

① 以上引文均见梁启超《清代学术概论》,《饮冰室合集》专集之三十四。
② 梁启超:《清代学术概论》,《饮冰室合集》专集之三十四,第25—26页。

合作者的史德、史识,以及其所处地位如何。第五,治史者切忌用伪材料,但又应看到,所谓伪材料,若能考出该书作出的真实时代,放在此时代考察,则又可能成为有价值的材料。以上诸项,都是综合前人治史经验教训,及其本人治学甘苦所得结论,素来为研究者所重视。梁氏又极敏锐地引导人们重视新史料的价值,他称铜器铭文的出土,字数多者可抵一篇《尚书》。殷墟卜辞的出土,其价值可改变整个殷商史的面貌。① 书中还提出鉴别伪材料的十二条原则,以后发展成为《古书真伪及其年代》这一专著。

梁启超晚年还十分关注中国近代新兴学科——考古学的进展。② 1925年,作为清华大学国学研究院四大导师之一(其他三人分别为王国维、陈寅恪、赵元任)的梁启超,亲自荐举不久前从美国留学归来,获哈佛大学人类学博士学位的李济和弗利尔艺术馆的毕士博(C. W. Bishop)主持山西省夏县西阴村考古发掘。这是中国人自己主持的第一次近代考古发掘。梁启超对此次合作极感兴趣,并给予大力帮助。他曾两度亲笔写信给山西军阀阎锡山,请他对这一新兴科学事业给予官方支持。1926年12月,李济从山西发掘地回到北平,开箱整理出土器物,再度在清华园与梁启超相见。两人谈及邀请此时尚在美国哈佛大学研究考古学的梁思永(梁启超次子)回国参加考古发掘事宜。后来李济把西阴村发掘所得实物的一部分在清华大学校园内做过一次公开展览,王国维、梁启超都饶有兴趣地参观了展览,并与李济做了热烈的讨论。

1927年1月10日,国学研究院为欢迎李济山西夏县西阴村考古发掘胜利归来举行了茶话会。梁启超出席并听取了李济、袁复礼二人所作的长篇报告演说。当天晚上,梁启超兴致很高,回到住所后,立即写了一封两千字的长信给梁思永。不料刚写完一页纸,学校突然停电,梁启超难以抑制心中的兴奋之情,就秉烛

---

① 参见梁启超《中国历史研究法》,《饮冰室合集》专集之七十三。
② 以下关于梁启超关注近代考古学的论述,承沈颂金同志提供材料。

继续写下去，直到写满四页纸为止。在这封用毛笔小字书写，共四十八行的信中，梁启超首先报告了西阴村考古发掘成果有"七十六箱成绩平平安安运到本校，陆续打开，陈列在我们新设的考古室了"。之后，他谈到出土的器物（铜器、石器、骨器等），还提到那著名的半个茧壳，以及复杂的陶器花纹问题。梁启超特别提到这次考古发掘的重大意义："（瑞典人安特生）力倡中国文化西来之论，自经这回的发掘，他们（指李济、袁复礼二人）想翻这个案。"并认为"（李济所说）'以考古家眼光看中国，遍地皆黄金，可惜没有人会拣'，真不错"。建议梁思永回国，"跟着李、袁二人做工作，一定很有益"。即使因时局动荡而无法外出进行野外发掘，在室内整理那七十六箱东西也"断不致白费这一年光阴"。[①] 梁启超还打算让梁思永丰富一些古文物方面的知识，多参观几个新成立的博物馆，然后再去欧美深造几年，一定会获益更多。

  梁启超如此关注中国近代考古学的发展动态，体现了一位史学大师的远见卓识。20世纪中国历史学的研究与考古学的发展相辅相成，齐头并进，互相促进。梁启超虽然没有像王国维那样创立"二重证据法"，直接将地下出土文物资料用于历史研究，但他写给李济和梁思永二人、有关早年考古活动及相关背景的书信多达十余通。在他的督促和影响下，梁思永于1927年六七月间回国，负责撰写西阴村陶器研究报告，并于1930年以《山西西阴村史前遗址之新石器时代的陶器》一书获哈佛大学研究院考古学和古人类学硕士学位。梁思永是受过正规现代化考古训练的第一位中国人，1930年学成归国后，先后主持和参加了黑龙江昂昂溪遗址的发掘、安阳殷墟的科学发掘工作，以及山东城子崖遗址的第二次发掘等一系列考古活动，使发掘工作的组织和方法都有了很大改进，提高了田野科学发掘的水平，为中国近代考古学的发展做出了巨大贡献。其中乃父梁启超的作用不可忽视。因此可

---

  ① 以上引文见《致梁思永书》，《梁启超未刊书信手迹》（下），中华书局1994年版，第714—720页。

以说，梁启超对考古人才的举荐和对田野发掘工作的支持，标志着中国近代考古学的发轫。

　　总之，梁启超生前的最后十年对推进史学近代化的壮大和深入有巨大贡献，在同时代人中，他和只有前期没有后期的严复、康有为，还有夏曾佑，都不相同。毋庸讳言，梁启超的思想体系庞杂，其中有许多唯心主义的东西，这主要是由于中国近代社会变动急剧和他本人务博易变的弱点所造成的。但从总体说，梁启超晚年的丰富著述为史学近代化拓宽了领域，有力地推动了这一学术潮流的前进，而且也是他前期宣扬新思想、倡导"史学革命"的继续。梁漱溟先生曾评价梁启超对中国近代学术文化的主要贡献，在于"迎接新世纪，开出新潮流，撼动全国人心，造成中国社会应有之一段转变"①。这正代表了五四时期成长起来的一代学者以其亲身所得到的强烈感受，对梁启超推进史学近代化的卓越贡献所作的确评。

---

① 见梁漱溟《纪念梁任公先生》一文。引自杨向奎《试论蔡元培》，《浙江学刊》1991年第3期。

章太炎对近代史学的贡献与局限

一、与"新史学"思潮相合拍

章太炎(1869—1936)名炳麟,字枚叔,浙江余姚人。早年在杭州诂经精舍从古文经学家俞樾学习经史。1897年任《时务报》撰述,因参加维新宣传被清政府通缉,流亡日本。1900年剪辫立志革命。1903年因发表《驳康有为论革命书》和替邹容《革命军》作序,触怒清廷,被捕入狱。1906年出狱后由孙中山迎至日本,参加同盟会,主编同盟会机关报《民报》,与改良派展开论战,他所发表的文章充满战斗精神,"所向披靡,令人神往"①。1911年上海光复后回国,主编《大共和日报》,并任孙中山总统府枢密顾问。曾受张謇拉拢,散布"革命军起,革命党消"的言论。1913年因反对袁世凯包藏祸心,遭袁禁锢,袁死后被释放。五四运动后主要从事讲学,"退居于宁静的学者"②。九

---

① 鲁迅:《关于太炎先生二三事》。
② 鲁迅:《关于太炎先生二三事》。

一八事变发生后，曾通电全国抗战，谴责蒋介石"剿共"卖国政策，保持了爱国主义的晚节。主要著作有《訄书》（1914年经增删后改题为《检论》）、《国故论衡》、《太炎文录》等，后来编入《章氏丛书》及其续编、三编。

章太炎本来精熟于传统的经史学问，接触了西方和日本学者的进化论和社会学说之后，使他对中国古代学术和历史的演进产生了新的看法。1902年，他曾计划修撰《中国通史》，在致梁启超的信中说："酷暑无事，日读各种社会学书，平日有修《中国通志》之志，至此新旧材料，融合无间，兴会勃发。"他要在书里贯串进去自己的新思想，摒弃旧史只会排比事实的陋习。这种新思想，一是"以发明社会政治进化衰微之原理为主"，以近代进化论作为研究历史的指导思想，探究社会政治状况盛衰变化的原因；一是"以鼓舞民气、启导方来为主"，① 以中国历史中具有积极意义的内容来鼓舞民众的革命情绪，增强对未来的信心。关于体裁形式，章氏认为，以往的纪传、编年、典制、考证等体裁，主要仅限于排比史料，有舍本逐末之弊；为了在书中熔铸新哲理，应该进行体裁的创新。他所拟的《中国通史略例》目录，包括典、记、表、考证、别录五种体裁。其体裁设想，有三点值得我们注意：一是对纪事本末体优点的吸收。在乾嘉年间，章学诚曾提出兼采纪事本末体的方法作为改革史书编撰的方向。章太炎认为这是"大势所趋"，并且加以发展。目录中的十篇"记"，就是吸收纪事本末体的优点而设立的。他说："诸典所述，多近制度，及夫人事纷纭，非制度所能限。然其系于社会兴废，国力强弱，非眇末也。会稽章氏谓后人作史，当兼采《尚书》体例，《金縢》、《顾命》就一事以详始卒。机仲之《纪事本末》，可谓冥合自然，亦大势所趋，不得不尔也。故复略举人事，论撰十篇，命之曰'记'。"② 又说："犹有历代社会各项要件，苦难贯

---

① 章太炎：《致梁启超书》，见汤志钧编《章太炎政论选集》上册，中华书局1977年版，第167页。
② 章太炎：《哀清史第五十九》附《中国通史略例》，《章太炎全集》（三）《訄书》（重订本），上海人民出版社1984年版，第329页。

串,则取机仲《纪事本末》例为之作'记'。"① 编撰《中国通史》的一项基本要求,是要体现"社会兴废,国力强弱",这一历史编撰的难题,正好依靠吸收纪事本末体的优点来解决。章氏拟设的"记",包括叙述秦的统一、唐代藩镇割据、农民起义、民族斗争、中外关系等,冀求以此来显示历史演进的大势,比起章学诚所提出的设想来,明显地向前推进了一大步。二是对纪传体的利用、改造。目录中的"典"是用以记典章制度,来源于"书志"。"考记"和"别录"实则同是记人,差别只在"考记"专记帝王(还有太平天国的"天王"洪秀全),两者来源于"本纪"和"列传",但舍弃了"本纪"在纪传体史书中作为全书大纲的作用。"表"是用以列举次要的人物和纷繁的材料,来源自明。他说:"有典则人文略备,推迹古近,足以臧往矣。若其振厉士气,令人观感,不能无待纪传,今为考纪、别录数篇。"可见他在总体上对纪传体所具有的综合的优点是充分重视的,经过改造,形成典、记等五体互相配合的体制。章氏的《中国通史》只停留在设想而已,并未撰成,他的方案若要真正实行起来会有许多困难,因为究竟是以"记"还是"典"来概述社会大势,他自己并不明确。至于同是记人,还要显示帝王高人一等的做法,则明显具有浓厚的封建气味。三是主张要以外国史学著作为参照,并进行东西文明演进同异的比较研究:"今日治史,不专赖域中典籍。凡皇古异闻,种界实迹,见于洪积石层,足以补旧史所不逮者,外人言支那事,时一二称道之,虽谓之古史,无过也。亦有草昧初启,东西同状,文化既进,黄白殊形,必将比较同异,然后优劣自明,原委始见,是虽希腊、罗马、印度、西膜诸史,不得谓无与域中矣。若夫心理、社会、宗教各论,发明天则,烝人所同,于作史尤为要领。"② 说明章氏在20世纪初对吸收外国进步学术所持的积极态度,也是最早提出进行中外历史比较研究的学者之一。这些设想虽未实现,但他的主张毕竟与新史

---

① 章太炎:《致梁启超书》,见汤志钧编《章太炎政论选集》上册,第167—168页。
② 章太炎:《哀清史第五十九》附《中国通史略例》,《章太炎全集》(三)《訄书》(重订本),第331页。

学思潮相合拍，同样报道了史学近代化的信息。

20世纪初年，中华民族要救亡，中国要进步，只有以暴力手段推翻清朝的腐朽统治。革命人物十分重视运用历史知识作宣传、教育工作，以大量的中外历史知识作有力根据，论证革命是历史的必然，喊出时代的最强音，因而有力地帮助民众提高觉悟，认清武装斗争、推翻清朝才是唯一的出路。章太炎是宣传革命历史思想的出色人物之一。他所写的《驳康有为论革命书》是革命阵营发出的雷霆之声。前此，康有为发表了一封公开信：《答南北洲诸华商论中国只可行立宪不可行革命书》，坚持君主立宪，攻击孙中山领导的革命运动，在华侨中造成恶劣影响。章太炎针锋相对地写成此文，于1903年印为小册子发行，并由当时任《苏报》主笔的章士钊节录后在《苏报》上发表，对康有为诋毁革命的言论予以有力的反击。《驳康有为论革命书》气势磅礴，一开始就指出康有为写公开信是向清廷献媚，"非致书商人，致书于满人也"。而康氏早有"圣人"的虚名，他的言论更有欺骗性，"乃较诸出于贱儒元恶之口为尤甚"，所以必须痛加驳斥，以正视听。他揭露清廷经济上"行其聚敛"，政治上屡兴文字狱，为害酷烈，"万国所未有"，证明人民为了摆脱二百多年来当满洲贵族奴隶的地位，起来实行革命之必要。针对康有为"革命之惨，流血成河，死人如麻，而其事卒不可就"的谬论，章太炎引证西欧、日本历史说，不但革命要流血，立宪也要流血，上书奏请是得不来的，"使前日无此血战，则后之立宪亦不能成"。进而指出，革命能开发民智，造就人才。美国发起独立战争时，事先并不知道有华盛顿；中国革命起来了，也能造就自己的杰出人物。他又以李自成为例，开始时，"迫于饥寒，揭竿而起，固无革命观念"，"然自声势稍增，而革命之念起"，均田免赋等思想就是在革命过程中产生的。他响亮地喊出："公理之未明，即以革命明之；旧俗之俱在，即以革命去之。革命非天雄大黄之猛剂，而实补泻兼备之良药矣！"章太炎还指出康有为希望依靠光绪帝的力量以实现立宪，是绝对不能实现的幻想，因为戊戌维新的事实已经证明，纵使光绪帝本人诚心变法，也无法改变整个满洲贵族的腐朽局面:"载湉小丑,未辨菽麦,铤而走险,固不为满洲全部计。""籍曰其出于至公,非有满、汉畛域之见,然而新法犹不能行也。何者?满人虽顽钝无计,而其怵惕于汉人,知不可以重器假之,亦人人有是心矣。……虽无太后,而掣肘者什伯于太后;虽无荣禄,而掣肘者什伯于荣禄。……往者戊戌变政,去五寺三巡抚如拉枯,独驻防则不敢撤。彼圣主之力与满洲全部之力,果孰优孰绌也?"① 章太炎代表革命派彻底否定满洲皇朝的统治,直斥光绪帝为"载湉小丑",这在千百年来封建专制统治下所形成的皇权统治绝对神圣的观念中,简直如晴天霹雳,尤其在知识界和市民中产生了强烈反响,这封信一刊布,"上海人人争购",而清廷达官贵人和一些保皇派人物则惊得目瞪口呆。

二、继承朴学成就与运用西方新学理

章太炎治学的显著特色,是继承了清代考证学的成就,且又运用新学理加以阐释,对于学术史和制度史提出了新见解。《訄书·订孔》一文,即较早地将孔子放到与诸子平等的地位,作客观的历史考察,标题即表明要订正历来对孔子的盲从和膜拜。他充分肯定孔子在文化史上的功绩:由于孔子整理六经,教育学生,才使历史知识传播到民间,人民脱离了愚昧状态,统治者不能任意摧残压迫。同时,反对封建阶级历来对孔子顶礼膜拜的态度,明确地批评说:"《论语》者晻昧,《三朝记》与诸告饬、通论,多自触击也。"又称孔子比起孟轲来,"博习故事则贤,而知德少歉矣";比荀况之合群治天下的学说和进取精神更显不及。② 章氏反对神化孔子的激进观点,敏锐地捉住了20世纪初批判封建专制的时代脉搏。以后,他撰有《驳建立孔教议》,一方面,精到地评价孔子是古代文化的集大成者;另一方面,态度鲜明地

① 章太炎:《驳康有为论革命书》,见汤志钧编《章太炎政论选集》上册,第194—204页。
② 章太炎:《订孔第二》,《章太炎全集》(三)《訄书》(重订本),第134页。

反对康有为等人把孔子奉为教主的复古迷信主张。章太炎以近代理性眼光为指导,完全从世俗的、历史的观点,论述孔子的历史功绩:"盖孔子所以为中国斗杓者,在制历史,布文籍,振学术,平阶级而已。"这四项,都是从文化史和政治史角度立论。首先,孔子开创了中国重视历史记载的传统:"往者《尚书》百篇,年月阔略,无过因事记录之书,其始末无以猝睹。自孔子作《春秋》,然后纪年有次,事尽首尾,丘明衍传,迁、固承流,史书始粲然大备,矩则相承,仍世似续,令晚世得以识古,后人因以知前。故虽戎羯荐臻,国步倾覆,其人民知怀旧常,得以幡然反正。此其有造于华夏者,功为第一。"左丘明、司马迁、班固等后代史家继承了孔子的业绩,因而使中国历史记载绵延不绝,世世代代明白中国文化的由来,构成了民族精神的脊梁,故称孔子"有造于华夏"。其次,西周时代,学在官府,"齐民不与","礼犹不下庶人"。而"自孔子观书柱下,述而不作,删定六书,布之民间,然后人知典常,家识图史"。是孔子首先打破贵族垄断文化知识的局面,开创私人讲学的传统,从此文化典籍、制度知识才开始传向民间。第三,孔子创立儒家学派,整理《周易》,成《论语》一书,开辟了重视哲理思维的途径。"于是大师接踵,宏儒郁兴。"第四,世卿垄断政治的局面也因孔子而开始动摇,由此开启了平民参政、人才涌现的局面。春秋以来,官多世卿。平民出身者,因不习政书,故按常例,都被排斥在官职之外。孔子培养了三千学生,其中又有许多人跟随他周游列国,增长才干,熟悉各国民情、物产、政事,"门人余裔,起而干摩,与执政争明"。百年以后,至战国即出现世卿废除,平民有才干者跻身卿相的局面。"由是阶级荡平,寒素上遂,至于今不废。"章太炎从人文主义的角度,精到地论述孔子主要是古代文化伟大代表者的地位,在当时是针对一股企图把孔子尊为教主的复古迷信主张而发的。戊戌时期和辛亥革命以后,康有为等人曾一再提出建立孔教为"国教",奉孔子为教主。对此,章太炎明确予以驳斥,他强调孔子对于中国历史的贡献,在于他是"保民开化之宗,不为教主"。① 宗教是原始低下的迷信手段,是愚弄民众的工具。中国固无国教,孔子尤鄙弃宗教。这是中国文化比宗教文化高明的地方。孔教并非前世所有,则今者固无所废,今日更无建立之必要。若因见西方耶苏教渐入国中,要树新教与之抗衡,"是犹素无创痍,无故灼以成瘢,乃徒师其鄙劣"②。章太炎的论述,深刻地总结了孔子在历史上的积极贡献,对于中国文化的朴素理性精神和宗教意识的愚昧洞察窾窍,有力地抨击了鼓吹建立孔教这一复古迷信思潮的毒害,在当时具有重大的进步意义。

  对于清初学者颜元学术的特点和清代朴学的源流,章太炎的论述尤有卓识。颜元反对理学空谈,提倡躬行践履的"实学",和他的学生李塨在清初形成一个学派。至 20 世纪初,颜元躬行实践的教育思想引起不少学者极大的兴趣和很高评价,有的认为他与现代教育思潮甚多相通之处。章氏却不附会别人所云,他指出颜元主张的片面性。章氏论云:颜元反对理学空谈,痛恨其贻祸,为救其敝,特提倡躬行实践,主张以习行德、行、艺三物为学,抨击著述讲学,这是矫枉过正的言论。章氏认为颜元最大的毛病是:"其所学务得皮肤,而总揽之用微。"一针见血地指出他的弱点在于对学问的理解失于肤浅,而缺乏理性思维,缺乏抽象概括能力。举出颜元曾批评朱熹以讲读为术道,两者相距千里。照颜元的看法,这好比只学琴谱,并不是学琴。唯有反复练习,然后熟练,达到能随意、自然地弹奏,达到琴、指一体,"志与指忘,指与弦忘"。章氏分析说:离开物器而习符号,符号不可任。但是算学的数字、公式、定理等等,却是从具体物器总结出来,通过计算,能解决物器的问题,不差分毫。这是因为数字、公式等,是"总揽"而得,是总结、抽象出来的,是理性思维成果。算学公式、琴谱、书籍,都是符号。以往读书人的毛病拘泥于字句,刻板地理解,所以不得真正的"道"。关键是要问书籍

---

  ① 章太炎:《驳建立孔教议》,《章太炎全集》(四)《太炎文录初编·文录卷二》,上海人民出版社 1985 年版,第 196—197 页。
  ② 章太炎:《驳建立孔教议》,《章太炎全集》(四)《太炎文录初编·文录卷二》,第 195 页。

等等是否正确。书本上的知识要反映客观事物,要真正有用。"非书者不可用,无良书则不可用。"一概反对书本知识显然是错误的。故章氏讥颜元所言"礼、乐、射、御、书、数",所习不过"胥史市井之用",都属于较低层次的知识。[1] 这篇《正颜》表明章氏站在思辨哲学的高度来辨析问题,正确地指出理论高于实践,不能因宋明理学家空谈而完全否定书本知识的作用,讲出了离开理论的指导,不能获得真知的道理。

《检论·清儒》更是一篇总结清代学术史的名作。章氏深谙清代学者著述,他本人师承清学的主体考证学派,熟悉学术源流演变。《清儒》首先提纲挈领地概括清代学术在特殊社会政治条件下形成的总特征:"清世理学之言,竭而无余华;多忌,故歌诗文史梏;愚民,故经世先王之志衰。"深刻地指出由于理学衰落和清廷实行文化专制,造成考证学独盛的局面。进而论述清初顾炎武、阎若璩、胡渭,都对清学的形成有开创之功;"然草创未精博","其成学著系统者,自乾隆朝始"。章氏论述最受重视之处,是总结和比较考证学极盛的时期吴、皖两派的不同特点。吴派的代表人物是惠栋,治学特点为"好博而尊闻",他的弟子江声、余萧客,著书"大共笃于尊信,缀次古义,鲜下己见"。故综观吴派学者治学,短处在于唯古是从,拘泥旧说,缺乏创见。皖派学风大不相同。以戴震为代表,治学"综形名,任裁断"。是在广搜材料的基础上加以综核,勇于提出自己的论断,因而见解更深刻,更具创造性。章氏认为,这种学术特点也是由于乡土环境影响而形成,"戴震起徽州,徽州于江南为高原,其民勤苦善治生,故求学深邃"。戴震传下的皖派,治学即以条理严密、善于归纳、见解精到为特色。弟子以段玉裁、王念孙最知名,小学训诂有很高成就,晚清俞樾、孙诒让继承皖派学风,成为乾嘉考证学的殿军。"凡戴学数家,分析条理,皆艹密严瑮,上溯古义,而断以己之律令,与苏州诸学殊矣。"认为他们代表了清代考证学的最高成就。对于浙东学术、桐城学派和今文学

---

[1] 章太炎:《正颜》,《章太炎全集》(三)《检论》卷四,第470—471页。

派,也有所评论。清朝一代学者有大量疏证儒家经典之作,章氏一一列举其有价值者,要言不烦地评价其高下得失。以上论述,对于近代学术界影响至大,梁启超著《清代学术概论》,称乾嘉学术为吴、皖两大派,即直接采用章说。但是,章太炎是古文经学家,门户之见甚深,对于清代今文学派龚自珍、魏源等人极力丑诋,称他们"绝无伦类","欲以前汉经术助其文采,不素习绳墨,故所论支离自陷,乃往往如谚语"。① 不能正确认识龚、魏等人利用、改造公羊学说,猛烈批判封建专制,揭开近代思想解放序幕的历史性贡献,这就违反了客观、公正地评价历史功过的原则。

　　章太炎对于制度史也提出新见解。《礼隆杀论》一文论述古代礼的性质、作用:"礼者,法度之通名,大别则官制、刑法、仪式是也。"按《左传》所说:"礼,经国家,定社稷,序民人,利后嗣。"则古代的礼还包含治国的大经大法。而对于社会风气而言,则应该体现为"务施报、尊贤、敬耆"。他认为礼制在西周末、东周时期有极大变化:"幽厉乱而畴人亡,大典虽在,其委曲事条不具,是以周制不得不变。然其刑法仪式,大端犹未失队,故《春秋传》数言'周有常刑',其于威颂品节尤尽。"《礼记·礼器》所言,"经礼三百",按臣瓒解释,是指"冠、昏诸篇"。"曲礼三千,则其揖让之节,俎豆之数。"他批评古礼的繁文缛节:"晚世知本,而隆周务末。""登降之礼,趣翔之节,累世不能殚其学,当年不能究其礼。"章太炎所论最有意义的是,他反对恢复古礼,而主张可以采取礼的精神、原则,用简朴的礼节行事:"今世阶位既已削夷,宫室裳服之用,弥远于古,跪拜则人之所倦厌,自非礼之原本,宜一切可以弃除。故苟由其道,白帢大缦,握手拱把,而足以为治。不由其道,虽黄收纯衣,彤车白马,犹曰桀之服也。"如果政治窳败,徒有古礼的形式、条文,也毫无用处。"上弥矜饰而无情朴,下愈侮笑而不宠神。"今日若要讲"隆礼",则应实行"施报、尊贤、敬耆"的原则,

---

①　章太炎:《清儒》,《章太炎全集》(三)《检论》卷四,第473—476页。

"既厚民德,又不塞其慧智"。① 章太炎又提出"神权时代天子居山说"的论点。他依据典籍所载古代王者居于山丘,及国家建都邑于高阜之地,提出论断:"古之王者,以神道设教,草昧之世,神、人未分,而天子为代天之官,因高就丘,为其近于穹苍。"他举出的主要根据是:"综考古之帝都,则颛顼所居曰帝丘,虞舜所居曰蒲阪,夏禹所居曰嵩山。商之先,相土居商丘。其后又有适山之文。周之先,公刘居京,其后又处旱麓之地。夫曰山、曰丘、曰阪、曰京,皆实地而非虚号。上古橧巢,后王宫室,其质文虽世异,而据山立邑则同。"而最后结论是,"天子居山,其意在尊严神秘,而设险守固之义,特其后起者也"。② 章氏之后的学者论述古代国家起源或人神关系,每有引用此说。

对评价历史人物,章太炎也有卓识。他为受诽谤二千年的改革家商鞅作了重新评价,称赞他"核其宪度而为治本","以刑维其法,而非以刑为法之本也"。"是故商鞅行法而秦日富。"尤其赞扬商鞅执法公正不阿,品质高尚:"政令出内,虽乘舆亦不得违法而任喜怒,其贤于(张)汤之窥人主意以为高下者,亦远矣。"③ 再如,曹操被世世代代视为"篡汉"之"奸雄",章氏则一反众说,从正面予以肯定,称他"禁暴止戈,威谋靡竞"。"登黎献乎衽席,拯旄倪乎隍阱。而又加之以恭俭,申之以廉靖。廷有壶飧之清,家有绣衣之儆。布贞士于周行,遏苞苴于邪径。务稼穑故民孳殖,烦师旅而人不病。信智计之绝人,故虽谲而近正。"④ 高度评价曹操恢复中国社会安定和恢复生产的历史功绩,虽然善用权术,但从总体看,不失为一位杰出的政治家。以上两个突出例证说明,章太炎评价历史人物不是从儒家抽象的"仁义"或"正统"观念出发,而是做到以是否有利于社会和民众为

---

① 章太炎:《礼隆杀论》,《章太炎全集》(三)《检论》卷二,第399—402页。
② 章太炎:《官制索隐》,《章太炎全集》(四)《太炎文录初编·文录卷一》,第87、90、91页。
③ 章太炎:《商鞅第三十五》,《章太炎全集》(三)《訄书》(初刻本),第79、80页。
④ 章太炎:《魏武帝颂》,《章太炎全集》(四)《太炎文录初编·文录卷二》,第229页。

标准，堪称具有过人的史识。

三、提倡"国粹"与鼓吹民族主义

　　章太炎是晚清国粹派著名的倡导者。在20世纪初，国粹派的活动很有声势，他们在政治上是资产阶级革命派的一翼，主张排满革命，在学术上，大力鼓吹民族主义，并以研究和评论历史作为其重要阵地。国粹派兴起的深刻原因是对于西方文化冲击产生的反应，而这一思潮在20世纪初产生，又因受到日本出现的保存国粹以对抗欧化主义的思想主张影响。1905年，邓实、黄节、刘师培等在上海成立以保存国粹为宗旨的"国学保存会"，出版《国粹学报》，编印丛书。章太炎在上海出狱，逋抵日本，就在东京留日学生欢迎大会上提倡"用国粹激动种姓，增进爱国的热肠"。其后，在他主编的《民报》上连续发表宣扬"国粹"的文章，并在《民报》内设立"国学振起会"，与国内的《国粹学报》相呼应。国粹学派这种颇大的声势，一直保持到辛亥革命发生。

　　什么是"国粹"，从整体言，国粹派学者所阐扬的"国粹"主要是指那些能够从中发扬民族主义和民主精神的传统文化。如邓实论述从古代史学到近代史学的变迁，必然是"君史"的消亡和"民史"的渐兴，要求仿效西方近代史家著史"一面以发明既往社会政治进化之原理，一面以启导未来人类光华美满之文明"[1]。邓实又著有《中国群治进退之大势》，着重批判专制制度严重阻碍中国历史的发展。他还主张区分"君学"和"国学"，"在朝之学"和"在野之学"，批判前者而推崇后者，还明确提出儒学是"利君不利民"的"君学"。[2] 在批评历代帝王所推崇的孔子的同时，国粹派尽力提高诸子这类"在野之学"的地位。章

---

[1]　邓实：《史学通论》，《政艺通报》1902年第12、13号。
[2]　邓实：《国学今论》，《国粹学报》第4期，1905年5月。

太炎在《诸子学略说》中批评中国封建时代的学术弊端在于"一尊孔子",他推许先秦诸子"各为独立"的学术精神和"往复辩论"的自由学风。① 刘师培则在《周末学术史序》中,通过比较儒、墨二家政治学说,批判儒家,表彰墨家。

国粹派以提倡"国粹"来宣扬民族主义和民主思想,在二者之中,章太炎对鼓吹民族主义兴趣最浓。他出生于浙东,很早就形成"保卫汉种""反满独立"的思想。1906 年,他在东京为前来欢迎的留日学生所作的长篇演说,相当系统地阐述其以"排满"和"尊奉古代典章制度"为核心的国粹派主张。他提出当前"有两件最要紧的事","第一,是用宗教发起信心,增进国民的道德;第二,是用国粹激动种姓,增进爱国的热肠"。提倡"国粹"的主要内容是什么?他说:"不是要人尊信孔教,只是要人爱惜我们汉种的历史。这个历史,是就广义说的,其中可以分为三项:一是语言文字,二是典章制度,三是人物事迹。"他认为,古代的官制、州郡、军制、赋税等的设置,都有一定的理由,"不好将专制政府所行的事,一概抹杀。就是将来建设政府,那项须要改良?那项须要复古?必得胸有成竹,才可以见诸施行"。甚至认为对有的古代制度还应该顶礼膜拜。因为在他看来,古代典章制度,"总是近于社会主义",即如刑律、科举,也无不近于社会主义。"我们今日崇拜中国的典章制度,只是崇拜我的社会主义。那不好的,虽要改良;那好的,必定应该顶礼膜拜。"关于人物事迹,他认为最可崇拜的两个人是刘裕和岳飞,"都是用南方兵士,打胜胡人,可使我们壮气"。② 在此以前,章太炎为邹容《革命军》作序,他对《革命军》中热情呼唤"民主""自由""平等",论述建立"中华共和国"的理想并未予重视,却强调推翻清朝是"光复"而非"革命":"抑吾闻之,同族相代,谓之革命,……驱逐异族,谓之光复。今中国既灭亡于逆胡,所

---

① 章太炎:《诸子学略说》,《国粹学报》第 8、9 期,1905 年 9、10 月。
② 章太炎:《东京留学生欢迎会演说辞》,见汤志钧编《章太炎政论选集》上册,第 272、276、278—279 页。

当谋者光复也,非革命云尔。"① 说明章太炎所定的目标是推翻满族政权,只要政权归于汉人之手便达到目的。上述思想主张的逻辑发展,便是辛亥革命后,他强调对旧制度应保留为主。1912年1月在《中华民国联合会第一次大会演说辞》中称:"中国本因旧之国,非新辟之国,其良法美俗,应保存者,则存留之,不能事事更张也。"尤其坚决主张婚姻制度和家族制度宜仍旧,实为主张保护夫权、父权和族权,还特别提出禁止在公共场所男女跳舞,以免"大坏风纪"。② 同年所撰《自述学术次第》也说:"清之失道,在乎偏任皇族,贿赂公行,本不以法制不善失之。旧制或有拘牵琐碎,纲纪犹自肃然。"这是对封建国家的根本政制、大法表示赞扬。以上都说明章太炎虽然在政治上持革命派的立场,但在思想上对于旧制度却在相当程度上予以肯定。我们深入一层分析,这正是中国近代这一"过渡时代"社会和文化所特有的现象。中国的封建专制统治持续两千多年,各种旧制度根深蒂固,封建的思想意识尤其具有巨大的阻力和惰力,在近代史上长期产生滞后作用。处在19、20世纪之交这一社会急剧变动和文化转型时期,只有极少数先进分子,如孙中山以及稍后的鲁迅、李大钊,能够从国家民族的危险处境和民众的长期苦难出发,深刻地认识封建专制的酷烈祸害,而从总体上憎恨旧制度,要求以革命手段彻底地推翻它,且又具有接受外来先进事物的敏感和热情,认识民主制度的优越,认识建立民主共和国家是世界各国共同的发展方向,也是挽救中国危亡的唯一出路。另有相当数量的知识分子,他们愤恨清朝统治,强烈要求反满,但是对于封建制度的腐朽、落后、反动缺乏认识,对于世界民主潮流更加缺乏清醒的认识和深刻的观察,而对于旧制度、旧文化由于长期熟习、潜移默化而相当怀恋。这些人在政治上反满,具有一定的革命性,故成为20世纪初期资产阶级革命派的一翼。这一部分人提倡国粹,对于西方新学理虽然有所接触和吸收,但其思想核心却

---

① 章太炎:《革命军序》,见汤志钧编《章太炎政论选集》上册,第193页。
② 章太炎:《中华民国联合会第一次大会演说辞》,见汤志钧编《章太炎政论选集》下册,第532、534—535页。

仍然保持着严重的保守以至复古倾向，表现出浓厚的封建性。章太炎便属于这部分知识分子的典型。

章太炎主张的民族主义，是同其强烈的"排满"观念密切相联系的，它同孙中山的革命主张，只是在"推翻满清"这一点上相一致。在民族观上，孙中山诚然比章太炎正确和进步得多，孙中山提倡"五族共和"，明确主张革命后汉、满、蒙、回、藏各民族一律平等，反对复仇和歧视。他一再申明："余之民族主义，特就先民所遗留者，发挥而光大之；且改良其缺点，对于满洲，不以复仇为事，而务与之平等共处于中国之内。"① 在民族思想上，孙中山达到了当时所能达到的高度，新中国实现的全国各民族大团结，正是对于孙中山这一正确主张的继承和发展。

章太炎的"排满"主张在一段时间内发挥了有利于革命的鼓动作用，如梁启超所说，"其早岁所作政谈，专提倡单调的'种族革命论'，使众易喻，故鼓吹之力綦大"②。然而在理论上，却表现出浓厚的大汉族主义，具有严重的局限性。1903年，在《訄书》重订本上，章太炎撰有《序种姓》，宣告以继承清初王夫之的反满思想为职志，希望保持汉种独贵，不可使"异类"攘夺政权。序种姓的核心思想，就是要辨明"夷族"和汉族姓氏的根源，使之流别昭彰，不得互相混淆。提出革命后，对于巴、僰、賨、蜑这些"吊诡"之族，尚可按一定等差对待，"独有满洲与新徙塞内诸蒙古，……视之若日本之视虾夷"。③ 1907年，章太炎作《中华民国解》，则针对当时一种从尊重民族融合的传统和向前看的观点解释"中华民国"含义的言论，加以驳难。当时有人认为，"中华"不仅历来已用来称呼历代在中原地区建立的国家，称呼中国广大区域的各族人民，而且，"华"又表示民族间文化发展已达到更高的水平，体现出各族文化发展的方向，因

---

① 孙中山：《中国革命史》，《孙中山全集》第七卷，中华书局1985年版，第60页。
② 梁启超：《清代学术概论》，《饮冰室合集》专集之三十四，第69页。
③ 章太炎：《序种姓下第十八》，《章太炎全集》（三）《訄书》（重订本），第190页。

为,按《春秋》公羊家言,华夏与夷狄是相对以文明程度与礼俗水平高下为区分标准的。中国各族历经数千年,混杂数千百人种,而其称中华如故。华又为花之原字,正好形容文化之美。这比强调以血统、种族区分意义更强。章太炎不赞成此说。他认为,(一)华本华山,因古代华族居民居近华山而得称。不能望文生训。(二)公羊家自刘逢禄起,引《公羊》夷狄与华夏是文化水平相对而言来立说,是为了拥戴虏酋,讨好满洲。《春秋》只有贬诸夏为夷狄者,未有进夷狄为诸夏者。"若如斯义,满洲岂有可进之律。正使首冠翎顶、爵号巴图鲁者,当退黜与夷狄等耳。"(三)中国人以血统论,汉族占绝大多数,其余各族为少数。现在首先是讲"排满",恢复汉族政权,"覆我国家"。讲各族经过几千年同化而成为中华民族,是臆想而已。章氏还主张,革命以后,在满族、新疆、蒙古、西藏"未醇化以前,固无得豫选举之事"。即在革命后一段时间内,不给满族及以上边疆民族以选举权,"必期以二十年然后可与内地等视"。① 章太炎的这些言论,无论从总结历史传统,还是从预见发展方向说,见识都落后于因接受了公羊学说而持历史进化观的学者,如梁启超,更远远不及孙中山。

章太炎上述保存封建旧制度的主张和狭隘的民族观,都是在排满革命的浪潮中提出的,但从理论价值言,却与民主革命和中国社会近代化、学术近代化的趋势相违背。国粹派人物大多带有严重的封建性弱点。黄节撰《国粹学报序》,明白地主张宣传国粹的目的是光复周公、孔子之学。邓实虽曾批评儒学是"利君不利民"的君学,但他又称封建的礼法伦纪是"国魂",认为"三代之政"比后世都好,主张"一复古政"。刘师培则因为在东京争不到同盟会干事职权,导致投降变节,堕落为清廷的侦探。辛亥革命以后,国粹派保守、落后以至反动的一面就更加突出了,而最终汇流到民国初年复古主义的逆流之中。

---

① 章太炎:《中华民国解》,《章太炎全集》(四)《太炎文录初编·别录卷一》,第 255、256、258、257 页。

至此，我们可以为本文作一简单的小结：

20世纪初年，在中国社会近代化趋势的刺激下，中国史学近代化也正式展开。中国史学历来在传统学术中占据重要地位，进步史家关心国家民族命运、史学贴近社会现实的优良传统，历史学家重视观察政治兴废、学术变迁规律的"通识"，这些都成为史学近代化的内在基础和内在动力。中西文化接触，西方进步史学思想的输入则是重要的外部条件。以上数项，时代条件，传统学术的精华和潜能，外来文化输入多种力量交互作用，加上近代有识史家的大力倡导、推动，使中国史学近代化在其正式发动之时，便来势迅猛，不可阻挡。但事情的另一面是，中国封建势力又极其强大，封建思想文化更形成沉重的积淀和巨大的惰力，对史学近代化产生制约和滞后作用。因而使得中国史学近代化进程呈现波澜起伏、曲折复杂的特点，不同史家因其对固有文化的不同态度和接受外来文化的不同程度，在史学近代化中处于不同的地位，学术个性迥然而异。梁启超和章太炎都是20世纪初史坛的著名人物，两人的学术特色和作用便大不相同。梁启超虽有"浅尝多变"的弱点，但他一向对新事物感觉锐敏，热情宣传新思想，在哲学上他经由原先崇尚公羊朴素进化观到接受和服膺西方进化论，并以进化论和国民意识二者作为倡导"新史学"的理论基石，提出了一套激烈批判旧史，初步规划以"民史"为中心、叙述人类社会进化公理公例、激发爱国思想、直接服务于救亡图强事业的"新史学"之理论体系。他又撰成《论中国学术思想变迁之大势》，以其合乎科学的方法、体系性、批判精神和哲理深度，成为近代第一篇新型史学研究的模范之作，生平极少赞许人的章太炎也曾评价此文"真能洞见社会之沿革，种姓之蕃变者"[①]。因此，梁启超在中国史学近代化进程中居于倡导者、奠基者之确然不拔的地位。章太炎对传统典籍有渊博学识，谙熟朴学家考证方法，尤其对文字、音韵、训诂之学有很高的造诣。接触

---

① 见钱玄同《刘申叔先生遗书序》所引。

西方新学理后，能"以新知附益旧学"①，因此曾提出修撰《中国通史》的计划，冀图达到叙述社会进化、启导方来的目的。《订孔》《清儒》诸文，反对对孔子顶礼膜拜，正确评价孔子在中国学术史上的地位，总结清代学术演进的脉络，对于中国学术史、制度史提出诸多创见。他撰写的宣传革命思想的名文，更强烈地跳动着20世纪初年的时代脉搏。因此，章太炎对于史学近代化也作出了贡献。然则，我们又应看到，章太炎的思想带有浓厚的封建性，因而在提出一些卓见的同时，又有严重的保守、复古的倾向。如何认识民族关系是具有重要学术意义和现实意义的问题，对此，章氏一直坚持"排满复仇"的狭隘观点。而梁启超从历史进化观出发，却能以平等的眼光研究国内各民族的形成和相互关系，并得出"即如我中华族（汉族），本已由无数支族混成，其血统与外来诸族杂糅者亦不少"②的结论。梁启超属今文学派，却能相当客观地评价章太炎的学术成就，认为章氏著述中论文字、音韵诸篇，"其精义多乾嘉诸老所未发明，应用正统派之研究法，而廓大其内容，延辟其新径，实炳麟一大成功也。炳麟用佛学解老庄，极有理致，所著《齐物论释》，虽间有牵合处，然确能为研究'庄子哲学'者开一新国土"。"盖炳麟中岁以后所得，固非清学所能限矣，其影响于近年来学界者亦至巨。"③ 相比之下，章太炎却因谨守古文学派家法之结习甚深，对于今文学派的学术成就往往武断地加以排斥，又不相信甲骨文和金文，因而晚年退守于经学家的藩篱。评论这些问题，当然不是要苛求于前人，而是冀求为评价章太炎本人在学术近代化的时代潮流中的历史地位提供参考，并希望有助于进一步认识和总结中国史学近代化的成就、途径、特点和历史教训。

---

① 梁启超语，见《清代学术概论》，《饮冰室合集》专集之三十四，第69页。
② 梁启超：《中国历史上民族之研究》，《饮冰室合集》专集之四十二，第6页。
③ 梁启超：《清代学术概论》，《饮冰室合集》专集之三十四，第70页。

"古史辨派"的兴起及其评价问题

当此"世纪之交"的不平常时刻,在回顾和总结百年学术发展演变的工作之中,"20世纪疑古思潮回顾"确实是一个值得从多方面探讨的、很有意义的题目。20世纪疑古思潮的主要代表,即是顾颉刚先生(1893—1980)及其创立的"古史辨派"。对于这一在上世纪曾经产生巨大影响的学派进行分析和评价,并非很容易的事。历史学家杨向奎先生30年代曾从顾颉刚先生学习,起初相信"古史辨派"的理论,后来学术观点又产生了分歧,转而对顾先生及"古史辨派"的论点提出辩难。按理讲,以杨先生这样的学术经历,由他来评论"古史辨派"是很有发言权的,但事情却非如此简单。1981年,杨先生撰写《论"古史辨派"》一文,发表在庆祝中华书局成立七十周年纪念文集《中华学术论文集》一书中。对于此文,杨先生采取慎而又慎的态度,初稿写成后先寄给史学界的朋友请提意见,并将有回信的尹达、赵俪生两位先生的主要意见摘录在文末"后记"中,说明参考了他们的意见修订了原稿。而赵俪生先生信中则有云:"您的大著敬谨拜读了三四过,感到评论很不容易。第一,很难定自己提意见的思维;第二,很不好措词。"可见评价"古史辨派"确是一件难度颇大的工作。

"古史辨派"在三四十年代产生了巨大的影响,徐旭生先生在其所著《中国古史的传说时代》中说:"近三十余年(大约自1917年蔡元培长北京大学时起至1949年全国解放时止),疑古学派几乎笼罩了全中国的历史界。"又说,"当日在各大学中的势力几乎全为疑古派所把持"。①《古史辨》第一册结集出版在1926年,而顾颉刚古史辨伪学说的形成在1920年至1923年,年龄为二十七至三十岁。一个正踏上三十岁的青年人,他所提出的观点和主张,却能一下子在学术界引起震动,并且在社会上引起轰动,其中当然有深层次的原因,值得认真地探讨。本文即集中就"古史辨派"兴起在传统学术中的深远渊源,"古史辨派"兴起的时代条件,以及对其得失功过如何评价这三项,谈谈粗浅的看法。

一、传统学术中疑古风气的发展

20世纪"古史辨"学派的兴起,其深刻的根源存在于传统学术之中,所以它首先是传统学术中疑古风气在五四时代条件下的产物。

秦汉以后,中国学术中存在两种对立的风气。一是以司马迁为代表的"考信"作风。他在《史记·伯夷列传》中明确说:"学者载籍极博,犹考信于六艺。"他发扬孔子"多闻阙疑,慎言其余"②、重视文献征验考核的精神,在撰写《史记》过程中,面对有关上古历史的各种歧异说法,他不盲从、不附会,力求通过比勘抉择找到一种有儒家典籍记载的依据,有故老传说和历史遗迹可验证的,比较可信的古史说法,做到"疑则传疑,盖其慎也"③。司马迁的"考信"态度和方法,是儒家朴素理性精神在史料考辨上的体现和发扬,对于后世学者有深远的影响。另一种

---

① 徐旭生:《中国古史的传说时代》,科学出版社1960年版,第23、26—27页。
② 《论语·为政》。
③ 《史记·三代世表·序》。

是俗儒"嗜古成癖"的风气，喜欢附会、铺张上古传说，总想把历史拉得越远越好。三国谯周著《古史考》，对《史记》讲五帝觉得还不满足，便附会出"五帝"之上，还有"燧人、伏羲、神农"为"三皇"。还有人伪造古籍，如东晋出现的伪《古文尚书》。针对这种附会、杜撰的方法，很早就有学者提出辨伪史、辨伪书的论点。比较突出的，宋代学者欧阳修、郑樵、朱熹、吴棫都对伪古籍或杜撰的古史说法提出怀疑，开始出现疑古风气。明以后，出现胡应麟、姚际恒、阎若璩、崔述等人，都写出有辨伪、考信的著作。其中，崔述著《考信录》，进行古史考辨工作，对顾颉刚有特别重要的影响。顾氏讲，"古史辨派"的工作，是远绍郑樵、姚际恒、崔述的工作。而崔述的影响最为直接、巨大，故顾氏在《崔东壁遗书序》中又明确说："我们今日讲疑古辨伪，大部分只是承受和改进他的研究。"[1]

崔述生于乾隆五年（1740），卒于嘉庆二十一年（1816），与乾嘉时期其他几位重要史学家王鸣盛、钱大昕、赵翼、章学诚是同时代人，但治学路数与他们都不相同。崔述所致力的是上古范围，上起远古传说时代，下至春秋、战国。他对古代记载采取审查态度，不盲目相信，而要"考而后信"。他以毕生精力著成《考信录》，此书的命名，即明确揭示出要实践司马迁的名言。他以儒家经书为标准，对于战国秦汉以后关于上古历史的各种说法，一概要细加考查，立志要廓清其中的大量附会和谬误。崔述不仅考辨具体历史问题，而且能上升到理论，书前写了《考信录提要》，总结其研究方法，和盘托出。这在传统史家中也是罕见的，齐思和先生对此给予高度评价，称崔述的著作"是对于古代史料第一次的彻底批判，这是对于传说神话第一次的大扫除。他的《考信录提要》，详述古史传说的造成，和旧史料多半不可信的原因，是清代第一部讲史学方法的书"[2]。

---

[1] 顾颉刚：《崔东壁遗书序》，《崔东壁遗书》，上海古籍出版社1983年版，第60页。

[2] 齐思和：《晚清史学的发展》，《中国史探研》，河北教育出版社2000年版，第660页。

崔述在《考信录提要》中提出他的古史学说,其核心观点是:

(一)先秦典籍记载的上古史与后人说法不同,比较可信。儒家经典《诗经》《尚书》等以及《论语》《孟子》讲上古史,只讲到尧、舜。"《论语》屡称尧、舜,无一言及于黄、炎者;孟子溯道统亦始于尧、舜。""自《易》《春秋》传始颇言羲、农、黄帝时事,盖皆得之传闻,或后人所追记;然但因事及之,未尝盛有所铺张也。"即是说,这些记载夸大的成分还比较少。

(二)战国至秦、汉,《国语》《大戴礼记》及杨朱、墨子等学派的言论,"以辅张上古为事,因缘附会","妄造名号,伪撰事迹",于是造成对上古史的说法矛盾混乱、荒远无征。司马迁则采取比较审慎的态度,他整齐百家杂说,"考信于六艺",叙述历史断从黄帝起,"删其不雅驯者"。司马迁明确不从伏羲、神农讲起,他摒弃了战国时人的一些说法。

(三)从三国谯周《古史考》、晋皇甫谧《帝王世纪》"所采益杂,又推而上之,及于燧人、包羲"。以后的河图、洛书、《皇王大纪》等,则甚至"有始于天皇氏、盘古氏者矣"。崔述称之为:"邪说诐词杂陈混列,世代族系紊乱庞杂,不可复问。"①

仔细研究崔述这些论点,可以明白:第一,他所清理的古史体系分为三段:"三代"是可信的阶段;尧、舜或上溯到黄帝,是比较可信的传说阶段;再往上,则后人附会更甚,更加荒诞不可征信,切切不可认为是确实存在过的历史,否则便上了附会妄造者的当。第二,旧的古史体系的造成,越到战国以后,离儒家经典越远,附会越多,杜撰越厉害。

崔述这一番仔细深入的整理、考辨工作,对于探索可信的古史体系,无疑是有很大贡献的。对照顾颉刚在 20 世纪 20 年代提出的"层累地造成的古史"说中的要点:第一,"时代愈后,传说的古史期愈长";第二,"时代愈后,传说中的中心人物愈放愈大";……我们就可以确信,顾氏的古史辨伪学说的基本观点,

---

① 以上引文均见顾颉刚《补上古考信录序》,《崔东壁遗书》,第 25 页。

正是崔述《考信录提要》中主要观点的继承和发展,"古史辨派"学术思潮的兴起,其根乃深深扎在传统学术的土壤之中。无怪乎顾颉刚在形成自己的古史辨伪思想的过程中,曾一再地表明他是自觉地继承崔述所作的工作。顾氏于1921年开始校点《崔东壁遗书》后,即在致友人信中说:"崔述的《考信录》确是一部极伟大又极细密的著作。"① 顾氏又表示他决心发扬崔述的治史方法,认为"他把难的地方已经做过一番功夫,教我们知道各种传说的所由始了,由此加功,正是不难"②。至1926年初《古史辨》第一册出版时,顾颉刚又在《自序》中坦诚地承认:"我弄了几时的辨伪工作,很有许多是自以为创获的,但他的书里已经辨证得明明白白了,我真想不到有这样一部规模弘大而议论精锐的辨伪的大著作已先我而存在。"③ 崔述著作在百年中的遭遇足以发人深思。崔述的学说,不唯在他生前不被人知,在他卒后长达百年的时间里也消沉无闻。这是因为,当时的风尚,除了讲理学、求科举外,在考据范围内,则是讲求如何恪守汉儒的经注。而崔述所做的,却是要推翻战国以后经传、笺注对古史的附会与假托,这对当时的读书人来说是不可思议的。所以崔述生前在给友人信中曾感慨,当地除有一二人看过他的著作外,别人"非惟不复称之,抑且莫肯观之"。崔述逝世前,《考信录》已经完成,但因穷困而无法刊行,在他卒后八年之间,才由他的学生陈履和在浙江东阳费尽了心力陆续刊刻出来。此后,中国重视崔述学说的只有张维屏一人,在《国朝诗人徵略二编》中对崔述"每事必究其原,每书必核其实"④ 加以称许,但未引起回音。在整个19世纪中,崔述的著作一直消沉无闻。到了20世纪初情形迥然无异,日本学者那珂通世读到《崔东壁遗书》而大为赞赏,他将全书校订标点,于1903年列入日本史学会丛书出版。又撰写《考信录

---

① 《与钱玄同先生论古史书》,《古史辨》第一册,上海古籍出版社1982年版,第60、59页。
② 《论伪史例书》,《古史辨》第一册,第28页。
③ 《古史辨第一册自序》,《古史辨》第一册,第45—46页。
④ 张维屏:《国朝诗人徵略二编》卷三十五《崔述》。

解题》一文,在日本《史学杂志》发表,给以高度评价。此后,经过中国学者刘师培,将这些信息传递到国内,至1920年,遂引起顾颉刚及胡适、钱玄同、洪业等人极大的研究兴趣。从崔述到顾颉刚这一段曲折的学术历程恰好说明:崔述学说作为传统学术中具有近代因素的一种成果,只有等到20世纪中国学术近代化正式展开之后,才会引起像顾颉刚这样的学者的重视,才会被加以利用、改造,继续在古史考辨工作中发挥作用。

二、五四时期中西学术交融出现高潮的产物

"古史辨派"的兴起,又是五四时期西方新思想迅猛传入、中西学术交融出现高潮的产物。

1916年至1920年,顾颉刚在北京大学本科学习,正是五四新文化运动和五四爱国运动蓬勃兴起的年代。思想解放的潮流汹涌澎湃,势不可挡,以《新青年》杂志为代表,高举"民主"和"科学"两面大旗,提倡新文化、反对旧文化,提倡新道德、反对旧道德,形成了时代的狂飙。而从学术观点看,五四时期正是西方科学理论和方法强劲传入的时期,因而有力地推动中国史学近代化达到新阶段。在此之前,以1840年为标志,中国史学已经出现了反映救亡图强的时代要求,并且开始了解外部世界的变化,以此作为划分近代史学的起点,但那时还谈不到吸收和运用西方新学理。至19世纪末20世纪初,以进化论传播为中心内容,是西方近代学理第一次集中的输入,其直接影响,为梁启超《新史学》和夏曾佑《中国古代史》的撰成,以此标志着史学近代化的正式展开。至五四前后,西方新思想新学理的输入已推进到具有历史意义的新阶段。有相当数量的留学生学成归国,李大钊、陈独秀、鲁迅、蔡元培、钱玄同、胡适等人即是其中最为出色者,他们原本学有根柢,眼光敏锐,将西方新的学说和科学方法带回中国,并针对中国社会最严重的病根,发动了一场声势巨大的思想革命,西方学理的传播也达到前所未有的深度和广度。20

世纪中西学术交融由此达到了新的飞跃。

历史的机缘恰恰把顾颉刚置于这一具有伟大意义的思想、学术潮流的中心地。就在北大这个五四运动的大本营,他的古史辨伪学说迅速地孕育、成长。当时,他直接处在几位传播新思想、新学术的出色人物影响之下,他们是:任北大校长、主张"思想自由,兼容并包"、开创新风气的蔡元培,主编《新青年》并担任北大文科学长的陈独秀,以西方学理治中国哲学史、勇于"截断众流"的胡适,激烈地批判旧传统的钱玄同,发起创办《新潮》杂志与《新青年》相呼应、大力鼓动新思潮的傅斯年。前四位都是顾的师长,傅斯年则是其同住一室、经常切磋学问的好友。

顾颉刚本来具有对新思想、新知识感觉敏锐并热心接受的特点,现在,处在时代风气熏陶和新思潮鼓荡之下,他对于接受新学理,运用它来研究中国学问的认识,迅速地达到难能可贵的高度。这突出表现在他为《新潮》撰写的《中国近来学术思想界的变迁观》[①]一文中,他十分敏锐和准确地把握住中西学术交融这一时代主题,并以此作为自己治学的方向。他以亲身的观察感觉概括出深刻的道理:近代学术的成就固然是由学习外国所得,但同时也是对传统学术有选择地继承、发展的结果:"吾从前以为近三十年的中国思想界是易旧为新时期,是用欧变华时期。但现在看来,实不尽然。""在三十年中,新有的东西固然是对于外国来的文化比较吸引而后成的,但是在中国原有的学问上——'朴学'、'史学'、'经济'、'今文学'——的趋势看来,也是向这方向走去。"并强调说,古今学术思想的进化,只是一整然的运动,中国原有的学问,即"朴学""今文学"等等,亦包含着新的因素,"假设中国从前的学问不是如此,则欧化进来以后,精神上的迎拒、事实上的表见,决不与今日相同是可决的"。

正是由于顾颉刚把他深刻认识到的"中西学术交融"这一学

---

① 此文系1919年顾颉刚为《新潮》"思想问题专号"而作,因这一期专号未能出刊,故当时未发表。后于1984年发表于《中国哲学》第11辑。

术发展的时代主旋律，自觉地贯彻到研究工作中，因而发挥出很大的创造性。1923年，他在《努力周报》上发表《与钱玄同先生论古史书》，提出"层累地造成的古史"说，引起一场古史大辩论。这一学说的要点是：（一）"时代愈后，传说的古史期愈长"，如，"周代人心目中最古的人是禹，到孔子时有尧、舜，到战国时有黄帝、神农，到秦有三皇，到汉以后有盘古等"；（二）"时代愈后，传说中的中心人物愈放愈大"，"如舜，在孔子时只是一个'无为而治'的圣君，到《尧典》就成了一个'家齐而后国治'的圣人，到孟子时就成了一个孝子的模范了"；（三）我们即使"不能知道某一件事的真确的状况，但可以知道某一件事在传说中的最早的状况"。①

顾颉刚提出的古史辨伪学说，少数思想保守的学者反对，多数进步学者欢迎、支持，纷纷参加进去，成为近代史学上很有影响的学术流派。"中西学术交融"，是五四时代学术进步的真谛。掌握这把钥匙，分析顾颉刚如何自觉地继承传统学术成果，同时努力地运用西方近代科学方法，二者结合起来，乃是了解顾氏古史辨伪学说形成的途径和评价其价值的关键问题。

顾颉刚对传统学术的继承，可以概括为三个方面：一是对清代学术及朴学家考证方法有深入了解和掌握。顾氏早年，即因家庭教育和苏州学术风气的影响，熟读《尚书》《诗经》等大多数典籍。尤其对目录学很熟悉，此后在1915年，下功夫编成一本《清代著述考》。他以《书目答问》附录《国朝著述诸家姓名略》为底子，又补加了若干家，依学术的派别分作者，在作者的名下列著述，依著述的版本见存佚，并集录作者的自序及他人的批评，稿本共有二十册。同时在著述者外列有五种表（年表、师友表、籍望表、出处表、著述分类表），用来说明清代学者的地理环境和社会环境。顾颉刚说，此项工作"使我对于清代的学术得有深入的领会"。他对于乾嘉学者严密考证的方法尤为佩服："我爱好他们的治学方法的精密，爱好他们的搜寻证据的勤苦，爱好

---

① 《与钱玄同先生论古史书》，《古史辨》第一册，第60页。

他们的实事求是而不想致用的精神。"① 顾颉刚的学术工作，实际上是把乾嘉严密考证的方法运用到古史辨伪上面。胡适长期借用了《清代著述考》的稿本作为参考，他很欣赏，对顾说："这三百年来的学术研究的中心思想被你抓到了。"② 二是继承、发展了宋代以来辨伪学者的主张。有关对崔述观点的发展前文已专门作了论列，这里再简要地补充顾氏对其他辨伪学者思想及方法的吸收、运用。他大学毕业后，极重视历史上辨伪学者的著作，通过整理加以表彰。两年多时间内，他先后标点清代姚际恒《古今伪书考》、明代宋濂《诸子辨》、胡应麟《四部正讹》，并编辑《辨伪丛刊》。又整理、辑录宋代郑樵《诗辨妄》，撰写了《郑樵传》和《郑樵著述考》，并受郑樵启发研究了《诗经》，写了几篇扫除传笺尘障、考辨《诗经》原貌的论文。再加上受到《考信录》深刻的启发，他下决心自己从事辨伪史。"起先仅想推翻伪书中的伪史，到这时连真书中的伪史也要推翻了。……经过了五六年的酝酿，到这时始有推翻古史的明瞭的意识和清楚的计划。"③ 顾氏在晚年还作了这样的回顾："我的学术工作，开始就是从郑樵和姚、崔两人来的。崔东壁的书启发我'传'、'记'不可信，姚际恒的书则启发我不但'传'、'记'不可信，连'经'也不可尽信。郑樵的书启发我做学问要融会贯通，并引起我对《诗经》的怀疑。所以我的胆子越来越大了，敢于打倒'经'和'传'、'记'中的一切偶像。"由此他归结说："我的《古史辨》的指导思想，从远的来说就是起源于郑、姚、崔三人的思想。"④ 三是分别从经古文、今文学派吸取思想营养。经今、古文学派长期互相对立，顾颉刚却能分别从中得到启发，不陷入门户之见。当年，顾氏曾连续冒着雪夜的寒风去听章太炎的国学讲演，"觉得他的话既是渊博，又有系统，又有宗旨和批评"，佩服极了。认为从此认清了做学问的大路，懂得"书籍里的东西可以由我的意志驱

---

① 《古史辨第一册自序》，《古史辨》第一册，第29页。
② 《我是怎样编写〈古史辨〉的?》，《古史辨》第一册，第4页。
③ 《古史辨第一册自序》，《古史辨》第一册，第43页。
④ 《我是怎样撰写〈古史辨〉的?》，《古史辨》第一册，第12页。

遣着,把我的意志做它们的主宰"。但对于章太炎固守古文经学派的藩篱,不相信金文和甲骨文,则明显持批评态度。① 对于今文学派康有为,顾颉刚十分佩服他勇于疑古的"锐敏的观察力"。读了《孔子改制考》第一篇,其中"论上古史事茫昧无稽,说孔子时夏、殷的文献已苦于不足,何况三皇五帝的史事",最早地启发了他产生古史辨伪的动机。但对康有为利用学术作为政治的手段,却极为反感。②

传统学术的深厚根柢是顾颉刚从事古史研究的基础,他在五四时代思潮中自觉学习、运用西方近代科学方法,有了新观念、新思路,因而大大得到提升,站到了学术的前沿。顾氏早年在苏州上过新式高小学堂和中学,使他最初步地接触到一些近代科学知识,如矿物分类、化学试验和分析之类。到北大以后,处在时代大潮中,受到《新青年》等报刊中新学理的灌输,尤其获得校长、老师诸多新派人物言论、授课的教育,使他掌握了西方科学方法的要领。《古史辨》第一册序言中即谈到:"我常说我们要用科学方法去整理国故,人家也就称许我用了科学方法而整理国故。"又说:"西洋的科学传了进来,中国学者受到它的影响,对于治学的方法有了根本的觉悟","我生当其顷,……能够自觉地承受"。③ 他论到了他所认识的科学方法的"基本信条",又自认为尚是简单而零碎的。这既是自谦,也是实情。诚然,无论何种学科,就基本的方法而言,总是几项大端,而最具决定意义的是观念的转变和方法的自觉运用。

先论观念的转变。五四运动的思想灵魂是提倡"民主"和"科学",以"理性精神"为最高标准衡量一切,对于与之不相符合的旧思想、旧文化、旧传统展开猛烈的批判,正像恩格斯形容法国大革命前夕启蒙思潮的特点时所说:"他们不承认任何外界的权威,不管这种权威是什么样的。宗教、自然观、社会、国家制度,一切都受到了最无情的批判;一切都必须在理性的法庭面

---

① 《古史辨第一册自序》,《古史辨》第一册,第23、25、26页。
② 《古史辨第一册自序》,《古史辨》第一册,第25、26、43页。
③ 《古史辨第一册自序》,《古史辨》第一册,第94、77—78页。

前为自己的存在作辩护或者放弃存在的权利。思维着的知性成了衡量一切的唯一尺度。"① 正是五四进步思潮所形成的理性精神使顾颉刚受到了深刻的熏陶，使他决心以理性的标准审查以往典籍的记载，自觉地担当打破旧偶像的时代责任。当时，他确实多次态度十分鲜明地强调科学理性的精神使他思想得到解放，产生了极大的勇气去批判封建时代的旧传统、旧偶像："到了现在，理性不受宗教的约束，批评之风大盛，昔时信守的藩篱都很不费力地撤除了，许多学问思想上的偶像都不攻而自倒了。……使得我又欣快，又惊诧，终至放大了胆子而叫喊出来。""我的心目中没有一个偶像，由得我用了活泼的理性作公平的裁断，这是使我极高兴的。"② 这种理性观念的确立，只拿科学性、合理性作为衡量一切事物之是非的标准，彻底摆脱千百年来禁锢士人头脑的"经典神圣不可违背"一类的旧教条，摆脱种种偶像的束缚，正是五四时期学术近代化推进到新阶段所特具的根本性变化。由于顾颉刚确立了这种科学理性的观念，使他对古史辨伪工作充满了使命感，决心一步一步地清理旧时代儒生对古史所加的杜撰和附会，而不怕辨伪工作的繁重，不怕来自保守派营垒的反对，同时，对新学到的西方近代科学方法的运用更加自觉而有成效。

次论方法的自觉运用。顾颉刚运用的西方科学方法，概括来说，包括：逻辑的方法；假设、求证的方法；历史演进的方法。顾氏在考入北大本科以前，读过严译《名学浅说》及《天演论》，对西方逻辑学及进化论学说产生兴趣。在北大哲学系，他听了章士钊讲授《逻辑学》课程。中国传统学术中，有丰富的逻辑学论题和其他思想资料，但未能发展成独立的学科。章士钊早年留学日本，顾颉刚听了他所开设的介绍西方逻辑学原理和方法的课程，颇受启发。在从事古史辨伪研究过程中，顾氏对分析、归纳等逻辑方法的运用和体会是："我先把世界上的事物看成许多散乱的材料，再用了这些零碎的科学方法实施于各种散乱的材料

---

① 恩格斯：《反杜林论·引论》，《马克思恩格斯选集》第三卷，第355页。
② 《古史辨第一册自序》，《古史辨》第一册，第78—79、81页。

上，就欢喜分析，分类，比较，试验，寻求因果；更敢于作归纳。"① 顾氏运用西方逻辑学原理来看待乾嘉学术，也对考证学者的方法有了新认识："以前我曾经听得几个今文家的说话，以为清代的经学是'支离，琐屑，饾订'的，是'束发就傅，皓首难穷'的，到这时明白知道，学问必须在繁乱中求得的简单才是真实的纲领；若没有许多繁乱的材料作基本，所定的简单的纲领便终是靠不住的东西。"②

由于了解了关于演绎、分析、归纳、寻找因果关系这些西方近代逻辑学的原理和方法，顾颉刚对于当时刚从美国留学归来的胡适所显示的治学新路数，立即感到敬佩，并为其所深深吸引。胡适应聘到北大哲学系讲授《中国哲学史》，讲第一章"中国哲学结胚的时代"，丢开唐、虞、夏、商，径从周宣王之后讲起，把一班头脑中充满三皇五帝的学生惊骇得"一堂中舌挢而不能下"。许多同学对此颇为不满，顾颉刚听了几次课后，却佩服他能提挈典籍上的材料，从中抽出原理和系统。因而向住在同室的傅斯年称赞他"有眼光，有胆量，有裁断"。并在致少年时代老同学叶圣陶信中说："胡适之先生中国哲学今授墨子，甚能发挥大义，……坤（按：颉刚原名诵坤）意中国哲学当为有统系的研究，……意欲上呈校长，请胡先生以西洋哲学之律令，为中国哲学施条贯。胡先生人甚聪颖，又肯用功，闻年方二十七岁，其名位不必论，其奋勉则至可敬也，将来造就，未可限量。"③ 此后顾与胡适往还密切，除上课外，常常请教和讨论问题，顾氏考辨古史经常采用的假设、求证，以历史演进的方法考察古史传说的演变等项，受胡适直接影响甚大。顾颉刚古史辨伪的观点，即开始由较简单的假设，通过反复求证而发展、形成的。他将《诗经》《尚书》《论语》中的古史观念相比较，首先发现关于禹的观念，依《商颂·长发》、《鲁颂·閟宫》、《论语》、《尚书·尧典》（经

---

① 《古史辨第一册自序》，《古史辨》第一册，第95页。
② 《古史辨第一册自序》，《古史辨》第一册，第29页。
③ 1917年10月21日信。引自顾潮《历劫终教志不灰——我的父亲顾颉刚》，华北师范大学出版社1997年版，第41页。

顾氏考证，认定《尧典》成书应在战国时代）的次序，其形象越来越放大。继而又发现，尧舜的事迹也与此相类似："《诗经》和《尚书》（除首数篇）中全没有说到尧、舜，似乎不曾知道有他们似的；《论语》中有他们了，但还没有清楚的事实；到《尧典》中，他们的德行政事才灿然大备了。"根据上述史料和考证，他就立了一个初步的假设："古史是层累地造成的，发生的次序和排列的系统恰是一个反背。"① 有了这一初步的假设之后，顾颉刚长时期搜集材料，对上述假设反复进行比较、求证，从中进一步得出古史由神话而人化的规律，最后才形成了著名的"层累说"古史观点。在此期间，有的认识推进了，有的设想因遇到有力的反证放弃了。顾颉刚运用历史演进法，主要是从胡适处学来的。"听了适之先生的课，知道研究历史的方法在于寻求一件事情的前后左右的关系，不能把它看作突然出现的。"② 胡适对《水浒》版本流传，和它所本的故事的来历和演变的考证，把极为复杂的问题，清楚地理出了演变的层次，也使他大受启发。他又联系到观看戏剧和采集民间歌谣的体会，同一底本可以演变成既相似又很不相同的故事情节。由"历史演进法"，顾氏进一步得出古史传说"渐次增高"的观念。

上述分析足以说明：顾颉刚古史辨伪学说，不仅是传统学术中疑古风气的发展，而且是在五四时期中西学术交融这一意义重大的思想文化思潮的有力推动下而兴起的。它是当时西方强劲传入的新学理，尤其是科学理性精神，批判、审查史料的方法，重视逻辑、系统和"历史演进"的方法，与本国学术中乾嘉严密考证方法，今文学派猛烈批判千百年来禁锢人们头脑的泥古、守旧、僵化思想体系的怀疑和进取精神，互相结合的产物。因此，把握中西学术交融这一视角，正是审视古史辨派兴起和评价其历史地位的关键。从整个20世纪来说，"中西学术交融"也是贯穿始终的、有力地推动史学发展的基本经验和基本路向，展望未来

---

① 《古史辨第一册自序》，《古史辨》第一册，第52页。
② 《古史辨第一册自序》，《古史辨》第一册，第95页。

世纪史学发展，也必然要依靠大大发扬这一基本经验，因此我们把握中西学术交融这一真谛来回顾古史辨的兴起，实具有现实的意义。

三、功过得失的评价

最后，简略地对"古史辨派"评价问题谈点不成熟的意见。

顾颉刚创立的"古史辨派"是兴起于五四时期、活跃于二十世纪二三十年代的史学流派。半个多世纪以来，中国史学已经在多方面取得了巨大的发展，当前正处于"世纪之交"，对于这门学科无疑提出了更高的要求，要开拓新视野，运用新观点、新方法把研究工作向前推进。今天，我们历史地看问题，确实应正视顾颉刚创立的"古史辨派"在学术上存在的局限。关于其局限，我想应提到以下几项：（一）未能注重结合考古发现来考辨古史，致使"古史辨"在一定程度上变成"古书辨"。顾氏本来明白考古工作、地下实物对于古史辨伪的重要性。但慨叹自己"没有余力加入"，只把工作缩小到"一小部分——辨伪史"。① 就在顾氏提出"层累说"等论点，在社会上引起轰动的当时，已有人明确批评他所做的不是"古史辨"，而是"古书辨"。顾氏也一再承认研究工作范围存在的局限："我的惟一的宗旨，是要依据了各时代的时势来解释各时代的传说中的古史。"② 又说："我也不是一个上古史专家，因为真实的上古史自有别人担任。我的理想中的成就，只是作成一个战国秦汉史家；但我所自任的也不是普通的战国秦汉史，乃是战国秦汉的思想史和学术史，要在这一时期的人们的思想和学术中寻出他们的上古史观念及其所造作的历史来。我希望真能作成一个'中古期的上古史说'的专门家。"③ 本世纪的前三十年考古发现已经很多，此后几十年中发现的地下

---

① 《古史辨第一册自序》《古史辨》第一册，第58页。
② 《古史辨第一册自序》，《古史辨》第一册，第65页。
③ 《古史辨第二册自序》，《古史辨》第二册，上海古籍出版社1982年版，第6页。

实物更加丰富，我们今天做"重建科学的古史体系"，必须十分自觉地把文献材料和考古发现二者结合起来，这无疑是大有可为的。这种"重建"，实际上自王国维的"二重证据法"，郭沫若的《中国古代社会研究》以来一直在进行，我们今天是要在前辈学者的基础上做得更好。（二）有的地方怀疑过头，因而像杨向奎先生所指出的造成"玉石俱焚"。"比如《左传》是一部好的古代史，但他们怀疑它是伪作，这给当时的古史研究者添加了许多麻烦，以致有人用了很大力气证明《左传》不伪。"①顾氏又曾怀疑《周礼》一书也是刘歆为助王莽篡汉而作伪，经过长时间的考虑，最后采取了学术界其他学者的看法，放弃了原先的怀疑，并在60年代初写出《"周公制礼"的传说和〈周官〉一书的出现》。（三）在研究方法上存在不当的地方。这里应说到三项。一是张荫麟先生曾指出"古史辨派"过分地使用默证法。二是有时对于史料不能做到审慎的处理，抹杀不利于自己的证据。顾氏曾写有《禅让传说起于墨家考》。针对此文，最近台湾大学阮芝生教授撰写了《评"禅让传说起于墨家"说》的论文加以辨正，指出：顾氏对于许多重要的史料"违反自然顺序，逆向或单向思考，并对不利于己的材料用'疑而伪之'的方法加以排除"。如：孔子或儒家尊尚尧舜在墨子之前，尧舜在孔子或儒家思想中之地位，比之墨子有过之而无不及。《论语》中盛称尧舜之德，《中庸》称"仲尼祖述尧舜"，《史记·孔子世家》书孔子"序《书传》，上纪唐虞之际"等重要史料，顾氏均未能审慎地对待。②三是"他们对于掺杂神话的传说和纯粹神话的界限似乎不能分辨，或者是不愿意去分辨"。"在春秋和战国的各学派中间所称述的古史，固然有不少歧异、矛盾，可是相同的地方实在更多。……而疑古学派的极端派却夸张它们的歧异、矛盾。"③

指出上述局限，当然不是要苛求前辈学者，而是为了实事求

---

① 杨向奎：《论"古史辨派"》，见《中华学术论文集》，中华书局1981年版。
② 阮芝生：《评"禅让传说起于墨家"说》，《燕京学报》新3期（1997年），北京大学出版社。
③ 徐旭生：《中国古史的传说时代》，第24页。

是地、科学地总结前辈的学术遗产，避免失当，使以后的工作得到改进，更何况有的缺陷是时代条件造成的。从总体来说，顾颉刚创立的"古史辨派"的贡献是很大的，其成就是主要的，值得我们充分地尊重和继承：

（一）"古史辨派"的古史辨伪工作，对于推翻旧的臆造的古史体系，探求科学的古史系统，推进中国史学的近代化，建立了巨大的功绩。《古史辨》第一册于1926年出版以后，胡适评论说："这是中国史学界的一部革命的书，又是一部讨论史学方法的书。此书可以解放人的思想，可以指示做学问的途径，可以提倡那'深澈猛烈的真实'的精神。"[①] 以后，郭沫若于1929年评价顾氏的"层累说""的确是个卓识"，"他的识见委实是有先见之明"。[②] 至1957年，徐旭生评价说，"古史辨派"的治学方法虽存在问题，但是取得的成绩很大。"最大的功绩就是把在古史中最高的权威，《尚书》中的《尧典》、《皋陶谟》、《禹贡》三篇的写定归还在春秋和战国时候（初写在春秋，写定在战国）。……由于疑古学派（广义的）历史工作人及考古工作人双方的努力，才能把传说时代和狭义历史时代分开。"[③] 自从顾颉刚发起古史大讨论以后，再也没有人糊里糊涂地将"盘古氏，开天地"的传说作为真实的历史讲起，启发人们审慎地将传说材料进行抉择，结合考古发现，仔细地考辨其中的"史影"，从而逐步地"重建"科学的古史体系，这是中国史学近代化的一项重要成果。

（二）由于臆造的旧史体系，是与一千多年来束缚人们头脑的封建"道统"相一致的，因此，古史辨伪工作就具有扫荡长期毒害人们思想、根深蒂固的封建意识的意义，与五四运动反封建的伟大潮流相一致。尹达先生对此有中肯的评论，他说，顾先生"继承了今文学派的传统，吸收了实验主义的方法，大胆怀疑古文经书，从而发展为怀疑传统的古史，否定了这些作为神圣不可

---

① 胡适：《介绍几部新出的史学书》，《古史辨》第二册，第334页。
② 郭沫若：《中国古代社会研究》附录九《夏禹的问题》。
③ 徐旭生：《中国古史的传说时代》，第22页。

侵犯的'经典',这一来就具有反封建的重要意义"①。

(三)"古史辨派"尤其是顾颉刚本人,对于古史辨伪和古书辨伪,作了范围广泛的考证工作,涉及许多历史问题和各种重要典籍,积累了一批有价值的研究成果,推进了学术研究。多年来,许多研究《诗经》《尚书》,研究古代礼制、民族、历史地理和古代神话、传说等问题的论文,都每每引用顾氏等人的论著,即因为这些论著具有学术价值。

(四)顾氏在学术上"求真"的精神,对于学术问题确实有"平等"讨论的态度。如,当南京东南大学的刘掞藜及胡适的族叔胡堇人二先生依据经典作文批驳,顾氏对此很高兴,在致胡适信中诚恳地表示这是给予他修正自己思想和增进自己学问的好机会,只当作好意的商榷而不当以盛气相胜的。又如,钱穆先生作《刘向歆父子年谱》,与顾之观点实际上针锋相对,顾却不以为忤,不唯迅将文章在自己主编的刊物上发表,又立即推荐作者到燕京大学任讲师,继而推荐到北京大学任教。钱之成名,实与顾之诚心推荐直接相关,成为学术史上的佳话,说明顾氏有磊落的襟怀。顾氏对晚辈大力奖掖,培养了学术界许多人才。他又关心国家民族前途,抗日期间,先在北平,后辗转至绥远、西北及西南地区,宣传抗战。新中国成立后学习马克思主义,把学术工作重点转到古史建设上来,尤其在《尚书》整理和研究上做了许多有价值的工作。这些方面也都是应予充分肯定的。

---

① 见杨向奎《论"古史辨派"》,《中华学术论文集》,第34页。

跋　语

读书治学之路崎岖曲折
却又充满欣喜格外充实
大学里种下梦想
研究生阶段幸遇名师指导
从此走进学术殿堂
深深庆幸自己赶上这伟大时代
沐浴着学术发展的大好春光
刻苦自励辛勤耕耘
三十几个寒暑
三百万字篇章
抒写我对祖国优良文化传统的挚爱
对新世纪学术灿烂前景的渴望

　　上面这段话，表达了我编完《史学萃编》全书后的真切感受。直至此刻，我的心中仍然洋溢着殷切的感激之情，因为这九种著作的相继撰成和全书汇集出版，论其根源都应得力于时代之赐！这也正如我在最近完成的《历史学新视野——展现民族文化非凡创造力》一书后记中所言："置身于这个伟大的时代，我才有真情、有毅力为深入发掘和理性对待祖国优秀传统文化而接连写出这些论著，并且充满乐观和深情地展望我们民族的未来。"

北京师范大学历史学院对本书的汇集出版给予了宝贵的大力支持。华夏出版社对全书出版予以热心帮助，责任编辑杜晓宇、董秀娟、王敏三位同志为编校工作付出很大心力。为这九本书稿做查核引文、校正错字、规范注释的工作甚为复杂繁重，幸赖各位教授、博士热心为我帮忙，细致工作，付出很大心力，他们是：晁天义、张峰、刘永祥、屈宁、焦杰、李玉君、张雷、施建雄、宋学勤、谢辉元。谨在此向以上单位和朋友郑重表示衷心的谢忱！夫人郭芳多年以来除尽力服务于其本职工作和照顾家庭之外，又为帮助我电脑录入、校对文稿等项付出辛勤的劳动，也在此向她深切致谢！

书中不当之处，诚恳地期望专家、读者惠予指正！

陈其泰
2017 年 8 月 12 日